普通高等教育"十二五"规划教材·工商管理系列

人力资源管理

主　编　孙　欣
副主编　孙　华　任玉霜　缪春光

上海财经大学出版社

图书在版编目(CIP)数据

人力资源管理/孙欣主编．—上海：上海财经大学出版社，2013.8
(普通高等教育"十二五"规划教材・工商管理系列)
ISBN 978-7-5642-1685-6/F・1685

Ⅰ．①人…　Ⅱ．①孙…　Ⅲ．①人力资源管理-高等学校-教材
Ⅳ．①F241

中国版本图书馆CIP数据核字(2013)第160155号

□ 责任编辑　汝　涛
□ 封面设计　钱宇辰

RENLI ZIYUAN GUANLI
人力资源管理
主　编　孙　欣
副主编　孙　华　任玉霜　缪春光

上海财经大学出版社出版发行
(上海市武东路321号乙　邮编200434)
网　　址：http://www.sufep.com
电子邮箱：webmaster @ sufep.com
全国新华书店经销
同济大学印刷厂印刷
宝山葑村书刊装订厂装订
2013年8月第1版　2013年8月第1次印刷

787mm×1092mm　1/16　15.5印张　396千字
印数：0 001—4 000　定价：34.00元

前言

PREFACE

当谈及微软公司在企业管理中的问题时，比尔·盖茨说："对微软最大的挑战，是迅速发掘和聘请最优秀的人才。"的确，人力资源管理已经成为现代企业管理的核心内容之一；同时，人力资源也已成为经济和社会发展的稀缺资源，成为企业的第一资源。人力资源管理的成败将决定企业在激烈的市场竞争中能否健康运行、能否持续发展，甚至关系到企业的生死存亡。

人力资源管理的研究目的，是力求运用现代人力资源管理的理论指导人力资源管理的实践，最大限度地调动员工的积极性和创造性，实现对员工的科学管理，从而增强组织的核心竞争力。人力资源管理既是一门科学，也是一门艺术，是以"识人为基础、选人为先导、用人为核心、留人为目的、育人为动力"的工作。

经济在发展，社会在进步，人力资源管理领域在不断发展，新概念和新方法也在不断涌现。本教材从我国人力资源管理的实际出发，以前瞻性、新颖性、实用性和操作性为原则，既博采众长，又力求突破与创新。在教材的十章内容中，基本按照知识目标、能力目标、导入案例、基本内容、本章小结、课后思考、案例分析、扩展阅读的模式进行编排，而且，在每章的内容中都适当穿插了"相关链接"和"案例"两个模块，以使读者更好地理解人力资源理论及尽快掌握人力资源管理实务。

本教材各章的具体分工是：黑龙江职业学院孙欣负责框架设计、统稿、修改和定稿工作，并编写第一章、第二章、第三章，吉林财经大学信息经济学院任玉霜编写第四章、第十章，哈尔滨华德学院缪春光编写第五章、第八章、第九章，哈尔滨广厦学院孙华编写第六章、第七章。

由于人力资源领域的内容广泛，加之时间仓促，编者水平和经验有限，书中缺点、错误在所难免，希望广大读者不吝赐教，提出宝贵的批评和建议。

编　者

2013年7月

目　录

CONTENTS

第一章

人力资源管理概述

知识目标

◎掌握人力资源的含义、特征及人力资源管理的意义
◎了解人力资源管理的发展历史及其演变过程
◎掌握现代人力资源管理与传统人事管理的差异
◎了解人力资源管理的基本内容体系

能力目标

◎掌握人力资源专业人员的技能要求
◎掌握社会环境的变革和人力资源管理发展的新趋势

导入案例

海尔的人力资源管理理念

海尔集团是我国民族工业的骄傲，是行业的顶级品牌，不仅在中国，甚至世界，海尔的名字已是家喻户晓。正如众人所知，作为第一家登上哈佛商学院讲堂的中国企业，海尔集团已成为中国现代企业经营成功的一个典范。海尔集团辉煌的业绩，与其人力资源管理的理念和机制是密不可分的。

● 先造人才，再造品牌

高质量的产品是高素质的人才生产出来的。海尔要成为国际化的品牌，每个员工首先应成为国际化的人才。海尔集团人力资源开发的目标就是要适应企业实施国际化战略、创建世

界一流企业的要求，使企业真正拥有具备国际一流素质和国际竞争力的人才。

● 人人是人才，赛马不相马

在这个世界上，每个人经过后天的学习与锻炼，都在某方面具有自己的长处或特定的才能。人人成为人才的关键是企业管理者要知人善任，用人所长，把员工配置在合适的岗位上；员工个人在岗位上要努力工作，"人尽其才"，作出贡献。海尔集团董事长张瑞敏认为，企业领导者的主要任务不是去发现人才，而是要建立一个可以出人才的机制，并维持这个机制健康持久地运行。这个机制为海尔人提供了公平竞争的机会和环境，尽量避免"伯乐相马"过程中的主观局限性和片面性。这种人才机制给每个人相同的竞争机会，把静态变为动态，把相马变为赛马，充分挖掘每个人的潜质；并且，每个层次的人才都应该接受监督，压力与动力并存，方能适应市场的需要。

● 无功就是过，应把最优秀的人放在最重要的岗位上

"追求卓越"是海尔人的目标，也是每个海尔人的行为准则及判断是非的标准。不管一个人过去有多大功劳、资历有多深，只要不思进取，或是跑得比别人慢了，就应该受到批评与处罚。因为，在海尔，不承认"没有功劳也有苦劳"，无功便是过了。为了海尔的事业，应该把最优秀的人放在最重要的岗位上。

● 你能翻多大筋斗，就给你多大舞台

自我实现、被社会承认，是人的最高层次需要。作为一般员工最渴望的就是个人才能得到发挥、成就不被抹杀。既然如此，如果企业能给每个人创造最大的发展空间，就能最大限度地调动人的积极性，发挥人的潜能。

● "斜坡球体"理念

张瑞敏认为，员工和企业一样，犹如置于斜坡上的球体。由于自身的惰性和外部的压力，小球随时可能滑落。为了不让其下滑，就需要来自内、外两种力量的支持和推动。内力来自于员工在自身素质提高的基础上对企业目标的认同及自觉行动；外力来自于企业的激励机制。只有推动力大于下滑力，才能推动员工进步，进而促进企业发展。

海尔集团所取得的成功证明：人力资源管理在决定企业的竞争力方面起到了关键性作用。竞争力就是企业在其所属行业中维持和夺取市场份额的能力。海尔集团的人力资源管理实践帮助其在与对手的较量中赢得了竞争优势，这也预示着一种趋势：人力资源将成为企业战略性资源。因此，人力资源管理的作用也被提升到管理的战略高度。

人力资源管理是一个思想体系，一个企业政策、原则和制度体系，一个严谨的组织和管理体系，以及一个方法和操作体系。

第一节　人力资源管理的基本概念

一、人力资源的含义

（一）人力资源的概念

资源是"资财的来源"。在经济学上，资源是指为了创造物质财富而投入到生产活动中的一切要素。现代管理科学普遍认为，经营好企业需要四大资源：人力资源、经济资源、物质资源和信息资源。在这四大资源中，人力资源是最重要的资源。它是生产活动中最活跃的因素，被

经济学家称为第一资源。

那么，究竟何为人力资源？经济学家从不同的角度给出了不同的定义。从广义上看，智力正常的人都是人力资源。

从狭义上看，它有多种定义：

(1)人力资源是指能够推动国民经济和社会发展的、具有智力劳动和体力劳动能力的人们的总和。

(2)人力资源是指一个国家或地区有劳动能力的人口总和。

(3)人力资源是指具有智力劳动能力或体力劳动能力的人们的总和。

(4)人力资源是指包含在人体内的一种生产能力，若这种能力未发挥出来，它就是潜在的劳动生产能力；若开发出来，就变成了现实的劳动生产力。

(5)人力资源是指能够推动整个经济和社会发展的劳动者的能力，即处在劳动年龄的已直接投入建设或尚未投入建设的人口的能力。

(6)人力资源是指一切具有为社会创造物质文化财富，为社会提供劳动和服务的人。

我们通常认为：所谓人力资源，是指一定范围内人口总体所具有的劳动能力的总和，是指一定范围内具有为社会创造物质和精神财富、从事体力劳动和智力劳动的人们的总称。人力资源能够推动整个经济和社会的发展，是最活跃、最积极的主动性生产要素，是积累和创造物质资本、开发和利用自然资源的主要力量。

(二)人力资源的构成

人力资源由数量和质量构成。

1. 人力资源数量

影响人力资源数量的因素主要有三个方面：

第一，人口总量及其再生产状况。由于劳动力人口是人口总体中的一部分，人力资源的数量又体现为劳动人口的数量。因此，人口总量及通过人口的再生产形成的人口变化决定了人力资源数量，即人口的状况决定了人力资源的数量。

第二，人口的年龄构成。人口的年龄构成是影响人力资源的一个重要因素。在人口总量一定的情况下，人口的年龄构成直接决定了人力资源的数量。

第三，人口迁移。人口迁移可以使得一个地区的人口数量发生变化，继而使得人力资源的数量发生变化。例如，我国三峡工程建设使得沿江地带的人口分布发生重大变化，继而使人力资源也发生重大变化。

2. 人力资源质量

该指标是人力资源在质上的规定性，具体反映在构成人力资源总量的劳动力人口的整体素质上，即指人力资源所具有的体力、智力、知识和技能水平，以及劳动者的劳动态度，一般体现在劳动者的体质、文化、专业技术水平及劳动积极性上。

影响人力资源质量的因素主要有三个方面：

第一，遗传和其他先天因素。人类的体质和智能具有一定的继承性，这种继承性来源于人口代间遗传基因的保持。人口的遗传，从根本上决定了人力资源的质量及最大可能达到的限度。但是，不同的人在体质水平与智力水平上先天差异是比较小的。

第二，营养因素。营养因素是人体发育的重要条件，一个人儿童时期的营养状况，必然影响其未来成为人力资源时的体质与智力水平。营养也是人体正常活动的重要条件，充足而全面地吸收营养才能维持人力资源原有的质量水平。目前，生活标准在全世界普遍得到提高。

就全球而言,实际的人均GDP自20世纪60年代中期以来每年以3%以上的速度递增。在过去的四五十年里,许多发展中国家在脱贫方面都取得了成功,预期寿命从55岁增加到64岁。可以说,从世界范围来看,人力资源的质量已普遍有所提高。

第三,教育方面的因素。教育是传授知识、经验的一种社会活动,是一部分人对另一部分人进行多方面影响的过程。这是赋予人力资源质量的一种最重要、最直接的手段,能使人力资源的智力水平和专业技能水平都得到提高。

【相关链接1—1】

人力资源质量在统计与使用中,可以用平均寿命、婴儿死亡率、每万人口拥有的医务人员数量、人均日摄入热量等指标来反映健康卫生状况;可以用劳动者的人均受教育年限、每万人中大学生拥有量、大中小学入学比例等指标来反映教育发展程度;也可以用劳动者技术职称等级的现实比例、每万人中高级职称人员所占的比例等指标来反映劳动者的技术状况;还可以用对工作的满意程度、工作的努力程度、工作的负责程度、与他人的合作性等指标来反映劳动态度。

一个国家或地区的人力资源丰富程度不仅可以用其数量计量,而且可以用质量来评价。与人力资源的数量相比,其质量方面更为重要。一般来说,人力资源的质量对数量的替代性较强,而数量对质量的替代作用较差,有时甚至不能替代。人力资源开发的目的在于提高人力资源的质量,为社会经济的发展发挥更大的作用。

二、人力资源的特征

人力资源是进行社会生产最基本、最重要的资源。与其他资源相比较,它具有如下特点:

(一)人力资源具有能动性

这是人力资源区别于其他资源的最根本所在。许多资源在其被开发过程中完全处于被动的地位;人力资源则不同,它在被开发的过程中,具有能动性。这种能动性主要表现在:一是人的自我强化,即人通过学习能提高自身的素质和能力;二是选择职业,人力资源通过市场来调节,选择职业是人力资源主动与物质资源结合的过程;三是积极劳动,这是人力资源能动性的主要方面,也是人力资源发挥潜能的决定性因素。人能够积极主动地、有目的地、有意识地认识世界和改造世界。人能有意识地对所采取的行为、手段及结果进行分析、判断和预测,是由人所具有的社会意识及在社会生产过程中所处的主体地位决定的。

(二)人力资源具有时效性

人力资源存在于人的生命之中,它是一种具有生命的资源,其形式、开发和利用都要受到时间的限制。作为人力资源,人能够从事劳动的自然时间又被限定在其生命周期的中间一段,在不同年龄阶段,从事劳动的能力也不尽相同。从社会角度来看,人力资源的使用有培养期、成长期、成熟期和老化期,也具有时效性。因此,在进行人力资源的开发时一定要尊重其内在规律性,使人力资源的形成、开发、分配和使用处于一种动态的平衡之中。

(三)人力资源开发具有持续性

一般来说,物质资源的开发只有一次、二次开发,形成产品使用之后,就不存在继续开发问题了。然而,人力资源则不同,使用的过程是开发过程,使用后还能继续开发,而且这种开发具有持续性。人通过工作,不仅可以积累经验,充实提高;而且,在工作以后,还可以通过不断学习更新自己的知识，提高技能。因此，人力资源能够实现自我补偿、自我更新、自我丰富、持续开发。这就要求人力资源的开发与管理要注重终身教育，加强后期培训与开发，不断提高其知识水平。尤其是高新技术的发展使知识更新周期缩短、知识老化速度加快，现代人尤其需要不断学习、不断充实和提高自己。

(四)人力资源具有智力性

人不仅具有能动性，而且拥有丰富的知识与高超的智力。人把物质资料作为手段，在改造世界的过程中，创造了工具，通过自己的知识智力，使自身能力不断提高，知识智力不断发展。人们普遍认识到：世界上的许多事情都是可以做到的。人力资源的这种知识智力性表明人力资源具有巨大潜力。同时，人的智力也具有继承性，这使得人力资源所具有的劳动能力随着时间的推移，还能得到积累、延续和增强。

(五)人力资源具有再生性

经济资源可分为可再生性资源与非再生性资源两大类。可再生性资源是在开发和使用过后，只要保持必要的条件，就可以再生的资源；非再生性资源是不能依靠自身机制恢复的资源，其特点是在其使用中可耗竭，如矿藏。人力资源是基于人口的再生产和社会的再生产过程中，通过人类总体内各个个体的不断替换更新和劳动力消耗→生产→再消耗→再生产的过程实现的。人的再生性除受生物规律支配外，还受人类自身意识、意志的支配，受到人类文明发展活动的影响，受到新科技革命的制约。

(六)人力资源具有时代性

人是构成人类社会活动的基本前提。一个国家的人力资源，在其形成过程中受到时代条件的制约。人一生下来就遇到既定的生产过程和生产关系，当时的社会发展水平，从整体上制约着这批人力资源的数量与质量，以及人力资源素质的提高；人们只能在时代为他们提供的条件下努力发挥其作用，这就是为什么当前生产力水平不同的国家之间，其人力资源素质之间也存在差距的原因。即使在同一国家、同一省区，社会经济发展水平不同，人力资源的质量也会不同。

(七)人力资源具有社会性

每一个民族(团体)都有其自身的文化特征，每一种文化都是一个民族(团体)的共同的价值取向，而这种文化特征是通过人这个载体而表现出来的。由于每个人受自身民族文化和社会环境影响的不同，其个人的价值观也不同，因此，在生产经营活动以及人与人交往等社会性活动中，其行为可能与民族(团体)文化所倡导的行为准则发生矛盾，可能与他人的行为准则发生矛盾。这就要求人力资源管理者注重团队的建设，注重人与人、人与群体以及人与社会间的关系及利益的协调与整合，倡导团队精神和民族精神。

三、人力资源管理的概念

(一)人力资源管理的含义

人力资源管理的含义为：一个组织对人力资源的获取、维护、激励、运用与发展的全部管理过程与活动。具体来说，就是组织(企业)根据自己的战略目标制定相应的人力资源战略规划，并对人力资源的获取、使用、保持、开发、评价与激励等进行的全过程管理活动，从而达到人力资源价值的充分发挥，以实现组织目标。人力资源管理包括对人力资源进行量的管理和质的管理两个方面。前者是指根据人力和物力及其变化，对人力资源进行培训、组织和协调，使两者经常保持最佳比例和有机结合，使人和物都充分发挥出最佳效益；后者是指对人的思想、心理和行为进行有效的管理，充分发挥人的主观能动性，以达到组织目标。

(二)人力资源管理的基本任务

人力资源管理的基本任务：一是求才，即获取人力资源，吸收、寻求优秀人才和组织适用的人力资源；二是用才，即恰当使用组织的人力资源，唯才是举、人尽其才、才尽其用，发挥人力资源对经济发展的促进作用；三是育才，即通过培训、教育、开发，提高人力资源质量，激发员工潜力；四是激才，即通过激励机制和措施，调动员工的工作积极性，发挥人力资源的能动性；五是护才，即通过卫生保健、劳动安全、平等就业等措施保护劳动者合法权益，养护人力资源的持续劳动能力；六是留才，即尊重人才、爱惜人才，保持员工队伍的稳定，留住组织所需要的各类人才。

(三)人力资源管理的基本职能

人力资源管理的基本职能有以下几个方面：

(1)获取。人力资源管理工作的第一步是获取人力资源。它主要包括人力资源规划、职务分析、员工招聘和录用。

(2)保持。保持主要指建立并维持有效的工作关系。它包括组织同化、企业文化传播、信息沟通、人际关系和谐、矛盾冲突的处理和化解。

(3)开发。开发是提高员工能力的重要手段。它包括组织和个人开发计划的制订、新员工的工作引导和业务培训、员工职业生涯的设计、继续教育、员工的有效使用以及工作丰富化等。

(4)报偿。报偿(或报酬)是人力资源管理的核心。它主要包括制订公平合理的薪酬方案、提供福利与服务、经济性和非经济性报酬分配、各种物质和精神激励的运用等。

四、人力资源管理的目标与作用

(一)人力资源管理的目标

人力资源管理是企业的一种管理行为，是对企业组织中的“人”进行管理，通过工作分析、人力资源规划、员工招聘选拔、绩效考评、薪酬管理、员工激励、人才培训与开发等一系列手段来提高劳动生产率。

组织的目标是使平凡的人做出不平凡的事。考察一个组织是否优秀，要看其能否使每一个普通员工取得他(她)所能取得的更好的绩效，能否使每一个成员的长处都发挥出来，并利用每个人的长处来帮助其他人取得绩效。组织的任务在于使个体行为融合成为整个组织的统一的、规范的行为，进而最大限度地提高组织效率，而不仅仅是个人的效率。

人力资源管理目标是指企业人力资源管理需要完成的职责和需要达到的绩效。人力资源管理既要考虑组织目标的实现，又要考虑员工个人的发展，强调在实现组织目标的同时实现个人的全面发展。

人力资源管理目标包括全体管理人员在人力资源管理方面的目标任务与专门的人力资源部门的目标与任务。显然两者有所不同，属于专业的人力资源部门的目标任务不一定是全体管理人员的人力资源管理目标与任务，而属于全体管理人员承担的人力资源管理目标任务，一般都是专业的人力资源部门应该完成的目标任务。

全体管理人员进行人力资源管理的目标与任务，主要包括三个方面：保证组织对人力资源的需求得到最大限度的满足；最大限度地开发与管理组织内外的人力资源，促进组织的持续发展；维护与激励组织内部人力资源，使其潜能得到最大限度的发挥，使其人力资本得到应有的提升与扩充。

然而，就人力资源管理的专业部门来说，其目标是通过合理的规划、招聘和培训，建立一支高素质、高境界和高度团结的队伍；通过薪酬设计和绩效管理与评估，创造一种自我激励、自我约束及促进优秀人才脱颖而出的机制，为组织的快速成长和高效运作提供保障。

（二）人力资源管理的作用

实践证明，重视和加强企业人力资源管理，对于促进企业生产经营的发展、提高企业劳动生产率、保证企业获得最大化的利益具有重要作用。

1. 有利于促进生产经营的顺利进行

人力资源是企业劳动生产力的重要组成部分，只有通过合理组织人力资源，不断协调人力资源之间，人力资源与生产资料、劳动对象之间的关系，才能充分利用现有的生产资料和人力资源资源，使他们在生产经营过程中最大限度地发挥作用，并在空间上和时间上使人力资源、生产资料、劳动对象形成最优配置，从而保证生产经营活动有条不紊地进行。

2. 有利于调动企业员工的积极性，提高劳动生产率

企业管理中的人是社会中的人，他们不但需要衣、食、住、行等物质生存条件，而且有思想、有情感、有尊严，这就决定了企业人力资源管理必须设法为员工创造一个适合他们多方面需要的劳动环境，使他们安于工作、乐于工作、忠于工作，并能积极主动地把个人劳动潜力和全部智慧奉献出来，为企业创造出更大的生产经营成果。因此，企业必须善于处理物质奖励、行为激励以及思想教育工作三者的关系，使员工始终保持旺盛的工作热情，充分发挥自己的特长，努力学习技术和钻研业务，不断改进工作，从而达到提高劳动生产率的目的。

3. 有利于现代企业制度的建立

科学的企业管理制度是现代企业制度的重要内容，而人力资源的管理又是企业管理中最为关键的部分。一个企业只有拥有一流的人才，才会有一流的计划、一流的领导，才能充分而有效地掌握和应用一流的技术，创造出一流的产品。否则，如果一个企业不具备优秀的管理者和劳动者，企业即使拥有再先进的设备和技术，也无法发挥效果。提高企业现代化管理水平，最重要的是提高员工的素质。可见，注重和加强企业人力资源管理的开发和利用，搞好员工的培训教育工作，是实现企业管理由传统管理向科学管理和现代管理转变的不可缺少的一环。随着现代企业制度的逐步建立，企业人力资源管理将越来越突出和重要。

4. 有利于减少不必要的劳动耗费

经济效益是指经济活动中的成本与收益的比较。近些年的情况表明，在产品成本中员工工资所占比重有不断提高的趋势。而合理组织人力资源、科学配置人力资源可以有效地减少劳动耗费，从而显著地提高企业经济效益。

第二节 人力资源管理的发展历史

一、人力资源管理的产生和发展

在西方学者的视野中，人力资源管理的产生和发展大致可以划分为五个阶段：

（一）手工艺制作阶段（19 世纪中叶以前）

这一时期生产的形式主要以手工作坊为主，并开始向机器化大工业转化。为了保证具有合格技能的工人有充足的供给，对工人技能的培训是以有组织的方式进行的。师傅与徒弟的生活和工作关系，非常适合家庭工业生产的要求。由于管理主要是经验式的管理，因而，各种

管理理论只是初步提出,还未系统化。

(二)科学管理阶段(19世纪末至20世纪早期)

在19世纪末,由于人口和市场需求的迅速膨胀,对产品的需求有力地促进了生产的发展。当时,用机器取代人力和寻找更高效率的工作方法,成为管理的首要问题。从管理角度看,科学管理运动促进了对人力资源管理的研究。

弗雷德里克·泰勒作为科学管理之父,其秒表便是他的“圣经”。泰勒受雇于伯利恒钢铁公司期间,进行了著名的“搬运生铁块试验”和“铁锹试验”。这些研究的结果是非常出色的,得出了优秀工人的标准并以此来对劳动者提出要求,从而使堆料场的劳动力数量减少了,平均每人每天的操作量大幅度增加,每个工人的日工资也相应提高。

这一时期,人力资源管理的特点是:把人视为“经济人”,以金钱作为衡量标准;人力资源管理主要是雇用管理,主要职责是招录、雇用工人;劳动方法标准化,以泰勒的科学管理内容“劳动定额”、“劳动定时工作制”为主要的管理方式,开始对劳动效果进行科学合理的计算;有目的地培训员工;明确划分了管理职能和作业职能,劳动人事管理部门开始出现,主要职能是监督工人,还负责招工、协调和配置人员;建立起各等级的指挥体系,职务和职位按照职权等级原则加以组织,建立了下级服从上级的严格的等级观念。

总的来说,科学管理的原则就是通过科学的工作方法来提高人的劳动效率,把人视为一种纯粹的生产工具。尽管所采用的科学管理手段剥夺了人性的尊严,但是劳动的效率提高了300%,创造了辉煌的产业革命历史。

(三)人际关系阶段(20世纪20年代至第二次世界大战结束)

这一时期是人力资源管理思想最活跃的时期,是从“经济人”的管理思想至“社会人”管理思想的转折期。“泰勒制”在使生产率大幅度提高的同时,也使工人的劳动变得异常紧张、单调和劳累,因而引起了工人的强烈不满,并导致工人的怠工、罢工以及劳资关系日益紧张等事件的出现。同时,随着经济的发展和科学的进步,有着较高文化水平和技术水平的工人逐渐占据了主导地位,体力劳动也逐渐让位于脑力劳动,也使得西方的资产阶段感到单纯用古典管理理论和方法已不能有效控制工人以达到提高生产率和利润的目的。这使得人们对新的管理思想、管理理论和管理方法的寻求和探索成为必然趋势。

另外,人的积极性对提高劳动生产率的影响和作用逐渐在生产实践中显示出来,并引起了许多企业管理学者和实业家的重视,但是对其进行专门的、系统的研究,进而形成一种较为完整的全新的管理理论,则始于20世纪20年代美国哈佛大学心理学家梅奥等人所进行的著名的霍桑试验。

梅奥是美国哈佛大学教授、人际关系理论的创始人,他在1924～1932年进行了著名的霍桑试验。他得出结论:生产效率不仅受物理的、生理的因素影响,而且受社会环境、社会心理的影响;提出了工人不是“经济人”,而是“社会人”的假设,即人是复杂社会系统的成员,有包括心理与社会方面的各种需求。另外,他还提出了企业中除正式组织外还存在非正式组织的见解。这些研究结果引发了人们对人际关系的重视:强调管理者要重视人性;重视人的心理需求和社会需求;重视非正式组织的作用;强调领导方法上以人为核心改善管理质量。

(四)行为科学阶段(20世纪50年代后期至20世纪80年代末)

行为科学是在人际关系学说的基础上形成的。它是人际关系研究的成果之一。但是行为科学以更广泛的理论学科和应用学科为基础,涉及更多的问题。它重视对个体心理和行为、群体心理和行为的研究和应用,侧重于对人的需要和动机的研究,探讨了对人的激励研究,分析了与企业有关的"人性"问题。其代表人物是马斯洛和麦格雷戈。这一阶段在理论上,已经从过去只重视对具体工作和组织的研究,转向重视人的因素的研究,这是从重视"物"转向重视"人"的一种观念和理论上的飞跃。这一阶段的理论创新,都与人力资源管理有直接关系,从而也为人力资源管理奠定了理论基础。

(五)学习型组织阶段(20 世纪 90 年代初至今)

学习型组织是指在发展中形成的具有持续适应外界变化和变革能力的组织。在一个学习型组织中,人们都可以抛开原有的思考模式,能彼此开诚布公地去理解组织真正的运作方式,去构造一个大家一致同意的愿景,然后齐心协力地实现这个目标。"以人为本"的管理理念得到了进一步发展。具体表现为:组织领导者既要掌握管理的理论和理念,也要注重管理的方法、操作和技能等实践;重视企业文化和团队精神的作用,培育和发掘人力资源的创造力和企业的凝聚力;注重多元化时代的管理模式。企业投资、经营和竞争的多元化,要求人力资源管理活动不断创新。

【相关链接 1—2】

科学管理之父——泰勒

弗雷德里克·泰勒是美国古典管理学家、科学管理的主要倡导人,生于 1856 年 3 月 20 日,逝于 1915 年 3 月 21 日。他的墓碑位于一座能俯视费城钢铁厂烟囱的小山上,墓碑上刻着:"科学管理之父——弗雷德里克·温斯洛·泰勒"。

泰勒出生于美国费城一个富有的律师家庭,中学毕业后考上哈佛大学法律系,但因眼疾而不得不辍学。1875 年,他进入一家小机械厂当徒工,1878 年转入费城米德瓦尔钢铁厂(Midvale Steel Works)当机械工人,他在该厂一直干到 1897 年。在此期间,由于工作努力、表现突出,很快先后被提升为车间管理员、小组长、工长、技师、制图主任和总工程师,并在业余学习的基础上获得了机械工程学士学位。泰勒的这些经历,使他有充分的机会去直接了解工人的种种问题和态度,并看到提高管理水平的极大的可能性。

泰勒一生大部分的时间所关注的,就是如何提高生产效率。这不但要降低成本和增加利润,而且要通过提高劳动生产率增加工人的工资。泰勒对工人在工作中的"磨洋工"问题深有感触。他认为"磨洋工"的主要原因在于工人担心工作干多了,可能会使自己失业,因而他们宁愿少生产而不愿意多干。泰勒认为,生产率是劳资双方都忽视的问题,部分原因是管理人员和工人都不了解什么是"一天合理的工作量"和"一天合理的报酬"。此外,泰勒认为管理人员和工人都过分关心如何在工资和利润之间分配,而对如何提高生产效率从而使劳资双方都能获得更多报酬则几乎无知。概而言之,泰勒把生产率看作是取得较高工资和较高利润的保证。他相信,应用科学方法来代替惯例和经验,可以不必多费人们更多的精力和努力,就能取得较高的生产率。

19 世纪的最后 10 年中,美国工业出现前所未有的资本积累和工业技术进步。然而,发展、组织、控制和管理这些工业资源的低劣方式严重阻碍了生产效率的提高;另一个问题是如何使劳动者发挥潜力。当时工人和资本家之间的关系严重激化:资本家对工人态度蛮横;工人生活艰苦,而资本家却过着奢侈的生活;工人不断用捣毁机器和加入工会组织领导的大罢工来争取自己的权利。劳资关系的对立严重影响了企业的劳动生产率。对于如何解决发挥劳动力潜力的问题,有人主张使用优良的机器替代劳动力,有人主张试行分享利润计划,还有一些人主张改进生产的程序、方法和体制。泰勒当时是一位年轻的管理人员和工程师,是美国工程师协会的成员，因而很了解人们提出的上述一些解决办法，并在此基础上提出了他的具有划时代意义的科学管理理论和方法。

从1881年开始，泰勒进行了一项“金属切削试验”，由此研究出每个金属切削工人工作日的合理工作量。经过两年的初步试验之后，给工人制定了一套工作量标准。1898年，泰勒受雇于伯利恒钢铁公司(Bethlehem Steel Company)期间，进行了著名的“搬运生铁块试验”和“铁锹试验”。搬运生铁块试验，是在这家公司的五座高炉的产品搬运班组大约75名工人中进行的。这一研究改进了操作方法，训练了工人，结果使生铁块的搬运量提高3倍。铁锹试验是系统地研究铲子的负载后，研究各种材料能够达到标准负载的锹的形状、规格，以及各种原料装锹的最好方法的问题。此外，泰勒还对每一套动作的精确时间作了计算，从而得出了一个“一流工人”每天应该完成的工作量。这一研究的结果是非常杰出的，堆料场的劳动力从400～600人减少为140人，平均每人每天的操作量从16吨提高到59吨，每个工人的日工资从1.15美元提高到1.88美元。金属切削试验延续了26年，进行的各项试验超过了3万次，80万磅的钢铁被试验用的工具削成切屑。试验结果发现了能大大提高金属切削机工产量的高速工具钢，并取得了各种机床适当的转速和进刀量以及切削用量标准等资料。

实施科学管理的结果是提高了生产效率，而高效率是雇员和雇主实现共同富裕的基础。因此，泰勒认为只有用科学化、标准化的管理替代传统的经验管理，才是实现最高工作效率的手段。

二、传统人事管理与现代人力资源管理的区别

传统人事管理与现代人力资源管理在很多方面都存在着区别。

(一)产生的时代背景不同

人事管理是随着社会工业化的出现与发展应运而生的。而人力资源管理是在社会工业化迅猛发展、科学技术高度发达、人文精神日益高涨、竞争与合作不断加强、特别是社会经济有了质的飞跃的历史条件下产生和发展起来的。

(二)对人的认识不同

人事管理将人的劳动看作是一种在组织生产过程中的消耗或成本。也就是说，生产的成本包括物质成本，还包括人的成本，在观念上将人等同于物质资源，把人力当作一种工具，注重的是投入使用和控制。人事管理主要关注于如何降低人力成本，正确地选拔人，提高人员的使用效率和生产率，避免人力成本的增加。

而人力资源管理将人力视为组织的第一资源，将人看作是“人力资本”。这种资本通过有效的管理和开发可以创造更高的价值，能够为组织带来长期的利益，即人力资本是能够增值的资本。因此，人力资源管理更注重对人力的保护和开发，因而更具有主动性。人力资源管理对人力资源的培训与持续教育越来越重视，许多世界著名企业投资成立了自己的培训教育学院。通过对员工的培训，实现基于组织发展的员工个人成长。

(三)基本职能不同

人事管理职能是具体的、技术性的事务管理职能，而人力资源管理的职能具有较强的系统性、战略性和长远性，其管理的视野比人事管理要广阔得多。

综上所述，人力资源管理与传统人事管理各有不同的特点。传统人事管理的特点是以事为中心，要求人去适应事；重使用而轻培养；将人力较多地视为成本，算人头账，而较少算人力

账；传统人事管理部门被视为是非生产、非效益部门。现代人力资源管理则强调以人为本，把人力当成资本；把人力资源开发放到首位；人力资源管理被提高到组织战略高度来对待（以长远性为目标），人力资源管理部门被视为生产与效益部门。表1—1详细地显示了传统人事管理与现代人力资源管理两者的差异。

表1—1　　传统人事管理与现代人力资源管理的区别

比较项目	传统人事管理	现代人力资源管理
管理视角	狭窄的、短期的	广阔的、长期的、未来的
管理观念	视员工为“经济人” 视员工投入为成本 忽视人力资源的能动性	视员工为“社会人” 实施人本化、人格化管理 视人力资源为组织第一资源 重视人力资源的能动性
工作目的	保障组织短期目标的实现	满足员工自身发展的需要，保障组织的长远发展
管理模式	以事为中心	以人为中心
工作性质	战术、业务性	战略性、策略性
工作功能	单一、分散	系统、整合
工作效率	被动、注重管好、忽视人力资源的开发	主动、重视人力资源培训与开发
工作内容	简单	丰富、复杂
工作地位	工作执行层	管理决策层
工作部门性质	非生产、非效益部门	生产与效益部门，获得竞争优势的部门
与员工的关系	对立、抵触	和谐、合作
对其他部门的管理	管理、控制	帮助、服务、咨询

总之，现代人力资源管理较传统的人事管理更具有主动性、战略性与未来性，更适合当今全球经济一体化的组织管理模式与发展趋势。

三、人力资源专业人员的知识和技能要求

世界正在进入知识经济时代，人力资源的定位和管理方法发生了质的变化，人力资源管理职能也发生了根本的转变，人力资源管理部门要胜任本部门的工作职责，就必须有合理的能力结构：学习能力、分析能力、决策能力、创新能力、执行能力、控制能力，以及培养下属的能力、成就导向能力、人际关系能力和团队合作能力。

具备良好的学习能力，就能够认真学习和掌握工作分析与工作设计的新方法，核心竞争力分析方法、平衡计分卡和流程分析方法、胜任能力模型设计方法。

具备良好的分析能力、决策能力和创新能力，就能够依据核心竞争力分析方法和平衡计分卡，协助企业高层制定人才战略，依据胜任能力模型设计方法设计胜任能力模型。

具备良好的执行能力、控制能力、培养下属的能力，就能够依据人才战略、流程和胜任能力模型，制订企业人力资源发展规划、招聘计划、培训计划和晋升计划；依据员工能力特点和组织胜任能力模型，协助员工设计和优化职业生涯；依据战略目标、流程目标和行为目标，实施企业的业绩管理和薪酬管理。

具备良好的成就导向能力、人际关系能力、团队合作能力，就能够建设现代企业文化，为企

业创建一支高资质的人才团队。

四、现代企业的用人原则

人才是企业首要和根本的要素。就经营而言，无论从哪个角度，人都是第一重要的。企业之间的差距从根本上说是人的差距。关于用人，从来就不存在什么一贯的准则，但优秀的企业领导者大都会遵循以下一些共同的原则。其中，有些原则可能有老旧之嫌，但仍有必要经常老调重提。

原则一：用人唯才。

现代企业经营日益复杂，对各种人才的要求也日益提高，只有用人唯才，才能维持企业的长期可持续发展。与人才的亲疏关系不应是用人的标准。亲者而德才兼备，自然最好，但有些不现实，也没必要。但是如果亲而无才者身居高位，那只会影响管理上的健康，影响团队的士气。现代管理区别于传统管理的特征之一就在于能否领导一群原本并无联系的人，朝着一个共同的目标挺进。多年以前，彼得·德鲁克就指出，现代企业应该依靠共同的价值观来维系。企业如果连这一点都达不到，那离现代管理就太远了。

原则二：能力重于学历。

能力比学历更重要。现在许多企业招聘大多要求学士、硕士学位。应该说这本身是一个巨大的社会进步。但是必须清楚的是，看重学历，并不是看重学历本身，而是看重其背后的学识和涵养，这才是重视学历的初衷。分条件也不是能力的必要条件，而只是一个相关条件，相关度如何对每个人来说也都是不一样的。领导者必须综合运用背景分析、经验判断、面试考核等多种手段来对人才的能力、品质、性情、学识等诸多方面做出全面而深刻的评价。

原则三：高级人才选拔内部优先原则。

公司的人才来源不外乎内部培养和外部选聘两个途径。但是任何一个公司，当面临内部职位空缺时，都必须决定这两者谁处于优先地位。如果公司要依靠新人才能带来新思想，那么公司就应该反省"为什么公司内部人员就不能吸收外面的新思想"。也许是因为通路少了，也许是因为思想封闭，也许是因为文化保守，但无论如何这都是一个提醒。内部优先原则正是企业对外开放性的一块试金石，只不过意义与常人理解的正好相反而已。

原则四：注重发挥人才的长处。

企业聘请人才是因为他能做什么而不是不能做什么，要重视的是员工能出什么成果，而不是他有什么特点。优秀的领导者总是以"他能干什么"为出发点，注重发挥人才的长处，而不是克服其短处。

原则五：适才原则。

把适当的人安排在适当的位置上是用人的最高准则。把一个能力不足的人安排在一个他不能胜任的职位上，那是强人所难，而把一个能力非凡之士安排在一个平凡的职位上，那是对人力资源的浪费，没有哪个公司可以经得起这种浪费，杰出人才最终只有选择离开。

原则六：不要给不熟悉的人安排新的重要工作。

良好的人事任命建立在两个基础之上：一是对员工的了解；二是对职位要求的了解。如果员工的能力与工作要求大致契合，那么任命一般会成功，否则风险极大。

原则七：招最出色的人才安排在对公司未来最重要的工作职位上。

如果公司不能保证最出色的人才始终能配置到最有前途的新兴发展领域，不能保证他们总是忙于真正具有挑战性的项目，不能保证他们能够去捕捉最具潜力的商机，不能保证他们正在开创公司未来的利润源，那么，未来就不是决定公司是否可以争金夺银的问题了，而是公司是否有资格参赛的问题了。

原则八：正确看待失败。

如果一项人事任命最终被证明是失败的，那么作为领导者，首先应该承认这是自己的过错，责任不在部下，而在其自身。如果领导者不能从中学习以提高自己人事能力的话，他将注定要面临更大的失败。

【案例 1—1】

林肯的用人之道

1860 年美国大选刚刚结束，一位大银行家看到一个参议员从林肯总统办公室走出来，就对林肯说："此人不可靠，万万不可选他入阁。"林肯问："为什么？"银行家说："他与我谈过，说他比你伟大！"林肯说："我现在最头痛的就是找不到比我强的人，我要把比我强的人都纳入内阁。"后来，银行家所说的那位议员被林肯委任为财政部长，并十分器重他。尽管此人很狂妄，但工作尽职尽责，特别有能力。有一次，这位银行家又提醒林肯说那位参议员有野心。林肯没有直接回答，只讲了自己幼年时的一个故事："年幼时，我在家乡农场犁地，那匹马很懒，走得很慢，可是后来，它走得飞快。等到地头，我才发现这匹马走得快的原因：原来是一只大马蝇叮在它的屁股上。"

启示：古人说，有容乃大。林肯之所以成为美国历史上一位杰出的总统，这缘于他的善于用人，特别是善于使用比自己强的人。一个企业经理人，只有容纳并鼓励那些在能力上强于自己的人，才能达到企业管理的最高境界。企业经理人要强于下属的，一是心胸，二是驭人之功。这里的驭人之功，实际上就是人力资源管理的功能。

第三节 人力资源管理的基本内容体系

人力资源管理实践活动就是为了实现组织的战略目标，利用现代科学技术和管理理论，通过不断地获得人力资源，对所获得的人力资源的整合、调控及开发，并给予他们报酬而有效激励与开发利用。人力资源管理是实现组织目标的一种有效手段。人力资源管理活动包括以下内容：

一、人力资源战略与规划

根据公司的总体战略目标，分析自己的经营环境变化对人力资源的供给和需求的影响及状况，利用科学的预测方法，制定必要的政策和措施以确保自身在需要的时间和需要的岗位上获得各种所需的人力资源（包括数量和质量两个方面），并使公司和员工个体都得到长期的利益。

二、工作分析与设计

为了实现组织的战略目标，人力资源管理部门要根据组织结构确定各职务需要与员工素质要求，并结合组织、员工及工作的要求，为员工设计激励性的工作。这就是本教材第三章的工作分析与工作设计的内容。工作分析是收集、分析和整理关于工作信息的一个系统性程序。工作分析是人力资源各项工作的基础，工作分析的信息被用来规划和协调几乎所有的人力资源活动，如制定人力资源规划、决定员工的挑选标准、选择最适当的挑选技术、制定培训方案、确定绩效评估标准、确定薪金水平等。

三、员工的招聘与录用

根据人力资源规划或供需计划而开展的招聘与选拔、录用与配置等工作是人力资源管理的重要活动之一。要完成组织的目标，公司用招聘来定位和吸引申请具体职位的人，可能从内部（即晋升或变换工作）或从外部招聘候选人。招聘的目标在于迅速地、合法地及有效地找到适合公司需要的求职者。在这个过程中，需要采用科学的方法和手段对所需要的人员进行评估和选择。

四、员工培训与开发

员工培训与开发是教导企业员工如何完成其目前或未来的有计划的学习，为将来工作做好准备。培训重在目前的工作技能，而开发则是对员工未来的工作技能，以及员工职业生涯的开发。培训与开发的主要目的在于通过提高员工们的知识和技能水平去提高组织的绩效。

五、绩效管理

组织通过绩效管理衡量其员工的工作绩效，并把这些评价传达给他们。其目的在于激励员工继续恰当的行为并改正不恰当的行为。绩效评价结果可以给管理部门提供有决策的依据，如晋级、降级、解职和提薪等。

六、薪酬管理

薪酬包括工资、福利及奖金等。工资是员工所得的薪水；福利是提供给员工的、在工资以外的某种报酬形式，如健康保险等；奖金是奖励员工工作行为与超出劳动定额以外的工作结果。

七、劳动关系管理

为使员工努力工作，组织应创造一种积极的工作环境，即良好的员工关系。组织必须建立有效的预防方案以保证员工的身体健康和心理健康、建立员工与组织的有效沟通渠道，为员工提供良好的法律保障。

八、国际人力资源管理

21 世纪的企业面向全球经营与竞争，要获得竞争优势，企业的人力资源管理工作也必须面对全球化，即在跨国经营环境下，了解跨文化背景下企业的人力资源管理问题，同时明白影响国际人力资源的环境因素以及国际企业人力资源开发与管理过程。

九、人力资源研究

企业要实现战略目标，管理者必须重视对人力资源管理工作的研究，即通过对企业人力资源管理诸环节的运行、实施的实际状况、制度建设和管理效果进行调查评估，分析和查找企业人力资管理工作的性质、特点和存在的问题，提出合理化的改革方案，使员工的积极性和创造性被充分调动起来。

第四节 环境的变革和人力资源管理发展的新趋势

一、环境的变革

（一）劳动力队伍的变化

1. 教育水平的提高

教育水平的提高，使员工的价值观发生变化，使人们更倾向于工作的自主权和独立性，更关注于上下级之间的平等关系，更着力于追求自我价值的实现。同时，文化程度的提高将使员工不安于单调重复简单的机械式劳动，事实上，他们更容易进行创造性劳动，拥有更高的潜在生产率。这些变化将使人力资源管理面临许多新的课题，例如，如何适应高学历员工因受教育程度提高而带来的需求层次的提高、如何开发员工的潜在生产率及创造性等。

2. 老龄化趋势

老龄社会是指老年人口数量占总人口数量的比例达到或超过一定限度的人口结构模型。按照联合国的传统标准，老龄社会是一个地区 60 岁以上老人达到总人口的 10%，新标准是 65 岁老人占总人口的 7%，即该地区视为进入老龄化社会。

据 2010 年第六次全国人口普查主要数据公报（第 1 号），我国内地 31 个省、自治区、直辖市和现役军人的人口中，60 岁及以上人口为177 648 705人，占 13.26%，其中 65 岁及以上人口为118 831 709人，占 8.87%。与 2000 年第五次全国人口普查相比，60 岁及以上人口的比重上升 2.93 个百分点，65 岁及以上人口的比重上升 1.91 个百分点。

在我国，由于人口总量庞大，老龄化趋势及其压力目前尚未完全显现；但是，随着人民健康水平的提高、寿命的延长，它必将对人力资源管理产生影响。例如，增加健康保险金和退休保险金的压力会越来越大。又由于教育年限的延长，25 岁以下的年轻劳动力会显得短缺，而 30～45 岁之间员工的职业生涯发展将可能由于经验问题而受到较大年龄员工（如 40～55 岁之间）的限制。

3. 劳动力构成的多样化

这主要是指劳动力队伍的国际流动、外籍工比例增加、教育与工作求职间的频繁变动，以及妇女在劳动力队伍中的比例继续增长。劳动力队伍的国际流动与经济的全球化密切相关。改革开放以来，在我国独资、合资企业中，外籍管理人员和技术人员的人数大幅度增加，如何调动这些外籍员工的积极性，已成为企业必须解决的问题。

在妇女解放、男女平等的思想及政策的影响下，我国劳动力队伍中，女性一直占有很高的比例。随着贫困地区的现代化以及农村的城镇化，将有更多的女性加入到企业的员工队伍中来，因而双职工家庭的总数将会继续增加。由于剥离企业的社会功能而被逐渐淡化的“双职工”问题（如怀孕、幼儿教育等），经过一轮“历史循环”迟早又会被提到企业人力资源部门领导面前。同时，在安排员工的假期、旅游等活动时也必须考虑双职工这一因素。

（二）技术变革

技术变革是决定企业变化的一个最基本因素，这种技术变革的速度在日益加快。美国一家销售生活用品的公司经理说：“我们公司的客户订单 20 世纪 70 年代是靠员工每天到邮局去取回的，20 世纪 80 年代初是靠电话订货，20 世纪 80 年代后期则靠传真机，到 20 世纪 90 年代初则开始使用电子数据交换技术，又过了仅仅两年，公司一半以上的订单是通过互联网拿到的。”

技术变革使得劳动力越来越多地从劳动密集型产业转移到技术密集型及新兴的服务产业部门。由于大量采用机器人，以及计算机辅助材料设计(CAD)和计算机辅助制造系统(CAMS)的广泛应用使得蓝领工人的工作岗位不断减少，因而对受过高等教育拥有高技能的人才的需求急剧增加。

总之，劳动密集型的蓝领工作及职员工作的岗位在不断减少，而技术型的、经营管理型的以及专业性的岗位将不断增加。岗位职务以及组织结构都需要重新设计，管理的层次将减少，组织呈现扁平化的趋势。

(三)经济的全球化趋势

经济的日益全球化是世界发展的一个基本趋势。我们经常用“地球村”这样一个名词描述世界各国在经济、文化、政治上的紧密联系。越来越多的企业向国外推销自己的产品，或者干脆直接投资，当地生产，当地销售。现在几乎很难找到一个纯粹的“民族”产品。经济全球化使所有企业无一幸免地面对着日益激烈的国际竞争，包括产品竞争、市场竞争以及日趋白热化的人才竞争。传统的国际投资理论认为，企业海外扩张的基本动因之一是为寻求相对的比较优势，如较便宜的劳动力和原材料等。但是在当代，这一动因发生了根本的变化，跨国公司到国外投资是为了在世界范围搜罗高技术的人力资源、各种专业人才和工程师。

经济的全球化对企业经营管理的严重挑战主要表现在如何适应与母国截然不同的经济、文化、政治、法律环境、民族，不同语言的员工和管理人员如何融洽地在一起工作创造出高生产率，并共同为企业目标而努力，这几乎涉及人力资源管理的各个方面，从而成为人力资源管理和实践迅速发展的一个新的领域。

(四)工作和职业性质的变化

科技进步和全球化趋势所产生的一个直接后果是，它们使职业的性质发生了变化，这主要表现在以下几个方面：

1. 服务业的兴起

在西欧和北美呈现出一种明显的趋势，即大量的人力资源由制造业向服务业转移，如今美国有 2/3 的劳动力提供服务而不是生产产品。20 世纪 80 年代期间，美国制造业工人数量下降了 12%，到 20 世纪 90 年代中期，美国经济创造了数以万计新的职业岗位，这些职业岗位大部分都是在服务行业，如快餐、零售、咨询、教育和法律工作等。这些新的职业岗位要求新型的知识工人以及相应的人力资源管理的新方法。

2. 知识工人和人力资本

人力资本在企业发展中的作用越来越大，管理学家彼得·德鲁克指出现代公司经营管理方式将很少再会与 30 年前的制造业企业有相似的地方，他预言“一个典型的现代化企业将以知识为基础，其大部分员工由专家组成”。

二、人力资源管理发展的新趋势

在 21 世纪，人类进入了一个以知识为主宰的全新经济时代。人力资源与知识资本优势的独特性成为企业重要的核心技能，人力资源的价值成为衡量企业整体竞争力的标志。同时，人力资源管理经历着前所未有的来自全球一体化的力量，如信息网络化的力量、知识与创新的力量、顾客的力量、投资者的力量、组织的速度与变革的力量等各种力量的挑战和冲击。21 世纪人力资源管理既有着工业文明时代的深刻烙印，又反映着新经济时代游戏规则的基本要求，从而呈现出新的特点。

(一)人力资源管理将更注重以人为本

知识经济时代是一个人才主权时代,人才主权时代就是人才具有更多的就业选择权与工作的自主决定权,人才不是被动地适应企业或工作的要求。善于吸纳、留住、开发、激励一流人才的企业成为市场竞争的真正赢家。企业要"以人为中心",尊重人才的选择权和工作的自主权,为人才提供人力资源的产品与服务,并因此赢得人才的满意与忠诚。人才不是简单地通过劳动获得工资性收入,而是与资本所有者共享价值创造成果。越是高素质、越是稀缺的人才,越容易获得选择工作的机会,其报酬也越高;人才资源优势越大的企业越具有市场竞争力,也就越容易吸纳和留住一流人才。人力资源管理部门要围绕开发员工能力、调动员工积极性、提高员工满意度来开展好各项工作,实现人力资本价值的最大化。

(二)人力资源管理将更注重服务

员工也是客户,企业人力资源管理的新职能就是向员工持续提供客户化的人力资源产品与服务。从某种意义来说,人力资源管理也是一种营销工作,即企业要站在员工需求的角度,通过提供令顾客满意的人力资源产品与服务来吸纳、留住、激励、开发企业所需要的人才。企业要赢得顾客的满意与忠诚,必须赢得员工的满意与忠诚;企业要把客户资源与人力资源结合起来,致力于提升客户资本价值与人力资本价值。21世纪人力资源管理者要扮演工程师、销售员和客户经理的综合角色。一方面,人力资源管理者要具有专业的知识与技能;另一方面,要具有向管理者及员工推销人力资源的产品与服务方案的技能。人力资源管理的服务包括:建立共同愿景,使员工期望与企业发展目标一致;提供持续的人力资源开发与培训,提升员工的人力资本价值;通过富有竞争性的薪酬体系及信息、知识、经验等的分享来满足员工多样化的需要;让员工参与管理,授予员工自主工作的权利与责任;建立支持与求助系统,为员工提高工作绩效、完成工作目标提供条件。

(三)人力资源管理的重心转向知识型员工

21世纪,经济发展的核心是企业,企业的核心是人才,人才的核心是知识创新者与企业家。人力资源管理面临新三角:知识型员工、知识工作设计、知识工作系统。人力资源管理要关注知识型员工的特点,其重点是如何开发一个与知识型员工管理相匹配的人力资源管理体系。

(四)人力资源管理在组织中上升到战略地位

人力资源已经正式成为企业的战略性资源,它要为企业战略目标的实现承担责任。人力资源管理在组织中的战略地位上升,其实施在组织上也得到保证,如很多企业成立人力资源委员会,使高层管理者关注并参与企业人力资源管理活动。人力资源管理不仅仅是人力资源职能部门的责任,更是全体员工及全体管理者的责任。

人力资源管理的一项根本任务就是:如何推动、帮助企业的各层管理者及全体员工去承担人力资源开发和管理的责任。人力资源管理要配合组织不断的变革与创新,就需要创新授权,通过授权,建立创新机制。在企业中引入新的团队合作,形成知识型工作团队,将一个个战略单位经过自由组合,挑选自己的成员、领导,确定其操作系统和工具,并利用信息技术来制定最好的工作方法。

(五)人力资源管理的全球化、信息化、虚拟化

组织的全球化必然要求人力资源管理策略的全球化。人力资源的开发与培训,使得企业管理者和员工具有全球的概念。要以全球的视野来选拔人才,看待人才的流动,尤其是加入世

界贸易组织(WTO)以后,所面对的就是人才流动的国际化以及无国界。

国际化的人才交流市场与人才交流模式将出现,并成为一种主要形式。人才的价值(价格)就将不仅仅是在一个区域市场内体现,更多的是要按照国际市场的要求来看待。跨文化的人力资源管理成为重要内容。同时,随着信息技术的发展和专业化分工的日益完善,人力资源管理部门的各项业务存在虚拟化管理的趋势。一些企业已逐渐将一些相对固化和趋同性较大的人力资源管理职能外包给专营公司或专业咨询公司,以集中企业优势资源发展核心竞争力。

(六)人力资源管理逐渐柔性化、扁平化和复杂化

随着知识经济时代的到来,劳资双方的关系将发生革命性变化,原来的强制命令越来越难以奏效,劳资双方的"契约关系"变得越来越像"盟约关系"。在人力资源管理柔性化之后,管理者更加注重员工的积极性和创造性,更加看重员工的自主精神和自我约束。

从信息学的角度来分析,原来的信息传递是逐层进行并逐级传递的。这种组织形式在信息高速传递时代很容易反应滞后。因此,精简中层,使组织扁平化将成为一种潮流。人事协调复杂化是由办公分散化等引起的,互联网使分散化办公成为可能。"即时通信"使全体员工能够很好地联系在一起,协同作战,分散化办公将是未来社会的一种不可避免的发展趋势。分散化办公增加了人力资源管理的难度。这无疑是对人力资源管理者的一种挑战。

(七)人力资源管理的角色多重化、职业化

人力资源管理的核心任务是构建智力资本优势,21 世纪企业的核心优势取决于智力资本独特性及其优势。智力资本包括三个方面:人力资本、客户资本和组织结构资本。人力资源的核心任务是通过人力资源的有效开发与管理,提升客户关系价值。要实现这种价值的提升,需要致力于深化两种关系:维持、深化、发展与客户的关系,提升客户的关系价值,以赢得客户的终身价值;维持、深化、发展与员工的战略合作伙伴关系,以充分发挥员工的价值。

(八)人力资源管理的新准则

沟通、共识、信任、承诺、尊重、自主、支持、服务、创新、学习、合作、支援、授权等职能将成为人力资源管理的新准则。

在 21 世纪,企业与员工之间、管理者与被管理者之间、同事之间将按新的规则来处理各种关系,即如何在沟通的基础上达成共识;如何在信任的基础上达成承诺;尊重员工的个性,如何在自主的基础上达到有效的管理,尤其是如何对创新型团队提供一种支持和服务。企业应当注重于构建适合企业管理实践的人力资源管理体系以适应管理环境的发展与变化,在激烈的市场竞争中,使企业立于不败之地。

本章小结

人力资源是最重要的资源,也是生产活动中最活跃的因素,被经济学家称为第一资源。影响人力资源数量的因素主要有人口总量及其再生产状况、人口的年龄构成、人口迁移。影响人力资源质量的因素主要有遗传和其他先天因素、营养因素、教育因素。人力资源具有能动性、两重性、时效性、持续性、智力性、再生性、时代性、社会性等特点。在西方学者的视野中,人力资源管理的产生和发展大致可以划分为五个阶段:手工艺制作阶段、科学管理阶段、人际关系阶段、行为科学阶段、学习型组织阶段。人力资源管理活动包括以下内容:人力资源战略与规划、工作分析与工作设计、员工招聘与录用、员工培训与开发、绩效管理、薪酬管理、员工关系管理、国际人力资源管理、人力资源管理研究等。但是,随着环境的变化,人力资源管理的发展也

呈现出新趋势。

课后思考

1. 人力资源的含义是什么？人力资源的基本特征是什么？
2. 现代人力资源管理具有哪些特点？它与传统人事管理的显著区别在哪里？
3. 人力资源管理活动包括哪些具体内容？
4. 未来人力资源管理的发展趋势是什么？

案例分析

3M公司和"花王"公司：锐意创新，领先他人

美国的明尼苏达矿业制造公司（以下简称3M公司），几十年来锐意创新，总是以领先于他人的速度不断开拓新的技术领域，推出新产品。

新技术和新产品是人创造出来的，3M公司的超人之处在于它拥有一套完善的用人机制。其具体做法是：

(1)企业内各部门规模小、人员精。部门企业领导对下属员工的姓名、工作态度、专业特长、学识水平等都了如指掌，以便各取所长，量才使用。

(2)充分给每一个员工施展才能、发明创造的机会，鼓励他们为研制新产品进行试验的冒险，允许失败而不挫伤其热情和干劲。

(3)要求研究人员、推销人员和管理人员经常接近客户，邀请他们帮助出主意开发新产品。

(4)奖励改进创新者。公司里的每一个员工在提出一个开发新产品的方案后，便由其组成一个行动小组来进行开发，薪金和晋升与这种产品的进展情况挂钩。优胜者总有一天能独立领导他自己的产品开发小组或部门。

(5)对开发性研究持科学态度，慎重对待，不轻易否定和扼杀项目。如果一个方案在某个部门不被重视，难以实施，提案者可用他15%的时间证明这个方案的可行性。对于提出最佳方案、需要创始资本的发明者，公司每次授予的发明奖多达90个，5万美元奖每年多达90次。

3M公司寻找发明家和创新家的简单准则是：不要妨碍他们的工作。

另一个案例是日本的花王化妆品公司。该公司提出了"依靠独创技术求生存"的经营战略，把薪酬改革与开发员工的创造性紧密结合，以在高度饱和的化妆品市场激烈的竞争中求得发展。

花王公司要求每个员工都要发奇想、闯新路，千方百计地创新，任何人在晋升、提薪和奖励时都要看他们的创造性如何，这个创造性包括能力和成果两个方面。人事部门还建立了一套创造性的评分制度，由专家、领导和顾客对员工的思维、行动和成果进行综合评分。

在这种全公司重视创新的氛围中，花王公司连续推出了"高效洗涤剂"、"生物技术洗衣粉"等新产品，在竞争中占据了主动。

思考：

1. 3M公司和花王公司的人力资源有何特色？对此你的看法如何？
2. 你认为中国的企业哪一方面最需要借鉴？

扩展阅读

人力资源管理的新趋势与新角色

即便是人力资源管理逐渐受到重视的今天，许多企业仍旧怀疑人力资源管理的功能，认为人力资源管理不过是文件作业(paper work)的制造者或法令规章的看门狗(watchdog)。20世纪90年代以来，企业通过学习、品质、团队、再造工程的方式追求卓越。事实上，达成组织卓越的目标应是人力资源管理不同于传统功能的新任务及新角色，人力资源管理不应再局限于传统的招募、薪资等“活动”中，而应将焦点放在“结果”层次。

为什么人力资源管理日渐重要呢？因为今日的企业必须面对五项挑战：

一是全球化：全球化的趋势要求经理人“思考全球化、行动本土化”(think globally and act locally)。事实上，全球化与本土化有截然不同的需求，要平衡这两点确有困难，加上还需注意跨国的差异，如政治情势、法令规章、经贸协议、汇率、文化等问题，使得其挑战性更高。

二是通过成长获利：过去10年来，大部分西方企业都致力于企业“减肥”(downsizing)、再造工程、合并(consolidation)等增加效率、缩减成本的方式。效率的公式应该是收入除以成本，过去企业都把焦点放在分母(成本)的下降以提高效率，现在则逐渐重视以提高分子(收入)的方式来增进效率。而增加分子的方式有三个：在顾客方面，必须以创新的产品及服务满足市场需求；在员工方面，鼓励员工分享学习经验及建立畅通的信息流通管道；在企业间的关系方面，则通过合并(merger)、收购(acquisition)、合资(joint venture)的方式，增进自身实力。因此，如何整合不同组织的工作及文化就成为新的挑战。

三是科技：从视讯会议到互联网，科技的进步让沟通更便捷，但是并非所有的科技都有增加价值的功能，重要的是科技会影响人们如何工作及在哪里工作，如采用在家工作，办公室的员工该如何管理，就是传统人力资源管理想象不到的问题。

四是知识产权：知识能创造企业直接或间接的竞争优势，知识产权及怎样实现将会被视为企业另一项核心部分，知识工作者及新时代的管理技巧不是传统人力资源管理所能应付的课题。

五是改变、改变及更多的改变：由于环境不断改变，企业必须快速且持续地学习，环境的不确定性及未知的改变，将是企业最大的挑战。

在面对上述五项挑战时，人力资源管理的新任务将是引导企业突破挑战。人力资源管理可通过四种方式引领企业追求卓越，这也是人力资源管理从传统跳脱所要扮演的新角色：

一是变成资深经理与直线经理的伙伴：人力资源管理应成为公司策略团队的成员。伙伴关系的建立包括四个步骤：首先，人力资源管理需定义公司经营的模式，如Jay Galbraith的STAR MODEL、McKinsey & Company的7-S架构，都是现成的好工具，这些模式能够帮助经理人理清公司如何运作、策略如何执行等问题，人力资源管理必须像个建筑师，把建筑所有的部分有效整合；其次，人力资源管理必须扮演组织稽核的角色，考虑所有组织要素适合度的问题，帮助经理人定义哪些要素的改变有助于策略的执行；再次，人力资源管理必须扮演策略合伙人的角色，提出、创造、讨论执行策略的最佳行动方案；最后，必须排定清楚的优先次序，使行动与结果能相符合。

二是变成行政专家：人力资源管理的新任务是研究如何将行政工作做得更好、更快、更便利，如从减少纸上作业、减少步骤及应用新科技等方面着手，同时也可以使自己成为内部顾问，提供各部门分享行政服务。

三是变成员工的拥护者：必须让员工对组织有高度的承诺并全心贡献，可由讨论会、报告、问卷调查等方式了解员工满意度，更重要的是，要帮助找出满意度上升或下降的原因并提供建议。同时，必须让员工知道人力资源管理是代表员工的声音，在决策过程中，会站在员工观点并支持员工的权利。

四是变成变革代理人(change agent)：今日企业成败的关键在于应变的速度，因此适应、学习、行动更快的企业将会是赢家。人力资源管理应扮演变革代理人的角色，让"解决"(resove)替代"抗拒"(resistance)，让员工知道何时该停止、开始、继续工作使愿景成真，如通用(GE)的变革模式就是很好的思考架构，可以帮助定义变革的关键成功因素，并找出每个因素中组织的优缺点。

人力资源管理角色的转换绝对不可能靠人力资源管理单独完成，主要的责任还在于CEO与直线经理，因为直线经理必须对企业营运的过程及结果负责，也即"所有的经理人都是人力资源经理"，那么专业的人力资源经理又该是什么角色呢？答案就是内部顾问，故专业的人力资源经理并不会因为所有的经理人都成为人力资源经理而被取代，反而其作为触媒的角色将更加重要。

资料来源：中国企业培训网(http://www.chinacpx.com)，有适当删减。

第二章

人力资源规划

知识目标

◎了解人力资源规划的含义、作用
◎掌握人力资源需求预测的方法
◎掌握人力资源供给预测的方法
◎熟悉编制人力资源规划的流程

能力目标

◎能够使用适当的方法进行人力资源预测
◎能够编写简单的组织人力资源规划书

引导案例

千宇建筑公司的人力需求预测

千宇建筑公司是广东省一家国有建筑企业。公司管理层基本上都是广州本地人，文化层次相对较高。而一线的建筑工人，大部分来自原广州郊区城乡结合部的农民(随着城市的扩建，也转变成为“市民”)。

随着我国改革开放的不断深入，中国经济呈现勃勃生机，各行各业日益发展。广东经济作为中国经济的领头羊，也呈现出前所未有的发展势头。建筑业更是异军突起，发展迅猛。在这种大好形势下，千宇公司紧紧抓住发展机遇，承担了许多大型工程的建设项目，逐渐成为广东建筑企业的排头兵。

随着企业的不断发展，公司的领导层发现，工地一线工人开始吃紧，有时采取加班加点的超负荷工作也远远满足不了发展的需求。为满足对人员配备的要求，公司人事部从本省及其他省市匆忙招聘了大量的新员工。为应付紧张的用工需要，人事部门不得不降低录用标准，使得招聘人员的质量大幅度下降。另外，招聘人员的结构也不尽合理，如单身或易流动的员工过多、员工年龄偏大等。经常出现很多员工只工作了一两个月就充当工长的现象，人事部门刚招聘一名员工顶替前一位员工的工作才几个月，就不得不再去招聘新的顶替者。为了招聘合适的人选，人事部门常常是疲于奔命。

为此，公司聘请了有关专家进行了调查，寻找员工短缺的原因，并提出解决这一问题和消除其对组织影响的方法。专家调查表明，该公司以往对员工的需求处于无计划状态，在城郊还未变成城区之前，招工基本上还不太困难。随着城市化进程的加快，城郊的农民工的数量也在日益缩小。以往在几天之内就能找到应急工的情况已成为过去。因此，公司决定把解决员工短缺问题作为公司战略的重要部分来考虑。

在专家的帮助下，鉴于公司本身的特性以及宏观经济形势的平稳发展，公司决定采用趋势预测法，用最小平方法求得趋势线，将这趋势线延长，推测将来公司所需的员工人数。

公司在过去的12年中，工人人数如表2—1所示。

表2—1　　公司过去12年工人数量

年份	2001	2002	2003	2004	2005	2006	2007	2008	2009	2010	2011	2012
人数	510	480	490	540	570	600	640	720	770	820	840	930

经计算，预测值与实际情况相当吻合。至此，人事和管理部门对问题才有了统一的认识。在人力资源供给与需求预测的基础上，千宇公司制定了人力资源管理的总规划，根据总规划制订各项具体的业务计划以及相应的人事政策，做到提前招工、提前培训，解决了人员需求的问题。

千宇公司的管理实践表明：人力资源规划对于企业的人力资源管理至关重要，做好人力资源供给、需求预测，结合企业的战略发展目标，制订适应企业发展的人力资源规划，才能主动避免组织出现人员短缺问题，才能确保组织在生存和发展中对人力资源的需求，也更有利于制订和实现组织的战略目标。

第一节　人力资源规划概述

在市场经济条件下，人才是组织参与市场竞争的根本优势。在组织的人力资源管理过程中，已经不能假定需要人才时就能招聘到合适的人才，有些关键岗位甚至长期招聘不到合适的人选，同时也不能再假定优秀的人才一定会长期坚守岗位不外流。市场竞争的实质就是人才的竞争，谁能在稀缺人才的竞争中获胜，谁就能在市场竞争中占有优势。因此，组织必须强化内部人力资源管理的计划性，根据自己竞争战略的调整来制订详细、系统、合理的人力资源规划。

一、人力资源规划的概念

(一)人力资源规划的含义

人力资源规划是指组织为了实现战略发展目标，根据组织目前的人力资源状况对组织人力资源的需求和供给状况进行合理的分析和预测，并据此制订出相应的计划和方案，确保组织在适当的时间能够获得适当的人员，实现组织人力资源的最佳配置，从而满足组织与个人发展的需要。具体而言，包括以下方面的含义：

1. 人力资源规划的前提是对组织目标和组织内外环境可能发生的变化进行分析和预测

市场经济条件下市场环境瞬息万变，组织内部和外部环境也会相应发生变化，不断变化的环境必然会对人力资源的供给状况产生持续的影响。人力资源规划的制定就是要及时把握环境和战略目标对组织的要求，作出科学的分析和预测，识别组织的需要，使组织的人力资源能够适应环境的变化，适应组织未来各阶段的发展动态，保证组织的人力资源始终处于充足供给的状况，为组织总体目标的实现提供充分的人力资源保障。

2. 人力资源规划的制定以实现组织的战略发展目标为基础

在组织的人力资源管理中，人力资源规划是组织发展战略总规划的核心要件，是组织未来发展的重要基础条件。组织的人力资源规划要根据组织的战略发展目标来制定，在组织对未来的发展方向进行决策时能够提供所需的数据和适当的信息，提高获取人力资源的效率及有效性，降低组织管理成本。

3. 人力资源规划的对象是组织内外的人力资源

人力资源规划的对象包括组织内部的人力资源以及组织外部的人力资源，如对内部现存的人力资源进行培训、调动、升降职，对外部人力资源进行招聘、录用、培训等。随着组织战略目标的调整及组织外部环境的变化，应当及时制订和调整人力资源管理的方案，并有效实施。

4. 人力资源规划要实现组织目标与个人目标的共同发展

人力资源规划是组织发展战略和年度规划的重要组成部分，是为组织未来的发展预先获取优秀人才、储备人力资源，同时也要为相应的人才匹配适合的岗位，为实现其个人价值提供机会，保证最大限度地发挥人才的潜能，满足人才职业生涯发展的需求，做到人尽其才、能岗匹配，吸引并留住优秀的人才资源，最终实现组织目标与个人目标的共同实现。

（二）人力资源规划的目标

组织的人力资源规划能够为组织的人力资源管理工作提供有效的指导，人力资源规划的实质在于通过对组织人力资源的调整和确定，保证组织战略目标的实现。人力资源规划的目标是保证人力资源状况与组织各阶段的发展动态相适应，尽可能有效地配置组织内部的人力资源，使组织在适当的时候得到适当数量、质量和种类的人力资源。

1. 组织要获取和保持一定数量具备特定技能、知识结构和能力的人员

组织中现有的人力资源具有不可替代的作用，对这些人员进行规划，使之能够跟上组织不断创新的步伐是人力资源规划的主要工作内容。而具备特定技能、知识结构和能力的人员在组织中更是起到中流砥柱的作用，因此，人力资源规划工作目标就是要根据组织的需要及时补充与岗位相匹配的人员，为组织进行人才的储备。

2. 预测组织中潜在的过剩人员或人力不足

组织拥有的员工过多，并不必然导致经济效益也会越多。相反，人员过多会使组织的管理成本过高，从而减少经营利润。但是如果员工过少，又会由于产品生产数量不足，而满足不了市场的需要，就会导致经营收入降低。

德国人力资源专家马克斯在研究中发现：假设一个人有一份业绩，那么并不是人数越多，业绩就会成倍增加。实践中可能会出现的结果是：一个人有一份业绩，两个人的业绩会小于两

份业绩，四个人的业绩又会小于三份业绩，到八个人时，这个团队的业绩竟然会小于四份！而美国人力资源协会的统计结果也表明：在一个三人组成的团队中，有一个人是创造价值的；有一个人是没有创造价值的，是平庸的；还有一个人是创造负价值的。这似乎也印证了中国那句俗话：一个和尚挑水喝，两个和尚抬水喝，三个和尚没水喝。因此，人力资源规划要对组织中潜在人员过剩或不足情况进行合理的分析和预测，避免因人员过剩或短缺而造成的损失，这样既可以降低组织用人成本，也有助于组织提高经营效益。

3. 建设一支训练有素、运作灵活的劳动力队伍，增强组织适应未知环境的能力

社会环境是动态的，国内经济的增长、停滞或收缩，政府对市场经济的宏观调控措施的严厉或放松，会影响行业的发展；行业的发展态势是继续保持现状还是出现趋缓，或者是竞争更加激烈，都会对组织的人力资源供给产生重要的影响。这种影响主要是来自组织产品需求状况的变化和劳动力市场对组织人力资源供给状况的变化。人力资源规划要求全面考虑相关领域里的各种情形以及可能出现的各种变化，培育一支训练有素、动作灵活的人员队伍，提早做好准备，应对未来环境的变化，使组织在变化中立于不败之地。

4. 减少组织在关键技术环节对外招聘的依赖性

一般来说，在组织的技术核心工作环节对掌握关键技术的员工依赖性比较大，科学技术的发展要求员工不断地更新知识、创新技术。组织的人力资源管理部门应当不断对他们进行充分的培训，让员工能够掌握最前沿的信息技术，为组织创造最高的工作绩效，而不必完全依赖于对外招聘获得关键的技术人才。

为达到以上目标，人力资源规划需要关注以下几点：组织需要多少员工；员工应具备怎样的专业技术、知识结构和能力；组织现有的人力资源能否满足已知的需要；是否有必要对原有员工进一步培训开发；是否需要进行招聘；能否招聘到需要的人员；何时需要新员工；培训或招聘何时开始；企业应该制定怎样的薪酬政策以吸引外部人员和稳定内部员工；当企业人力资源过剩时，有什么好的解决办法；为了减少开支或由于经营状况不佳而必须裁员时，应采取何种应对措施；除了积极性、责任心外，还有哪些可以开发利用的人员因素等。

二、人力资源规划的作用

人力资源规划是人力资源管理各项具体活动的起点和依据，直接关系着组织人力资源管理和整体工作的成败，更关系着组织战略目标的实现，是整个组织战略的重要组成部分。

（一）人力资源规划是组织适应动态发展需要、提高市场竞争力的重要保证

人力资源规划是组织战略规划的重要组成部分，必须与企业的经营战略保持一致，为企业的整体战略规划服务。由于组织外部环境的不断变化，组织战略也会进行相应调整，从而使企业对人力资源的需求发生变化，这种需求的变化必然导致人力资源供需之间的失衡。因此，人力资源规划要求规划主体根据组织的长远发展目标和战略规划的阶段性调整，对人力资源进行统筹规划，预测人力资源的供求差异，努力平衡人力资源的需求与供给，及早制订出应对变化的调整措施，增强企业对于环境的适应能力，使企业更富有市场竞争力，及早实现企业的战略目标。人力资源规划对组织战略规划的重要作用如图 2—1 所示。

（二）人力资源规划是组织实施管理工作的起点和重要依据

人力资源规划对组织人员的招聘选拔、教育培训、薪酬福利、人员调整以及人工成本的控制等工作都作了具体而详尽的安排，是组织实施管理工作的起点。同时，它还能提供大量的市场动态信息，使管理者能够随时了解和掌握社会环境中人力资源市场的变化状况，有效地帮助

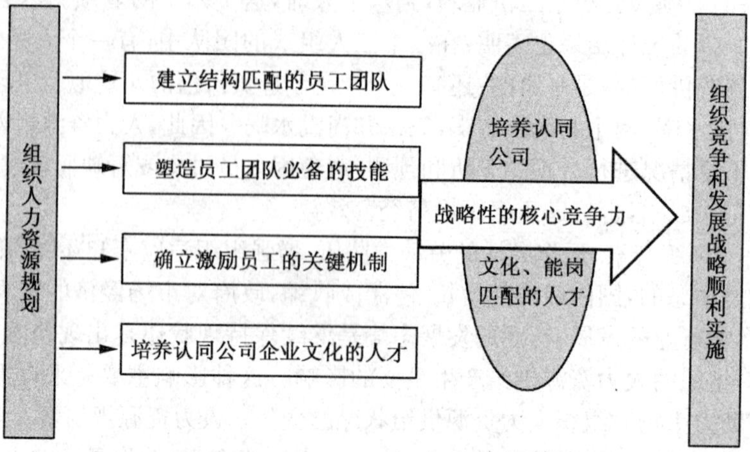

图 2—1 人力资源规划对组织战略规划的重要作用

组织进行工作分析,及时作出应对措施,为组织实施管理工作提供重要依据。

(三)人力资源规划能够帮助组织科学地控制人工成本

工资是组织人工成本中最大的支出部分。组织不断发展壮大,员工职位不断提升,会使工资越来越高,造成组织的人工成本不断增加。人力资源规划能够科学地预测组织员工在数量、结构方面的未来变化,并改善组织的人力资源结构,减少不必要的人力资源成本支出,使之更加合理化,达到帮助组织科学地控制人工成本的目的。

(四)人力资源规划有助于调动员工的积极性

组织的员工通过人力资源规划可以了解到组织对各个层次人力资源的未来需求,可以有更多的机会参加培训,提高自身素质和工作胜任力,从而充分调动起员工的工作热情,为自己设计有利于个人发展的道路,能够增加对工作的满意度,在岗位上发挥能动性和创造性,提高工作质量。

【案例 2—1】

苏澳公司的人力资源规划

近年来,苏澳公司常为人员空缺所困惑,特别是经理层次人员的空缺常使得公司陷入被动的局面。苏澳公司最近进行了公司人力资源规划。公司首先由四名人力资源部的管理人员负责收集和分析目前公司对生产部、市场与销售部、财务部、人力资源部四个职能部门的管理人员和专业人员的需求情况,以及劳动力市场的供给情况,并估计在预测年度各职能部门内部可能出现的关键职位空缺数量。

上述结果用来作为公司人力资源规划的基础,同时也作为直线管理人员制订行动方案的基础。但是,在这四个职能部门里制订和实施行动方案的过程(如决定技术培训方案、实行工作轮换等)是比较复杂的,因为这一过程会涉及不同的部门,需要各部门的通力合作。例如,生产部经理为制订将本部门 A 员工的工作轮换到市场与销售部的方案,需要市场与销售部提供合适的职位,人力资源部就要根据这些需求做好相应的服务(如财务结算、资金调拨等)。而职能部门制订和实施行动方案过程的复杂性也给人力资源部门进行人力资源规划增添了难度,这是因为,有些因素(如职能部门间合作的可能性与程度)是不可预测的,它们将直接影响预测结果的准确性。

苏澳公司的4名人力资源管理人员克服种种困难，对经理层管理人员的职位空缺作出了较准确的预测，制定了详细的人力资源规划，使得该层次上人员空缺减少了50%，跨地区的人员调动也大大减少。另外，从内部选拔工作任职者人选的时间也减少了50%，并且保证了人选的质量，合格人员的漏选率大大降低，使人员配备过程得到了改进。人力资源规划还使得公司的招聘、培训、员工职业生涯计划与发展等各项业务得到改进，节约了人力成本。

合理的人力资源规划的制定和执行能完善企业组织结构，更好地协调各部门之间的关系，降低人工成本。但人力资源规划在制定过程中也会受到诸多因素的干扰和制约，因此要尽量做好各部门之间、部门与管理层之间的沟通和协调。

三、人力资源规划的内容

人力资源规划是一项系统的战略工程，它以企业发展战略为指导，以全面核查现有人力资源、分析企业内外部条件为基础，以预测组织对人员的未来供需为切入点，内容包括晋升规划、补充规划、培训开发规划、人员调配规划、工资规划等，基本涵盖了人力资源的各项管理工作。此外，人力资源规划还通过人事政策的制定对人力资源管理活动产生持续和重要的影响。

组织的人力资源规划分为两个层次：一个层次是组织人力资源的总体规划；另一个层次是人力资源的具体规划。

组织的总体规划是指根据组织的总体战略目标制订的，在计划期内人力资源开发与管理的总原则、总方针、总目标、总措施、总预算的安排。组织的具体规划是指人力资源各项具体业务规划，是总体规划的展开和时空具体化。每一项具体计划也都是由目标、任务、政策、步骤和预算等部分构成，从不同方面保证人力资源总体规划的实现。人力资源具体规划包括人员补充规划、人员使用和调整规划、人才接替发展规划、人才教育培训规划、评价激励规划、员工关系规划、退休解聘规划、员工薪酬规划、员工职业生涯发展规划等，具体内容如表2—2所示。

表2—2　　人力资源具体规划内容

类　别	规划目标	相关政策或措施
人员补充规划	优化结构，满足组织对人力资源数量、类型和质量的现实性需求	员工自然变动预测和规划 冗员和不适岗者变动或解聘规划 新员工补充来源和招聘规划 职位工作分析
人员使用和调整规划	部门人员编制和人力结构的优化，提高效率和用人的合适性，组织内部的合理流动	岗位调整和轮换政策 职位任用标准和上岗基本资格制度 范围与时间规定
人才接替发展规划	建立后备人才计划，形成人才群体，适应组织发展需求	管理与技术骨干选拔制度 晋升职位管理办法和流程 未提升资深人员的安排和管理规划 员工发展计划和个人职业生涯发展规划
人才教育培训规划	培训系统拟订、建立，确定培训系统的评价效果	普通员工培训制度 管理技能培训制度 专业人员业务进修制度 绩效发展需求和培训实施规划

续表

类　别	规划目标	相关政策或措施
评价激励规划	增强员工参与度,增进绩效技能,增强组织的凝聚力,塑造企业文化	目标管理程序和管理制度 奖惩制度和管理方法 沟通机制和管理技巧
员工关系规划	协调员工关系、增进理解、增进员工的满意度,降低非期望性离职率	员工参与管理制度 合理化建议和创新管理制度 员工管理沟通制度和员工满意度调查制度
退休解聘规划	编制动态变化计划,降低劳务成本和提高劳动生产率	退休政策和规定 员工解聘制度和程序 人员接替计划和管理程序
员工薪酬规划	平衡内外部薪酬的水平,建立具有激励性的分配机制体系	现代的薪酬管理制度 奖励政策和制度 福利计划和实施办法
员工职业生涯发展规划	协调个人与组织的职业发展规划,实现员工与组织的“双赢”	制定个人层次的职业生涯发展规划 制定组织层次的职业发展规划

第二节　人力资源预测

在组织的人力资源规划中,人力资源预测是比较关键的环节,处于人力资源规划的核心地位,是制订各种战略、计划、方案的基础。组织要想保持竞争力,关键看是否拥有具备竞争力的员工,但是,要想拥有合格的员工队伍,就必须做好人力资源的供求预测工作。

一、人力资源的需求预测

(一)人力资源需求预测的含义和特点

1. 人力资源需求预测的含义

人力资源需求预测是指组织的人力资源管理部门根据组织的战略目标、组织结构、工作任务,综合各种因素的影响,对组织未来某一时期所需的人力资源数量、质量和结构进行估算的活动。

2. 人力资源需求预测的特点

第一,科学性。组织的人力资源需求预测工作是按照科学的程序,运用科学的方法及逻辑推理等手段,对人力资源未来的发展趋势作出科学分析的工作,能够反映出人力资源的发展规律,因而具有科学性。

第二,近似性。由于人力资源需求预测是对组织未来某一时期所需的人力资源数量、质量和结构进行估算的活动,而事物在发展过程中也总会受到各种因素的影响而不断发生变化,因此,该预测只能对未来的预测作出尽可能贴近的描述,人力资源需求的预测结果与未来发生的实际结果存在着一定的偏差,但也极为近似。

第三,局限性。在人力资源需求预测过程中,由于预测对象受到外部各种因素变化的影响具有不确定性或者随机性,就会使得预测的结果带有一定的局限性,很难体现出人力资源需求发展完全、真实的面貌和性质。

(二)需求预测的方法

人力资源需求预测是否科学、合理,关系到组织的人力资源规划能否成功,在制订时要充分考虑组织内外环境的各种因素,根据现有人力资源的状况以及组织的发展目标确定未来所需人员的数量、质量和结构。人力资源需求预测的方法可分为定性预测方法和定量预测方法。定性预测方法是一种主观判断的方法,包括德尔菲法、微观集成法、描述法、工作研究法、现状规划法等。定量预测方法是利用数学手段进行预测的方法,主要包括劳动定额法、回归分析法、计算机模拟预测法、比率分析法等。主要方法如图 2—2 所示。

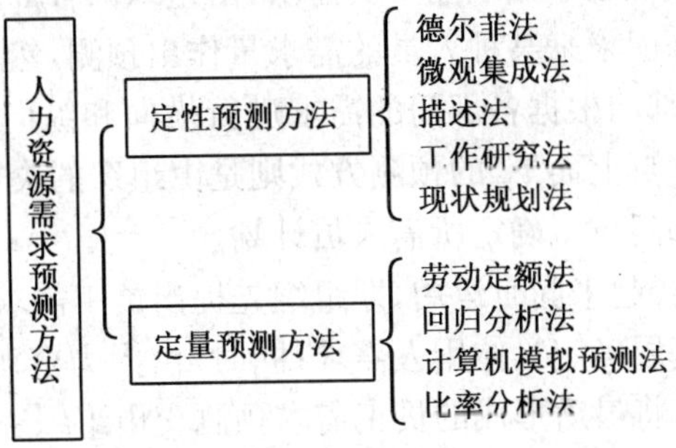

图 2—2　人力资源需求预测法

1. 定性预测方法

(1)德尔菲法。德尔菲(Delphi)法也称专家预测法或集体预测法,是指收集有关专家对组织某一方面发展的观点或意见并加以整理分析的方法。德尔菲法一般采取问卷调查的方式,通过综合专家们的意见来预测组织未来人力资源需求量。专家可以是来自组织内部,如组织的高层管理人员或者各部门具体的管理人员,也可以聘请组织外部的专家。其具体过程可分为以下四个步骤:

第一,预测筹划。即提出预测的目标,确定预测的课题及项目,确定专家组成员的名单,准备相关资料。

第二,专家预测。向专家寄送包含预测问题的表格问卷及有关背景材料,请各位专家以匿名的方式作出判断或预测。

第三,统计反馈。回收专家的问卷答案后,进行统计分析归纳,形成第一次预测的结果,并将该结果归纳成新的问题表,分别反馈给专家,再进行第二轮的预测。如此经过两三轮的反复后,专家的意见会基本趋于一致。

第四,表述结果。在经过了几轮反复预测后,将最后一轮的反馈结果进行整理,以文字或图表的方式表述出来。

德尔菲法的特点:吸收专家参与预测,充分利用专家的经验、学识;采用匿名或背靠背的方式,能使每一位专家独立自由地作出自己的判断;预测过程经过几轮反馈,使专家的意见逐渐趋同。由于这种预测方法是在专家不会受到他人干扰的情况下作出的意见,并能够综合考虑社会环境、组织发展战略和人员流动等因素对组织人力资源规划的影响,因此具有很强的操作性,在实践中被广泛地运用到人力资源规划中。但是,这种方法也存在着不足之处,其预测结果具有强烈的主观性和模糊性,无法为组织制订准确的人力资源规划政策提供详细可靠的数据信息。

此外,在使用德尔菲法时还应注意以下原则:第一,挑选有代表性的专家,并且为专家提供充分的信息材料。第二，所提的问题应当词义表达准确，不会引发歧义，应当是专家能够回答的问题。在问卷设计时不提无关的问题。第三，在进行统计分析时，应当视专家的权威性不同而区别对待不同的问题，不能一概而论。第四，在预测前争取对专家进行必要的培训，了解该预测的背景及意义，使专家对预测中涉及的各种概念和指标理解一致，尽量避免专家在预测中出现倾向性选择和冒险心理效应。

(2)微观集成法。微观集成法是一种主观预测方法，根据有关管理人员的经验，结合本组织的特点，对组织员工需求加以预测，主要采用"自下而上"和"自上而下"两种方式。"自下而上"的方式是从组织中的最低层开始预测人员需求，由组织内各部门的管理者根据本部门的工作负荷及业务发展，对本部门未来某种人员的需求量作出预测，然后向上级主管提出用人要求和建议。组织的人力资源部门根据各部门的需求进行横向和纵向的汇总，再结合组织的经营战略形成总体预测方案。"自上而下"的预测方式则是由组织的决策者先拟订组织的总体用人目标和计划，然后由各级部门自行确定所需人员计划。

这两种方式还可以结合起来同时运用，即组织先提出员工需求的指导性建议，再由各部门按照该要求，逐级下达到基层确定具体用人需求；同时，由人力资源部门汇总后根据组织的战略目标确定总体用人需求，将最后形成的员工需求预测交由组织决策者审批，形成组织的人力资源需求规划方案。此法适用于短期预测和生产情况比较稳定的组织。

(3)描述法。描述法是组织的人力资源部门对组织未来某一时期的战略目标和因素进行假定性描述、分析、综合，预测出人员需求量。此种方法应作出多种备选方案，以便适应组织内部环境或相关因素的变化。

(4)工作研究法。工作研究法是通过工作研究计算完成某项工作或某件产品的工时定额和劳动定额，同时还要考虑预测期内的变动因素，以此来进行组织员工需求预测。即根据具体岗位的工作内容和职责范围，确定适岗人员的工作量，再得出总人数。此法易于实施，适用于结构比较简单、职责比较清晰的组织。

(5)现状规划法。现状规划法是最简单的预测方法，是指在假定组织的生产规模和生产技术不变，且人力资源的配备比例和人员数量完全能够适应预测期内人力资源需求的情况下，对组织人员晋升、降职、退休、辞职、重病等情况的预测。根据历史资料的统计和分析比例，预测上述人员的数量，再调动人员或招聘人员弥补岗位空缺。该方法易于操作，适合组织中、短期的人力资源预测，适用于特别稳定、技术规模不变的组织。现状规划法的计算公式是：

人力资源需求量＝退休人员数＋辞退、辞职、重病人员数

2. 定量预测方法

(1)劳动定额法。劳动定额法是对劳动者在单位时间内应完成的工作量的规定，该方法能够较准确地预测组织人力资源需求量，其公式为：

$$N=W/q(1+R)$$

其中，N 表示人力资源需求总量，W 表示组织计划期内任务总量，q 表示组织定额标准，R 表示计划期劳动生产率变动系数。

$$R=R_1+R_2-R_3$$

其中，R_1 表示组织技术进步引起的劳动生产率提高系数，R_2 表示经验积累带来的生产率提高系数，R_3 表示由劳动者及其他因素引起的生产率降低系数。

(2)回归分析法。回归分析法是采用统计方法预测人力资源需求的一种技术方法。该方法主要是以过去的变化趋势为根据来预测未来变化趋势的一种方法。运用这种方法需要组织

的大量历史业务数据，如组织的销售收入、销量、利润、市场占有率等，从这些数据中发现组织中与人力资源的需求量关系最大的因素，分析这一因素随着人员的增减而变化的趋势，以历史数据为基础建立回归方程，计算得出组织在未来一定时期内的人员变化趋势与人数需求量。回归分析法有一元回归预测法，也有多元回归预测法，最简单的是一元线性回归法，适合组织人力资源规划中以年为单位预测总量的变化。

(3)计算机模拟预测法。计算机模拟预测法主要是在计算机中运用各种复杂的数学模式，对组织在未来外部环境及内部发生动态变化时，组织人员的数量和配置情况进行模拟测试，从而得出组织未来人员配置的需求量。这种方法是人力资源需求预测方法中最为复杂的一种，相当于在一个虚拟的世界里进行实验，能够综合考虑各种因素对组织人员需求的影响，必将得到广泛的运用。

(4)比率分析法。比率分析法也称转换比率分析法，是以组织中的关键因素(销售额、关键技能员工)和所需人力资源数量的比率为依据，预测出组织人力资源的需求量；或者通过组织中的关键人员数量预测其他人员，如秘书、财务人员和人力资源管理人员的需求量。使用转换比率方法的目的是将企业的业务量转换为人力资源的需求，这是一种适合于短期需求预测的方法。以某大学为例，假设在校攻读的研究生数量增加了一个百分点，那么相应要求教师的数量也要增加一个百分点，而其他职员的数量也应该增加，否则难以保证该大学对研究生培养的质量。这实际上是根据组织过去的人力资源需求数量同某影响因素的比率对未来的人员需求进行预测。但是，运用比率分析法要假定组织的劳动生产率是不变的。如果组织的劳动生产率发生升降变化，那么运用这种方法进行人力资源预测就会缺乏准确性。

(三)人力资源需求预测的程序

人力资源需求预测分为现实人力资源需求预测、未来人力资源需求预测和未来流失人力资源需求预测三部分。具体步骤如下：

(1)根据职务分析的结果，确定职务编制和人员配置；

(2)进行人力资源盘点，统计出人员的缺编、超编情况，以及是否符合职务资格要求；

(3)将上述统计结论与部门管理者进行讨论，修正统计结论，修正后的统计结论即为现实人力资源需求；

(4)根据企业发展规划，确定各部门的工作量；

(5)根据工作量的增长情况，确定各部门还需增加的职位及人数，并进行汇总统计，该统计结论为未来人力资源需求；

(6)对预测期内退休的人员进行统计；

(7)根据历史数据，对未来可能发生的离职情况进行预测；

(8)将(6)、(7)统计和预测结果进行汇总，得出未来流失人力资源需求；

(9)将现实人力资源需求、未来人力资源需求和未来流失人力资源需求汇总，即得出企业整体人力资源需求预测。

【相关链接2—1】

人力资源需求预测类型

人力资源预测的内容及相关工作，常因预测时间的长短而有差异。根据预测时间的长短，可以分为三类：短期预测、中期预测和长期预测。

(1)短期预测。通常，较短时间的人力资源预测(如1年以内)是根据现有的人力资源成本预算而决定，即在成本预算的基础上，估计现有人力资源的数量，可能的离职人数与补充人员的数量。短期预测或计划受限于调整时间较短(多为半年到两年间)，有关新聘员工、培训计划等内容都只能作出局部的或战术性的调整，而很难有根本性的变化。所以，根据短期预测所采用的措施多为外包、加班、新聘、裁员、晋升和调职等。

(2)中期预测。一般为1～3年期的需求预测，大多是根据组织的财务计划(未来预算)而定。在这一资源限制条件下，估计可能保持的现有员工以及可完成的对新进(或升迁)员工的培训等内容。在中期，可采用的措施不仅限于局部的调整，也可进行某些战略性的人力资源活动，如长期性的聘用计划、培训计划与改善人员流动性的方案等。

(3)长期预测。一般是指5年以上的人力资源需求预测。由于时间较长，涉及的不确定因素较多，人力资源规划者在作长期预测时，往往很难客观地分析企业未来所面对的外部环境变化和内部适应性调整，很难找到较客观的方法，只能采用臆测的分析方式。因此，长期预测的基础通常是公司与未来市场的展望以及预期的技术变革等。预测对象包括未来劳动力市场供求状况以及教育体系的人力资源培训成果。由于规划期较长，一些根本性、全局性的改变可以据此进行，如组织发展、工作内容再设计和管理人员开发计划等。

一般来说，预测期越长，预测的结果就越不可靠，但是，在审慎的规划和各种预测方法的客观运用下，这一预测仍有相当的参考价值。因而，长期预测多见于规模较大的企业组织与政府机构，它可作为人力资源或其他管理政策的依据。

二、人力资源的供给预测

(一)人力资源供给预测的含义及内容

1. 人力资源供给预测的含义

人力资源供给预测是人力资源规划中的重要核心内容，是指组织运用一定的方法，对组织未来从内部和外部可能获得的人力资源数量、质量和结构进行预测，以满足组织未来发展时期对人员的需求。

2. 人力资源供给预测的内容

人力资源资源供给预测的内容分为组织内部供给和组织外部供给两个方面。

组织内部供给预测是对组织内部人力资源开发和使用状况进行分析掌握后，对未来组织内部所能提供的人力资源状况进行的预测。内部供给预测需要考虑的是组织的内部条件，分析组织内部的部门分布、岗位及工种、员工技术水平及知识水平、年龄构成等人力资源状况；了解目前组织内因伤残、死亡、退休等原因造成的员工自然流失情况；分析工作条件(如作息制度、轮班制度等)的改变和出勤率的变动对人力资源供给的影响；估计组织目前的人力资源供给情况，掌握组织员工的供给来源和渠道；预测将来员工因职位升降、岗位调整或员工跳槽等原因导致的流动态势。对这些内部变化作出分析，以便有针对性地采取应对和解决措施。

外部供给预测则需要考虑的是组织外部环境的变化，考虑诸多的经济、社会、文化因素对人力资源市场的影响，预测劳动力市场或人才市场对组织员工的供给能力。需要分析国家经济发展的整体状况，掌握国家已出台的相关政策法规、科技的发展情况及人才培养结构的变化，还要分析人口发展趋势、本行业的发展前景，具体分析本地劳动力市场的劳动力结构和模式、组织的聘任条件，了解竞争对手的竞争策略。

（二）人力资源供给预测的方法

在人力资源供给预测的研究中，人力资源内部供给预测是人力资源规划的核心内容，因此，目前，国内外有关人力资源供给预测方法的研究主要定位于组织人力资源内部供给预测上，有关预测方法的研究不断改进和创新。而我国在此方面的研究还停留在直接引入国外成果的阶段，尽管有很多学者在各种人力资源管理著作中提出了许多预测方法，但都大同小异。目前，国内外公认的方法主要有德尔菲法、替换单法、马尔柯夫模型、目标规划法。

人力资源供给预测方法也可以分为定性预测法和定量预测法。定性预测法包括德尔菲法和替换单法，定量预测方法包括马尔柯夫模型、目标规划法。

1. 德尔菲法

德尔菲法是一种依靠管理者或专家主观判断的预测方法。在人力资源规划中，此方法既可以用于人力资源需求预测方面，也同样适用于人力资源供给预测。具有方便、可信的优点，并且在资料不完备、用其他方法难以完成的情况下能够成功进行预测。

关于德尔菲法的过程，可参见“人力资源需求预测”部分。

2. 替换单法

替换单法也称替换图法、接续计划法或人员接替法，该方法是根据组织人力资源的现状分布以及员工潜力评估的情况，对组织实现人力资源供给和接替。在组织现有人员分布状况、未来理想人员分布和流失率已知的条件下，由空缺的待补充职位的晋升量和人员补充量即可知人力资源供给量。这种方法主要适合于组织中管理人员的供给预测工作，组织内部的人员调动必然会使管理层职位出现空缺，而往往对管理层空缺职位的补充都是从下一级员工中提拔的。因此，在职位空缺前用替换单法制订出人员接续计划，就起到了未雨绸缪的作用。IBM公司、通用汽车公司等国外大型企业都是采用这种人力资源供给预测方法。替换单法最早应用于人力资源供给预测，后来也应用于需求预测。

应用该方法时首先要确定需要接续的职位，接着确定可能接替的人选，并对这些人选进行评估，判断其能否达到提升要求，再根据评估结果，对接替的人选进行必要的培训。如图2—3所示，接替王经理的职位的人选有五位，但是根据评估结果显示，只有小张具备了接替的资格和能力，小李和小陈都不具备潜力，小孙还需再培养，并且可以得知小刘不能胜任目前的工作。

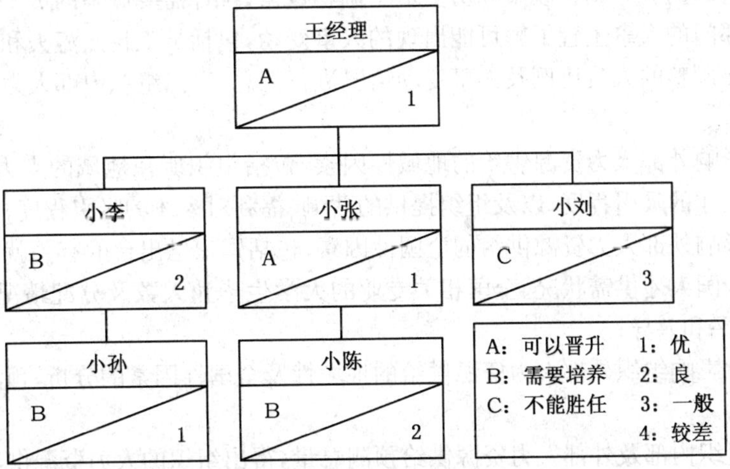

图2—3　某公司的人员接替单

3. 马尔柯夫模型

马尔柯夫(Markov)模型是用来预测具有等时间间隔(如一年)的时刻点上各类人员的分布状况。即运用历年数据推算出组织各个工作岗位中人员变动的概率,找出过去人力资源变动的规律,从而推测未来人力资源变动情况的一种方法,其基本假设是组织中员工流动方向与概率基本不变。马尔柯夫模型实际上是通过建立一种转换概率矩阵,运用统计技术预测未来人力资源变化的一种方法。它在假设组织中员工流动的方向与概率基本保持不变的基础上,收集处理大量具体数据,找出组织内部过去人员流动的规律,从而推测出未来组织人力资源的变动趋势。

其步骤如下:根据历史数据推算各类人员的转移率,迁出转移率的转移矩阵;统计作为初始时刻点的各类人员分布状况;建立马尔科夫模型,预测未来各类人员供给状况。

这种方法目前广泛应用于组织的人力资源供给预测上,可以为组织提供精确的数据信息,有利于作出有效决策。

4. 目标规划法

目标规划法是一种容易理解的、具有高度适应性的预测方法,指出员工在预定目标下为最大化其所得是如何进行分配的。目标规划是一种多目标规划技术,其基本思想源于西蒙的目标满意概念,即每一个目标都有一个要达到的标靶或目标值,然后使距离这些目标的偏差最小化。当类似的目标同时存在时,决策者可确定一个应被采用的优先顺序。

上述四种人力资源供给预测方法各有优劣,运用德尔菲法和替换单法简单易行,但是预测结果具有强烈的主观性和模糊性,准确性较差。马尔柯夫模型和目标规划法能够为组织提供精确的数据,准确性高,但是在运用时,必须调配广泛的资源,以找到公式所需的全部参数,因此实时性较差。在实际应用中,组织可以依据自身规模的大小、周围环境的条件以及规划预测重点的不同,对四个评价方面予以不同的权重,选择最适用自己的一种预测方法,也可将几种预测方法建立一个组合系统进行预测。

(三)人力资源供给预测的程序

人力资源供给预测的程序分为内部供给预测和外部供给预测两方面。具体步骤如下:

(1)进行人力资源盘点,了解组织人力资源分布现状;

(2)根据组织的职务调整政策和历史员工调整数据,统计需要调整的员工比例;

(3)向各部门的人事主管了解可能出现的人事变动,包括员工自然流失和人员流动情况;

(4)将需要调整的人员比例及人事变动情况进行汇总,得出组织内部人力资源供给总量预测;

(5)分析影响外部人力资源供给的地域性因素,包括组织所在地域的人力资源整体现状、供求现状、对人才的吸引程度,以及组织提供的薪酬、福利对人才的吸引程度;

(6)分析影响外部人力资源供给的全国性因素,包括国家已出台的有关就业方面的法规和政策、该行业全国人才供需状况、全国相关专业的大学生毕业人数及分配情况、全国范围从业人员的薪酬水平和差异;

(7)通过对影响组织外部人力资源供给的地域性及全国性因素的分析,预测组织外部人力资源供给总量;

(8)汇总组织内部及外部人力资源供给预测总量,得出组织的人力资源供给预测。

【案例 2—2】

企业管理咨询师的年度人力资源计划

人力成本的预算和控制是所有从事人力资源管理的工作者都应该了解和掌握的知识。这里需要提到另一个概念称为人力成本率。计算公式为：人力成本率＝人力成本÷销售额。

通常情况下，人力成本率会随着销售额的递增而递减。也就是说，在销售额不断增加的前提下，企业前一阶段的人力成本率一般会大于后一阶段的人力成本率。所以说，如果一个公司的销售额能预算得很准，那么人力成本也会预算得比较准。

如果一个企业今年的销售额是 6 亿元，正常情况下，该企业的人力成本率应该是 10%。下面，我们把该企业明年的销售额分为两种可能：

(1)如果该企业明年的销售额为 7 亿元，那么，在 6 亿元和 7 亿元之间的 1 个亿的人力成本率是大于 10%还是小于 10%呢？正常情况下，在这 1 个亿中人力成本率应该是小于 10%的，假设为 9%；

(2)如果该企业明年的销售额为 8 亿元，假设 6 亿元到 8 亿元中间的 2 亿元中有 1 亿元的人力成本为 9%，另 1 亿元的人力成本为 8%。

这种情况下，预算整体的人力成本公式为：

$$\sum(\text{月销售额}\times\text{人力成本率})=\text{全年人力成本}$$

人力资源部往往从每年度 11 月份开始就要收集各种信息，筛选出变量因素，进行下一年度的人力资源规划的准备。这个时候如果人力资源部想知道本年度 12 月份的人力成本总和，可以采用下面的计算方法：

某月的销售额×人力成本率＝当月的工资总和

对于“年终奖到底该如何计算”的问题，这里，我们介绍一种比较简单实用的方法：如果企业本年度的人力成本率为 10%，那么可以按 8%来计算年度人力成本，剩余的 2%留作年终奖。

我们知道，员工工资属于人力成本的组成部分。它包括两个部分，固定部分称为岗位工资，变动部分称为绩效工资。如何计算岗位工资和绩效工资呢？

举例来说，假设某企业今年 1 月份的销售额为 4 000 万元，人力成本率为 10%，留下为年终奖准备的 2%，4 000×8%＝320(万元)，就是该企业 1 月份的人力成本。假设该公司共有员工 400 人，400 人的岗位工资之和为 250 万元，那么，变动部分的 70 万元就是绩效工资。如果该企业 2 月份增加了 20 人，销售额还是 4 000 万元，假设 420 人的岗位工资之和为 260 万元，那么，绩效工资就是 60 万元。

岗位工资和绩效工资统称为基准工资。基准工资有一个规律，通常情况下，岗位工资和绩效工资的比例有 5∶5、6∶4、7∶3、8∶2 等。当企业发现比例发生倾斜，比如由原来的5∶5变成了6∶4的时候，这就证明员工固定工资的部分在增加，如果这时企业的效益并没有增加，为了健全“双赢”的机制，一般的做法是可以适当减少人员的数量，按减少后的人员数量发放岗位工资，而绩效工资还按原来的人数所得发放给现有的人数所得。

例如，以前需要 10 个人共同完成一项工作，平均每人的工资是 2 000 元，其中岗位工资 1 200元/人，绩效工资 800 元/人。那么，绩效工资的总额就是 8 000 元。效率提高后，只需 9 个人就可以完成这项工作了。这时，为了达到企业和员工的“双赢”，工资可以这样分配：岗位工资不变，还是 1 200 元/人，绩效工资＝80 00÷9＝889(元/人)。这样，不但企业减少了人力成本的开支，而且员工的工资总额也得到了提高，真正实现了“双赢”。

第三节 人力资源规划的制定

在市场竞争日益激烈的今天，人力资源逐渐成为组织最富竞争力的核心要素，人力资源部门在组织中日益彰显出其地位的重要性。原因在于人力资源规划工作与组织战略发展目标的实现是联系在一起的，为组织发展目标的实现提供人力资源方面的保障。因此，组织越来越重视人力资源规划的制定，在组织发展过程中的各个阶段制定相应的人力资源规划，以实现该阶段的战略目标。

一、人力资源规划制定的原则

(一)全面性原则

制定人力资源规划要全面地考虑公司各个部门人力资源情况及人力资源的发展、培训及需求等情况。

(二)客观、公正性原则

制定人力资源规划要对各个部门的实际情况和人力资源情况进行客观和公正的评价和考虑。

(三)协作性原则

制定人力资源规划需要各个部门密切配合，人力资源部要协调好与各部门的关系和工作。

(四)发展性原则

制定人力资源规划要考虑组织的长远发展方向，以组织获得可持续发展的生命力为目标，协调好各种关系，为组织培养、再造所需人才。

(五)动态性原则

组织的人力资源规划并非是一成不变的。当组织的内外部环境发生变化时，组织的战略目标也会随之进行调整，这时人力资源规划也要相应进行修改和完善，保持与组织整体发展状况的动态适应。

二、人力资源规划制定的程序

(一)组织内外部环境信息收集分析阶段

在组织内外部信息收集分析阶段的主要任务是调查、收集能够涉及组织战略决策和经营环境的各种必要的信息，为下一步制定人力资源规划提供可靠的依据和支持。组织的内部环境包括企业结构、文化、员工储备等内容，组织的外部环境包括宏观环境、行业环境等。结合组织的战略发展目标对组织的内部环境进行分析，确定组织所需的人力资源结构及具体要求；同时，对组织的外部环境进行分析，掌握产品结构、消费者结构、产品的市场占有率等组织自身因素，以及劳动力市场的结构、择业心理、相关政策法规等相关社会因素。

(二)组织人力资源存量统计及供需预测分析阶段

首先，人力资源管理部门要采用科学的分析方法对组织现有的人力资源进行盘点，对组织中的各类人力资源数量、质量、结构、人员潜力及利用情况、流动比率进行统计，分析当前内部人力资源的利用情况，收集组织现有的职位信息。其次，结合组织内部环境状况，如组织内部的生产设施状况、技术水平、产品结构及产品的销售额和利润等各项经营活动，对组织未来的职位信息作出人力资源需求预测，根据职位的要求详细规定任职所必需的技能、职责及评价绩效的标准。再次，整理职位信息，包括该职位在整个组织职业生涯道路中所处的位置及该职位在组织中所能持续的时间，也就是组织需要该职位的时间。最后，制定人力资源供给分析预测，包括内部人力资源供给预测，即根据现有人力资源及可能的变动情况确定未来组织能供给的人员数量及质量，以及受地区性和全国性因素的影响，外部人力资源可能供给情况的预测。这一阶段的工作是整个人力资源规划能否成功的关键，为组织人力资源规划的制定提供了依据和保障。

(三)人力资源总体规划的制定与分析阶段

对人力资源进行了需求预测和供应预测之后，就可以制定人力资源总体规划了。

在前两个阶段的基础上，结合人力资源需求预测和供给预测的数据，对组织人力资源数量、质量和结构进行比较，便可以确定组织未来人力资源的剩余和缺口，然后再采取相应的措施进行调整，这就是组织的人力资源总体规划。人力资源的总体规划主要包括组织的人力资源规划目标、与人力资源有关的各项政策和策略、组织内外部人力资源需求与供应的预测、组织在规划期内人力资源的净需求等内容。

在人力资源供需比较后，如果出现了供不应求的情况，就应当采用有效的措施和方法，弥补人力资源的不足。例如，制定调动员工积极性的方案挖掘员工的潜能，对员工采取加班、培训、晋升、工作再设计和招聘新员工等措施。如果出现了供大于求的情况，也要采取有力的措施避免加重组织的负担。例如，扩大组织的业务量；对多余的员工进行再就业培训，帮助他们走上新的工作岗位；对员工进行培训提高其素质、技能和知识水平；不再续签劳动合同、让部分老员工提前退休及辞退；鼓励员工辞职等非积极策略等措施。而如果出现的是人力资源供求相等的情况，则不需要采取重大的人力资源调整措施。

(四)人力资源具体规划的制定阶段

这个阶段的工作任务是根据上一阶段所确定的人力资源净需求的情况，制定一系列有针对性的、具体的人力资源规划方案，包括人员招聘计划、人员流动调配计划、管理体制调整计划、员工素质提高计划、薪酬调整计划、员工退休解聘计划等。通过制定这些计划或方案并有效实施，保证组织未来的人力资源状况能够符合组织的战略发展需要。

(五)人力资源规划的控制与调整阶段

由于组织所处的环境是一个动态的环境，组织会随之不断修正战略目标，那么人力资源规划在实施过程中也就必须相应进行变更或修订。各项具体的人力资源规划政策制定出来后要付诸实施，就要求组织内部的各个部门通力合作才能实现。在实施过程中，要建立科学的评价和控制体系，客观、公正地对人力资源规划进行评估，广泛征求各部门领导的意见，根据评估结果及时反馈信息，对人力资源战略和规划作出适当的调整，不断完善整个组织的人力资源规划体系以适应环境的变化。

三、建立人力资源管理信息系统

人力资源规划制定完毕后，在实施人力资源规划的时候，就需要建立一个完善的人力资源管理信息系统，有效的人力资源管理信息系统有利于组织更好地制定和执行人力资源规划。

(一)人力资源管理信息系统的概念

人力资源管理信息系统是组织利用计算机和其他先进技术，融合科学的管理方法，对人力资源工作方面的信息进行处理，辅助人力资源管理人员完成信息管理、完善工作职能的应用系统，包括收集、保存、分析和报告。一个有效的人力资源信息系统应当能够提供及时、准确、完整的信息，这对于作出人力资源决策是非常关键的。

（二）人力资源管理信息系统的作用

人力资源管理信息系统为组织提供了一个收集、存储和处理信息的平台，可以保证组织及时、有效地实现人力资源管理决策及组织的整体战略目标。其作用具体表现在以下几个方面：

1. 为组织建立人力资源数据中心

人力资源管理信息系统可以为组织建立系统的人事档案，由计算机程序来处理人事数据的保存、分析和计算工作；可以对组织的现有人力资源状况进行分析，对未来的人力资源的需求状况进行预测；及时、准确地掌握组织内部员工数量、结构、人工成本、培训支出等相关信息，确保员工数据信息的真实完整性；在人事档案中对人力资源管理的某些概念进行说明，如晋升人选的确定、工作调动、教育培训、工作奖励计划、现有组织结构分析等；及时在网络上了解市场上人力资源的最新动向，对外发布组织所需人才及职位要求等信息，提高招聘效率；节省组织的人力、财力，有利于改善组织人力资源管理的效率，使组织的人力资源开发、管理更加科学有效。

2. 提高组织人力资源管理的水平，为组织高层管理者作出决策提供帮助

人力资源信息系统的建设必然会要求组织制订适合于本组织员工绩效考核、薪酬和福利管理等工作的一系列指标，使组织的人力资源计划和控制管理定量化。该系统所提供的数据能够为组织的管理者在进行管理决策时提供准确、可信的数据，使组织的人力资源管理工作更加科学化、规范化。

总之，人力资源管理信息系统是人力资源管理中的一项基础工作，它能提供详尽的人力资源信息和资料，提供备选方案，并对方案进行优化和判断，可以提高决策者的决策能力，使组织的决策和管理更加科学化。

（三）人力资源管理信息系统的建立

建立人力资源管理信息系统具体包括以下几个步骤：

(1)建立组织的人力资源管理信息平台，通过计算机和网络技术构建组织的人力资源信息数据库，配备所需的各种硬件设备和软件设备；

(2)建立人力资源收集、整理、分析、评价等各个子系统，确定每个子系统的具体方法；

(3)将收集来的各种信息输入人力资源数据库，并进行分类；

(4)运用人力资源管理信息系统和数据库进行各项人力资源规划工作，对组织的人力资源状况进行准确判断和预测。

本章小结

人力资源规划作为一种战略规划，着眼于在组织发展的各个阶段，分析组织在内外环境变化的条件下人力资源的状况，并运用科学的方法对人力资源需求和供给进行预测，有针对性地制订出与组织发展相适应的人力资源政策和措施，为组织未来的生产经营活动预先准备人力，从而使组织的人力资源供给和需求达到最佳平衡状态。人力资源规划与组织的长期发展战略是密切联系的，人力资源规划是组织整体目标规划的重要组成部分。

课后思考

1. 人力资源规划如何分类？它们的内容有哪些？
2. 什么是人力资源需求预测？怎样进行人力资源需求预测？
3. 什么是人力资源供给预测？怎样进行人力资源供给预测？
4. 进行科学合理的人力资源规划需要注意哪些问题？

案例分析

鼎鑫酒店集团的扩张

1. 背景

鼎鑫酒店集团最初只是一家普通国有宾馆，由于地处国家著名旅游景区附近，故迅速发展壮大——原有宾馆已经推倒重建成为一家五星级大酒店。集团在此尝到甜头后，先后在四个旅游景区附近收购了四家三星级酒店。对于新收购的酒店，集团只是派去了总经理和财务部全班人马，其他人员都采取本地招聘的政策。因为集团认为服务员容易招到，而且简单培训就可以上岗，所以只是进行简单的面试，只要应聘者长相顺眼就可以。同时，为了降低人工成本，服务员的工资比较低。

2. 问题

赵某是集团新委派的下属一家酒店的总经理，刚上任就遇到酒店西餐厅经理带着几名熟手跳槽的事情。他急忙叫来人事部经理商谈此事，人事部经理满口答应，立即解决此事。第二天，赵某去西餐厅视察，发现有的西餐厅服务员摆台时经常摆错刀叉，有的不知道如何开启酒瓶，领班除了长得顺眼和一味傻笑外，根本不知道如何处理顾客的投诉。紧接着仓库管理员跑来告诉赵某说发现丢了银质的餐具，怀疑是服务员小张偷的，但现在已经找不到小张了。赵某一查仓库的账本，发现很多东西写着丢失。赵某很生气，要求人事部经理解释此事，人事部经理辩解说因为员工流动太大，多数员工都是才来不到10天的新手，餐厅经理、领班、保安也是如此，所以做事不熟练，丢东西比较多。赵某忍不住问："难道顾客不投诉吗？"人事部经理回答说："投诉，当然投诉，但没关系，因为现在是旅游旺季，不会影响生意的。"赵某对于人事部经理的回答非常不满意，又询问了一些员工后，发现人事部经理经常随意指使员工做各种事情，如接送人事部经理的儿子上下学、给他的妻子送饭等。如果员工不服从，立即开除。赵某考虑再三，决定给酒店换血——重新招聘一批骨干成员，于是给集团总部写了一份有关人力资源规划的报告，申请高薪从外地招聘一批骨干人员，并增加培训投入。但同时，人事部经理也给集团总部写了一份报告，说赵某预算超支，还危言耸听造成人心惶惶，使管理更加困难，而且违背了员工本地化政策。

思考：

1. 赵某的想法是否正确？酒店是否必须从外地招聘一批新的骨干人员？
2. 赵某应当采取哪些措施以解决酒店目前面临的问题？
3. 酒店的人力资源规划重点是什么？服务员招聘是否需要进行规划，或者等到需要时再招聘？
4. 赵某应当与什么人一起完成酒店的人力资源规划？在进行人力资源规划的过程中，会遇到什么问题?

扩展阅读

阿迪达斯搬家:千里之行 始于人力资本

2012 年 7 月 18 日上午,运动服装巨头阿迪达斯证实,已经决定关闭其在中国唯一一家直属工厂,目的或是迁往东南亚。这家工厂位于苏州工业园,是阿迪达斯集团 100%的全资子公司。关于这家工厂未来的去向,阿迪达斯并没有详细解释。而据苏州工业园区一位知情人士透露,阿迪达斯苏州工厂准备搬迁到缅甸。

“中国再也不是几年前人工成本低廉的国家了。”一位业内人士如是表示。在阿迪达斯曾被伦敦奥组委指责其在柬埔寨的“血汗工厂”时,公司回应称,其缅甸工厂工人月薪 130 美元(约 828 元人民币)。相比之下,公司在苏州工厂人均月工资则不低于 3 000 元,是缅甸工人月工资的 3.6 倍。

值得注意的是,除阿迪达斯和耐克将工厂转移到东南亚外,Clarks、K-Swiss、Bakers 等国际鞋业巨头已纷纷增设在越南、印度尼西亚的生产线。2012 年 6 月份,包括著名的天虹纺织集团有限公司在内的 13 个中国的纺织公司向印度尼西亚派遣代表,寻找合适的建厂地点。据此来看,东南亚掀起了一股纺纱建厂热潮。

据了解,由于东南亚的产品更有价格优势,使得中国的纺织出口企业受到了冲击。面对东南亚的价格冲击,有纺织企业老板提出要在东南亚建厂,弥补价格上的劣势。有纺织公司相关负责人表示,国内的中低端出口产品订单今年已经缩减了 1/3,有很多订单都被东南亚的公司抢走了。

对于这批早早进入中国的劳动密集型外企而言,中国已不再是一个廉价劳动力俯拾皆是的制造业“天堂”。他们不得不像流浪的候鸟一样,不断去寻找下一个水草丰美的地方。

资料来源:刘杰:《阿迪达斯关闭在华唯一工厂》,载《中国联合商报》,2012—7—19。

第三章

工作分析与工作设计

知识目标

◎正确理解工作分析的基本概念
◎了解工作分析的流程、内容和意义
◎掌握工作分析的基本方法
◎了解工作设计的内容与方法

能力目标

◎掌握工作分析的内容和方法。
◎能够根据实际情况,就某一岗位作出正确合理的工作分析。

导入案例

工作职责与权限分歧带来的问题

黄海公司开业尚不足两个月,公司在内部人员工作职责、权限的划分上接连出现了问题。

先是在组装车间,一个包装工将大量液体洒在操作台周围的地板上。正在一旁的小组长见状立即走上前要求这名工人打扫干净。不料,这名工人一口回绝道:“我的职责是包装产品,这远比清扫重要,你应该让勤杂工来处理。况且,我的工作责任中没有要求我打扫卫生。”小组长无奈,只得去找勤杂工,而勤杂工不在。因为勤杂工只有在当班工人下班后才开始清理厂房。于是,包装组长只好自己动手,将地板打扫干净。第二天,小组长向车间主任请求处分包装工,得到了同意。谁料人事部门不但不予支持,反而警告车间主任不要越权。车间主任感到不解，认为人事部的规定不合理，并向生产部的李主管反映了这一情况，请求得到支持。小组长更是满腹委屈，感到自己尚且不如员工地位高，成了员工的服务员。他反问道："我的职责中也没有要求我打扫卫生吧？"

这样一来，公司生产部门与人事部门之间及生产部门内部就出现了矛盾。李主管觉得自己的车间主任受了委屈，就与人事部张部长进行协商。张部长让人事秘书小李拿来职务说明书一起分析。包装工的职务说明书规定："以产品包装工作为中心职责，负责保持工作平台以及周围设备处于可操作状态。"勤杂工的职务说明书规定："负责打扫车间，整理物品，保持厂房内外的整洁有序。为了保证不影响生产，工作时间为生产休息时刻。"小组长的职务说明书规定："主要负责使班组的生产有序、高效，并协调内部工作关系。"车间主任的职责更笼统："负责本车间生产任务的完成，并且可以采取相应的措施对员工加以激励。"人事部门的职责主要包括人员的招聘、选拔、培训、考核、辞退、奖惩、工资福利等。因为员工奖惩权归人事部门，因此人事部坚持认为生产部门对员工的处分决定是越权。生产部门则认为，对员工的奖惩应由自己决定，否则难以领导员工开展工作，难以对员工进行有效管理。班组长更是感到委屈，并声称要辞职。

组织是一个为完成特定目标而存在的有机整体，它的许多工作需要不同的个体配合并协调完成。因此，必须科学界定管理者和员工的工作职责、权限范围及其需要完成的任务，才能更好地实现组织的预期目标。黄海公司的问题在于：工作说明书中对于生产部门与人事部门的工作职责与权限划分笼统而不科学，员工的工作任务模糊。事实上，企业的人力资源管理过程中常常会遇到这样一些问题：某项工作的内容是什么？其职责和权限是什么？承担这项工作的必要资格条件是什么？这些问题是影响"人事匹配"和组织效率的关键。本章主要讨论这些问题。

第一节　工作分析概述

一、工作分析的概念

分析就是将研究对象的整体分为各个部分、方面、因素和层次，并分别加以考察的认识活动。

工作分析又称职务分析，是指全面了解、获取与工作有关的详细信息的过程，是对组织中的某个特定职务的工作内容和职务规范（任职资格）的描述和研究的过程，即制定职务说明和职务规范的系统过程。换言之，工作分析是通过一系列标准化的程序找出某个职位的工作性质、任务、责任及执行这些工作所需要具备的知识和技能。

从以上概念中，我们可以看出工作分析实际涉及两个方面的问题：一是工作本身，即对工作岗位的研究，研究每一个工作岗位的设置目的、该岗位所承担的工作职责与工作任务，以及与其他岗位之间的关系等；二是对从事该岗位的作业人员特征进行研究，即研究其任职资格，研究能胜任该项工作并能完成目标的任职者所必须具备的条件与资格。所以，我们认为：工作分析是对组织中某个特定工作职务的目的、任务、职权、隶属关系、工作条件、任职资格等相关信息进行收集与分析，以便对该职务的工作作出明确的规定，并确定完成该工作所需要的行为、条件、人员的过程。工作分析的结果就是要形成工作描述与任职说明。这是人力资源管理与开发中必不可少的环节。

【相关链接3-1】

工作分析常用的术语

由于工作分析与职位以及职位对应的工作活动是紧密联系在一起的，因此有必要澄清与之相关的一些概念。

● 行动(action)。是指工作活动中不便再继续分解的最小动作单位。比如，秘书接听电话前拿起电话是一个行动，司机开车前插入钥匙也是一个行动。

● 任务(task)。是指工作活动中为达到某一目的而由相关行动直接组成的集合，是对一个人从事的事情所做的具体描述。比如复印文件，为了达到最终的工作目的，复印员必须从事以下具体行动：启动复印机、将复印纸放到复印机内、将要复印的文件放好、按动按钮进行复印。也就是说，复印文件这一任务，是上述四项行动直接组成的一个集合。

● 职责(responsibility)。由某一方面承担的一项或多项任务组成的相关任务集合。比如，调查员工的满意度是人力资源经理的一项职责，这一职责由下列五项任务组成：设计满意度的调查问卷、进行问卷调查、统计分析问卷调查的结果、向企业高层反馈调查的结果、根据调查的结果采取相应的措施。

● 职位(position)。由一个人完成的一项或多项相关职责组成的集合，又称岗位。例如，人力资源部经理这一职位，它所承担的职责有以下方面：员工招聘与录用、员工培训与开发、薪酬管理、绩效管理、员工关系管理等。在组织中的每一个人都对应着一个职位或岗位，因此从理论上说职位的数量应该等于人员的数量，组织有多少人员相应地就有多少职位。

● 职务(headship)。是指主要职责在重要性和数量上相当的一组职位的统称。比如，人力资源部设有两个副经理的职位，一个主要分管招聘录用和培训开发，另一个主要分管薪酬管理和绩效管理。这两个职位的职责重要性比较一致，因此这两个职位可以统称为副经理职务。职务和职位不同，职位与员工是一一对应的，而职务却并非一一对应。一个职务可能不止一个职位，如上面所举的例子，副经理职务就有两个职位与之对应。

● 工作(job)。是指一个或一组职责类似的职位所形成的组合。一项工作可能涉及一个职位，也可能涉及多个职位。例如，在企业中，产品销售是一项工作，它是由销售员、销售经理等职位组成的。

● 工作族(occupation)。企业内部具有非常广泛的相似内容的相关工作群，又被称为职位族、工作群。比如，企业内部所有从事技术的职位组成技术类工作族，所有从事销售工作的职位组成销售类工作族。

● 职业(profession)。不同组织中的相似工作组成的跨组织工作集合。例如，教师职业、秘书职业等。

● 职业生涯(career)。指一个人在其工作生活中所经历或将要经历的一系列职位、工作、职业。例如，某人刚参加工作时是学校的老师，后来去了政府机关担任公务员，最后又去了公司担任经理，那么老师、公务员、经理就构成了这个人的职业生涯。再比如，某人的职业和工作单位虽然没有发生过变化，但是他从办事员开始，经过主管、副经理、经理一直干到副总经理，那么办事员、主管、副经理、经理、副总经理也形成了这个人的职业生涯。

● 职组(group)。若干工作性质相近的所有职系的集合。例如，人事行政和社会行政可并入“普通行政”职组，其他可并入“专业行政”职组。

● 职系(职种，series)。职责的繁简难易、轻重大小及所需资格条件并不相同，但工作性质充分相似的所有职位集合。例如，人事行政、社会行政、财税行政、保险行政各属于不同的职系。每个职系中的所有职位性质充分相似。一个职系就是一个职位升迁的系统,也是一种专门职业。

● 职级(class)。同一职系中职责繁简、难易、轻重及任职条件十分相似的所有职位的集合。例如,“中教一级”与“小教高级”的数学教师属同一职级。

● 职等(grade)。不同职系之间,职责的繁简、难易、轻重及任职条件充分相似的所有职位的集合。例如,大学讲师与研究所的助理研究员及工厂的工程师,均属于同一职等。

职组、职系、职级、职等之间的关系如表3—1。

表3—1　　**职组、职系、职级、职等之间的关系与区别**

职组	职系 \ 职级 \ 职等	5	4	3	2	1
		员级	助级	中级	副高职	正高职
高等教育	教师		助教	讲师	副教授	教授
	科研人员		助理工程师	工程师	高级工程师	
	实验人员	实验员	助理实验师	实验师	高级实验师	
	图书、资料、档案	管理员	助理馆员	馆员	副研究馆员	研究馆员
科学研究	研究人员		研究实习员	助理研究员	副研究员	研究员
医疗卫生	医疗、保健、预防	医士	医师	主治医师	副主任医师	主任医师
医疗卫生	护理	护士	护师	主管护师	副主任护师	主任护师
	药剂	药士	药师	主管药师	副主任药师	主任药师
	其他	技士	技师	主管技师	副主任技师	主任技师
企业	工程技术	技术员	助理工程师	工程师	高级工程师	正高工
	会计	会计员	助理会计师	会计师	高级会计师	
	统计	统计员	助理统计师	统计师	高级统计师	
	管理	经济员	助理经济师	经济师	高级经济师	
农业	农技人员	农技员	助理农艺师	农艺师	高级农艺师	
新闻	记者		助理记者	记者	主任记者	高级记者
	广播电视播音	三级播音员	二级播音员	一级播音员	主任播音指导	播音指导
出版	编辑		助理编辑	编辑	副编审	编审
	技术编辑	技术设计员	助理技术编辑	技术编辑		
	校对	三级校对	二级校对	一级校对		

二、工作分析的内容

工作分析是对工作进行整体分析,从而确定每一项工作的6W1H:

(一)此项工作做什么(What)

即从事的工作活动和工作责任。主要包括:

(1)任职者所要完成的工作活动是什么?
(2)任职者的这些活动会产生什么样的结果或产品?
(3)任职者的工作结果要达到什么样的标准?

(二)为何要完成此项工作(Why)

即该项工作在整个组织中的作用,主要包括:
(1)做这项工作的目的是什么?
(2)这项工作与组织中的其他工作有什么联系?对其他工作有什么影响?

(三)此项工作谁来做(Who)

即对从事某项工作的人的要求。主要包括:
(1)从事这项工作的人应具备什么样身体素质?
(2)从事这项工作的人必须具备哪些知识和技能?
(3)从事这项工作的人至少应接受过哪些教育和培训?
(4)从事这项工作的人至少应具备什么样的经验?
(5)从事这项工作的人在个性特征上应具备哪些特点?
(6)从事这项工作的人在其他方面应具备什么样的条件?

(四)此项工作为谁做(for Whom)

即在工作中与哪些人发生联系?发生什么样的联系?主要包括:
(1)工作要向谁请示和汇报?
(2)向谁提供信息或工作结果?
(3)可以指挥和监控何人?
(4)需要指导哪些人?

(五)工作何时做(When)

是指该项工作进行的时间安排。主要包括:
(1)哪些工作活动是有固定时间的?在什么时候做?
(2)哪些工作活动是每天必须做的?
(3)哪些工作活动是每周必须做的?
(4)哪些工作活动是每月必须做的?

(六)工作在哪里做(Where)

是指工作进行的环境。主要包括:

(1)工作的自然环境,包括:室内或室外、温度、湿度、照明度、整洁程度、有无异味、噪音、通风程度、粉尘、日晒、位置等。

(2)工作危险性:对身体造成的伤害,包括:砍伤、摔伤、烧伤、扭伤、对视力或听力的损害、心理压力、职业病等。

(3)工作的社会和心理环境,包括:工作地点的生活便利程度、与他人交往的程度等。

(七)完成工作所使用的方法和程序(How)

是指任职者如何进行工作活动以获得预期的工作效果。主要包括:
(1)从事工作活动的一般程序是怎样的?
(2)工作中要使用哪些工具?操纵哪些机器设备?
(3)工作中所涉及的文件和记录有哪些?
(4)工作中应重点控制的环节有哪些?

除此以外，还应该考虑完成工作需要哪些条件，即完成工作所需要的物质条件和人力资源条件。物质条件是指任职者在完成工作任务的正常情况下，需要使用的工具、仪器和设备，表明工作对操作技能的基本要求。例如，员工是否使用车床、轧边机、钻孔机、电动打火装置或微标尺等工具，是否具备操作特殊工具、仪器的技能。对任职者的要求包括经验、教育、培训、知识、生理要求、协调或灵活性、心理能力、智能和社会技能等方面。

三、工作分析在人力资源管理体系中的地位和作用

工作分析就是在全面了解工作（职位）的基础上，提取管理所必须的、有关工作方面的信息，并依据战略和组织运行的要求，对工作进行重新梳理分析的过程。

（一）工作分析与人力资源规划

这是要解决组织发展过程中“人”与“工作”相互适应的问题。需要通过对组织内现有工作信息的了解，以及预测组织未来工作可能发生的变化，制定人员的补充规划、晋升规划、人员配置与调整规划、培训与开发规划、报酬规划等。人力资源规划能够解决组织发展过程中“人”与“工作”相互适应的问题，但如何进行人力资源规划，需要通过对组织内现有工作信息的了解，以及预测组织未来工作可能发生的变化，从而制定相应规划等，工作分析将为这些工作信息的获取提供便捷的途径。

（二）工作分析与人员的招聘、录用

人员的招聘和录用解决的是进入组织中人员的质量问题，这将直接关系到组织未来的发展潜力。但到底需要什么样的人？需要多少这样的人呢？又将如何从大量的求职者中挑选出所需要的人才呢？这就需要对职位工作的内容和执行这些工作的人员所应具备的任职资格有清晰的了解，需要根据这些任职要求对甄选工具（包括笔试、面试、心理测验及无领导小组讨论等）进行有效的设计，而工作说明书能够直接提供职位的工作内容和任职资格，有利于解决进入组织中人员的质量问题。

（三）工作分析与培训开发

员工的培训与开发解决的是任职者的知识、技能和素质与职位相互匹配的问题。但到底应该培训开发什么？是不是大家都盲目去上 MBA 或请专家、讲师来讲课就是培训与开发？上 MBA 也要有个选择，到底哪些职位需要 MBA 的知识？请专家、讲师来讲课能够开阔人的视野，但所讲的东西是否正是员工所短缺的知识和技能，是否能够有效的提高员工的工作绩效？一般意义上的培训很难回答以上的问题。因此需要根据工作说明书对任职者的要求，有针对性地对员工短缺的知识、技能和能力素质进行培训与开发，才能做到有的放矢，从而有效地提高员工的工作能力。

（四）工作分析与职位评价

工作分析为工作的相对重要性提供客观依据。职位评价是对组织内所有职位的相对价值进行比较的一个过程，职位评价是薪酬管理的重要基础。但如何进行职位评价？不能凭空说这个职位的价值比那个职位价值大，而必须从工作内容本身出发，以职位的工作对组织的贡献来评价其价值的大小。工作说明书为职位评价提供了客观的依据，工作分析越详尽，职位评价结果的可靠性越强，以此确定的职位相对价值就越准确。

（五）工作分析与薪酬管理

工作分析是确定职位族、外部薪资调查的基础，也是确定薪酬体系、薪酬水平、奖励制度及进行人工成本的有效控制等的基础。薪酬管理是人力资源管理中最为重要的激励手段，它直

接影响员工的工作热情和工作积极性。工作的性质不同，其激励手段是有区别的，其薪酬水平和奖励制度也会不一样，而要理解工作的性质显然离不开工作说明书。

(六)工作分析与绩效管理

绩效管理即确定员工绩效完成情况，对员工进行绩效改进指导。绩效管理作为现代人力资源管理的核心，其最终追求的目标是员工和组织绩效的提升，这也是人力资源管理的最终目标。然而在绩效管理体系中，首要的就是确定绩效标准，绩效标准确定的是否合理，将影响整个绩效管理体系。但是如何确定绩效指标和标准呢？我们同样离不开对工作的深入理解和分析。

(七)工作分析与职业生涯规划

职业生涯规划针对员工个人的发展方向和工作兴趣，为员工提供了职业发展的通道。工作说明书提供了工作的内容和任职资格，对员工能力素质也提出要求，为员工的职业发展提供客观的、可供遵循的轨迹。员工可以根据自身发展目标，结合自身的素质特长，清晰规划自己的发展生涯。

(八)工作分析与公平管理

公平管理是确保管理所使用信息的客观性、完整性、准确性，避免用人方面的不正之风，克服晋升、考核、培训、薪酬等方面的管理的盲目性和主观性，有效地进行合同管理，客观、公正地处理劳动关系和解决劳动纠纷与争议等。工作说明书可以为公平管理提供评价依据，有利于企业实现公平管理。

四、工作分析的意义

在人力资源开发与管理过程中，工作分析具有十分重要的意义。它是整个人力资源开发与管理的奠基工程。具体来说，工作分析的意义表现为以下几点：

(一)工作分析是人力资源管理科学化的基础

人力资源管理工作过程包括岗位设计、招聘、配置、培训、考核、薪酬等环节，然而每个环节的工作均需要以工作分析为基础。岗位设计要以岗位职责与工作说明书为依据，招聘要以工作说明书为依据，配置要以工作要求为依据，培训要以工作内容和要求为依据，考核要以目标为依据，薪酬要以岗位职责大小、所需技能高低及实际贡献大小为依据。

(二)工作分析是提高现实社会生产力的需要

社会生产能力的提高表现为生产效率与生产质量的提高。提高生产效率与生产质量，关键在于简化工作程序，改进生产工艺，明确工作标准与要求，让每个人从事自己最适合的工作，以达到最好的工作效果。同时，现代生产过程越来越复杂，生产环节越来越多，工艺流程越来越长，企业规模也越来越大，分工越来越细，为了科学地配置与协调不同劳动者的工作，必然要对生产过程分解后的基本单位——工作岗位——进行科学的分析。

(三)工作分析是企业现代化管理的客观需要

传统管理有值得借鉴的地方，但也有不少弊端：一是凭经验管理，二是重视物力与财力因素，而忽视人力因素的作用；三是重视现有能力，而忽视对人的潜力的发掘。在现代社会生产中，工作效率与效果的提高越来越依赖人力因素的作用。因此，现代管理的突出特点是强调以人为中心，强调在工作分析基础上进行工作再设计，为工作者创造和谐的人际关系和组织氛围，创造良好的工作条件与工作环境，控制各种有害因素对人体的危害与影响，保护工作者身心健康，以激发工作者劳动的自觉性、主动性与创造性。

(四)工作分析有助于实行量化管理

现代企业管理实践表明,提高效益既要依靠好的政策,依靠技术进步,更要依靠严格与科学的管理。实行严格而科学的管理,需要一系列的科学标准及量化方法。工作分析通过对岗位工作客观数据与主观数据的分析,充分揭示了整个劳动过程的现象与本质的关系,有助于整个企业管理逐步走向标准化、定量化与科学化。

(五)工作分析有助于岗位评价、人员测评、定员定额及人力规划与职业发展的科学化、规范化与标准化

人员测评内容的分析、指标体系的制定及标准的确定,如果不是建立在工作分析的基础上,那么很可能是主观的、不科学的。

岗位评价活动必须建立在工作分析的基础上。一般来说,工作分析与岗位评价是一体化的,而岗位评价的一切根据都来自工作分析。

定员定额也是以工作分析结果为基础的。一项工作几个人去干,每个人单位时间内该干多少、能干多少,不是凭主观想象确定的,而是应该深入工作现场进行调查分析。

第二节 工作分析的流程与方法

一、工作分析的流程

工作分析是一个全面的评价过程,是一项技术性很强、复杂而细致的工作。其工作程序主要包括准备、调查、分析和完成四个阶段。

(一)准备阶段

准备阶段是工作分析的第一个阶段。这一阶段的主要任务是了解情况,建立联系,规定调查的范围、对象和方法。其步骤如下:

(1)确定工作分析的目标与用途,对企业各类职位的现状进行初步了解,掌握各种基础数据和资料。一旦确定了工作分析的目标与用途,便可以决定用哪种方法来收集资料及怎样收集资料。

(2)委任适当的人选。负责工作分析的人选必须对企业的组织结构和业务性质有全面的认识,具有分析问题的技巧和能力、运用文字的能力,并能取得企业领导的信任和全体员工的配合。

(3)选择具有代表性的工作加以分析。每个企业的工作种类很多,不能逐一地作详细分析,只能选择一些具有代表性或不同类型的工作加以分析。

(4)与工作分析有关的员工建立良好的人际关系。向员工说明该项工作的目的和意义,使他们对工作分析有良好的心理准备。

(5)根据工作分析的任务、程序,分解成若干工作单元和环节,以便逐项完成。

(二)调查阶段

调查阶段是工作分析的第二个阶段。这一阶段的主要任务是根据设计的调查方案对各职位进行认真细致的调查研究。其步骤如下:

(1)编制各种调查问卷和提纲。

(2)在调查中,应灵活地运用访谈、问卷、观察、主题专家会议等方法。

(3)广泛深入地收集有关职位的工作内容。主要收集以下资料:职位名称(或工作名称)、所属部门及主管姓名、工作地点(工作单位)、工作概要、任务、机器、工具、设备、工作情况、工作环境、危险因素及安全措施、职责及决策、工作上受何人领导、受何人监督、领导何人、监督何

人，以及担任这项工作所必须具备的学历、工作经验、技能及专业训练等。

（三）分析阶段

分析阶段是工作分析的第三个阶段。这一阶段的主要任务是对有关工作特征和工作人员特征的调查结果进行全面深入的分析。其步骤如下：

（1）整理分析资料。将有关工作性质与功能调查所得资料，进行加工整理分析，分门别类，编制工作描述与工作规范的项目。

（2）核对所得资料。在正式编写工作说明书之前，应先找出某职位的工作内容，然后将初稿交给有关员工及其主管核对，以确定没有遗漏或错误。

（3）创造性地分析、揭示各职位的主要成分和关键因素。

（四）总结完成阶段

总结完成阶段是工作分析的最后阶段。这一阶段的主要任务是在深入分析和总结的基础上，编制工作说明书。其步骤如下：

（1）召集整个调查中所涉及的基层管理者及任职人员，讨论由工作分析人员制订的工作说明书是否完整、准确。

（2）召开工作说明书的检验会时，将工作说明书初稿发给相关人员。

（3）讨论、斟酌工作说明书中的每一句话，甚至每个词语，由工作分析人员记下大家的意见。

（4）根据讨论的结果，最后制订出一份详细的、准确的工作说明书。

二、工作分析的方法

要制订一份完整的工作说明书，必须收集有关工作足够的信息。收集信息的方法有多种，最常用的有以下几种：

（一）访谈法

访谈法是通过工作分析人员与员工面对面的谈话来收集工作信息资料的方法。它是工作分析中最常运用的一种方法。因为对于许多工作，分析者不可能实际去做（如飞行员的工作）或者去观察（如建筑设计师的工作）。这种情况下必须去访问实际工作者，了解他们所做工作的具体情况，从而获得工作分析所必需的资料。访谈法包括个别员工访谈法、集体员工访谈法和主管访谈法。个别员工访谈法适用于各个员工的工作有明显差别，工作分析的时间又比较充分的情况。集体访谈法适用于多名员工从事同样工作的情况，使用集体访谈法时应请主管参加，或者事后向主管征求对收集到的材料的看法。主管访谈法是指与一个或多个主管面谈，因为主管对于工作内容有相当的了解，主管访谈法能够减少工作分析的时间。

访谈法可以面对面地交换信息，能对被访问者的工作态度与工作动机等有较深层次的了解，所以它有着其他方法无法替代的作用。运用这种方法，首先应该与主管密切合作，找到最了解工作情况的员工及最有可能对他们所承担工作的任务和职责进行客观描述的任职者；其次要尽快与访谈对象建立融洽的关系，事先确定收集的信息内容及详细的提问单；再次把握所提问题与目的之间的关系，要让访谈对象有充足的时间从容回答；最后还可以请对方作补充。

当访谈对象完成工作任务的方式不是很有规律时，工作分析者就应当要求他们按照任务的重要性将其列举出来。分析者在引导被调查者时，应始终保持中立的立场，避免发表个人的观点。在访谈之后，要对所获得的资料进行检查和核对，通常的做法是与访谈对象一起对资料进行核对。

访谈的内容一般可以围绕如下几方面进行：工作目标、组织设立具体工作的目的、确定工作内容的依据、员工在组织中的作用、员工行动对组织产生的后果、工作的性质与范围等。这些都是访谈的核心。从这些问题中,我们可以了解到该工作在组织中的作用,其上下属之间的关系,完成该工作所需的一般技术知识、管理知识、人际关系知识,需要解决问题的性质、自主权及所负的责任,有时还涉及组织、战略决策、执行等方面的内容。

此外,访谈法还可以发挥其他作用,如可以核实调查问卷的内容,了解工作人员的相互评价,主管对下属工作强度、工作能力的评价,下属对主管的能力的评价等。另外,可以详细讨论问卷中建议部分的内容,使之更加具体,还可以调查责任制修改及执行情况。因此,访谈法是一种很重要的调查方法。

访谈法的优点主要有:(1)应用范围相当广泛;(2)可以发现一些在其他情况下了解不到的工作活动和行为;(3)为企业提供了一个解释职务分析的必要性及功能的机会;(4)访谈法相对比较简单,效率高,可以迅速收集所要调查的信息;(5)可控性强,通过事先设计的提纲,可以系统地了解所要调查的内容,当被调查者对回答的问题相互矛盾或不清楚时,可以进行跟踪提问,当被访问者对所提问题采取不合作态度时,可以进行劝导或换人。

访谈法的主要缺点有:(1)工作分析者对某一工作固有的观念会影响其作出正确的判断;(2)被访问者出于自身的利益考虑有时会采取不合作的态度,或有意无意夸大自己工作的重要性和复杂性,从而导致所提供的工作信息失真,打断被访问者的工作;(3)访问者的问题可能因不够明确或不够准确而造成误解,严重影响到工作信息的收集。

【相关链接 3－2】

通用的工作分析访谈提纲

一、关于岗位目标

1. 此岗位的工作目标是什么?

2. 此岗位最终要取得什么结果?

3. 从公司角度看,此岗位具有什么意义和作用?

二、岗位地位

1. 公司上级对此岗位作用的评价如何?

2. 此岗位直接为哪个部门或个人效力?

3. 哪些岗位与此岗位同属一个部门?

4. 此岗位一年所需的各种经费是多少?

三、内外关系

1. 你依据怎样的原则、规章制度、先例和人事制度办事?

2. 此岗位的行为或决策受哪个部门或岗位的控制?

3. 在公司内,此岗位与哪些部门或岗位有最频繁的工作联系? 有哪些联系?

4. 你是否需要经常会见上司商讨或者汇报工作?

5. 通常,你需要与上司讨论什么问题?

6. 你有下属吗? 若有,哪些职位由你管辖? 有多少? 有多少人? 分别是谁?

7. 在公司外,此岗位与哪些部门或个人有最频繁的工作联系? 有哪些联系?

8. 此岗位需要出差吗? 频率如何? 经常去哪里出差? 为什么出差?

四、工作中的问题

1. 你认为此工作对你最大的挑战是什么?

2. 你对此工作最满意和最不满意的地方分别是什么？
3. 此工作需要解决的关键问题是什么？
4. 你面临的问题是否各不相同？不同之处表现在哪些方面？
5. 处理问题时有无指导或先例可参照？有哪些处理依据？
6. 你在工作中遇到的问题，在多大程度上是可预测的？
7. 你对哪些问题有自主权？
8. 哪些问题你需要提交上级处理？
9. 你是否经常请求上司的帮助，或者上司是否经常检查或指导你的工作？
10. 你的上司如何指导你的工作？
11. 你是否有机会采取新方法解决问题？

五、工作成果

1. 你的工作中能够取得什么成果？其中最重要的成果是什么？
2. 通常可以用什么标准衡量你的工作成果？
3. 上司对工作任务的完成情况是否起决定性作用？

六、岗位要求

1. 此岗位要求任职者具备哪些专业技术？请按重要程度列出，并举出工作中的实例来说明。
2. 通过脱产培训还是在职培训来掌握这个岗位所需的专业技术？
3. 此岗位要求任职者具备哪些知识？请按重要程度列出，并举出工作中的实例来说明。
4. 此岗位要求任职者具备哪些能力，请按重要程度列出，并举出工作中的实例来说明。
5. 此岗位对任职者的职业道德要求是什么？

（二）问卷调查法

问卷调查法是工作分析人员通过结构化的问卷要求任职者及他们的主管以书面形式记录有关工作分析的信息。调查问卷的设计是问卷调查法成败的关键，所以问卷一定要设计得完整、科学、合理。工作分析人员首先要拟订一套切实可行、内容丰富的问卷，然后由员工填写。问卷的问题一般集中于各种工作的性质、工作的特征、工作人员的特征或业绩评价标准等方面。提问的方式可以是封闭式的，也可以是开放式的。封闭式问题要求答卷者从问卷提供的选项中进行选择，主要用于任务分析和能力分析。另外，对于一些事实性的问题应尽可能采用封闭式问题，这样问卷结果就具有较高的统一性，也相对客观，便于分析。开放式问题允许答题者按自己的观点和想法回答，也可以作为封闭式问题的补充，便于获取更广泛的信息。

问卷调查法适用于脑力工作者、管理工作者或工作不确定因素很大的员工，比如软件设计人员、行政经理、秘书等。问卷法比观察法更便于统计和分析。

问卷调查法的优点是：(1)它能够从许多员工那里迅速得到进行工作分析所需的资料，可以节省时间和人力，这种方法一般比其他方法费用低、速度快；(2)调查表可以在工作之余填写，不会影响工作时间；(3)这种方法可以使调查的样本量很大，因此适用于需要对很多工作者进行调查的情况；(4)调查的资料可以数量化，由计算机进行数据处理。

问卷调查法的缺点是：(1)设计理想的调查表要花费很多时间、人力和物力，费用比较高。而且，在问卷使用之前，还应该进行测试，以了解员工理解问卷中问题的情况。为了避免误解，还经常需要工作分析人员亲自解释和说明。(2)填写调查表是由工作者单独进行，缺少交流，因此被调查者可能不积极配合与认真填写，从而影响调查的质量。

【相关链接 3-3】

工作分析问卷表

职称：　　　　　　　　　　　　代号：　　　　　　　　　　职级：

所属部门工作地点：______

工作的一般目标：______

职责摘要：______

详细内容：______

定期性工作：______

非定期性工作：______

通常每天工作时数：______

督导(向谁直接负责)：______

督导者的职位：______

对下属员工的监督：______

设备及物料：______

你所负责的设备与程序：______

你所负责的材料或产品：______

工作环境：______

户外工作：______

需派海外工作：______

工作中容易引致的危险：______

担任此职务所需的资格或条件：______

个人特征：______

教育程度：______

工作经验：______

职业或特殊训练：______

知识技能：______

体力：______

其他：______

填写人姓名：______

日期：______

(三)观察法

观察法是指工作分析人员通过对员工正常工作的状态进行观察，获取工作信息，并通过对信息的比较、分析、汇总等方式，得出工作分析成果的方法。观察法适用于体力工作者和事务性工作者，如流水线工人、搬运员、操作员、文秘等职位。由于不同的观察对象的工作周期和工作突发性有所不同，观察法具体可分为直接观察法、工作表演法和阶段观察法。

1. 直接观察法

直接观察法指的是工作分析人员观察所需要分析的工作过程，以标准格式记录各个环节的内容、原因和方法，这可以系统地收集一种工作的任务、责任和工作环境方面的信息。直接观察法的优点是工作分析人员能够比较全面和深入地了解工作的要求，适用于那些工作内容主要是由身体活动来完成的工作，如装配线工人、保安人员等。

直接观察法的缺点是不适用于脑力劳动成分比较高的工作和处理紧急情况的间歇性工作。有些工作内容中包括许多思想和心理活动、创造性和运用分析能力，如律师、教师、急救站的护士等，这些工作就不容易使用直接观察法。此外，观察法对于有些员工来说难以接受，因为他们会感到自己正在受到监视甚至威胁，所以会从内心对工作分析人员产生反感，同时也可能导致动作的变形。因此，在使用直接观察法时，应该将工作分析人员用适当的方式介绍给员工，使之能够被员工接受。

直接观察法经常与访谈法结合使用，工作分析人员可以在员工的工作期间观察并记录员工的工作活动，然后和员工进行面谈，请员工进行补充。工作分析人员也可以一边观察员工的工作，一边与员工谈，而且不会干扰员工的工作。

2. 工作表演法

这种方法对于工作周期很长和突发性事件较多的工作比较适合。例如，保安工作，除了有正常的工作程序以外，还有很多突发事件需要处理，如盘问可疑人员等。工作分析人员可以通过保安人员表演盘问的过程，来进行该项工作的观察。

3. 阶段观察法

有些员工的工作具有较长的周期性，为了能完整地观察到员工的所有工作，必须分阶段进行观察。

（四）工作日志法

工作日志法是要求任职者在一段时间内实时记录自己每天的工作，按工作日的时间记录下自己工作的实际内容，形成某一工作岗位一段时间以来工作活动的全景描述，使工作分析员能根据工作日志的内容对工作进行分析。工作日志法的主要用途是作为原始工作信息收集方法，为其他工作分析方法提供信息支持，特别是在缺乏工作文献时，其优势尤为明显。

（五）工作实践法

工作实践法是指工作分析人员直接参与所研究的工作，由此掌握工作要求的第一手资料的一种工作分析方法。这种方法可以了解工作的实际任务及体力、环境、社会等方面的要求，适用于短期内可以掌握的工作。

（六）文献分析法

文献分析法是一项经济且有效的信息收集方法，它是指通过对与工作相关的现有文献进行系统性的分析来获取工作信息。由于它是对现有资料的分析提炼、总结加工，通过文献分析法无法弥补原有资料的空缺，也无法验证原有描述的真伪，因此文献分析法一般用于收集工作的原始信息，编制任务清单初稿。

（七）主题专家会议法

主题专家会议法是指熟悉目标职位的组织内部人员和外部人员就目标职位相关信息展开讨论，收集数据，验证并确认分析结果。在工作分析中，主题专家会议法主要用于建立培训开发规划、评价工作描述、讨论任职者的绩效水平、分析工作任务、进行工作设计等。

【相关链接 3—4】

SPSS 统计软件介绍

SPSS(Statistical Product and Service Solutions，统计产品与服务解决方案)软件，是世界上最早的统计分析软件，由美国斯坦福大学的三位研究生 Norman H. Nie、C. Hadlai (Tex)

Hull 和 Dale H. Bent 于 1968 年研究开发成功，同时他们成立了 SPSS 公司，并于 1975 年成立法人组织，在芝加哥组建了 SPSS 总部。1984 年 SPSS 总部首先推出了世界上第一个统计分析软件微机版本 SPSS/PC+，开创了 SPSS 微机系列产品的开发方向，极大地扩充了其应用范围，并使其能很快地应用于自然科学、技术科学、社会科学的各个领域。世界上许多有影响的报刊、杂志纷纷就 SPSS 的自动统计绘图、数据的深入分析、使用方便、功能齐全等方面给予了高度的评价。迄今，SPSS 公司已有 40 余年的成长历史。

SPSS 是世界上最早采用图形菜单驱动界面的统计软件，它最突出的特点就是操作界面极为友好，输出结果美观漂亮。它将几乎所有的功能都以统一、规范的界面展现出来，使用 Windows 的窗口方式展示各种管理和分析数据方法的功能。SPSS 集数据录入、资料编辑、数据管理、统计分析、报表制作、图形绘制为一体。从理论上说，只要计算机硬盘和内存足够大，SPSS 可以处理任意大小的数据文件，无论文件中包含多少个变量，也不论数据中包含多少个案例。用户只要掌握一定的 Windows 操作技能，粗通统计分析原理，就可以使用该软件为特定的科研工作服务。SPSS 采用类似 EXCEL 表格的方式输入与管理数据，数据接口较为通用，能方便地从其他数据库中读入数据。其统计过程包括了常用的、较为成熟的统计过程，完全可以满足非统计专业人士的工作需要。输出结果十分美观，存储时则是专用的 SPO 格式，可以转存为 HTML 格式和文本格式。

SPSS 的基本功能包括数据管理、统计分析、图表分析、输出管理等。SPSS 统计分析过程包括描述性统计、均值比较、一般线性模型、相关分析、回归分析、对数线性模型、聚类分析、数据简化、生存分析、时间序列分析、多重响应等几大类，每类中又分好几个统计过程。比如，回归分析中又分线性回归分析、曲线估计、Logistic 回归、Probit 回归、加权估计、两阶段最小二乘法、非线性回归等多个统计过程，而且每个过程中又允许用户选择不同的方法及参数。SPSS 也有专门的绘图系统，可以根据数据绘制各种图形。

SPSS 的分析结果清晰、直观、易学易用，而且可以直接读取 EXCEL 及 DBF 数据文件，现已推广到多种各种操作系统的计算机上，它与 SAS、BMDP 并称为国际上最有影响的三大统计软件。由于其操作简单，已经在我国的社会科学、自然科学等领域发挥了巨大作用。该软件还可以应用于经济学、生物学、心理学、地理学、医疗卫生、体育、农业、林业、商业、金融等领域。

第三节 工作描述和工作规范

一、工作描述

通过进行工作分析，收集到有关工作的信息，便可以完成工作描述和工作规范的任务。工作描述是对组织所设职位的工作性质、任务、责任、权限、工作目的与结果、工作内容和方法、工作标准与要求、工作应用、工作环境与条件、工作流程与规范、工作关系等工作特征的书面描述。

(一)工作描述的内容

工作描述具体说明了某一工作的物质特点和环境特点，主要包括以下几个方面：

1. 编写日期

编写工作描述的日期，以便掌握各项安排的时间。

2. 工作名称及其编号

说明组织所设置的职位的名称及其编号，如总经理、财务总监、产品经理、行政秘书、销售代表、出纳等职位，并说明该职位所辖、所属的部门及员工数目，以便于对组织内的各种工作进行识别、登记、分类和梳理工作关系。

3. 职责总述

职责总述是指对职位所涉及的工作职责进行概要说明。例如，企业会计的职责可以表述为：在主管人员监督下，办理基层单位会计工作；遵守国家和企业的各种规章制度、法规以及主管部门（或主管人）的原则性指示编制预算或决算；审核原始凭证，处理账目，核算成本；处理各种数据应准确无误，并按时向有关主管呈报会计报表及文字说明等。

4. 工作职责的详细列表

对职位所涉及的工作责任和权限进行具体说明，并包括要参加的主要会议和要归档的报告等。例如，企业会计的具体工作包括如下八项：(1)编制预算、决算；(2)编制会计报表（月份、季度、年度）；(3)填发记账通知单；(4)登记、整理总台账；(5)审核原始凭证；(6)登记成本账；(7)编制传票；(8)账册凭证装订、保管。

5. 工作关系

说明本职位在组织结构图中的正式位置、所受监督、本任职者向谁报告、所施监督、谁向本任职者报告以及在组织内或组织外的主要联系等情况。例如，某银行信贷员的工作关系为：上级为公司会计主管；无下属；内部联系为公司信贷部的其他员工；外部联系为主要银行客户。

6. 工作条件与环境

该职位所要求的工作环境包括物理环境和社会环境两种。物理环境包括工作地点的温度、照明、湿度、噪音、设备、工具、安全条件等；而社会环境说明完成工作所要求的人际交往、客户服务的数量和程度，工作地点所面临的文化设施、社会习俗等。例如，某银行信贷员的工作条件与环境为：75%以上的时间在室内工作，不受气候影响；工作场所温度与湿度适中，无噪声，无有害气体，无生命及其他伤害危险；只有在信贷调查时才外出；因工作需要配备一台计算机、一部电话及其他办公用品，个人无独立的办公室。

7. 工作时间及工资结构

对职位的工作时间、工作的季节性、工资结构、支付工资的方法、福利待遇等进行说明，如一般在制度时间内工作，无须加班加点。

8. 职业流动

说明任职者以后可以胜任的正式位置、晋升机会、进修机会等，如会计员可以晋升为助理会计师。

（二）工作描述和岗位描述的区别

工作描述和岗位描述在某些领域被认为是一致的，但是严格来说，两者存在着一定的差异。岗位描述主要是针对员工的，如技术人员在本岗位所需要的技能、专业知识、如何开展工作等，而工作描述是针对工作的，如某一职位所需要的技能、所承担的责任、工作性质等。

在制作岗位描述和工作描述时，两者的格式是相同的，但所描述的内容和重点会有差别，岗位描述是以职位等级、任务为基础的，而工作描述则是以工作性质、工作内容为基础，在进行工作分析时，应该对这两个概念加以区别。

【案例 3－1】

销售部经理的工作描述

职务名称：销售部经理

职务代名：1137－118

别名：销售部主任、销售部总管、销售部总监。

(1)工作活动和工作程序。通过对下级的管理与监督，实施企业的销售、计划、组织、指导和控制；指导销售部的各种活动；就全面的销售事务向上级管理部门作出报告；根据对销售区域、销售渠道、销售定额、销售目标的批准认可，协调销售分配功能；批准对推销员销售区域的分派；评估销售业务报告；批准各种有助于销售的计划，如培训计划、促销计划等。同时，审查市场分析，以确定顾客需求、潜在的消费量、价格一览表、折扣率、竞争活动，以实现企业的目标；亲自与大客户保持联系；可与其他管理部门合作，建议和批准用于研究和开发工作的预算支出和拨款；可与广告机构就制作销售广告事宜进行谈判，并在广告发布之前对广告素材予以认可；可根据销售需要在本部门内成立相应的正式群体；可根据有关规定建议或实施对本部门员工的奖惩；可调用小汽车 2 辆、送货车 10 辆、摩托车 10 辆。

(2)工作条件和物理环境。75%以上时间在室内工作，一般不受气候影响，但可能受气温影响；湿度适中，无严重噪音，无个人生命或严重受伤危险，无有毒气体。有外出要求，一年中有 10%～20%工作日出差在外；工作地点在本市。

(3)社会环境。有一名副手，销售部工作人员有 25～30 人；直接上级是销售副总经理；需要经常交往的部门是生产部、财务部；可以参加企业家俱乐部、员工乐园各项活动。

(4)聘用条件。每周工作 40 小时，固定节假日放假；基本工资每月 2 000 元，职务津贴每月 500 元，每年完成全年销售指标奖金 5 000 元，超额完成部分再以 1‰提取奖金；本岗位是企业中层岗位，可晋升为销售副总经理或分厂总经理。每年工作以 4～10 月份为忙季，其他时间为闲季；每三年有一次出国进修机会；每五年有一次为期一个月的公休假期，可报销 15 000 元的旅游费用；公司免费提供市区二室一厅(85 平方米以上)住宅一套。

二、工作规范

(一)工作规范的含义

工作规范是根据工作内容确定员工资格，列明适合从事该项工作的员工所必须具备的资格条件、个人特质与所受训练，以供招聘使用。应该指出的是，工作规范要说明一项工作对承担这项工作的员工在教育、经验和其他特征方面的最低要求，而不应该是最理想的员工的模范。工作规范一般由上一级管理者、工作承担者和工作分析人员共同研究制定。

(二)工作规范的内容

工作规范的内容主要应包括以下各项：

(1)工作名称、编号。

(2)职责总述。

(3)任职资格条件。说明任职者应具备的资格条件，如教育与培训背景、知识、能力、经验等。例如，某企业会计的任职资格条件为：大学本科会计专业，担任两年以上会计职务，具有实际工作经验；了解国家及地区有关的方针、政策、法令、规定，熟悉企业的会计及审计制度；具有一般的分析、判断、计算、记忆力等。

(4)生理要求。说明本职位对任职者的健康状况、性别、年龄、运动的灵活性、感觉器官的灵敏度等，是否有特殊要求。例如，某公司信贷主管对个人体能的要求为视力和听力良好、有充沛的体力寻访客户、无严重的疾病和传染病等。

(5)心理要求。说明对任职者是否有心理状况的要求，包括观察能力、集中能力、记忆能力、理解能力、学习能力、解决问题能力、创造性、决策能力、特殊能力、性格、气质、兴趣爱好、态度、事业心、合作性、领导能力等。

(6)考核项目和标准。说明任职者的考核项目。例如，对行政秘书工作的考核标准可能涉及速记及打字速度、行文格式规范、语言通顺等打字及写作技能的考核，并制定具体的考核标准。

(7)法律要求及职业传统。某些工作可能面临着法律上的资格要求。如在美国，飞行员必须具备空中运输资格，这就要求具备 1 500 小时的飞行经历，在书面和飞行测试中表现出很高的水平、良好的道德品质以及年龄不低于 23 岁。另外，某些行业还有自己特殊的职业传统，如员工在进入这些行业之前必须经过学徒阶段。

(8)其他补充事项。说明任职者的后备来源、晋升机会等，如某企业秘书职位的主要来源为通过校园招聘方式聘用大学毕业生。

(三)确定工作规范的要求

确定工作规范的要求，可从以下几个方面来考虑：

(1)工作性质。根据工作性质所需要的知识、技能和经验等不同，可分为技术类、行政管理类、专业类。技术类又分为工程类、化学类等；工程类又分为电力工程类、机械工程类、土木工程类。根据工作性质，可了解需用人员的来源，处理工作所需要的学识、技能和经验等。

(2)工作的繁简难易。根据工作繁简难易程度的高低，可分为若干层次，凡工作责任重大，处理工作所需要的知识、技能和经验的水平也就越高；否则相反。

(3)工作责任的轻重。根据工作责任轻重程度的高低，可分为若干层次，凡工作责任越重者，处理工作所需要学识、技能和经验的水平也就越高；否则相反。

工作规范的格式如表 3－2 所示。

表 3－2　　工作规范示例

职务名称：秘书 隶属：经理 教育程度：大学毕业或同等学历 专业训练：至少半年的秘书训练，包括打字、速记训练 技巧：双手及手指的正常活动足以胜任打字机的操作，每分钟打字速度不少于 40 字 适应能力：必须能适应经常的工作变化，如打字、草拟文件、接待、访客、翻译、翻阅档案等工作的变换 判断能力：有足够能力判断访客的重要性、事情的轻重缓急，并决定是否立即呈报上司或延缓为之 仪表谈吐：必须仪表端正、谈吐文雅

(四)工作描述和工作规范的关系

工作描述与工作规范两者既相互联系，又存在一定区别。

工作描述是以“工作”为中心，对职位的工作职责和工作条件进行全面、系统、深入的说明，为企业各项人力资源管理工作提供基本依据；而工作规范是在工作描述的基础上，以工作所需的“特性”为中心，规定某个职位任职者的胜任资格，为企业员工的招聘、甄选、培训、考核和任用提供标准。

在编写工作描述书与工作规范的时候，应注意建立统一规范的格式，语言表述清晰、标准、透彻、具体，尤其是工作职责的表述应避免随意杜撰、过于空泛的表达，以使工作描述书和工作规范清晰明确，简短扼要，使用方便，达到工作分析的目的。

三、工作说明书

工作说明书是以书面叙述的方式来说明工作中需要从事的活动，以及工作中所使用的设备和工作条件的信息，并且说明承担这项工作的员工所必须具有的特定技能、工作知识、能力以及其他身体和个人特征的最低要求。现在人们通常把工作描述和工作规范合成一个文本，即工作说明书。通过工作说明书中的工作说明（工作描述），一方面可以帮助员工了解工作义务和组织期望，另一方面便于管理者管理，减少了他们在工作要求上与员工的直接冲突。而工作说明书中的工作规范则进一步明确了承担此项工作的员工的任职资格，便于遴选与进一步的培训与开发。

【案例 3－2】

人力资源总监工作说明书

<table>
<tr><td>工作名称</td><td>人力资源总监</td><td>职位代码</td><td>15325</td><td>所属部门</td><td>人力资源部</td></tr>
<tr><td>直接上级</td><td>总经理</td><td>管辖人数</td><td>6</td><td>职位等级</td><td>4</td></tr>
<tr><td>晋升方向</td><td>总经理</td><td>轮换岗位</td><td></td><td>薪资标准</td><td>3 000～6 000 元</td></tr>
<tr><td>工作职责</td><td colspan="5">1. 全面负责公司的人力资源管理与开发工作
2. 制订公司人力资源管理的战略方针、政策和制度
3. 组织制订本公司人力资源发展的战略规划、长期计划和年度计划
4. 组织拟订公司机构人员编制计划，并监督实施
5. 监督、控制、检查人力资源发展各项计划的实施
6. 组织制订员工招聘、聘任、调动、考核、晋升、奖惩、职务和技术评定等人事管理的方针、政策、规章和标准，并监督执行
7. 定期组织对各级管理人员考评，向公司领导推荐优秀人才
8. 协调和指导本部门和各用人部门的人才招聘、员工培训、绩效考评、薪酬等工作的进行
9. 受理公司各职能部门关于人力资源方面的投诉
10. 计划和审核人力资源管理的成本
11. 及时处理公司管理过程中的重大人事问题
12. 落实执行公司的人事奖惩制度
13. 其他相关工作</td></tr>
<tr><td>权责范围</td><td colspan="5">1. 权力
(1)根据公司业务需要，研究组织职责及权责划分改进方案的权力
(2)人力资源经费预算及其控制权
(3)经总经理授权后，可独立开展人员招聘、录用及考核等各项工作
(4)根据公司有关规定对员工进行日常考核并提出奖惩意见，经批准后执行奖惩决定
(5)人事任免建议权
(6)代表公司处理劳动争议或参加劳动诉讼
2. 责任
(1)对公司人力资源的合理配置负领导和组织责任
(2)对公司人力资源管理制度的建立健全负领导和组织责任
(3)对全员劳动合同制的推行负领导和组织责任
(4)对劳动争议处理负协商处理责任
(5)对人才流失负管理责任
(6)因劳动合同的签订与管理不善，发生劳动争议并给公司造成损失，应负相应的经济责任和行政责任</td></tr>
</table>

续表

工作关系	1. 向谁报告工作：总经理 2. 监督：各下属部门、各职能部门；指导：各下属部门 3. 合作者：各位总监 4. 外部关系：与人事、劳动相关的公共关系				
工作环境	办公室，工作环境舒适，无职业病危害				
任职条件	1. 学历背景 企业管理学、心理学、人力资源管理专业硕士以上学历或MBA毕业生 2. 培训及资历 接受过管理学、心理学、公共关系、社会学、人力资源管理、财务管理、决策学、领导艺术、沟通技巧等方面的培训 3. 工作经验 (1)5年以上大中型企业相关工作经验，其中至少3年以上的人力资源管理经验 (2)熟悉现代企业管理模式，具备相关的实践经验 (3)主持过大型公司经营管理或行政管理，具备人力资源工作的规划、建立、实施和管理经验，具备人力资源战略开发经验 4. 基本技能和素质 (1)知识素养高，知识面广，知识结构合理 (2)具备现代企业的人力资源管理观念和管理方法 (3)具备较强的领导及管理能力，善于沟通，具备出色的组织协调及分析判断能力 (4)具备较强的观察能力和应变能力 (5)具备较强的人际交往能力，具有亲和力、说服力和洞察力 (6)具有较强的计划、控制能力，精通授权艺术 (7)精通激励艺术 (8)品格高尚，道德素养好 (9)优秀的中英文表达能力 5. 个性特征 (1)性格温和，有耐心，主动积极，乐观，乐于助人 (2)忠诚守信，工作严谨、敬业、责任心强，具有团队合作精神 6. 体质条件 身体健康，能承受高强度工作，能承受较大精神压力				
相关说明					
编制人员		审核人员		批准人员	
编制日期		审核日期		批准日期	

第四节　工作设计与工作环境优化

一、工作设计

如果我们仅仅借助工作分析的手段就将组织中人员的工作内容和工作方式如实地呈现出来，那么工作分析的价值就是非常有限的。其实，工作分析的价值远非如此。工作分析为我们提供了许多非常有用的信息，这些信息不但使我们了解目前的工作情况如何，而且，我们也可以从工作分析的信息中确定出目前的工作内容设置是否合理。在一个越来越强调以人为本的时代，人们越来越关注对工作的满意程度，如员工们是否喜欢现在的工作内容、是否在工作中得到快乐、工作安排是否最有效、是否让任职者发挥出了最大潜能。企业的效益来自于员工工作的有效性，而员工工作的有效性往往取决于他们是否有比较强的欲望要完成这项工作，他们在工作中能否保持一种愉快的工作心情。如果员工在工作中不能得到满意,那么可以从工作分析的信息中找到答案,对该员工的工作进行调整或重新设计。同时,当新的工作产生时也需要对工作进行设计,所以工作设计在工作分析当中仍然是非常重要的。

（一）工作设计的概念

工作设计,就是为了有效地达到组织的目标,提高工作效率,对工作内容、工作职责、工作关系等方面进行变革和设计。工作设计主要解决的问题是组织向其员工分配工作任务和职责的方式。工作设计是通过满足员工与工作的需求来提高工作绩效的一种管理方法。因此,工作设计是否得当、对激发员工的工作动机、增强员工的工作满意程度以及提高生产率都有重大的影响。

（二）工作设计的内容

工作设计主要包括以下6个方面的内容:

(1)工作内容。工作内容是指工作的范畴,包括工作种类、工作自主性、工作复杂性、工作难度和工作的完整性等。

(2)工作职责。工作职责是指工作本身的描述,包括工作责任、工作权限、工作方法、工作协调和信息沟通等。

(3)工作关系。工作关系是指工作中人与人之间的关系,包括上下级之间的关系、同事之间的关系、个体与群体之间的关系等。

(4)工作结果。工作结果是指工作所提供的产出情况,包括工作产出的数量、质量、效率以及组织根据结果对任职者所作出的奖励等。

(5)工作结果的反馈。工作结果的反馈是指任职者从工作本身所获得的直接反馈,以及从上级、下级或同事那里获得的对工作结果的间接反馈等。

(6)任职者的反应。任职者的反应是指任职者对工作本身以及组织对工作结果奖惩的态度,包括工作满意度、出勤率和离职率等。

（三）工作设计的方法

1. 基于工作效率的设计方法:机械型工作设计法

科学管理原理促进机械型工作设计法的产生,这种方法强调找到一种使效率最大化同时也是最简单的方式来对工作进行组合,通常包括降低工作的复杂程度,尽量让工作简单化。机械型工作设计法强调的是围绕工作任务的专门化、技能简单化以及重复性来进行工作设计,这样有利于组织减少对能力较强员工的需求,从而不再依赖单个员工,组织可以通过对新员工进行快速的、费用很低的培训来使他们胜任工作。

2. 基于工效学思想的设计方法:生物型工作设计法和知觉运动型工作设计法

生物型工作设计法通常用于体力要求比较高的职位,目的是降低某些特定的职位对于体力的要求,从而使得任何人都能够完成这些职位上的工作。该方法还非常关注对机器和技术的再设计,如通过调整计算机键盘的高度来最大限度地减少职业病。一项研究发现,让员工参与到人类工程学工作再设计活动中的做法,显著降低了累积性精神紊乱发生的次数及其严重程度,减少了生产时间损失以及受限工作日的数量。

生物型工作设计法所注重的是人的身体能力和身体局限,而知觉运动型工作设计法关注的是人的心理能力和心理局限。这种工作设计方法的目的是:确保工作的要求不会超过人的心理能力和心理局限。这种方法通常是通过降低工作对信息加工的要求来改善工作的可靠性和安全性。

3. 基于人际关系理论及工作特征模型理论的设计方法:激励型工作设计法

激励型工作设计法强调通过工作扩大化、工作轮换、工作丰富化、自主性工作团队、工作生活质量等方式来提高工作的激励性。

激励型工作设计法允许任职者在工作时间安排、工作任务完成顺序、工作方法、工作程序、质量控制,以及其他类型的决策方面拥有自由、独立或者相机行事的权力。这能够提高任职者的工作绩效和积极的社会互动,为任职者提供学习及在能力和熟练程度方面成长的机会,使任职者具有多种较高水平的知识、技能和能力。

【案例 3—3】

大型百货商店销售员

为了提高一家大型百货商店销售员的工作激励性,我们可以采取如下方式对销售员工的工作进行再设计:

1. 技能多样性

要求销售员采用:不同的销售方式、新的货品展示方式、记录销售和保存记录的更好方式。

2. 任务完整性

要求销售员:记录个人每天的销售额;记录销售量或顾客数量;划出个人展示区域,个人对其负责,并保证展示区域的整洁。

3. 任务重要性

向销售员传达:卖出一件产品是商店的整体基本目标、展示区域的形象对销售工作很重要、销售员殷勤和周到的服务有助于建立商店的声誉并为将来的销售打下基础。

4. 自主性

鼓励销售人员:开发和使用他们各自独特的方式和销售风格、选择自己的休息和午餐时间、对所有政策和改革提出建议。

5. 反馈

鼓励销售人员:保持自己的销售记录、保持一个销售/顾客比率。

提醒销售人员:与顾客建立良好的关系就是成功,如果潜在顾客带着对商店及其销售人员的好感离开商店,就是销售员的成功。

4. 工作设计的综合模式:社会技术系统法

社会技术系统法是20世纪80年代创建的另一项工作设计方法,它强调确立工作群体的工作职责并平衡工作的社会和技术部分。社会技术系统是一种工作设计技术,更是一种哲学观念。其核心思想是:如果工作设计既能使员工更具生产力又能满足他们的成就需要,就必须兼顾技术性与社会性,技术性任务的实施总要受到组织文化、员工价值观及其他社会因素的影响。

二、工作环境优化

(一)工作环境

工作设计的综合模式强调管理人员要分析和评价在工作设计、规划发展和贯彻过程中许多变量可能产生的影响,包括组织内外部因素、员工个人特征因素以及工作设计本身需要考虑的因素。管理者必须首先意识到工作设计和再设计是在整个环境中进行的,而非孤立地在真空中进行,不能片面地考虑工作设计这一活动本身的主要因素。

工作设计需要考虑的环境因素可以归结为如下几点：

1. 外部环境因素

外部环境因素包括社会环境、政治环境、经济环境、地理环境、法制环境、教育环境、文化环境等。

2. 组织内部因素

组织内部因素包括组织结构、工作流程、组织文化、组织制度、技术工艺等。

3. 物理环境

物理环境包括工作地点的空气环境、光线环境、声音环境和颜色环境等。

4. 心理环境

心理环境包括员工的价值观、成熟度、责任心、归属感、服务精神、团队意识、合作精神、对组织的忠诚心及接受变革的能力等。

这些综合因素会带来一系列绩效成果的产生，包括生产率、工作效率、工作满意度、积极性、责任感、离职、旷工等。

（二）工作环境优化

1. 工作环境优化的含义

人对一定的工作环境会产生一定的心理状态，而心理状态决定着工作状态，并会直接影响到工作效率。因此，在管理工作中，优化工作环境是提高工作效率的前提。

所谓工作环境优化，是指利用现代科学技术，改善工作环境中的各种因素，使之适合于劳动者的生理、心理健康，建立起人—机器—环境的最优系统。

2. 工作环境优化的内容

工作环境优化主要包括以下几个方面：

(1)根据生产工艺要求和人体活动规律组织工作区域，确保工作区域内的劳动者、劳动工具和劳动对象达到最优结合，这样既方便员工操作、提高工作效率，又能保证环境安全和卫生，使员工心情舒畅。

(2)合理配置设备、仪表和操纵器，适应人体运动特征等特点，提高工作效率。

(3)合理的照明。要根据工作的性质选择最佳的照明度，以防眩目。

(4)巧用颜色。不同的颜色会产生不同的心理效果。从心理学角度看，办公室宜用冷色调，以给人宁静的感觉；而工作场所光照不要过于明亮，也不要把墙壁刷成白色。设计适宜的照明和适度的色彩环境，给人以舒适感，有利于稳定员工心理，促进工作效率的提高。

(5)消除噪音。噪音是我国城市的第二大公害，妨碍人们的学习、工作和休息，因此要尽量减少噪音的产生。此外，要利用背景音乐所产生的一定心理作用影响人的行为，但是在从事复杂的智力工作时则不能使用。

(6)注意温度的影响。办公室和工作场所的温度要宜人，否则就会对人的心理产生不良的影响。

(7)组织内部公共关系对工作效率和效果有很大影响。组织内部公共关系处理得好坏与否，直接影响到员工的情绪。要改善组织内部的公共关系环境，以最小的能耗获取最大的工作效果。组织应着重培养员工的集体主义思想，调动员工的工作积极性，以增强组织发展的动力。改善公共关系的具体方法有：努力提高员工的共同目标与利益的主导意识，创造条件增强集体的“向心力”；协调好领导与员工的关系，形成上下一致的精神意志；积极引导员工，形成互相关心、互相爱护的风气；建立健全各项规章制度，以保证组织的正常运行。同时，还要借助健康的文体娱乐活动积极培养和弘扬先进的意识，以增强全体员工的感情关系、人际关系，以提高组织的竞争力。

创建一个良好的工作环境，除了要改善组织的内部环境外，还必须改善组织的外部环境。因此，我们必须认真做好政治、法律、经济及社会文化等环境因素的分析，找出建造良好的组织外部环境的途径，制定有效的人力资源管理的战略规划。

本章小结

现代企业越来越重视“人本管理”，那么如何在管理实践中体现“人本管理”的思想，在工作中充分发挥人的作用，这就是工作分析的主要任务。工作分析不仅是人力资源管理工作的核心，同样也是“人本管理”的基础。工作分析就是要真正落实员工与工作相结合的岗位，要做到这一点，就必须对组织目标、工作职责、员工特性作具体分析，让员工做自己希望做的工作，只有这样才能做到事得其人、人尽其才、人事相益，才能真正体现“人本管理”。工作分析是对组织中的各个工作的特征、规范、要求、流程以及完成此工作所需要的员工素质、知识、技能等进行描述的过程。工作分析的结果是产生各种描述和任职说明。工作设计是为了有效地达到组织的目标，提高工作效率，对工作内容、工作职责、工作关系等方面进行变革和设计。工作设计主要解决的问题是组织向其员工分配工作任务和职责的方式。工作设计一般采用四种方法：机械型工作设计法、生物型工作设计法和知觉运动型工作设计法、激励型工作设计法、社会技术系统法。

课后思考

1. 工作分析是组织一切人力资源管理活动的基础，请联系实际说明工作分析在人力资源管理中的具体作用。

2. 工作分析是一个多层次、多种类、适应面广的管理技术，如何根据不同的职位选择不同的工作分析方法？工作分析的最终成果如何表述？

3. 工作设计的内容包括哪几方面？

4. 工作设计的方法有哪些？

案例分析

AAA 除尘器公司工作分析缺位的后果

2000 年夏天，一场台风袭击了某海滨城市，破坏了许多建筑，其中，就包括一些 AAA 除尘器公司员工的家园。因为要重建家园，不少质量检测员离职。为了不影响生产，AAA 除尘器公司不得不招募了 10 名新的质量检测员。但是，新检测员上任不久后，发现他们很难胜任工作，而且常常是无从下手。

问题原因在于：AAA 除尘器公司是一家规模较小的公司，原来的质量检测员工作娴熟，因而，忽视了编写工作说明书这一环节。眼下新手无所适从，老的检测员又摆架子，不热心指点，于是出现了质量检验方面的危机。更大的危机在于由于质量检测环节的脱钩，将面临无法按时交货而违约的风险。

公司人力资源副总建议马上进行工作分析，制订工作说明书，自称“亡羊补牢，犹未为晚”。但人力资源副总在使用问卷法进行工作分析时，发现4名仅存的老质量检测员过于夸大质量检测的重要性，而当人力资源副总指出这一点的时候，4名老质量检测员感到受了伤害，不愿意继续合作，人力资源副总向CEO告急。

CEO情急之下，邀请了B大学工商管理学院人力资源管理教授C先生帮忙。C先生经过考察发现AAA除尘器公司现有的4名老质量检测员是解决问题的关键。经过周密考虑，C先生制订了一套标本兼治的行动方案。

思考：

1. 常用的工作分析方法有哪些？你认为人力资源副总的做法妥当吗？为什么？
2. 假如您是C先生，标本兼治的方案是什么？
3. 请为AAA除尘器公司的质量检测员设计一份工作说明书。

扩展阅读

工作分析：人力资源管理的基石

工作分析(Job Analysis)产生于19世纪末的美国，随着生产技术的变革和企业规模的扩张，传统经验化的管理模式与先进生产力的矛盾日益尖锐，于是由弗雷德里克·泰勒等人倡导的科学管理运动在美国迅速得到发展，而工作研究、工作分析的技术方法也随之在美国的工商企业中得到广泛应用。今天，工作分析技术与方法已经在世界范围内得到普及，工作分析当之无愧地成为现代人力资源管理的基石。

什么是工作分析？对于工作分析的定义和理解应用一直存在着诸多分歧，最具代表性的有三种观点。第一种代表性观点见朱智贤主编的《心理学大词典》中对“工作分析”的定义：对某项工作的特性及与该项工作有关的事项进行分析并收集有关资料。具体包括两个方面内容：一是准确描述工作的内容和本质，如工作性质、范围、难易程度、工作程序、使用的工具材料及所负的责任等；二是分析并确定从事这项工作的人应该具备的知识、技能、经验资历、能力素质等。第二种代表性观点则认为“Job”只是指职务，“Job Analysis”就是研究并获取职务各要素的信息，从中概括出职务的特征，因此工作分析也被称为“职务分析”。第三种代表性观点主要来自于实践工作者，他们倾向于把“Job”理解为具体的工作岗位(Position)，即在特定时间、特定组织中由一名员工承担若干项工作任务，并具有一定的职务、责任和权限，就构成了一个工作岗位。因此，“工作分析”就是对工作岗位进行分析，并形成岗位描述(Position Description)。出现上述分歧的主要原因是对工作、工作活动、职位、职务和岗位等概念的区别和联系有着不同的理解，特别是在不同的实践应用场合，基于不同的应用目的和出发点，工作分析的层次定位和侧重点往往会不一样。因此，“工作分析”又被称为“职位分析”、“职务分析”和“岗位分析”等。

通俗地讲，工作分析就是收集、整理、分析、总结和描述具体工作信息的一个系统化技术操作过程，通过工作分析得到关于工作的任务、内容、工作条件、环境、能力素质要求和任职资格等系统化信息描述，这种关于某一具体工作单元的系统化描述就是“工作说明书”。根据不同的层次定位和侧重点，工作说明书一般又被称作职位说明书、职务说明书和岗位说明书等。

文章来源：中华英才网。

第四章

员工招聘与甄选

知识目标

◎掌握招聘与甄选的含义、原则及意义
◎了解影响招聘与甄选的因素
◎掌握招聘的程序及主要内容
◎了解招聘的渠道和依据

能力目标

◎掌握招聘与甄选的方法
◎能根据环境的变革和知识型员工增加的现状，选择适合的招聘途径

导入案例

托起 GE 的巨人是怎样产生的

1998 年美国 GE 公司以 93 亿美元的年利润，列世界 500 强第一位；同时，《财富》杂志将 GE 公司评为全美最受推崇的公司。而执掌 GE 公司董事长、总裁要职达 18 年之久的杰克·韦尔奇，是 GE 公司光辉业绩的主要创造者。但是并非人人明白，GE 公司发展史上最成功的决策，却发生在韦尔奇上任之前：韦尔奇的前任雷吉·琼斯用 7 年时间物色了韦尔奇。如果说韦尔奇改写了 GE 的历史，那么韦尔奇改写 GE 公司的过程，是从琼斯决定任用韦尔奇的决策开始的。

1974 年，琼斯担任 GE 公司董事长才 3 年，便开始考虑挑选自己的继任人。琼斯一开始

就认定,要挑选的是一位与自己风格不一样、能够领导GE公司改革的继任。他认为继任者应当与前任不同,因为公司需要改革,假若继任者仅仅是前任的“复制品”,公司无疑会失去活力。

在琼斯的要求下,人事部门提供了一份包含96位候选人的名单。琼斯发现名单上少了一个应有的人,那就是负责塑料企业的杰克·韦尔奇。人事部门认为韦尔奇“为人特别”、“好闹独立”,而且只有39岁,“10年后考虑也不晚”。琼斯以命令方式将韦尔奇补充进候选人圈子。综合考虑各种因素后,有效的候选人最后减少到11位,韦尔奇名列其中。

经过3年考察,各位候选人在琼斯心目中的形象越来越清晰了,为了进一步了解候选人互相之间的印象及给自己的感觉,琼斯开始实施他的“机舱面试”计划。三个月后,琼斯把候选人压缩到了8人,并再次分别召见他们。做第二次“机舱面试”时,琼斯心目中的继任者形象和姓名已经明确了,他就是杰克·韦尔奇。

为了让董事会认识韦尔奇,琼斯让韦尔奇进入董事会。经过一段时间的考察,琼斯于1980年11月召开董事会年度人事评价,让人事部门提交了包括聪明才智、吃苦耐劳、自我管理、同情心在内的15个项目的测评结果,韦尔奇在所有董事长、总裁候选人中得分最高。这次不仅琼斯本人,GE公司的其他19名董事会成员都表示同意推举韦尔奇为下一任GE董事长。

韦尔奇无疑是伟大的,但GE公司历史上最伟大的决策并不是韦尔奇做了什么,而是他的前任琼斯作出了最伟大的决策,选择了最合适的接班人。

GE公司所取得的成功证明:一个企业的兴衰成败与人才的使用密切相关,人员的招聘和甄选在企业管理中占有突出的地位。

员工的招聘与甄选是企业人力资源体系中一个非常重要的环节,它与企业其他的人力资源管理活动之间存在着密切的联系。员工招聘作为企业获得人力资源的重要手段,是建立在工作分析和人力资源规划基础上的一项科学的工作。

第一节 员工招聘概述

员工的招聘与甄选是制约企业人力资源管理工作效率的“瓶颈”所在。如何按照企业的战略目标与业务需求,在人力资源规划和工作分析的指导下,把优秀的人才和需要的人才在合适的时候放在合适的岗位上,是企业成败的关键因素之一。招聘旨在吸引一批人才应聘空缺的职位,而甄选则是运用科学的方法有效地从应聘者中选拔适合职位的新成员的过程。

一、招聘的含义及意义

(一)招聘的含义

招聘是企业吸收与获取人才的重要途径,是获得优秀员工的保证,也是增强企业核心竞争力的主要手段。它包括从招募、选拔、录用到评估四个紧密相连的过程。招募是录用的基础与前提;选拔是组织根据候选人的信息作出安置使用的过程;录用是招募的目标和结果,是确定出最适合招募岗位的人;评估是整个活动的反馈过程。招募主要是通过宣传来扩大影响,树立组织形象,达到吸引人的目的,而甄选则是使用测评技术和选拔方法、挑选合格人员的过程。很多组织往往忽视招募,片面地认为招聘就是甄选。这是不对的,因为这样可能导致错误的录用和错误的淘汰。应该注重招募的计划、时间、宣传渠道等方面,它可以节约选拔与培训的成本,提高人才的适应性。

员工的甄选是招聘过程中最重要的环节，其目的就是从应征者的候选人中挑选出适合企业的最优秀的人才，是招聘中最关键的过程，需要的技术性最强。因此，甄选必须遵循科学性、有效性、简明性、可行性的原则。在这一过程中，要把选拔时的成本支出看成投资，尤其要避免那种凭简单的面试和个人的主管感觉就草率决定聘用与否。选用科学的测试方法可以增加录用的准确性，提高员工在企业中的工作效率，降低员工离职率。今天，人们习惯性地把招募和甄选合二为一，统称为招聘。

综上所述，我们认为员工招聘就是通过各种信息途径寻找和确定工作候选人，以充足的数量和可靠的质量来满足人力资源需求的过程。

(二)招聘的意义

1. 关系到企业的生存和发展

员工的招聘是企业获取人力资源的具体体现，它按照企业的经营战略规划、人力资源规划的要求，把优秀、合格的人员招聘进企业并安排在合适的岗位上，是企业成败的关键因素之一；人员招聘与甄选的质量直接影响着一个企业人力资源的质量，是人力资源质量管理的第一关。对于任何企业来说，招聘工作都是一项重要的工作。企业的发展需要持续获得符合企业需要的人才，而人才的竞争在企业之间是非常激烈的，人是企业生存发展的首要因素，只有拥有高素质的人才队伍，企业才能发展壮大、才能在竞争中立于不败之地。

2. 影响人力资源管理过程中的其他工作

在整个人力资源管理体系中，招聘选拔工作是一个基础的环节，很多其他的工作都是在其基础上发生的，因此招聘选拔工作直接影响到以后的工作。如果招聘选拔工作做得好，就会形成一个优化的人力资源管理基础平台，后续的工作也就相对比较容易。如果招聘选拔的工作做得不好，后续的许多工作效率都会受到严重的影响。

3. 影响企业的人员流动率

一个有效的招聘选拔系统将使企业获得胜任工作并对所从事的工作感到满意的人才。企业能够了解应聘者的求职动机，选出与企业的价值观和企业文化比较吻合的员工，也可以通过招聘活动使应聘者了解企业的发展史、经营状况和企业文化等，在充分沟通的基础上，减少盲目选择带来的不适应，从而使员工的稳定性增强。

4. 直接影响人力资源管理的费用

招聘过程中产生的成本主要包括招聘过程中广告费、招聘人员的差旅费及办公费用等直接成本，同时还包括因为招聘不慎，造成的再次招聘的费用和因招聘不当带来的离职、培训的费用及其他为企业带来的损失，这些也称之为间接成本。有效的招聘选拔能使企业招聘活动的费用支出既经济又有效，而且由于招聘到的员工能胜任工作，则可以减少培训与能力开发的费用支出。

5. 影响企业的外部形象

一次成功的招聘活动，就是企业一次成功的公关活动，是对企业形象的绝好的宣传，因为在招聘过程中，企业要与应聘人员、人才市场、新闻媒体、政府部门等多方发生联系。公司招聘过程的质量高低明显影响着应聘者对企业的看法，而招聘人员素质和招聘工作的质量在一定程度上被视为公司管理水平和公司效率的标志。

总之，招聘工作对整个人力资源管理工作的影响都是举足轻重的。世界500强公司最重视的就是招聘，可要现实中我国很多企业却忽视了招聘的重要，他们也许会花很多精力来进行绩效考核、培训，最后的效果却不理想，没有思考真正的根源——招聘。更让人担忧的是，随着新《劳动合同法》的施行，不少企业逐步把招聘工作外包，这对企业挑选优秀的人才是不利的。如果企业自身的招聘选拔能力没有提高，一味依靠中介公司，尤其是没有经过严格甄选的中介公司来推荐员工不可能满足一个优秀企业长远发展的人才需求，而且会从源头上影响企业人力资源管理水平乃至企业的核心竞争力。企业试用员工的成本是很大的，简单地通过这种途径来进行招聘，不仅不能达到规避风险的目的，反而会从根本上增加用工风险和成本。因此，新《劳动合同法》施行后，企业应该更注重招聘工作，从修炼内功做起，这才是企业强大的根本之策。

二、招聘的原则

（一）公开的原则

把招聘的单位及招聘的职位种类、数量、要求的资格条件和考试方式向社会公开。这样做不但可以大范围招徕人才，而且有助于形成公平竞争的氛围，使招聘单位确实招到德才兼备的优秀人才。此外，在社会的监督下，还可以防止不正之风。在北京，已经连续3年开始面向全社会公开招聘厅、局级干部，这种做法在社会上引起了很大的反响。招考启事就登在像《北京青年报》这样有相当大的社会影响力的公共媒体上。招考条件、选拔方式等公开而明确地登在报纸上，这不仅使相关人员清楚地了解有关招考的条件，而且让全社会都看到了我国在改革人事干部选拔和任用方面所迈出的坚实步伐，产生了良好的社会影响。

（二）遵守公平就业的原则

对待所有的应聘者应该一视同仁，不得人为地制造不平等的条件。招聘单位应努力为人才提供公平竞争的机会，不拘一格地吸纳各方面的优秀人才。法律一般不禁止招聘负责人大多数的提问，但对某些含糊、暧昧的提问包括有关婚姻状况、子女看护、周六或周日能否工作等方面的提问，以及任何可能对妇女或少数民族人员有不利影响的提问则是不适合的。

（三）竞争的原则

人员招聘需要通过各种测试方式来考核和鉴别人才，根据测试结果的优劣来选拔人才。靠领导的目测和主观判断，往往会带来很大的片面性和不确定性。因此，只有制定科学的考核程序、录用标准，才能真正选拔出优秀人才。

（四）全面的原则

录用前的考核应兼顾德、智、体等方面因素。因为一个人的素质不仅取决于其智力水平、专业技能，还与其人格、思想等因素密切相关。近年来，人们对情商的重视程度越来越高，诸如公务员考试、事业单位考试的内容都涉及职业倾向、个性倾向、认知能力等多方面的考察项目，这正是基于全面考核人才的原则。IBM公司在北京地区招聘毕业生时，不少考生对公司招聘启事中不限专业的说法摸不着头脑，专业的计算机公司居然不限专业招聘，很是让人费解。当自以为准备充分的应聘者们发现拿到手的是一份综合性的测评试卷时，才恍然大悟，原来IBM看中的不是毕业生的某方面的专业知识，而是其在受高等教育的过程中培养起来的综合素质。

（五）量才的原则

招聘录用时，必须做到人尽其才、用其所长、职得其人。认真考虑人才的专长，量才录用，量职录用。有的招聘单位一味盲目地要求高学历、高职称，并不根据招聘岗位的实际要求来考虑，结果花费了大量人力、财力招聘来的优秀人才，用不了多久都“孔雀东南飞”了。要知道，招聘到最优秀的人才并不是最终目的，而只是手段，最终目的是每一岗位上用的都是最合适的人员。

（六）人数适量的原则

接受应聘的人数不可太少，但也不可太多。一般来讲，应聘工作的人越多，进行聘用决策的选择余地就越大，越有可能为岗位选择合适的人员。假设有2个空缺职位，结果只有2个人来应聘，那就不是真正的人才筛选。因为，迫于用人需要，招聘者不得不招聘他们。如果有10～20个人应聘的话，招聘者可以运用面试或笔试等手段进行挑选，优先录取优秀人才。但是，若应聘人数太多，无疑会增加筛选成本。

三、影响招聘的因素

企业在招聘中，是否能够得到一个理想的效果，常常受多种因素的制约。影响招聘效果的因素可以分为以下三个：

（一）内部因素

内部因素是指企业自身的各种条件对招聘结果带来的影响。内部因素主要指企业的文化和形象、企业所处的发展阶段、招聘政策、福利待遇、时间和成本等。

1. 企业的文化和形象

作为企业灵魂所在的企业文化体现了员工对企业的认同感，能够引导和帮助塑造员工的态度和行为。通过为企业成员提供言行举止的标准而把整个企业聚合起来，有助于增强企业系统的稳定性。企业文化的建设对于企业的健康持续发展有着非常重要的意义，它无时无刻不在影响着企业管理的方方面面，也影响着企业的招聘。企业是否在应聘者心中树立了良好的形象及是否具有强大的号召力，将从精神方面影响着招聘活动。如一些老牌的大公司，以其在公众中的声望，很容易吸引大批的应聘者。

2. 企业所处的发展阶段

显然，人力资源管理职能的相对重要性是随着企业所处发展阶段的变化而变化的。由于产品或服务范围的扩大，需要增设新的岗位和更多的人员。所以，处于发展阶段的企业比下降阶段的企业需要招聘更多的员工。除了改变招聘规模和重点以外，处于发展阶段且在迅速扩大的企业可能在招聘信息中强调员工有发展和晋升的机会，而一个成熟的企业可能强调其工作岗位的安全性及所提供的高工资和福利。

3. 招聘政策

企业的招聘政策影响着招聘人员选择的招聘方法。例如，对于要求较高业务水平和技能的工作，企业可以利用不同的来源和招聘方法，这取决于企业高层管理者是喜欢从内部招聘还是从外部招聘。目前，大多数企业倾向于从内部招聘上述人员，这种内部招聘政策可以向员工提供发展和晋升机会，有利于调动员工现有的积极性，但其缺点是可能将不具备资格的员工提拔到重要岗位。

另外，企业内的用人是否合理、是否有良好的上下级关系、升迁路径的设置如何，进修机会等，对有相当文化层次的人员来说，在一定程度上比工资待遇更重要。

4. 福利待遇

企业内部的工资制度是员工劳动报酬是否公正的主要体现，企业的福利措施是企业是否关心员工的体现，它们将从物质方面影响着招聘活动。

5. 成本和时间

成本和时间上的限制明显地影响招聘效果。招聘资金充足的企业在招聘方法上可以有更多的选择，它们可以支出大量费用做广告，所选择的传播媒体可以是在全国范围内发行的报纸、杂志和电视等。

时间上的制约也影响着招聘方法的选择。如果某企业正面临着扩大产品或服务所带来的突发性需求，那么它几乎没有时间去大学等单位招聘，因为大学生毕业的时间有一定的季节性，而且完成招聘需要较长的过程。因此，企业或组织必须尽快满足对员工的新需求。一般来说，许多招聘方法所涉及的时间随着劳动力市场条件的变化而变化。当劳动力市场短缺时，一方面应聘者数目减少，另一方面应聘者愿意花更多的时间去比较和选择，所以一般要花较长的时间才能完成。

（二）外部因素

1. 国家的政策法规

国家的政策法规从客观上界定了企业招聘对象的选择和限制条件。例如，西方国家中的人权法规定在招聘信息中不能有优先招聘哪类性别、种族、年龄、宗教信仰的人员等条件，除非这些人员是因为工作岗位的真实需要。再如，国家对产业、行业的扶持或者限制政策也对一些行业的就业招聘产生至关重要的影响。

2. 劳动力市场

(1)市场的地理位置。劳动力市场状况对招聘具有重要影响，其中一个因素是劳动力市场的地理位置。根据某一特定类型的劳动力供给和需求，劳动力市场的地理区域可以是局部性的、区域性的、国家性的及国际性的。通常，那些不需要很高技能的人员可以在局部劳动力市场招聘。而在区域性劳动力市场可以招聘到具有更高技能的人员，如水污染处理专家和计算机程序员等。专业管理人员应在国家的劳动力市场上招聘，因为他们必须熟悉企业的环境和文化。最后，对某类特殊人员如宇航员、物理学家和化学家等，除了在国内招聘外，还可在国际上招聘。

某些西方国家是根据工人愿意工作的路程长短来确定局部劳动力市场的边界的。例如，如果人们愿意到 48 千米以外的地方工作，而 48 千米以外的地区就不属于这一局部市场。另外，在局部和区域市场与国家或国际市场招聘之间的差异在于后者要引起人员的迁移。因此，企业的地理位置往往是很多人考虑是否变更工作的重要因素。

(2)市场的供求关系。我们把供给小于需求的市场称为短缺市场，而把劳动力供给充足的市场称为过剩市场。一般来说，当失业率比较高时，在外部招聘人员比较容易。相反，某类人员的短缺可能引起其价格的上升并迫使企业扩大招聘范围，从而使招聘工作变得复杂起来。

总之，劳动力市场状况影响招聘计划、范围、来源、方法及费用。为了有效地开展工作，招聘人员必须密切关注劳动力市场的变化。

3. 行业的发展性

如果企业所属的行业具有巨大的发展潜力，就能吸引大量的人才涌入这个行业，从而使企业甄选人才的余地较大，如近几年来的会计、电脑专业。相反，当企业所属行业远景欠佳时，企业就难以有充裕的人才可供选择，如现在的纺织业。

4. 技术的进步

技术的进步对就业者的素质提出了更高的要求，首先，技术的进步要求应聘者具有更高的受教育水平和熟练的技术技能；其次，技术进步影响着人力资源的招聘数量，如办公的智能化和生产的机械化会减少招聘和雇用的人数；最后，技术进步会对劳动力市场产生深刻的影响。

（三）应聘者个人因素

人力资源的能动性特征决定了应聘者的状况对招聘工作也起着重要的作用。从应聘者的角度来看，影响人力资源招聘的因素主要有以下几个方面：应聘者的求职强度、应聘者的职业发展规划、应聘者的动机和偏好、应聘者的个性特征。

第二节　员工招募

一、招募的策略选择

在竞争激烈的商业环境中，产品和营销策略虽然能体现企业的价值，却不是独一无二的。相比之下，不容易被竞争者模仿、复制的“人才”和“企业文化”，才是独一无二的价值所在。企业的成功取决于竞争优势，即企业员工的表现。换言之，优秀的专业人才是带领企业创造绩效与价值的关键。如何招聘到合适企业文化、又有能力协助企业成长的人才，是人力资源部门的重要课题。人力资源部门必须全盘了解企业未来几年的目标及营运方向，以及公司在人才市场竞争中所处的位置，制订出切合时宜的人力资源策略。

不论是翻开报纸、杂志的招聘广告，还是浏览人才招聘网站，我们不难发现有许多工作机会等着求职者去应聘，但我们却又常常听到企业的人力资源部门反映没有完全符合条件的候选人前来应聘。这究竟是因为人力市场供不应求，还是招募策略方向错误？归根到底，缺乏一套完整的招募策略和方式来吸引人才，乃是许多企业无法在精英争夺中拔得头筹的主要原因。

（一）制定招募策略需考虑的问题

（1）做好人力资源规划，明确组织近期与未来3～5年（中长期）需要多少员工。并且最好能够作更为细致的分析，如明确各职位的用人需求情况。

（2）是要招聘长期留任还是短期工作的员工（如工读生）。

（3）是通过提供高薪（及福利）吸引优秀人才，还是只能以一般薪资招聘一般人才。

（4）是要招聘有工作经验者，还是强调有潜力的可造之才。

（5）重要职位是以内部晋升为主，还是倾向于外聘。

（6）更倾向于招聘当地人才、外地人才，还是国际人才。

（二）招募策略的选择

一般而言，招募策略可分成两种模式：一种为市场导向（Market-driven），另一种为过程导向（Process-driven）。市场导向的招募模式是创新的、能满足市场和求职者需求的模式；而过程导向的招募模式则是传统的、符合既有的招募流程、组织架构和公司策略的模式。

1. 市场导向

对一些属于被动应聘类型（他们不会主动留意工作机会，必须等伯乐主动挖掘或积极接触）的优秀专业人才而言，过程导向的招募模式可能会使他们失去竞争的机会，而以满足市场及求职者需求为主的市场导向招募模式，因为关注求职者的需求，并以提供他们未来成长及发展机会为优先考虑，而非局限于符合现有职位空缺，较容易让那些现阶段不一定准备转换工作的优秀专业人才，重新评估转职的可能性及未来的职业生涯发展。

2. 过程导向

目前，多数企业采用的是过程导向的招募模式，也就是当有招募需求时，人力资源部门通过不同的招募途径吸引并筛选出一些适合的应征者，再经由层层筛选，最后由用人单位及相关主管决定欲聘用的人选。

总之，企业应该针对所要招募的人才性质和职级，采用适合的招募模式和策略。适宜的招募策略是能协助企业招募到可以为其创造价值、提升竞争优势的员工，这需要长时间的规划，不可能一蹴而就。同时，人力资源部门应该协助企业持续留意市场上的优秀人才，而非等有职缺时才进行招募，这样才能在人才争夺战中占有先机。

二、招募的途径和方法

利用哪些方法招募组织所需要的潜在员工是总体招募战略中的重要组成部分。尽管总的劳动力市场在扩张，可是任何组织只能从总体市场中的某个局部去吸引潜在员工。求职者的规模和性质，很大程度上取决于组织传递空缺职位信息的形式。对互联网招募信息作出反应的求职者与对报刊广告栏作出反应的求职者可能有很大的差别。这些差异将对组织选取什么样的招募途径和形式有很大影响。

招募方法总体上可分成两类：一类是“人找公司/机会”（You Find Us），另一类是“公司/机会找人”（We Find You）。

“人找公司/机会”的方式，是指企业在报纸、杂志人事广告或人才网站上刊登招聘信息等，对招聘有兴趣的求职者便会主动投递履历表。此方式能吸引较大范围的求职者族群，但对企业而言，则是一种被动的招募方式。“人找公司/机会”的方式较为普及，却较不具效力，容易受到应征者的质量和数量左右，适合于为需求量大、较为低端的职位提供补缺。

“公司/机会找人”则是一种主动出击的方式，企业锁定特定的求职者数据库，主动发掘优秀的专业人才，并直接与对方接触，阐明企业的用人需求、提供哪些发展机遇和空间等，询问并调动对方转职的需求。企业与求职者从建立关系开始，寻求未来合作的可能性。“公司/机会找人”的方式可以准确地接触到理想的人选，却需要花较多的心思、较长的时间才能达到目标。适合于那些少数重要职位上的高端人才的吸纳招募。

一般来说，招募的具体途径和方法有以下几种：

（一）内部招募

内部招募是指通过内部晋升实现人力资源补充的招募形式。依靠内部招募对组织而言有以下优点：首先，内部招募可以使组织得到大量自己非常熟悉的员工，不必再花费很大力气去认识和了解新员工；其次，这些应聘者对组织的现状及空缺职位的性质都比较了解，同样也省去了很多适应岗位的麻烦。所以，内部招募成为一种既经济又快捷的人力资源补充方式。

美国依诺华健康系统（Inova Health System）是一个由弗吉尼亚各大医院结成的联盟。在结成联盟之前，各大医院都独自完成招募和甄选工作。这种做法不仅使各医院从事重复性的工作，浪费大量的资源，还经常出现医院之间为同一个应聘者而争夺得不可开交的情况。各医院招募广告的支出总和就达 50 万美元，而且还必须筛选大量的求职简历（每年约 3 万份）、安排大量的面试（超过 3 000 人次），这极大地增加了招募的成本。结成联盟后，依诺华健康系统建立了统一的数据库，各大医院每个成员都登记在案，医院可以通过局域网实现互通，任何一家医院出现空缺职位，首先在网络上发布广告，公布职位空缺情况和应聘者应具备的素质。这样做的结果是极大地降低了成本，同时也提高了员工的工作满意度。

内部招募有如此多的优点，但仍有一些缺点应引起重视：首先，对于某些初等职位以及一些特定的高层职位来说，组织内部可能没有合适的人选；其次，从内部招募人员很难为组织带来新的思维模式和新的理念，不利于组织的创新，久而久之会出现思维僵化、“近亲繁殖”等弊端，组织很难适应市场创新的要求。所以，内部招募与外部招募应结合起来使用。表 4－1 对内部招募与外部招募的方式进行了比较。

表 4—1　　内部招募与外部招募方式对比

	优势	不足
内部招募	提升员工士气 清楚的人事资料 正确的技能评估 带动升迁连锁反应 快速而且招募成本低 缩短职前训练的时间	不利于创新 容易“近亲繁殖” 可供挑选的人才库太小 阻碍人力多元化
外部招募	应聘者来源广泛 多元化的劳动力 注入新点子新关系 减少内部竞争冲突	员工反对“空降干部” 需时间建立人脉 费时费力 需要较长的职前训练

一般来说,内部招聘的主要方法包括:

1. 晋升

通过组织内部晋升来招募人员有两个理由:一是组织内部的雇员更有能力胜任空缺的职位。即使有一些工作看起来很平常,却需要那些熟悉组织人员、工作程序、政策及组织特性的人去做。二是雇员会感到更稳定,而且愿意把其长远的目标与组织联系在一起。在组织内部进行有效的晋升可以激励雇员更好地工作。从时间和金钱两个方面来看,内部晋升更为经济。

2. 职务调动

从内部招募人员的另一个办法是进行职务调动。职务调动能为雇员提供一个更广泛了解组织的机会,这对今后的晋升是至关重要的。因此,职务调动可以为组织提供内部或外部的求职者。最近的趋势表明,无论晋升还是调动都不像以前那样具有吸引力了。在加拿大,500 家大公司中大约有 60%的公司使用这种办法重新安置雇员。

3. 工作轮换

职务调动通常是永久性的,而工作轮换往往是临时性的。工作轮换不仅可以使接受培训的管理人员适应组织各种不同的环境,还可以减轻那些处在高度紧张职位上的员工的工作压力。例如,加拿大魁北克省的一些医院目前实行了一些政策,定期对在急救室等高度紧张环境工作的护士与其他病房的护士进行轮换。工作轮换也可以作为职业生涯管理与设计的一个部分。

4. 工作告示法

工作告示法是在企业内部利用布告栏、内部报刊等形式公布招聘内部员工信息的一种方式。工作告示中的内容应包括工作说明书中有关空缺职位的性质职责、所要求资历条件、薪酬情况、直接上级、工作时间等。使用这种方法,一是使员工了解有哪些职位空缺,感受到企业在招聘人员方面的透明度与公平性;二是让员工有机会将自己的技能、工作兴趣、资格、经验和职业目标与工作机会相互比较。

(二)外部招募

1. 报纸、杂志、广播电视招募

通过传统媒体(报纸、杂志、广播电视等)发布招募广告,是一种最为普遍的招募方式。此种形式招募到的人员往往比直接到公司应聘和推荐招募的人员要稍差一些,而且成本通常要高一些。很少有组织可以完全依赖推荐和自荐满足空缺职位的需要。对大多数组织而言,广告招募仍然是十分重要的,因此需要考虑提高广告招募效率的问题,如表 4—2 所示。

表 4—2 各种广告媒体的比较

类型	优 点	缺 点	适用范围
报纸	成本低，广告大小可以灵活选择；发行广泛；分类广告易于查找。	制作质量较差；发行对象没有针对性；容易出现招聘竞争；容易被忽视。	潜在的应聘者集中在某一地区并且通常阅读报纸找工作。
杂志	印刷质量好；保存时间长，可能被再次翻看；针对性比较强；广告大小可以灵活选择。	发行时间较长；发行地域太广，当希望将招聘限定在某一特定区域时一般不宜使用；见效期较长。	招聘的职位比较专业；时间限制不严格；招聘的范围比较大。
广播电视	容易引起注意；灵活性强；传递信息更为直接和主动；比印刷广告更有效地烘托气氛。	费用高；传递的信息简单；持续时间短；不能回头再了解（需要不断地重播才能给人留下印象）；不能选择特定的应聘者。	需要迅速扩大影响和引起人们的注意；求职者没有足够时间看印刷广告；某一地区有多种类型的潜在应聘者。

2. 网络招募

可以说，网络招募对于人力资源的吸纳、选择开发具有开创性的意义。网络招募带给招募领域的影响是革命性的，它使得招募者和被招募者恍如置身于几十万人的巨型招聘会（在现实生活中这是天方夜谭）。而且，网络提供很多搜索引擎，可以很容易地找到自己感兴趣的职位或感兴趣的人才，而不需要在人才市场中挤来挤去，大大提升了招募和应聘的效率。此外，网络还可以通过电子邮件等方式提供多种服务，如定期邮寄特定的职位信息，使用户可以足不出户地了解职场风云。

近年来，利用网络招募员工的做法普及得相当快。各种专业人才网站如雨后春笋般发展壮大，数量多达上千家。如 51job、ChinaHR 等人才网站在人才库的数量上及职位信息的发布上都达到了相当高的水平。还有很多猎头公司都建立了自己的网络机制，如浩竹、泰来、赛思等猎头网站，专门从事高级人才的中介服务。

网络招募方面的另外一种技术创新是“视频会议技术”，可以实现异地（甚至异国）面对面地对话、沟通、面试的梦想。

3. 人才招聘会

人才招聘会是最传统也是最常见的一种招聘方式。招聘会搭建了求职者和用人单位的桥梁，通过这种直接见面的方式，实现了应聘者和用人单位之间的双向选择。招聘会一般分为两类：一类是专场招聘会，它是组织面向特定群体或者需要招聘大量人员而举办的；另一类是非专场招聘会，这类招聘会往往是用人单位或者某些中介机构参加的招聘会。组织参加非专场招聘会，需要了解招聘会的档次、对象、组织者、影响力等信息。这种方式的长处在于避免了在信息传递中的失真现象，达到初步了解的目的，而不足之处在于费用高，需要投入大量的人力、物力和财力，时间也受招聘会召开时间的限制。

4. 职业中介机构招募

职业中介机构招募是指委托专门从事职业介绍和协调的专业机构进行人员招募的方式。目前，这种中介机构大致分为两种：一种是带有官方性质的公共就业服务机构；一种是私营的职业中介机构。

随着市场经济的发展，合理的人才流动越来越成为经济发展的重要特征和组成部分，私营的职业中介机构就在这样的大背景下应运而生并蓬勃发展，起到人才和组织之间的桥梁作用。通过中介，可以为人才找到更合适的去处，也可以为组织找到急需的人才，从而促成人力资源的合理配置。私营职业中介机构与公共就业服务机构的区别在于：一是收取中介服务费；二是不仅为失业者服务,更重要的是为那些在职的、但有流动需求的人提供咨询服务。

【相关链接 4—1】

猎头公司

职业中介机构中比较特殊的形式是专门从事高级人才服务的中介机构,也就是我们通常所说的"猎头公司"。中国最著名的猎头公司——浩竹猎头打出的口号简单而响亮"百万年薪"！总裁王长江把浩竹猎头公司的业务定位很高:"我们只做猎头,低层次的人才我们不要,我要求在我公司登记的人才月薪必须超过1万,是真正的白领甚至是金领,百万年薪不算高,我们的目标是更多。"对于这种定位,王长江有他的想法:"我们之所以定位很高,是因为我认为对中国的未来产生影响最大的是这个层面上的人,只有这个层面的人能够把一家不是很大的企业迅速经营得很大,把一家很大的企业管理的更加规范。同时,这种定位也可以使浩竹猎头公司同一些做得小而全的猎头公司的人才网站区别开来,"我们不要求全,只求有特色、有专长"。

猎头通常做"挖角"的工作,其对象是企业中的很重要的角色,工作不到位,对两家企业都将产生不良影响。所以,猎头的难度非常大。猎头有一个特点,就是针对性非常强,命中率很高,但这需要介入的人比较多,因而,收费就比较高。在这个行业中有一个收费通则,费用是一个人第一年年薪的1/3。例如,外企需要找一个人,月薪是2万元,需要付给猎头的费用就是8万元。然而,一个好的CEO能为企业带来的又何止千万呢！于是,越来越多的企业把网罗高级管理人才的任务交托给像"猎头公司"这样的中介机构来完成。

(三)直接招募与推荐招募

直接招募是指由求职者直接向组织提出求职申请的招募方式;而推荐招募(又称为员工推荐)是指由组织内外部人员推荐求职者的招募方式。

任何形式的、认真的求职申请都是在求职者对自身与组织、自身与岗位进行了一定程度的比较后作出的决定。大多数的直接应聘者在某种程度上已经做好了到组织工作的充分准备,并且确信自己与空缺职位之间具备足够的适应性,所以才敢于提出申请。如果自我选择过程是有效的,那么将会大大减轻组织的招募和甄选压力。

研究表明,那些在被录用前通过多种渠道对组织进行了解的人,往往比那些仅仅通过大学校园或新闻报刊广告途径进来的人,会有更好的绩效表现和更低的离职率(低50%左右)。

推荐招募现今已经成为员工招聘的一个重要途径。新员工的推荐人已经不仅仅局限于内部人员,而是向多元化模式发展。其中,比较典型的是"社区推荐"和"中介推荐"。社区推荐是由与组织关系良好的社区单位(学校、教会、青年俱乐部等)向其推荐年轻的求职者。中介推荐现在已经发展成为一种独立的招募形式,由掌握一定人才库并有一定声誉的人才机构定期根据组织的用人需求向其推荐合适的人选。与直接招募相比,推荐招募实际上提供了一种担保,在某种程度上更为可靠。

第三节　员工甄选

一、员工甄选作用

一般来说,员工甄选的作用体现在以下两个方面:

(一)对组织的生存和发展有重要作用

社会经济发展到今天,企业之间的竞争归根结底已成为“人”的竞争。无论是技术创新还是新管理模式的建立,都要落实在“人”身上。由于组织的绩效很大程度上取决于员工的表现,因此,任何希望在竞争中胜出的组织都必须对挑选员工的方式给予高度重视,因为人员甄选决策关系到组织的生存能力、适应能力和发展能力。当组织与竞争对手面对同一个劳动市场时,人员甄选的质量就变得极为关键。从某种程度上说,甄选的质量决定了组织的生死存亡。

(二)提高组织效益,减少运营成本的重要途径

很多组织不愿意在员工招募和甄选环节上投入更多的资金,总觉得这是在浪费资源。但有人做过这样的调查,一名经理人才在招募和甄选过程中大约要花费 4.7 万元,如果甄选有效,即选到了合适的人才,就可以为企业创造年平均 30 万～50 万元的价值;如果甄选错误,则企业至少损失 20 万元。可见,在招募和甄选上多下工夫并不是多此一举、可有可无的事情。

二、员工甄选的一般程序

员工甄选的程序,一般分为 3 个部分,如图 4—1 所示:

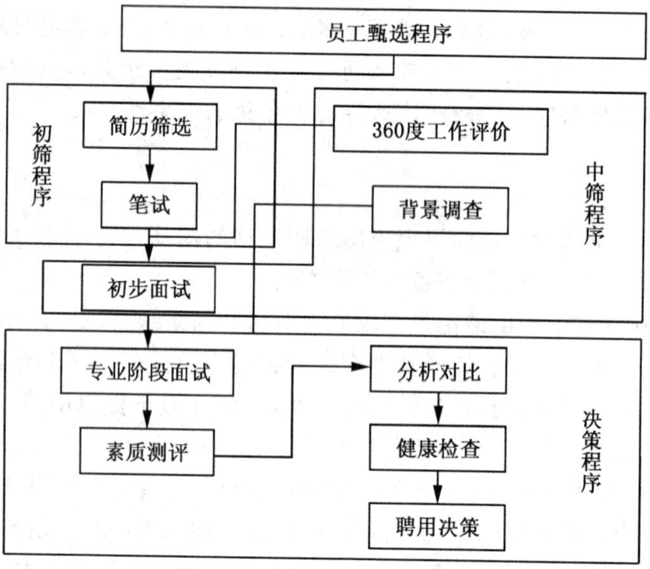

图 4—1 员工甄选程序

(一)初筛程序

主要对通过招募所获得的众多候选人的基本资质进行核查,将那些具备否定条件或者资质不足者筛选掉。通常,通过除简历筛选和笔试等操作简单、成本较低的方式来进行初筛。

(二)中筛程序

对通过了初筛的一定数量的候选人,作进一步的评估筛选。主要方式有:由人力资源部对候选人进行初步面试,对候选人的基本素质、外形气质、行为风格等进行把关;开展 360 度工作评价(外部招聘此项不适用),收集候选人日常工作状态信息;另外,还要进行全部或有重点的背景调查,了解候选人过往的经历、离职原因以及前雇主的评价等。中筛程序,要确保进入下一轮的候选人在基础素质、个性风格与公司的融洽度、就职动机等方面都是优质资源。

（三）决策程序

即对候选人进行专业性的阶段面试，邀请专家就候选人的专业性及专业准备状态作出评估。随后，进行无领导小组讨论、角色扮演等模拟测评，从更全面的视角对候选人的能力水平、职位适配度、优势弱点、个性风格、团队角色、发展潜力等进行全面的评估。通过分析对比，确定最终的录用人选。

三、员工面试技巧与甄选方法

（一）能力测试

1. 认知能力测试

认知能力测试包括一般的思考能力测试（即智商），以及特殊认知能力测试。

（1）智商测试。智商测试所测的是一般智力，测量一系列而非单个的能力，包括记忆词汇、口头表达和计数能力等。

（2）特殊认知能力测试。有许多测试能测量特殊认知能力，如归纳演绎思考能力、文字理解力和计数能力等。

2. 运动能力和体力测试

测量运动能力，如手指灵活性、手工操作灵活性和反应时间。有时，还可能还需要体力测试，包括静态力量（如举重）、动态力量（如向上拉动）、身体协调（如跳绳）和毅力测试。例如，救生员在被聘用前必须证明其游泳能力。

3. 人格测试

绩效通常是由个人特征造成的，如态度、动机，尤其是性情。企业可以通过人格测试来测量和预测这些无形的素质。

4. 兴趣测试

兴趣测试是把自己的兴趣与从事不同职业的人的兴趣相对比来了解应聘者的职业偏好。因此，进行测试的人员将个人的兴趣与在职者的兴趣进行比较，进而获得测试报告。

5. 成就测试

成就测试测量的是个人所学习的知识。成就测试不仅测量了工作知识，还测量了申请者的工作能力，打字测试即为一例。

（二）工作模拟测试

1. 管理评价中心

管理评价中心是用于评价、考核和选拔管理人员的方法，该方法的核心手段是情景模拟测验，即把应试者置于模拟的工作情景中，让他们进行某些规定的工作或活动，考官对他们的行为表现作出观察和评价，以此作为鉴定、选拔管理人员的依据。典型的模拟测试包括文件筐测试、无领导小组讨论、管理游戏、个人演说、客观测试等。

（1）文件筐测试。在此测试中，申请者面对一堆报告、备忘录、来电记录及其他资料，这些资料有的是从现实中收集来的，有的是通过计算机文件筐收集来的。申请者在每一个测试中都要有恰当的表现。接着，由考官对申请者的表现进行评论。

（2）无领导小组讨论。考官给无领导小组一个讨论题，并要求组员一起达成小组决策。接着，考官评价每一组成员的人际交往能力、被小组成员接受的能力、领导能力和个人影响力。

（3）管理游戏。申请者通常作为在市场上竞争的两个或更多公司的成员解决一些实际问题。申请者可能就如何做广告、如何生产以及保持多少存货等问题作出决策。

(4)个人演说。申请者各自按要求进行口头陈述,考官据此来评价每个人的沟通技能和说服力。

(5)客观测试。典型的客观测试有人格测试、智力测试、兴趣测试和成就测试。

2. 小型工作培训的评价

对申请者进行培训,给他们一项工作任务,然后去评价其表现。该方法的假设是:在测试中能学会并完成抽样工作的申请者,也能学习和完成整个工作。

(三)背景调查与其他甄选方法

1. 背景调查

由于人才在市场上处于供大于求的状况,求职者面临极大压力,被迫在求职时对自己进行包装,求职书越做越精美,工作经历显得越来越丰富,实际情况可能并非如此,因此应聘者背景调查必不可少。

背景调查内容应以简明、实用为原则。调查内容分为两类:一是通用项目,如毕业证书的真实性、任职资格证书的有效性;二是与职位说明书要求相关的工作经验、技能和业绩,具体包括学历水平、个人资质、个人资信、忠诚度等。

2. 聘用前信息服务

聘用前信息服务即通过建立数据库积累信息,如员工工资、信用记录、犯罪记录和驾驶记录。在调查申请者的犯罪、信用和工资记录时应特别谨慎。

3. 体检

为了确定应聘者的身体状况是否适应工作的要求,特别是能否满足工作对应聘者身体素质的特殊要求,在筛选之后录用之前还要经历体检。这里所说的体检不同于一般的身体检查,它包括健康检查、身体运动能力测试。

(四)面试

面试是招聘者通过与应聘者正式交谈,了解其业务知识水平、外貌风度、工作经验、求职动机、表达能力、反应能力、个人修养、逻辑性思维等情况的方法。

1. 面试的分类

(1)结构化面试。面试提问有固定的模式和提纲,面试问题大多属于封闭式问题,有标准的答案。结构化面试一般包括四类问题:情景问题、工作知识问题、工作样本模拟问题、工作要求问题。结构化面试适合专业技术性强的岗位。

【相关链接4—2】

市场营销人员结构化面试题目

一、导入性问题

1. 您住的远吗?来我们这儿得多长时间?

2. 我们今天主要想请您到公司随便聊一聊,听听您的想法,那我们开始好吗?

二、动机与岗位匹配性

1. 在您的工作经历中您感觉自己最成功的一件事情是什么?您最大的收获是什么?您感觉还有什么遗憾的地方吗?

2. 您希望在什么样的环境中工作?对直接领导有什么期望?对同事有什么期望?

3. 您比较认同什么样的企业文化?

三、言语表达能力

1. 请简单地谈谈您从大学毕业以后的工作经历。

2. 请您描述一件最近您与他人发生争执或冲突的事情经过。

四、综合分析能力

1. 您对我们这项事业的情景有什么看法？能给我们提出一些建议吗？

2. 您对环保产业的发展有什么高见？

五、应变能力

1. 假定您的领导交给您一份艰巨的工作要您在一天内完成，可这件工作根本就不可能在规定时间内完成。您会如何处理这件事情？

2. 如果您作为一家快速食品公司的分公司的经理，一天，上级打电话告诉您今天总经理要来跟您谈一件很重要的事情，请您务必在公司等候；同时秘书告诉您有一个顾客在商场食用了公司的产品以后突然晕倒，顾客家属要求巨额赔偿并威胁如果处理不满意的话就向媒体曝光，现场已经有人通知电视台了。对这件事情，您如何处理？

六、情绪稳定性

1. 假定您的间接上级对您的看法一直不好，还经常向别人说您不好，使您在公司的处境比较尴尬；今天您按照公司的规定向其报销交通费，他却说：改天再说。请问您如何处理这件事情？

2. 您在工作中最不愿意跟哪些人打交道？如果您的上级经常向您提出苛刻的要求，您怎样处理与上级的关系？

七、人际协调能力

1. 请问您对团队精神的理解是什么？团队成员应该保持一种什么关系？

2. 请结合您的经历谈一谈您没有处理好的关于同事关系的事情？

八、组织管理能力

1. 您的领导需要您提交一份部门的工作计划，您会着重汇报哪些事情？

2. 请您分析一下，作为初创企业，技术力量雄厚，市场开发工作已经从哪些方面入手？

九、计划能力

1. 如果您作为本公司的市场推广部经理，能谈一谈您的工作思路吗？

2. 您觉得本公司的市场开发工作应该从哪些方面入手？

十、工作经验与能力

1. 通过您几年的工作经历，您觉得作为市场人员应该具有哪些能力？

2. 您觉得本公司采用市场与营销分开的策略有什么问题？

十一、学习态度

1. 您对国外的销售理念有哪些了解？

2. 您的业余爱好有哪些？

3. 您经常上网吗？您上网主要做什么？

(2)非结构化面试。面试提问没有固定的模式和提纲，面试问题大多属于开放式问题。没有标准答案。非结构化面试主要考察应聘者的服务意识、人际交往能力、进取心等非智力素质。非结构化面试适合从事服务性或事务性工作的岗位。

(3)半结构化面试。综合了结构化面试和非结构化面试的特点。由于现代企业越来越重视员工的沟通能力，所以半结构化面试越来越普遍。

面试一般在资格审查、笔试、心理测试之后进行。必须注意的是，面试有可能受文化背景的影响较大。事实上，企业招聘求职者时，往往根据某种内在的标准来进行选择，而这种内在的标准很大程度上受企业文化的影响。应聘者身上的同样一种特质，对具有不同文化背景的企业，就有不尽相同的解读。以“行动迅速”为例，在一种文化背景下，它代表果敢、做事追求效率，是一种积极的品质；而在另一种文化背景下，它却代表鲁莽、武断，是一种消极的品质。

2. 影响面试效果的因素

尽管科学的招聘方式越来越多地为人们所采纳，但人的主观性，尤其是知觉偏见，在面试过程中仍起到不可忽视的作用。这些知觉偏见包括首因效应、近因效应、晕轮效应、定型效应等。

(1)首因效应。即第一印象的强烈影响。事物给人最先留下的印象往往有强烈的作用，左右着人们对事物的整体判断，影响着人们对事物以后发展的长期看法。第一印象一旦形成就比较难以消除。

(2)近因效应。即最近或最后印象的强烈影响。事物给人留下的最后印象往往非常深刻，难以消失。对一件事物或对一个人接触的时间延长以后，该事物或人的新信息、最近的信息就会对认识和看法产生新的影响，甚至会改变原来的第一印象。

(3)晕轮效应。也称光环效应，即一种片面的知觉。人们在认识事物或人的时候，因为往往易从对象的其他特征或品质推断出其整体印象和看法，从而掩盖对象的其他特征或者导致歪曲对象的结果。

(4)定型效应。也称刻板印象、刻板效应，即固定僵化的印象对人知觉的影响。如认为商人是唯利是图的、年轻人容易鲁莽急躁等。这种看法一旦形成，容易带来先入为主的成见，会妨碍正常的沟通或对事物的正常判断。

以上几种常见的知觉现象也被归为心理定势。心理定势是人的认知和思维的惯性、倾向性，即按照一种固定了的倾向去认识事物、判断事物、思考问题，表现出心理活动的趋向性和专注性。它既有积极的作用，也有消极的作用。因此，在面试工作中要十分注意避免因为知觉偏见而对应聘者进行简单片面的评判。

3. 正式面试需要注意的问题

(1)面试地点的选择。面试应该在一个不会被打扰的房间里进行。在面试之前，面试官应先浏览候选人的申请表和简历，标出模糊的地方或者显示出优点和缺点的地方。记住，熟悉工作职责以及所要寻找的具体技能和特征，是对面试官的基本要求。

(2)建立和谐的气氛。面试官对所有的求职者都要有礼貌地打招呼甚至寒暄，并且以一个没有争议的问题开始面试，可以是关于天气的问题。

(3)给求职者更多的表现机会。在实际提问时，要注意不要问能简单回答“是”或“否”的问题，不要把答案暗示给申请者或者流露出自己想要的答案，不要像审问犯人一样审问求职者；同时，不要表现出要人领情的、讥讽的或者疏忽的态度，要问开放的问题，要专心聆听求职者并且鼓励他们充分表达自己的想法。

(4)让求职者更多地了解企业。留出时间回答求职者所提出的问题。如果合适的话，把企业介绍给求职者。告诉求职者是否对其有兴趣。如果没有兴趣，要有技巧地拒绝求职者。例如，“虽然你的经历很引人注意，但是，其他求职者的经历更加符合我们的要求”。

在拒绝一个求职者的过程中，一个永恒不变的问题是，你是否能够给出一个合理的解释。

一项研究发现，如果一个被拒的求职者能得到公司为什么拒绝他的详细解释，他会感到被拒的过程公平。

第四节 招聘的效果评估

对招聘效果的评估是招聘过程必不可少的一环。企业在员工招聘过程中，首先要考虑招聘成本与效益即招聘的成效，这包括录用员工的数量与质量；招聘者的工作能力、技巧和工作成效；招聘方法的信度与效度。

一、招聘效果评估的作用

招聘与录用评估工作的作用总的来说是通过现代的测量手段，对招聘人员的基本素质、个性适宜性、管理能力、管理技能和业务技能等要素进行综合评价，为招聘效果提供科学、客观、翔实的量化依据，以进一步提高下次招聘工作的效率，帮助企业更好地进行员工招募、选拔及录用等工作，推动人才的使用和开发。其作用体现在以下三个方面。

(一)有利于组织节省开支

招聘评估包括招聘结果的成效评估(包括招聘成本与效益评估、录用员工数量与质量评估)和招聘方法的成效评估(包括招聘的信度与效度评估)，因而通过招聘评估中的成本与效益核算，能够使招聘人员清楚费用支出情况，对于其中非应支项目，在今后招聘中加以调整。

(二)检验招聘工作成果与方法的有效性程度

通过对录用员工工作经验的评估，可以了解员工的工作绩效、行为、实际能力和工作潜力与招聘岗位要求的符合程度，从而为改进招聘方法、实施员工培训和进行绩效评估提供必要的、有用的信息。

(三)有利于提高招聘工作的质量

通过对招聘信度和效度的评估，可以了解招聘过程中所使用方法的正确性与有效性，从而不断积累招聘工作的经验与修正不足，提高招聘工作的质量。

二、招聘效果评估的内容

(一)招聘评估的常用指标

就企业而言，人员招募工作的成效可以有多种方法来检验。但是归根结底，所有的评价方法都要落实到：在耗费既定资源的条件下，为工作岗位招募到具有适用性的应聘者。这种适用性可以用全部应聘者中合格的数量所占的比重、合格应聘者的数量与工作空缺的比率、实际录用数量与计划招聘数量的比率、新员工总体的辞职率以及通过各种招聘渠道得到的新员工的辞职率等指标来衡量。当然，不管使用什么方法，都需要考虑招聘的成本，其中包括整个招聘工作的成本和所使用的各种招聘方式的成本。这不仅要计算各种招聘方式的总成本，也要计算各种招聘方式招聘到的每位新员工的平均成本。此外，企业还应该对那些面谈后拒绝接受所提供工作的应聘者进行调查分析，可以从中发现许多关于当时劳动力市场工资行情的重要信息。

【相关链接 4－3】

美国人力资源管理协会以前的调查显示，企业对招聘工作的关切点按重要程度依次分为：

1. 录用质量(Quality of the Hire)

2. 顾客满意(Customer Satisfaction)

3. 时间投入(Time Invested)

4. 成本(Cost)

当然,在实际的招聘评价过程中,我们完全可以采用一系列的指标来对整个的招聘活动进行客观的评价。

● 一般评价指标

1. 补充空缺的数量或百分比

2. 及时补充空缺的数量或百分比

3. 平均每位新员工的招聘成本

4. 业绩优良的新员工的数量或百分比

5. 留职至少一年以上的员工的数量或百分比

6. 对新工作满意的新员工的数量或百分比

● 基于招聘者的评价标准

1. 从事面试的工作者数量

2. 被面试者对面试质量的评定

3. 职业前景介绍的数量和质量等级

4. 推荐的候选人中被录用的比例

5. 推荐的候选人中被录用而且业绩突出的员工的比例

6. 平均每次面试的费用

● 基于招聘方法的评价指标

1. 申请的数量

2. 合格申请者的数量

3. 平均每个申请的成本

4. 从接到申请到方法实施的时间

5. 平均每个被录用员工的招聘成本

6. 招聘的员工的质量(业绩、出勤率等)

资料来源:George T. Milkovich and John W. Boudreau, *Human Resource Management*, Richard D. Irwin, 1994.

(二)招聘评估的人员数量质量分析

在实际工作中,我们通常会根据招聘计划对招聘过程中的应聘人员以及实际录用人员的数量和质量进行评价。显而易见,若所录用的人员不合格,那么整个招聘过程就没有实际意义。只有招聘到适合要求的新员工,才能说是圆满地完成了招聘任务。

众所周知,我们可以通过衡量职位空缺是否得到满足、雇用率是否真正符合招聘计划的设计来判定招聘数量的评估情况,但对招聘质量的评估则是按照企业的长短期经营指标来分别确定的。在短期计划中,企业可根据求职人员的数量和实际雇用人数的比例来确定招聘的质量。在长期计划中,企业可根据所接收人员的离职率来确定招聘质量。

1. 录用人员数量评价

对录用人员数量的评价需要看以下几种数据公式:

(1)录用比:

录用比＝录用人数÷应聘人数×100％

(2)招聘完成比：

招聘完成比＝录用人数÷计划招聘人数×100％

(3)应聘比

应聘比＝应聘人数÷计划招聘人数×100％

若录用比例越小，则相对来说，录用者的素质越高；反之，则可能录用者的素质较低。若招聘完成比等于或者大于100％，则说明在数量上全面或超额完成了招聘计划。若应聘比较大，说明招聘信息的发布效果好，同时说明录用人员可能素质较高。在实际工作中，我们常用“招募金字塔”来确定招募人数(见图4－2)。根据经验，接到录用通知书的人数与实际的就职人数的比例保持在2∶1比较合理，被录取的人数只有一半来上班；实际面试的人数与被录取的人数比例保持在3∶2比较合理；接到面试通知书的人数和真正来面试的人数比例在4∶3比较合理；求职者人数与实际发出面试通知的比例在6∶1比较合理，例如组织要招聘50个新员工，就需要向大约100人发放录用通知，让150人参加面试，向200人发放面试通知，这200人是从1 200名前来申请职位的人中招募的。

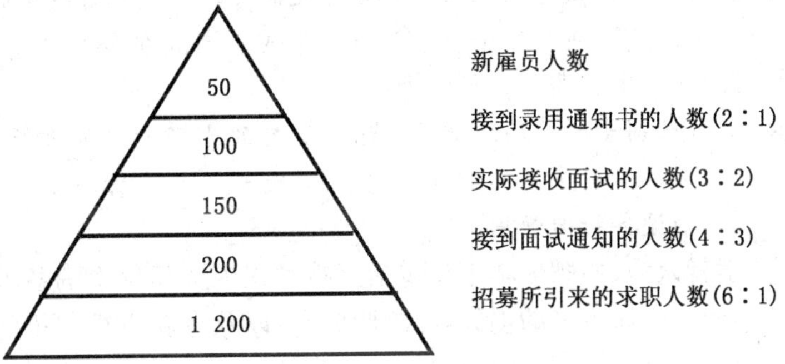

图4－2　招募金字塔

(4)离职率等其他相关指标。这一类指标从另一个角度反映了招聘的有效性，而且还为组织对未来的人力资源需求预测提供了分析依据。员工离职率越大，则企业吸引保留人才的能力越低。

人力资源损耗指数＝某一时期内离职人数÷该期间平均人数×100％

人力资源稳定指数＝目前服务满1年的人数÷1年前总人数×100％

人力资源流动率＝(某一期间内离职人数＋新进人数)÷该期间平均人数×100％

人力替换率＝(某一期间内新进人数－离职人数)÷该期间平均人数×100％

(三)对招聘成本的评估

1. 对招聘成本的分析

顾名思义，所谓的招聘成本，就是指在员工招聘工作中所需花费的各项成本的总称，包括在招聘和录取新员工过程中的招募、选拔、录用、安置以及适应性的成本等。具体包括：

(1)招募成本。招募成本是企业为了吸引和确定其所需要的内外人力资源而发生的费用，其计算公式为：

招募成本＝直接劳务费＋直接业务费＋间接管理费＋各类预付费用

(2)选拔成本。它由对应聘人员进行人员测评与选拔，以作出决定录用与否时所支付的费用所构成，其计算公式为：

选拔面谈的时间费用=(每人面谈前的准备时间+每人面谈所需要的时间)×选拔者工资率×候选人数

汇总申请资料费用=(印发每份申请表资料费+每人资料归总费)×候选人数

考试费用=(平均每人的资料费+平均每人的评分成本)×参加考试的人数×考试次数

体检费=[(检查所需要的时间×检查者的工资率)+检查所需要的器材、药剂费]×检查人数

测评与选拔的成本随着应聘人员所申请工作的不同(如性质、职级等)而不同。一般来说，外部招聘比内部招聘的成本要高，选择技术人员比选择操作人员的成本要高，管理人员的甄选比一般人员的甄选的成本要高。

(3)录用成本。录用成本是指在经过各种测评考核后，将符合要求的合格人选录用到企业时所发生的费用，其计算公式为：

录用成本=录取手续费+调动补偿费+搬迁费+旅途补助费

(4)安置成本。即为安置新员工到具体的工作岗位时所发生的费用。与录用成本一样，被录用人员职务的高低对安置成本也有一定的影响。其计算公式为：

安置成本=各种安置行政管理费用+必要的装备费+安置人员时间损失成本

(5)适应性培训成本。应性成本是企业为新员工正式上岗前在企业文化、规章制度、基本技能等方面进行培训时所发生的费用。具体为：

适应性培训成本=(培训者的平均工资率×培训引起的生产效率的降低率+新员工的工资率×新员工的人数)×受训的天数+教育管理费用+资料费用+培训设备折旧费用

除此之外，一些学者认为，招聘成本不仅包括招聘过程中实际发生的各项费用，还包括因招聘不慎使得员工离职给企业带来的损失，即离职成本，以及重新再组织招聘所花费的费用，即重置成本。其实，重置成本是必定计算于某一次招聘成本分析的，而离职成本，应独立于招聘成本而独立核算。因此，这里均不再赘述。

2. 招聘投资收益分析

招聘方式多种多样，不同方法的应用也会产生不同的投资收益。企业招聘投资收益包括招录的新员工为企业带来的直接经济利益、企业产品质量的提高、市场份额的增长、市场竞争力的提高以及未来支出的减少等各个方面。如果采用的方法有效，就能使企业招聘到最佳的人选，并能获得长期的效益；反之，必会得不偿失，不但完不成招聘任务，还浪费了大量的资源，影响了以后的工作。因此，有必要对招聘的成本和收益进行分析。

对招聘投资收益的分析往往是人力资源会计的工作，常用的方法是会计收益法，即通过分析招聘带给企业的预期总收益与现实招聘总支出之间的差额，进而计算员工招聘投资净 收益的方法，其计算方式为：

员工招聘净收益=员工招聘总收益-员工招聘总成本

具体分析为：

员工招聘投资总收益=实际招聘人数×招聘过程有效性指标(即测评方法的效度)×应聘后实际工作绩效的差别×被录用者在招聘过程中的平均测试成绩

员工招聘投资收益率=(员工招聘总收益-员工招聘总成本)÷员工招聘总成本

经济性指标可以从直接、可视的经济效益的角度对企业人力资本的投资效果进行量化评价，但企业人力资本的投资收益有的难以用货币量化，因此需要借助于非经济性指标来评价。

非经济性指标主要采用员工满意度和顾客满意度两个指标。员工是企业人力资本投资的直接受益者，只有令员工满意的投资才能切实发挥人力资本的潜能，取得预期的投资效益。当然，单一的经济的或非经济的评价指标体系只能从一个侧面反映企业人力资本投资的效果，要对企业人力资本投资有全面的评价，需将两者结合起来。

(四)在招聘选拔过程中所采用的人才测评方法的信效度分析

需要指出的是，关于信度、效度、项目分析等概念均是心理学的基本术语，因此，进行测评方法评估的人力资源工作人员最好要有一定的心理学功底。此外，心理学专家是进行人才测评的最佳人选，他们在测评、培训、员工关系、EAP 等人力资源开发与管理领域起到非同寻常的作用。仅从这个意义上讲，心理学对于企业的人力资源工作至关重要。所以，在企业人力资源部门的人员结构上，除了经济、管理类的专业人员外，还应有心理类的相应专家。

1. 信度

在心理测量学中，信度(reliability)指的是测量结果的稳定性程度。换句话说，若能用同一测量工具反复测量某人的同一种心理特质，则其多次测量的结果间的一致性程度就叫信度，有时也称之为测量的可靠性。一般来说，一个好的测量必须具有较高的信度，也就是说，一个好的测量工具，只要遵守操作规则，其结果就不应随着使用者或使用时间等方面的变化而发生较大的变化。

在人员测评与选拔中，结果的可靠性是由测评信度来确定的，而信度的大小又由信度系数来衡量。信度系数是衡量信度大小的指标，信度系数越大，说明信度越高，也即测评与选拔的可靠性程度越高。按照衡量测评信度程度的方法不同，信度可以分为再测信度、副本信度、内在一致性信度、评分者信度等。

测评误差主要是由偶然因素导致的随机误差以及恒定而有规律的因素导致的系统误差引起。系统误差对测评结果的准确性(测评效度)有很大的影响，而随机误差则同时影响测评的信度和效度。测评的信度实际上就是测评过程中随机误差大小的体现。影响随机误差的因素——测评者、被测者、测评工具及施策环境等——就是影响测评信度的主要因素。

2. 效度

在心理测量学上，效度(Validity)是指一个测验或量表实际能测出其所要测的心理特质的程度，也就是所谓的测评效度，是指测评结果对所测素质反映的真实程度，也即实际测评结果所能够达到测评对象的实际程度是多少。在信度和效度的关系上，信度高是效度高的必要而非充分的条件，测评的效度受其信度的制约。

由于测评效度是就测评结果达到测评目的的程度而言的，所以测评效度的估计在很大程度上取决于人们对测评目的的解释。目前，比较常见的解释角度主要有三种：一是用测评的内容来说明目的；二是用心理学上某种理论结构来说明目的；三是用工作实效来说明目的。于是便有了内容效度、结构效度、实证效度(又称“效表关联效度”)。与对信度的分析一样，不同的测评效度有不同的分析方法与评价指标，它不仅涉及人才测评与选拔的内容，更涉及较深的心理学统计测量知识，建议人力资源部门对工作人员进行相应的培训。

严格来说，凡是与测评目的无关的变异来源都会影响到测评的效度。也就是说，测评本身的构成、测评的实施过程、测评者素质、被测评者的状态等与测评有关的环节都可能影响测量的效度。效度标的选择恰当与否，虽然与测评误差无关，但它却影响效度的分析。

对测评方法的评价除了要考察其信效度之外，测评方法的实施一定要符合标准化的要求，标准化是指与实施测评有关的过程和条件的一致性。为了能根据同样的方法来比较若干求职者的表现，首先，所有人都必须在尽可能相似的条件下接受测评；其次，要对测评选拔项目的质量进行分析，项目质量的好坏，直接影响到测评结果的可靠性与有效性；再次，测评结果的客观性也很重要，它包括测评方法的客观性与测评者的客观性，只有同时保证测评方法与测评者的客观性，才能保证测评结果的客观性；最后，一个规范化的测评，受测者的分数应该服从正态分布，规范化为将一个求职者的表现与其他求职者相比提供了一种参考的框架。

（五）对招聘部门工作的评价

评价招聘部门的工作是否成功，还可以从以下几个方面来看：

(1)负责招聘的人员是否花费时间与公司其他部门的经理们一起讨论对应聘人员的要求，是否与用人单位或部门密切联系，共同招募和筛选候选人。合格的招聘人员会花费相当多的时间来了解空缺职位的情况，同时，用人部门应该明确提出本部门职位所需要的关键技能和条件。

(2)招聘部门的反应是否迅速，能否在接到用人要求以后，短时间内就能找到有希望的候选人。真正高效的招聘部门应该了解其他公司中干得出色的人并随时拥有各种候选人的资料，这就需要公司内部其他职能部门在平时就为招聘提供信息。例如，平时参加商务会议或其他活动时，有意识地寻找将来可能会对公司有用的候选人，并随时把他们推荐给企业。

(3)部门经理们能否及时安排面试。如果不能，就可能会错过真正优秀的人才。人才竞争日益激烈，许多候选人常常在一周的时间内要决定是否接受新的职位。总是在推迟面试，实际上是在传递两个信息：一个是使面试者觉得自己不是那么的重要，另一个就是使本公司的招聘人员觉得自己的工作没有受到重视。在今天，时间上的及时性是得到人才的关键。

(4)公司是否在物质、资金等方面给招聘部门支持并给予足够的授权。优秀的候选人大部分都以职业为重，但也非常关心自己能否得到特殊的对待，自己的工资待遇等条件能否得到满足。如果招聘部门有足够的权力和候选人进行这方面的洽谈，而且公司也能够从人力资源方面给招聘人员支持并为候选人提供良好的条件，就能够在竞争中获得优势。

通常，我国企业在进行人力资源招聘工作业绩评估时，主要以候选人的质量、数量及职位填补的及时性为考核指标。尽管这三个指标在很大程度上体现了人力资源招聘工作的主要关切点，但若作为一种系统的业绩评估指标体系而言却不够完美。

（六）撰写总结报告

1. 总结报告的撰写

企业招聘工作结束以后，应对整个招聘过程进行仔细回顾，总结经验、认清不足，撰写招聘工作总结，并把招聘工作总结作为一项重要的资料交由上级审查、存档，为以后的工作打好基础、提供借鉴。

招聘总结报告的撰写应该由此次招聘的主要负责人执笔，报告应真实地反映招聘工作的过程，并明确指出此次招聘的成功之处和失败之处。具体而言，招聘总结报告应该包括招聘计划、招聘进程、招聘结果、招聘经费、招聘评估等主要内容。

2. 测评与选拔报告的撰写

在对职位申请者实施了测评并作出了录用决定之后，人力资源部应向企业提交一份测评与选拔报告。按形式分，人员测评与选拔结果的报告可以分为分数报告、等级报告、评语报告。当然，这三种形式并不是完全独立的，它们之间存在递进关系。一般来说，分数报告是等级报告的基础，而评语报告也是综合考虑分数和等级的结果而作出的。

在测评中，一般同时采用多种测评方法来对应聘者进行考核，所以通常使用多个指标来描述员工的优缺点，并对每一指标作出规范的文字说明。而且，对测评和选拔的结果进行解释时应该综合员工以前的工作表现，采用定性和定量相结合的方法加以进行，也就是分数报告、等级报告和评语报告的综合应用。同时，要注意让员工本人积极参加结果的解释过程。只有这样，测评与选拔的结果才能更真实地反映员工的实际水平。因为对任何员工的评价，都是员工个人特征、测评前的学习和经历及测评情景三方面因素共同影响的结果。

3. 测评报告的内容

通常，我们会采用一些综合和分析的技术来形成最后的测评与选拔的报告，报告的内容一般可以分为分项报告与综合报告。分项报告是按主要测评指标逐项测评并直接报告，不再作进一步的综合。其特点是全面详细，但缺乏总体的可比性，只能作出单项的比较。而综合报告是先分项测评，最后根据各个测评指标的具体测评与选拔结果，报告一个总分数、总等级或总评价。其优点是总体上具有可比性，但一般看不出具体的优缺点。

综合报告和分项报告都是必要的。综合报告把纷繁复杂的分项结果整合起来，得出一个明确的结论，为管理决策提供了直接的参考。而分项报告为综合结果提供了依据，能够帮助决策者进行更加细致的权衡，帮助员工有针对性地提高自己。

本章小结

员工招募是企业的形象工程，是组织需求与求职者之间的桥梁，人力资源市场的供需双方通过员工招募开始互相接触、互相了解，只有经过这一个环节，才有可能达到供需双方的目的。员工招募有数量和质量的要求，并有指标对其进行衡量，如申请者的数量、类型和可录用率。员工招募受到组织内部因素和外部因素的影响，如组织已有的人才选拔机制、经济形势、法律法规等。根据企业实际情况，制订适合自己的人才招募策略。人员招募的方式较多，常见的有内部招募和外部招募，它们又各自包含几种招募方式，在实际中往往将几种方式结合使用，效果会更好。员工甄选是企业的核心技能之一，是以信度、效度和普遍适用性作为衡量指标的。

课后思考

1. 员工招募和员工甄选各自在组织中有什么作用？
2. 在招募中如何运用“员工招募金字塔”？
3. 在各种员工招募的方法中，你认为哪种方法更有效？
4. 员工甄选的发展趋势是怎样的？

案例分析

耐顿的招聘

NLC化学有限公司是一家跨国企业，主要以研制、生产、销售医药、农药为主，耐顿公司是NLC化学有限公司在中国的子公司，主要生产、销售医疗药品。随着生产业务的扩大，为了对生产部门的人力资源进行更为有效的管理开发，2012年初始，分公司总经理把生产部门的经理于欣和人力资源部门经理国建华叫到办公室，商量在生产部门设立一个处理人事事务的职位，主要负责生产部与人力资源部的协调工作。最后，总经理说希望通过外部招聘的方式寻找人才。

在走出总经理的办公室后，人力资源部经理国建华开始了一系列工作。在招聘渠道的选择中，人力资源部经理国建华设计了两个方案：第一方案是在本行业专业媒体中进行专业人员招聘，费用为3 500元。好处是对口的人才比例会高些，招聘成本低；不利条件是企业宣传力度小。第二个方案是在大众媒体上进行招聘，费用为8 500元。好处是企业影响力度大；不利条件是非专业人才的比例很高，前期筛选工作量大，招聘成本高。初步计划选用第一个方案。总经理看过招聘计划后，认为公司在大陆地区处于初期发展阶段不应放过任何一个宣传企业的机会，于是选择了第二个方案。

其招聘广告刊登的内容如下：

NLC化学有限公司下属的耐顿公司急需英才

职位要求：生产部人力资源主管

任职条件：××××××

抓住机会！充满信心！

请把简历寄到：耐顿公司人力资源部收

在一周内的时间里，人力资源部收到了800多封简历。国建华和人力资源部的人员在800份简历中筛出70封有效简历，经对比后，留下5人。于是，他来到生产部门经理于欣的办公室，将此5人的简历交给了于欣，并让于欣直接约见面试。于欣经过筛选后认为可从李楚和王智勇两个人中作选择。他们将所了解的两人资料对比如下：

李楚，男，企业管理学士学位，32岁，8年一般人事管理及生产经验，在以前的两份工作均有良好的表现，可录用。

王智勇，男，企业管理学士学位，32岁，7年人事管理和生产经验，以前曾在两个单位工作过，第一位主管评价很好，没有第二位主管的评价资料，可录用。

从以上的资料可以看出，李楚和王智勇的基本资料相当。但值得注意的是：王智勇在招聘过程中，没有上一个公司主管的评价。公司通知他们，一周后等待通知。在此期间，李楚在静待佳音，而王智勇打过几次电话给人力资源部经理国建华，第一次表示感谢，第二次表示非常想得到这份工作。

生产部门经理于欣在反复考虑后，来到人力资源部经理室，与国建华商谈何人可录用。国建华说："两位候选人看来似乎都不错，你认为哪一位更合适呢？"于欣说："两位候选人的资格审查都合格了，唯一存在的问题是王智勇的第二家公司主管给的资料太少，但是虽然如此，我也看不出他有什么不好的背景，你的意见呢？"

国建华说："很好，于经理，显然你我对王智勇的面谈表现都有很好的印象，人嘛，有点圆滑，但我想我会很容易与他共事，相信在以后的工作中不会出现大的问题。"

于欣："既然他将与你共事，当然由你做出最后的决定。"于是，最后决定录用王智勇。

王智勇来到公司工作了六个月，在工作期间，经观察，发现王智勇的工作不如期望得好，指定的工作他经常不能按时完成，有时甚至表现出不胜任其工作的行为，所以引起了管理层的抱怨，显然他对此职位不适合，必须加以处理。

然而，王智勇也很委屈：来公司工作了一段时间，招聘所描述的公司环境和各方面情况与实际情况并不一样，原来谈好的薪酬待遇在进入公司后又有所减少，工作的性质和面试时所描述的也有所不同，也没有正规的工作说明书作为岗位工作的基础依据。

思考：

1. 出现上述情况，到底是谁的问题？
2. 该如何改进？

扩展阅读

中华英才网发布2012年《第十届中国最佳雇主调查报告》

2012年9、10月份，校园招聘战全面打响。在低迷的经济形势下，无论对企业还是学生，今年的校招都将充满了挑战。越来越多的企业开始意识到，"雇主品牌"与产品品牌和企业形象品牌同等重要，是企业在人才争夺战中的法宝。

2012年9月底，由中华英才网主办的《第十届中国最佳雇主调查报告》正式发布。据悉，本次报告调查样本范围覆盖大学生就业群体以及工作1～5年的社会群体，最终获得有效问卷40 874份。

1. 动态扫描

(1)外资企业雇主品牌认可度继续上升。调查显示，虽然求职者评选出的最佳雇主排行榜上，国企仍占榜单主力，但近三年外资企业的雇主品牌认可度逐年上升，与国有企业的差距越来越小。调查发现，2010年至今的三年里，外资企业的雇主品牌认可度逐年上升，今年在TOP50上榜企业中占18席。而国有企业的雇主品牌认可度虽有所波动，但在就业市场上仍然是求职者的主要选择。

(2)金融、互联网行业企业认可度高

在2012年的中国最佳雇主TOP50榜单中，金融和互联网企业总共占了三成，成为榜单最大赢家，其中金融行业在TOP50强中占据8席。中华英才网资深人力资源专家刘兴阳分析，在过去几年里，中国不同行业职场人的总体薪酬中，金融行业的薪酬水平一直居各行业之首，对求职者的吸引力很高。近年来，互联网企业的上市热潮，以及移动互联网的高速发展激起了互联网行业对人才的吸引力，引发了中国求职者的关注热潮。百度、阿里巴巴、腾讯等均在榜单中。

2. 企业视角

(1)中国本土企业：看重实际工作能力。招聘单位越来越看重应聘者的知识层次和综合素质，越来越看重应聘者实际的工作能力和经验积累。企业对于优秀人才的评价标准也日趋理性化，形成了以"市场导向、业绩导向和能力导向"为核心的新人才标准。

(2)跨国企业：本土雇员渐成主力军。随着中国近年来的快速发展，跨国企业的本土雇员比例逐年增加，正在成为人才队伍的主力军。过去，在跨国公司工作的优秀人才，大致可分为以下三种：在海外接受教育，并进入当地企业工作；在海外接受教育，在当地工作一段时间或者直接回到中国进入中国分公司；来自中国本土，并在本土完成知识和经验累积的优秀人才。因为跨国公司并没有参与到人才的初级培养阶段，所以上述三种人才招收的方式基本上都属于"资源掠夺型"，与中国本土企业直接争夺成熟的人力资源。

不过，随着全球化和本土化趋势进一步推进，跨国集团在中国的战线也越来越广，单靠"掠夺"人力资源已经不能够满足其需要。从长远来看，在本地建立成熟完善的人才供应链，培养自己的"子弟兵"将成为一项双赢的新策略。

(3)企业对人才的需求从单一转入复杂。不论是中国的本土企业，还是看重中国市场的跨国企业，当代企业已不再单纯只对如员工的专业知识等单一指标提出要求，而是更加注重员工多方面的、复杂的综合素质，如员工动手能力、解决问题的能力、思考问题的方式、应对挑战和压力的能力、处理人际关系的能力以及不断汲取新知识以适应不断发展的社会要求的能力等。

3. 学生视角

该报告显示，中国城市化进程深入，劳动力资源“供大于求”的局面被打破，劳动力市场岗位空缺、不求职人数的比率在2010年首次超过1。在拥有更多备选机会的情况下，对工作机会“质”的追求超越此前对“量”的满足。首次就业的学生更关注自身的职业生涯规划，对于最低工资标准有所提升，喜欢的行业集中在医疗服务、政府机关、金融行业。选择不工作的因素也包括工作地点、时间、福利等。

(1)就业趋势：文化产业相关行业持续走热。中华英才网认为，行业发展状况直接决定了求职者长期待遇水平和职业风险大小。一些具有政策红利、市场先机等优势的行业，格外受求职者青睐，如能源、金融、电信等。

源于上述因素，今年“最佳雇主TOP50排行榜”中，中国移动、宝洁、百度、谷歌和华为分占前五名。

在2012年大学生偏好的行业调查中，政府公共事业地位再次得到提升，取代金融业成为大学生最偏好的行业；教育/文化/科研/培训行业则持续走热，2012年再次受到大学生的青睐，位列大学生偏好行业排名第二位。今年大学生对金融业、市场/广告/公关、汽车制造维护/配件用品行业的偏好程度均有所下降，而对政府公共事业、教育文化类、医疗保健业和电气能源行业的偏好程度有一定的提高，其中医疗保健与服务、互联网行业首次进入大学生偏好的行业排名前十，成为大学生的择业新宠。

在近几年的调研中，中华英才网发现，大学生对政策的敏感度非常高，以前“政策—政府—市场—高校”的影响扩散路径由更快捷的“政策—高校”、“市场—高校”反应链条取代。如近年来颇受政策支持的教育/文化/科研/培训行业，连续三年进入最受大学生偏好的行业前三名；国务院在今年专门印发在“十二五”期间深化医药卫生体制改革的改革规划和实施方案，医疗保健行业也在今年首度进入大学生偏好行业前十位。曾牢固占据每年十大偏好行业位置的建筑/房地产业，却在今年突遭冷遇，这与国家这两年来推行的各类房地产调控政策关联较大。

(2)薪酬期望：期待“高薪”者远超往年。调查显示，2008～2012年我国大学生期望薪酬变化较大，如果将2 000元以下、2 000～5 000元和5 000元以上分别定义为低薪、中等薪酬和高薪，那么2008～2012年的大学生期望薪酬的变动趋势可以总结为：期望薪酬相对较低的大学毕业生越来越少，从2009年最高处21%下降到2012年最低处的3%。而与此同时，期望获得高薪的大学毕业生越来越多，从2008年最低处的9%上升到2012年最高处的20%。同时，大学毕业生对不同类型企业的薪酬期望也有所不同，大学毕业生对外商独资企业和合资企业的薪水期望最高。

大学生对不同行业的薪酬期望分析表明，一方面由于生活成本随着CPI的持续上升而大幅提高，同时“用工荒”带来的在职群体工作水平在近年来的持续提升，都拉升了大学生对薪酬的期望。因此，刘兴阳建议企业在由低端到高端不断升级发展、不断提高企业和产品附加值的同时，也要积极推进工资改革，给大学生以适当的工资待遇，以吸引优秀人才。

(3)就业：毕业后选择直接就业比例较快下降。调查显示，毕业后计划工作的大学生比例从2003年起不断增高，并且在2009年到达了90%的最高值。但2010年以后，计划毕业后直接工作的大学生比例开始大幅度下降，2012年大学生毕业以后选择直接就业的比例仅为48%。与此同时，近年来，有相当一部分大学毕业生感到毕业后的发展“没有目标”，在2012年，有接近30%的受访者认为“目前未有明确的发展目标”，对于未来感到迷茫成为众多大学生共同的感受。

资料来源：中华英才网。

第五章

员工培训

知识目标

◎掌握培训的概念及其内涵
◎了解培训需求分析的层次
◎掌握常用的培训方法及各自的适用条件
◎了解培训效果评估的目的
◎掌握培训制度的基本内容

能力目标

◎重点掌握培训需求分析的方法，能根据实际情况制订培训计划
◎掌握并应用培训效果评估的方法

导入案例

最好的培训师就是上司

佳都国际(集团)有限公司(简称“佳都国际”)自1992年建立以来，已在中国内地设立了十家分公司，并在香港地区、美国设立了分支机构，是中国内地发展最迅速、最具活力的企业之一。在这过程中，对于人才的开发、利用及管理对佳都国际的发展起着至关重要的作用。佳都国际尤其重视对员工的培训。

1. 无处不在的“内训”

佳都国际每个部门的职责明确，即使这样，组织如此庞大的员工队伍的培训也不是件容易

的事。但并不是所有的培训都由培训经理来完成，佳都国际首先把专业培训分到各个部门。比如，销售人员有自己的销售任务，产品经理要帮助销售人员完成销售任务。产品经理帮助销售人员达到目标就要对其成员进行销售技能的传授，这个过程就是个培训的过程，所以这个产品经理就是培训师。而该培训经理主要负责员工的入职培训、企业文化的传播等大的方面，同时对整个培训进行统筹、协调、实施、跟进和评估。因此，佳都国际要求每个管理者都要成为培训师。从这个意义来讲，佳都国际的培训无处不在。

2. 完备的“外训”系统

佳都国际已经建立了一套完善的外训系统，这主要表现在两个方面：一方面，佳都国际会定时请一些高级培训师来授课，如员工对企业的忠诚度、职业操守、领导艺术等的培训。这种“请进来”的方式效果显著，尤其对企业难以解决的一些内部矛盾很有帮助，因为企业管理者在一些时候都是“当局者迷，旁观者清”的。另一方面，公司会根据员工的需要送员工到外面的培训机构去进行专门的培训，如进行短期的课程培训或到大学再教育等，这种切合员工需求的培训是最受员工欢迎的。

3. 培训的艺术

员工最好的培训师就是他的直接上司。国外有一分钟的管理艺术的说法，它包括一分钟目标、一分钟批评、一分钟表扬，这其实比任何一种培训都重要。举个简单的例子，员工完成了一项方案，作为他们上司能立即给予表扬，他不仅知道了这件事该这样做，而且下次做得会更有热情；如果方案不完善，上司的提醒会使他改进，从而改变错误的行为方式，这种方法在培训中是最直接有效的。不管是内训还是外训，佳都国际的最终目标是使每一位员工都能在这种培训下成为行业里最棒的。

4. 培训的价值

俗话说“十年树木，百年树人”，那么以人为本的企业不也得用百年来“树”吗？由此，一个企业如果想做“百年老店”，对员工的培训是绝对不能忽视的。

从管理者的角度讲，一个管理者是否成功，要看他在职期间，企业是否一如既往地按良性方向发展下去。朝好的方向发展靠什么呢？就是靠对企业员工的培养和训练。就是基于这样的认识，佳都国际才如此重视对员工的培训。

人员培训是现代人力资源管理的重要组成部分。招聘到合格的优秀人才并不等于拥有了优秀的员工。由于现代科学技术日新月异的发展，要使企业员工能不断地适应新形势的发展要求，作为企业的管理者，应该清楚地认识到培训的重要性。古人云：工欲善其事，必先利其器。终身学习不是一种特权或权力，而是一种需要。因此，为了使企业在竞争中始终立足于不败之地，企业就必须进行员工培训，开发员工的潜力，规划员工的发展，将员工培养成为优秀的人才。

第一节　员工培训概述

一、员工培训的概念与特点

(一)员工培训的概念

员工培训是指组织在将组织发展目标和员工个人发展目标相结合的基础上，通过教育、训练的方式有计划、有系统地组织员工从事学习和训练，以提高员工的工作能力、知识水平和开发潜能，最大限度地促使员工的个人素质与工作需求相一致，使员工能胜任目前所承担或将要承担的工作与任务的人力资源管理活动。

我们通常所讲的员工培训与教育之间也是有区别，主要体现在以下几个方面：

1. 目的不同

培训的目的是按具体的工作要求和需要对员工的行为方式进行改造，使员工可能的行为方式类别减少；教育的目的是传授知识，拓展员工的可能行为方式，使其能够适应多种可能出现的情况，并在其中选择最适合的一种情况去承担任务。

2. 形式不同

员工培训不像正规教育那样整齐划一，而是根据工作需要采取灵活多样的形式。同时，它在期限上可长可短，伸缩性比较强，既有定期培训也有不定期的培训，既有内部培训也有外部培训等。教育的形式则较为单一。

3. 针对性不同

员工培训是针对其职位的具体要求，向受训者传授专门知识和特殊技能的培训，强调内容的应用性；而正式教育一般是培养学生准备参加社会生活的过程，它从德、智、体、美、能几个方面入手，对人进行全面的、综合的、通用的培养，使其获得全面发展，教育更强调学术性、系统性、结构性。

在现代人力资源管理中，培训和教育已经呈现出一种融合的趋势。

（二）员工培训的特点

培训是对成人的再教育，它是成人的继续社会化过程中的重要内容。企业员工培训的特点主要体现在以下几个方面：

1. 培训对象的广泛性

上至公司决策层，下至一般员工操作层，都是企业的培训对象。培训的对象在年龄、学历、专长、阅历、信念、价值观、兴趣、习俗、精力与时间方面都存在着不同程度的差异，这种差异决定了他们学习动机的复杂性、兴趣志向的多样性，决定了他们具有不同的学习技术和知识的要求。

2. 培训内容的针对性、实用性

在企业中，对不同等级水平和不同需要的企业人员，由于他们承担的工作任务不同，知识和技术需要各异，因而应针对不同水平层次的员工，设置不同的培训内容，采取不同的培训方式，做到精简和深入浅出，既能节省时间，又能对工作有所帮助。

3. 培训形式的灵活性和多样性

员工培训通常根据市场经济、企业现状和员工自身的特点，灵活地选择形式、制度、计划和调整内容。在期限上，可长可短；在方式上，可以采取脱产培训，或者不脱产的在职培训；在方法上，可以选择一般的理论讲授，也可以选择讨论、研究、案例分析，以充分发挥受训者的主动参与精神。

4. 培训时间上的经常性、长期性和速成性

现代社会的经济和科学技术日新月异，新情况、新问题层出不穷，客观现实要求人们要接受继续教育，这就决定了培训的经常性和长期性。而培训要求周期短，参加培训的员工在培训后最好马上见到效果，所以培训也具有速成性的特点。当然，只有将这种经常性、长期性与速成性有机地融合起来，才能取得良好的培训效果。

5. 培训投资的有效性

培训投资的有效性是指培训投资产生的回报。培训只要运转，总能发挥出它的功能。通过培训不断更新员工的知识和技能，使他们跟上技术前进的步伐；培训也可以使员工改正不正确的操作，提高产品质量，降低生产成本，增加企业效益；培训还可以促使员工为将来的工作做好准备，通过培训为企业将来的发展奠定坚实的人才基础。

二、员工培训作用与意义

人是生产诸要素中最重要、最活跃的因素，一个企业的命运，归根结底取决于人员素质的高低。企业对员工的管理，包括人员的聘用、选拔、晋升、培养和工作安排等，都离不开培训工作，知识经济时代尤其如此。对企业来说，培训的作用与意义主要表现在以下几方面：

（一）培训是调整人与事之间的矛盾、实现人事和谐的重要手段

随着科学技术的发展和社会的进步，“事”对人的要求越来越新、越来越高，人与事的结合处在动态的矛盾之中。但总的趋势是各种职位对工作人员的智力素质和非智力素质的要求都在迅速提高。如果不坚持学习，今年很称职的员工明年就有可能落伍。

人员流动是用“因事选人”的方法实现人事和谐，而人员培训则是“使人适事”的方法实现人事和谐，即通过必要的培训手段，使其更新观点、增长知识和能力、重新适应职位要求，显然，这是实现人事和谐的最为根本的手段。

（二）培训是企业实现员工素质与时代同步的战略措施

科学技术的迅速发展必然会对企业管理工作产生巨大的影响，并提出新的要求。一些新理论、新科学很快渗透到了企业管理工作中，这就要求企业员工必须不断学习新知识、掌握新技术。因此，有步骤、有计划、高质量地培训员工，是当今世界各国为更快地发展经济，促进社会进步而采取的一致做法。

（三）培训是快出人才、多出人才、出好人才的重要途径

社会对人才的需要千变万化，对各层次的人才培训提出越来越高的要求，仅仅依靠专门的、正规的学校教育越来越难以满足社会要求，必须大力发展成人教育，而员工培训是成人教育的重点。特别是在我国，教育经费有限，办学能力远远满足不了社会需要。而且，专门人才培养周期很长，中专和大专一般需 2～3 年，本科需要 4 年。这就需要依靠本地区、本系统、本部门和本单位广泛开展培训，通过必要的培训，使员工成为名副其实的专门人才。

（四）培训是调动员工积极性的有效方法

组织中员工虽因学历、背景、个性的不同而有不同的主导需求，但就其大多数而言，都希望不断充实自己，完善自己，使自己的潜力充分发掘出来。越是高层次的人才，这种需求就越迫切。能在组织中得到锻炼和成长，已成为人们重要的择业标准。企业如能满足员工的这种自尊、自我实现需要，将激发出员工深刻而又持久的工作动力。经过培训的员工，不仅提高了素质和能力，也改善了工作动机和工作态度。应该说培训是调动员工积极性的有效方法。

（五）培训是建立优秀组织文化的有力杠杆

在激烈的市场竞争中，有越来越多的企业家发现了文化因素的重要作用。在有着悠久文化传统的社会主义中国，企业更需要重视文化建设。企业文化建设不是孤立的，特别是离不开人力资源管理活动。培训就是建设企业文化的重要环节。应把企业文化作为员工培训的重要内容，在培训过程中宣传、讲解和强化。

（六）培训是企业竞争优势的重要来源

随着科学技术的迅猛发展，知识更新、技术更新的周期越来越短，而科学技术成为企业和社会经济发展最主要的动力。技术创新成为企业赢得竞争的关键一环。通过技术培训，使企业的技术队伍不断更新知识、更新技术、更新观念，走在新技术革命的前列。同时，培训着眼于提高人的素质，而人正是企业最根本、最主要的竞争优势。因此，企业想要在激烈的竞争中立于不败之地，就必须重视培训。

三、员工培训的原则

不同企业的培训各有特色，但在人员培训的原则上有许多共同点。归纳起来，人员培训的原则有以下几方面：

（一）理论联系实际、学以致用的原则

培训应当从实际工作的需要出发，与职位特点紧密结合，与培训对象的年龄、知识结构、能力结构、思想状况紧密结合，这样才能收到实效，推动工作水平的提高。

（二）培训的内容应该与岗位职责相衔接的原则

由于组织的岗位繁多，差异很大，并且员工的水平不同，因此，不能采取普通教育"齐步走"的模式，只能遵循因材施教的原则。也就是说，要针对每个员工的实际水平和所处岗位的要求开展员工培训。

因此，企业要安排文化知识、专业知识、专业技能的培训内容，同时在培训过程中也应安排理想、信念、价值观、道德观等方面的培训内容，这些要与企业目标、企业哲学、企业精神、企业道德等密切结合起来进行教育，使之切合企业实际。

（三）全员培训和重点提高相结合的原则

全员培训就是有计划、有步骤地对在职的各级各类员工进行培训，这是提高全员素质的必由之路。为了提高培训投入的回报率，培训必须有重点，这个重点就是对企业的兴衰有着更大影响力的管理和技术骨干，特别是中高层管理人员的培训。对于年纪较轻、素质较好、有培养前途的第二和第三梯队干部，也应该有计划地进行培训。

（四）严格考核和择优奖励原则

培训工作与其他工作一样，严格考核和择优奖励是不可缺少的管理环节。严格考核是保证培训质量的必要措施，也是检验培训质量的重要手段。只有培训考核合格，才能择优录用或提拔。鉴于很多培训只是为了提高素质，并不涉及录用、提拔或安排工作问题，因此对受训人员择优奖励就成为调动其积极性的有力杠杆。要根据考核成绩，设置不同的奖励等级，只有在得到某些程度的鼓励时，受训者才会愿意接受培训，才会积极进取而不是被动消极的参与培训，还可记入档案，与今后的奖励、晋级等挂钩。

四、员工培训的种类

员工培训的类别多种多样，主要有以下几种分类方法：

（一）按培训内容划分

培训的内容包括技术技能培训、创新能力培训、团队精神培训、时间管理培训和心理培训，具体如下：

1. 技术技能培训

技术技能培训就是为了使员工更好地完成本岗位工作，提高员工的业务工作能力或技能而采用的培训，是培训体系中基本的培训内容。

2. 创新能力培训

创新能力被认为是企业生存和发展最重要的能力，如果一个企业失去创新能力，就会在竞争中失败。创新能力培训旨在提高员工开拓新思想、打破常规、勇于创新的能力，使员工能够创造性地开展本职工作，从而促进整个企业核心能力的培养。

3. 团队精神培训

团队精神培训是通过集体性活动，使员工在共同生活、共同学习、协同解决问题的过程中提高其对集体的认知程度，从而达到提高团队凝聚力的培训目的。团队精神培训的表现形式有很多，主要有拓展训练、团队活动、建立学习型组织、在企业内部建立非正式组织等。

4. 时间管理培训

时间管理是提高工作效率的关键。正如美国著名管理学家德鲁克所说，有效的经理不是从他们的任务开始，而是从讲授时间开始。因此，时间管理培训便应运而生。时间管理培训旨在提高时间观念和工作效率的培训活动。工作清单、各种卡片、邮箱提醒、日历标记和项目计划软件，都是非常有用的时间管理工具。

5. 心理培训

随着工作节奏的加快、压力的加重，员工在面对竞争和压力时容易出现心理紧张、挫折感、痛苦、自卑等不良心理状态。心理培训是为了保证员工外在和内在的心理健康而进行的培训活动，实现企业管理者与员工之间的良好沟通。目前，企业心理培训课程主要有职业心理培训、入职心理培训、文化心理培训、职业生涯心理辅导、压力管理培训、员工沟通培训和员工激励培训等。

(二)按培训实施机构划分

从培训实施机构来划分，员工培训可分为企业内部培训和企业外部培训。

1. 企业内部培训

企业内部培训包括在企业内部场所或企业自己租用的场所，由企业内部人员作为培训师进行的培训，或者聘请外部专家学者根据企业要求在企业培训基地进行的培训。内部培训是为了帮助员工尽快适应工作，调整工作状态，了解并熟悉组织的发展历史、文化理念、行为规范及岗位工作等方面内容。

2. 企业外部培训

企业外部培训是指企业外包给社会培训或教育机构对企业员工进行的培训，包括由企业付费的学历教育。外训就是企业外派人员参加培训班、研讨班或讲座，以达到拓宽知识面、提高专业技能或个人素质的目的。在实施外部培训的过程中，企业的培训管理部门要参与培训计划的设计，并与承办培训的社会机构保持密切的联系与配合。

每种培训方式各有其优缺点，需要根据不同发展阶段的具体情况作出安排。在创业阶段，员工专业分工涉及面广，从成本效益角度考虑，主要以外训为主，以内训为辅；随着组织长期发展，员工数量的增多，培训主要以内训为主，以外训为辅。

(二)按受训者与岗位关系列分

1. 职前培训

职前培训也称为岗前培训，是指组织对新员工在分配其工作前所进行的培训。职前培训可以分为一般性的职前培训和专业性的职前培训。

2. 在职培训

在职培训是指员工在培训期间带职带薪，不脱离目前的岗位。按培训性质和目的的不同，在职培训又可分为岗位应知应会的知识补充培训、听取专家讲座专题培训、在职研究生课程班学习、集体智慧思考培训、员工继续教育等几种常见的培训方式。

3. 脱产培训

脱产培训是指组织的员工暂时离开实际工作岗位去学习所在岗位需要的工作技能。外派培训是脱产培训的重要形式之一。脱产培训往往是针对企业的战略和核心业务、核心能力、价值观和关键知识、员工改善绩效所需要的基础知识和基本技能、其他对企业运营产生重要影响的内容而进行的专项培训，如经理人员培训、核心业务培训、通用职业技能培训等。

五、培训的程序

员工培训的四个基本程序是：

第一，评估企业开展员工培训的需要，确定企业绩效方面的偏差是否可以通过员工培训来弥补。

第二，设定员工培训的目标。在确定培训目标的过程中，需要注意的是目标的设立与评价标准的确定密切相关，因此培训目标应该是可以衡量的。由于组织所面临的问题会不断变化，培训项目在实施过程中将会暴露出新的问题，所以培训的目标也在不断变化。

第三，根据培训目标设计培训项目。

第四，培训的实施和评价，在评价过程中要比较员工接受培训前后的绩效差异，来考核培训的效果。

第二节　员工培训需求分析与设计

培训是人力资源管理中的重要一环，同时也是一种很重要的人力资本投资形式。通过培训，可以使员工具备实现与企业目标相适应的能力，同时为企业创造更大的价值。既然培训是人力资本投资，就必须对企业培训的需求进行深入分析。

一、培训需求分析的定义

培训的首要步骤是培训需求的分析，即要分析需要进行什么样的培训活动。概括来说，所谓培训需求分析，是指在每项培训活动之前由培训部门、主管人员、工作人员等采用各种方法与技术，对组织、任务及员工的目标、知识、技能等方面进行系统的鉴别与分析，以确定是否需要培训及具体培训内容的一种活动或过程。它既是确定培训目标、设计培训规划的前提，也是进行培训评价的基础，因此是培训活动的首要环节。

一般来讲，分析新员工的培训需求非常容易，只需要将岗位工作分成一些任务，然后将这些任务告诉员工，评估在职员工的培训比一般要复杂一些，通常需要评估员工实际工作行为与企业预期的差距。

二、培训需求分析的层次

任何培训活动都产生于某种组织、工作任务及人员的需求上。因此，培训需求分析通常从组织分析、任务分析和人员分析三个方面来展开。

（一）组织分析

组织分析是在组织层面展开的，主要是指依据组织目标、结构、内部文化、政策、绩效及未来发展等因素，确定组织范围内的培训需求，以保证培训符合组织的整体目标与战略要求，为培训提供可利用的资源，取得管理者和同事对培训活动的支持。

在组织分析过程中，既需要对组织的外部环境进行分析，也需要对组织内部环境进行分析，这包括政府的产业政策，组织的经营战略，人力资源的种类、数量和质量的需求状况，组织的生产效率、事故率、辞职率、缺勤率及员工的工作行为等，关键是要找出组织目标与培训需求之间的关系。

培训需求的组织分析，一是通过分析，找出组织管理中存在的问题及其根源，以确定组织今后的培训重点和培训方向；二是对组织的整体绩效作出评价，找出存在的问题并分析问题产生的原因，确定在整个组织中哪个部门、哪些业务需要实施培训以及哪些人需要加强培训，即确定组织目前的培训重点。具体而言，组织分析主要包括以下几方面内容：

1. 组织目标

组织目标的分析主要围绕着组织目标的达成途径及组织政策的贯彻是否需要培训来展开的。明确的组织目标既对组织发展起决定性作用，也对培训计划的制订与执行起决定性作用。

2. 组织资源

组织资源的分析是对组织的资金、时间、人力等进行的分析。组织所能提供的经费会影响培训的宽度和深度，同时培训时间也会影响到最终的培训效果，而人员的数量、年龄、知识水平、人员对工作的态度及工作绩效也是影响培训效果的关键。

3. 组织特征

组织特征的分析主要是对组织的系统结构、文化、信息传播情况的了解。系统结构特征分析可以帮助培训者审视组织运行系统能否产生预期效果、组织结构是否需要改变从而避免组织特征分析中出现以偏概全的现象。文化特征分析能帮助培训组织者深入了解组织，而非仅仅停留在表面。而信息传播特征分析能帮助培训者了解组织信息传递及沟通的风格和特性。

4. 组织所处的环境

企业所处的环境，包括组织所面对的法律、社会、政治、经济等因素，这些外界因素会影响培训的需求。如市场竞争的激烈程度可能对培训产生影响，组织需要对员工实施必要的培训以提升他们的工作胜任能力和组织竞争力。再如，法律规定保护弱势群体的工作权利时，组织应针对弱势群体的员工实施必要的培训，以促进其能力的提高。

（二）任务分析

任务分析也称工作分析，其分析的主要对象是组织内的各个职位的员工达到理想的工作绩效所必须掌握的知识、技能和能力。通过任务分析收集反映工作特性的数据及所需要的知识、技能和其他特性，以此来确定培训的内容。通常，任务分析的结果也是将来设计和编制相关培训课程的重要资料来源。

（三）人员分析

人员分析是针对员工个人来进行的，主要是将个体实际工作绩效，与企业的员工绩效标准进行比较，比较两者之间是否存在差距，这个差距就是员工个人的培训需求。通过人员分析，要能够确定出组织中接受培训的人员及具体需要接受的培训项目，培训重点在于促成员工的个人行为发生所期望的转变。

在实践中，这三个层面的分析并不是按这个顺序进行的，但由于组织分析关注的是培训是否与企业的战略目标相一致，所以对组织的分析通常是最先进行的，而人员分析和任务分析常常是同时进行的。

三、培训需求分析的方法

培训需求分析是培训组织工作的重要阶段，成功的培训需求分析需要采用合理有效的方法。常用的培训需求分析方法一般有以下几种：

（一）访谈法

访谈法是指培训组织者为了解培训对象的培训需求，通过与被访谈人进行面对面的交谈来获取培训需求的信息。访谈法是一种非常有效的需求分析方法。

访谈法有两种具体的操作方法：个人访谈法和集体访谈法。个人访谈法是与每一个参加培训的对象一对一的交流，交流的方式可以是正式的或是非正式的。集体访谈是以集体会议的方式进行讨论，但一般会议中最好不涉及有关人员的缺点和隐私。个人访谈的相关信息可以在访谈后对访谈记录的概要进行整理获取。集体访谈会议中，通常会有专门的人员记录调查资料。

通过与培训对象面对面的交流，培训者可以同培训对象一起探讨其工作情况、工作中存在的问题及个人发展计划，彼此建立信任关系，使培训工作得到员工的支持，激发其学习的动力和参加培训的热情。

但是访谈法也有其自身的缺点。访谈通常会占用培训者大量的时间，这在一定程度上可能会影响员工的工作，而且访谈对培训者的面谈技巧要求高，员工通常会对自己在工作中存在的问题和自身的不足有所隐瞒，影响培训需求信息的收集。

（二）问卷调查法

问卷调查法也是培训管理者较常采用的一种方法。它是以问卷的形式列出一组问题，要求被调查对象根据自身情况就问题进行打分或是非选择。

所以问卷的编写尤为重要。一份好的调查问卷能够包含所希望了解的所有事项，这些事项由封闭式问题和开放式问题组成。编制好的问卷，先要在小范围内进行测试，以查找问题，再进行必要的修改后方能实施调查。

问卷调查法形式灵活应用广泛，可以面向不同层次的对象征求意见。问卷调查发放简单，可节省培训管理者和培训对象双方的时间。同时，其成本较低，又可针对许多人实施，所得资料来源广泛，方便调查后的总结和报告统计和汇总工作。但其缺点也同样明显，问卷的设计需要耗费一定的精力，而问卷的简明性使其不适用于探索深层次、较详尽的问题，对于个别问题，缺少个性发挥的空间。

通常，将访谈法与问卷调查法结合使用，通过访谈来补充或核实调查问卷的内容，讨论填写不清楚的地方，探索较深层次的、较详尽的原因。

（三）观察法

观察法是一种最原始的需求调查方法之一，即培训者亲自到员工工作岗位上去了解员工的具体情况，通过观察员工的工作状况了解其在工作中的实际技能。这种方法比较适合从事生产性和服务性工作人员，而对于技术类人员和销售类人员则不太适用。

观察法的优点在于使培训者对受训者的工作有直接的了解。其缺点是通常需要很长的时间，且由于观察者容易将个人主观偏见带入调查结论，观察效果也将受到影响。

（四）关键事件法

关键事件法是在员工工作的过程中，通过观察，记录下组织内部或外部发生的对员工或客户影响较大的事件，以此来收集信息，确定培训需求的方法。采用这种方法往往需要耗费大量的时间来观察员工以免漏下那些关键的事件。但是由于关键事件的偶然性，如果不能完全了解情况，容易导致调查人员以偏概全，使分析结果出现偏差。

（五）工作任务法

工作任务法是一种非常正规的培训需求调查方法，它是指对工作内容进行详细研究，以便确定工作中需要哪些特殊技能，然后通过职务说明书和员工现状对比得出员工的素质差距。职务说明书中记载着各个工作岗位的职责和工作所需要的资格条件，因此它可以成为任务分析法的主要方法。但这种培训需求调查方法需要花费的时间和费用较多，一般只在非常重要的一些培训项目中才会运用。

以上五种方法各有特点，采用哪种方法进行培训需求分析主要是根据企业对于培训本身的要求。一般情况下最好采用混合使用的方式，挑选两种或者多种方法，以某种分析方式的优点弥补另一种方式的缺点，提高培训需求分析的准确性。

第三节　培训实施与培训管理

一个完善的培训计划在拟订阶段必然会涉及许多在实施中将发生的事情，包括学员、培训师的选择，培训时间、场地的安排，教材、讲义的准备，培训经费的落实，培训的评估方法，等等。因此，培训活动能否成功实施，除了有一个完好的培训计划外，培训师的素质、培训人员的学习成效及环境、时间相关因素的配合都不可忽略。

培训的实施是指把课程计划付诸实践的过程，它是达到课程预期目标的基本途径。课程设计得再好，如在实践中得不到实施，也没有意义。

一、培训实施

（一）培训计划的制订

详尽的培训计划主要包括如下内容：明确培训目标、确定培训内容、选择培训对象、确定培训时间和地点、选择培训方式等，即5W1H。

1. 培训对象（Who）

要明确培训的对象是谁，谁是新员工还是老员工，是技术人员还是营销人员。

2. 培训目标（Why）

要明确组织培训的目的是什么。

3. 培训内容（What）

要明确培训内容是什么。

4. 培训时间（When）

要明确用什么时间进行培训，培训需要多少时间。是长期、中期还是短期培训，以及选择什么样的时机进行培训。

必须重视为员工提供培训的四种时机：(1)有新员工加入组织时；(2)老员工的工作内容、技术和顾客需求改变时；(3)员工不具备工作需要的基本技能，需要补救时；(4)员工需要发展时。

5. 培训地点（Where）

要明确培训的场所和环境。到底是放在企业内部，如培训中心、生产车间、工作岗位、具体工作环境，还是放在企业外部，如大学、培训机构、其他组织、国内或国外等，都需要加以选择。

6. 培训方式(How)

如何进行正常的教学。培训采取什么样的方法、技术、技巧和手段。培训的方式方法的选择主要应当根据培训目标、培训资源、拟培训对象来确定。

(二)培训前期准备工作

在新的培训项目即将实施之前,培训前期的准备工作是培训成功实施的关键。主要包括以下几个方面:

1. 培训设施

培训实施前,需要做相应的后勤准备,包括培训教室的布置、必要的培训设施,以及投影仪、个人计算机、液晶显示器、屏幕、录像机或监视屏等设备的准备与调试工作。

2. 教材的准备

这包括培训授课提纲的打印,培训员用的资料的编制、印刷和分发,培训座位牌或签到表的印制,培训结业证书的打印。

3. 后勤安排

培训座位的安排、培训涉及的场地费用、用车安排都是需要后勤准备的事项。

4. 膳食服务

这包括课间休息时提供的饮料或点心的份数、用餐的份数及供应时间。

5. 个人生活安排

这包括住宿的安排、社交活动的安排、娱乐活动或者当地旅行的安排。

(三)培训实施阶段

1. 培训上课前的介绍工作

培训上课前,需要有相应的管理人员引导学员入座,介绍相应的课程及讲师,同时引导学员的心态,宣布课堂纪律。开始实施以后,要宣布培训的相关事项,介绍培训的主题,说明后勤安排和管理规则,介绍培训目标和课程安排。

2. 培训器材的维护、保管

对培训的设施、设备要爱护,小心使用,如多媒体设备的使用和保管;多人使用麦克风时,要注意保持麦克风清洁,以免传播疾病。对设备要定期除尘,不要把食物、饮料放在设备附近。

3. 培训知识或技能的传授

新知识或技能的传授要根据内容不同而选择不同的方法,但是培训过程中还需要注意一些事项,首先要注意观察培训师的表现和学员的课堂反应,及时与培训师沟通、协调;其次协助上课、休息时间的控制;最后做好上课记录(录音)、摄影、录像。

为了提高培训活动的效率,组织实施培训计划时还应注意以下操作重点:尽量让培训内容与员工经验和工作任务联系在一起,提高学员的兴趣;有条件的应当组织学习小组、实践小组等互动群体,使员工合作学习,一起讨论、交流论证,互相促进。

4. 对培训进行总结

培训总结是非常重要的,是学员在今后的工作中继续学习的开端。虽然通过总结可以帮助学员复习学过的内容,但这时学员通常只是被动地听,所以效果并不好。因此,即使是在培训的最后阶段也不能忘记学员的参与是培训成功的关键。

5. 培训反馈与改进

培训反馈是指把一个学员达到学习目标的程度或学习状况的信息传递给他自己,使其知道行为是否正确。有效的反馈一般集中于人们的具体行为并附以表扬和指导措施。这可以对正确行为给予鼓舞，也可以纠正错误行为并帮助改正。反馈造就"完善"，组织实施培训活动必须重视反馈环节和机制的安排落实，才能提高成效。

培训计划的设计是一个系统工程，需要不断地改进与完善，在获取反馈信息之后，根据这些反馈意见不断修改完善。

二、培训管理

培训是企业人力资源部门的重要职能，也是现代企业生存与发展的动力之源。随着科技进步与社会的发展，培训工作涉及面会越来越广，内容也越来越复杂，而且有关领导部门、领导者对培训工作的重视程度参差不齐，培训工作很不平衡。培训工作的管理水平还远远不能适应培训规模扩张的需要，主要反映在缺乏长远规划，培训目的性及针对性不强、培训质量控制不力、培训方法选择不当等方面。为提高培训的效益，保证培训的效果，必须加强对培训工作的管理，使企业的培训工作顺利进行，确保培训的预期效果。

（一）建立培训管理机构

培训是企业的一个系统工程。培训计划的编制，不仅仅是人力资源管理部门的事情，还涉及企业内的其他部门。因此，企业有必要建立一个培训管理机构，有专门培训的部门与人员，以便协调各个部门的工作。大的企业可以成立培训中心甚至是大学，并在各下属部门设立对口部门成员。各部门应按照"加强领导，统一管理，分工负责，通力协作"的原则，搞好分级培训。培训所需的师资，一方面可以从企业外聘请，另一方面也可以从企业内挖掘和培养。有的企业要求企业的主要管理人员承担一定的培训工作，这既有利于提高培训质量，对管理者本人也是一种锻炼和提高。

（二）严格培训考核

这既包括对培训人员的考核，也包括对受训人员的考核。对培训人员进行考核的主要目的在于改进培训活动，对接受培训人员考核的主要目的在于督导其全力以赴地完成培训。应该说，培训既是员工的权利，又是员工的义务。培训考核的结果可以作为员工转正、定级、使用、职称评定、薪酬变动等的依据。

（三）保证培训经费的投入

维持培训的运转和工作的运行，需要有资金的投入作保证。从目前国际通行的做法来看，大多数国家都为此投入大量的经费。我国规定企业的培训经费应占到工资总额的 1.5%。与发达国家相比，这个标准是很低的，远远低于美国企业的员工培训投入水平。

第四节　培训方法的选择

培训方法是指将知识、技能和观念传授给培训对象的手段。员工培训有很多方法，而且，随着科技的发展，培训的新方法也会越来越多，其运用是否合理，将极大地影响培训效果。因此，培训主管既要重视培训课程的设计，也要重视培训方法的选择和运用。企业培训员工常用的方式可以分为两大类：在岗培训和离岗培训。每一类别的培训又有其相应的具体方法，在培训过程中应根据不同的需要和情况选择适宜的培训方法。

一、在岗培训

在岗培训又称为现场培训，是指为了使员工具备有效完成工作任务所必需的知识、技能和态度，在不离开工作岗位的情况下，对员工进行培训，通常表现为在实际工作地由上司或有经验的员工通过现场讲解指导和示范等对员工所进行的指导和培训。常用的在职培训方法主要有以下六种：

（一）师带徒

师带徒是一种最为传统的在职培训方式。其形式主要是由一名经验丰富的员工作为师傅，带一名或几名新员工，通过口头传授或者亲自示范的方式将操作要领传授给受训者。通常，在需要手工艺的领域中使用这种培训，如管道工、理发师、木匠、机械师和印刷工等。随着师带徒培训在实际工作中的应用，其内涵和外延也在不断丰富和发展。现在的师傅对学徒的指导不仅包括知识、技能的指导，也包括品行、态度等方面的指导。

师带徒培训的主要优点是，在培训者退休、辞退、调动和提升而离开工作岗位或出现岗位空缺时，企业能有训练有素的员工顶上，从而不影响工作效果或效率。师带徒的主要不足在于该培训仅对培训对象进行某一特定技能的培训，导致员工技能太狭窄，而且"带会徒弟饿死师傅"这种传统的消极观念会在一些培训者的头脑中作祟，在一定程度上影响技能的传授。

一般而言，师带徒培训的有效性取决于三个方面：师傅、徒弟和组织。师傅应具有较强的沟通、监督和指导能力及宽广的胸怀；徒弟应虚心好学，积极主动地与师傅建立并保持友好的工作关系；组织应为新员工选择合格的师傅，并对师傅的培训工作给予充分和必要的奖励。

（二）工作轮换法

工作轮换也称轮岗，是将员工在预定的时期内从一个岗位调到另一个岗位，以扩展其经验的培训方法。通过工作轮换，可以识别培训对象的长处和短处，增进培训对象对各部门管理工作的了解，所以现在很多企业为培养新进入企业的年轻管理人员或有管理潜力的未来管理人员都采用工作轮换法。工作轮换法能丰富培训对象的工作经历，企业也能通过工作轮换了解培训对象的专长和兴趣爱好，从而更好地开发其的特长；同时，这也能增进培训对象对各部门管理工作的了解，扩展其的知识面，对受训对象以后完成跨部门、合作性的任务打下基础。但是工作轮换法也有缺点，如每个轮换的工作岗位上停留时间太短，所学的知识不精。

在为员工安排工作轮换时，要考虑培训对象的个人能力，以及他的需要、兴趣、态度和职业偏爱，从而选择与其合适的工作。工作轮换时间长短取决于培训对象的学习能力及学习效果，而不是机械地规定某一时间。

（三）工作指导培训

工作指导培训是第二次世界大战中开发出来的一种培训方法，即让有经验的员工作为新员工的指导者，帮助新员工一步步地执行任务，必要时给予纠正及反馈，帮助他们了解企业，并提供各种建议。工作指导培训方法对受训者学会如何执行相对简单的任务并一步步地完成任务非常有效。同时，它帮助经理们学习和熟悉指导员工的方法和技巧，其指导技巧至今仍然在组织中使用。

（四）设立"助理"职位

"助理"方式是让有潜力的员工在一段时间内担任某职务的助理，使其对这一职务有更多的了解；同时，也帮助其增加工作经验，并培养其胜任这一职务的能力。受训者的上司就是其教师，能够给受训者以适当的指导和培养，直到受训者能够独立承担职能管理者的工作职责。这一方法与工作轮换法一样也是非常有效的。

（五）初级董事会

这种方法是将培训对象组成一个初级董事会，让他们对公司的经营策略、政策及措施进行讨论并提出建议,为其提供分析公司现状和发展问题的一种培训方法。一般来说,初级董事会可讨论的问题有公司的组织结构、员工的激励政策、员工报酬、公司经营发展战略、部门之间的冲突等。当他们将提出的建议或方案提交公司正式董事会后,公司正式董事会就有关决策与其沟通。接受初级董事会培训的对象,一般都是公司现任的中级管理人员,他们是公司未来高层管理人员的候选人。

(六)临时性晋升

在经理外出度假或需较长时间出差,甚至出现职务空缺时,有的人常被指定为"代理经理",这就是临时性晋升。临时性晋升既可作为一种培训方法,也给企业带来便利。如果代理经理有决策权,并充分履行职责,那么这种实践的经验是很宝贵的;但如果代理经理只挂个名,既不作任何决策也不真正执行管理,那么就达不到培训的效果。

总的来说,在岗培训可以使培训内容与工作现场实际运用相结合,不需要在工作场所以外再安排仿真教室,也不需要准备专门的培训器材和教材,节约培训成本;同时,培训者往往由企业内部员工(如主管或资深员工)来担当,有助于在培训者与受训者之间建立合作关系,而且受训者能迅速得到工作绩效的反馈,学习效果明显。

二、离岗培训

离岗培训也称脱产培训,是指离开工作地和工作现场,由企业外的专家和教师对企业内各类人员进行的各种培训。离岗培训可以在企业内部实施,也可以在外部的教育机构、学校或专门的培训中心进行。离岗培训的方法很多,具体包括以下七种:

(一)课堂讲授法

课堂讲授法属于传统模式的培训方式,是指培训者利用课堂的形式向学员进行知识传授的方法,这是使用频率最高的一种培训。培训者通过语言表达传授知识,期望学员能记住其中的重要观念与特定知识。这种方法能够以最低的成本、最少的时间向众多的学员提供大量的信息。

课堂讲授法对培训者有很高的要求,如培训者应具有丰富的知识和经验,讲授步骤、安排要合理,应该有较强的逻辑性和系统性,重点、难点突出;讲授时语言清晰,富有启发性,生动准确;应尽量配备必要的多媒体设备,以加强培训的效果;讲授完应保留适当的时间让培训者与学员进行沟通,以获取学员对讲授内容的反馈。

课堂讲授法的优点:运用方便,在相对较短的时间内能向一大批人提供大量的信息,在人、财、物和时间方面都很经济,适合于系统地进行知识的更新和传授;有利于学员系统地接受新知识;容易掌握和控制学习的进度;有利于加深理解难度大的内容。

课堂讲授法的缺点:学习效果易受培训者讲授水平的影响;主要是单向性的信息传递,学员处于被动地位,缺乏培训者和学员之间必要的交流和反馈,学员参与程度低;学过的知识不易被巩固。所以,这常被运用于一些理念性知识的培训。

(二)研讨法

研讨法是在培训者的指导下,以学员讨论为主的培训方法。这种方法一般是先由培训者综合介绍一些基本概念与原理,然后让学员围绕某一专题进行讨论并作出反应。这是一种仅次于课堂讲授法而广泛使用的方法,研讨法按照类型的不同可分为很多种,如沙龙研讨会、分组讨论研讨法、集体讨论法、委员会研讨法、攻关研讨法。

运用研讨法这种方式时应注意每次讨论要建立明确的目标,这是研讨法获得成功的关键。

同时，要使学员对讨论的问题发生内在的兴趣，并启发他们积极思考，让每一个学员都有发言的机会，创造一个畅所欲言的氛围。

研讨法的优点：强调学员的积极参与，鼓励学员积极思考，主动提出问题，表达个人的感受，有助于激发学习兴趣，同时发现自己的不足，开阔思路，加深对知识的理解，促进提高个人能力。

研讨法的缺点：对培训者的要求较高；讨论课题选择的好坏将直接影响培训的效果；学员自身的水平也会影响培训的效果；不利于学员系统地掌握知识和技能。

研讨法不是指定或硬性要求学员按事先提供的意图发言，而是强调学员在学习研究的基础上提出自己的观点和看法。培训的目的是为了提高能力、培养意识、交流信息、产生新知，所以这比较适用于管理人员的训练或用于解决某些有一定难度的管理问题。通过研究讨论，加强学员的理解能力，其效果要优于课堂讲授法。

（三）角色扮演法

角色扮演法是指在一个模拟的工作环境中，给学员提供一种情景，要求其扮演某种角色，借助角色的演练来理解角色的内容，模拟性地处理工作事务，从而提高学员处理各种问题的能力。运用这种方法，能给学员提供了一个机会，在一个逼真而没有实际风险的环境中去处在他人的位置上思考问题，可以体验各类人物的心理感受。通过亲身体验，帮助学员训练其自我控制能力和随机应变能力，从而提高处理各类问题的能力。

角色扮演法要注意的是，在角色扮演的全过程中培训者要保持对角色的控制，以保持明确的目标。另外，角色扮演的环境应该是学员所熟悉、轻松自在、具有信任感、在心理上安全的环境。演出结束，最后的汇报总结也是十分重要的，培训者针对各学员存在的问题进行分析和评论。

角色扮演法的优点：学员参与性强，学员和培训者互动交流充分，可以提高学员培训的积极性，通过观察其他学员的扮演行为，可以学习交流各种技能；同时，通过培训者模拟后的指导，可以及时认识自身存在的问题并加以改正。

角色扮演法的缺点：控制过程比较困难，效果的好坏主要取决于培训者的水平；模拟环境并不代表真实环境的可变性；扮演中的问题分析限于个人，不具有普遍性；容易影响学员的态度而不易影响其行为。

总体而言，采用该方法能增进学员之间的感情和合作精神，特别对于培训学员人际关系技能和转变员工态度，是一种效果较好的培训方法。

（四）案例分析法

案例分析法是20世纪初哈佛大学首创的一种教学和培训方法，目前广泛应用于企业管理人员（特别是中层管理人员）的培训。主要是指为参加培训的学员提供一些实际的案例，让学员分析和评价案例，并根据具体情况作出决策的培训方法。

要成功地运用案例分析法，培训者和学员事先都必须认真准备。培训者要充当着催化剂和教练员的角色，通过对学员的有效引导，让每个参加者积极陈述自己的看法，作出自己的决策。同时，对案例的编写有很高的要求，案例要真实可信，客观生动，最重要的是应该具有典型性。这种方法能激发学员的兴趣，并通过相互之间的交流沟通，使思维得到启发，扩大其视野，培养解决问题的能力和决策能力。

案例分析法的优点：学员参与性强，变学员被动接受为主动参与；教学方式生动具体，直观易学，学员也愿意学习，有利于学员养成积极参与及向他人学习的习惯；费用比较低。因此，这是一种效果较好的培训方法，在员工培训中运用得比较广泛。

案例分析法的缺点：案例提供的情景和真实情况有很大差距；编写一个可供使用的案例需要很长时间，而案例研究法对培训者和学员有比较高的要求，案例的来源往往不能满足培训的需要。

此外，还应注意对现成案例的审查，以确定这些案例对学员的意义及其与培训目标的相关性到底有多大；在进行的过程中，要注意学习环境与氛围的营造，这对培训效果有很大影响。

（五）商业游戏法

商业游戏法严格来讲也属于情景模拟法的一种，是一种通过游戏体验来学习如何解决问题的方法。这种游戏将学员4～7人组成一个“微型企业”（小组），每人在本“企业”中分工承担一定的责任或职务，要学员在规定的场景中，仿照商业竞争规则，收集信息并对其进行分析、作出决策，在此过程中进行培训。

商业游戏法的优点：利用游戏的竞争性和趣味性来说明事实和原理，能引起学员的兴趣，吸引学员的积极参与；培训内容与游戏活动相联系，加深学员对培训的印象，使之能较好地学到解决实际问题的技能；能够模拟出商战的竞争性质，具有很强的参与性、互动性和一定的仿真性，帮助培育团队凝聚力，并迅速构建团队的信息框架，因此可以激发学员的学习动力。

商业游戏法的缺点：开发游戏的时间较长，游戏设计的难度较高，设计费用也比较高；游戏占用培训对象的时间较长，且活动过程难以控制，使游戏容易流于形式；对培训者现场教学能力要求极高，游戏后培训者分析讲解能力不够则会使游戏丧失意义；租用游戏场地的费用也较高，使用范围有一定的局限性，因为并不是所有的商业情境都能设计成游戏。

商业游戏主要用于开发学员的经营决策能力和管理技能，是一种能引起学员学习兴趣的培训方法。

（六）视听法

视听法主要是指利用投影、幻灯、录像等视听技术手段来实施培训的方法。这种方法同时运用视觉和听觉，信息加工的效率比较高，能够提高学员的学习兴趣，且由于视听法材料具有可以人为控制播放的方式，培训者可以根据学员的具体情况来慢放、快放或重放课程内容，灵活地调整培训节奏。

在使用视听法时，需要注意一些事项：在播放前要清楚地说明培训的目的；要根据培训的主题选择合适的视听教材；最好能边看边讨论，通过播放内容来发表自己的感想或如何应用在工作上，以增加理解；讨论后，培训者必须作相应的总结或者将如何应用在工作上的具体方法告诉学员。

视听法的优点：运用视觉和听觉的感知方式，直观鲜明，所以比讲授或讨论法给人更深的印象；教材生动形象，所以也比较容易引起学员的兴趣；视听教材可反复使用，从而能更好地适应学员的个体差异和不同水平的要求。

视听法的缺点：视听设备和教材的成本较高，内容易过时；选择合适的视听教材不太容易；视听法使学员处于消极的地位，反馈和实践较差。因此，视听法一般可作为培训的辅助手段。

这种方法通常可用来展示预先录制的内容以展示行为、技术或说明问题，还可用来录制和重放学员在课程中的表现。该方法被广泛用于提高学员的沟通技能、面谈技能和服务技能等。

（七）网络培训法

在经济全球化的环境中，网络培训法应运而生。网络培训法主要是利用电子计算机和互联网等现代通讯工具来传递信息和交流互动，对学员进行培训的一种培训方式。网络培训法通常包括电话会议、电视会议及电子文件会议等形式。学员和培训者以及所有的参加培训人员之间可以通过网络沟通方式进行双向交流。

网络培训法的优点:突破了时空限制、为企业节省一大笔差旅费用;使跨地区、跨国公司与各地的分公司之间保持密切的联系,有利于统一的组织文化的形成;可以根据学员的不同要求对培训内容进行剪裁,实现个性化的培训,每个学员可以根据自己的时间、不同的理解与接受程度去个性化学习。

网络培训法的缺点:很容易忽视双向沟通,培训者和学员之间缺乏互动,从而影响培训效果。

有效的培训方法是保证培训效果的重要手段。随着科技的发展,培训的新方法也会越来越多,新技术的应用给培训带来了新的活力,并对培训效果和方式产生巨大的影响。但每一种方法都有其优点和缺点,也有一定的适用领域。再好的方法也不是万能的,在实际操作中,应根据培训的目标、学员的特点和培训的资源等因素,选择恰当的培训方法。

第五节　培训效果的评估

企业完成一个培训项目之后,培训效果的评估便成为培训主管的一项必不可少的工作。

一、培训效果评估的定义

培训效果是指在培训过程中受训者所获得的知识、技能、才干和其他能力应用于工作的程度。培训效果评估是指运用科学的理论、方法和程序,从培训项目中收集数据,并将其与整个组织的需求和目标联系起来,以确定培训项目的优势、价值和质量的过程,总结达到了什么效果,取得了哪些成绩。

一个组织如果不能正确地评价其培训方案和效果,就难以准确判定培训方案是否有效,也无法判断培训项目是否达到了预期的目标,甚至还可能不恰当地继续使用一个无效的方案或废止一个有效的方案。培训效果评估既是对上一阶段培训取得的成效与利弊进行测量,为培训成果的有效利用提供标准和依据,也是改善以后培训工作的重要步骤。

二、培训效果评估的目的

培训效果评估的目的主要体现在三个方面:

(一)体现培训对组织的贡献

通过对培训效果的评估,可以看到培训的成本的有效性,体现培训对于组织的贡献,并以此体现人力资源部门或培训部门在组织中的重要作用,证明对员工的培训是值得的。

(二)作出培训项目决策

随着时代的发展,新的培训项目或潮流开始出现,培训效果评估可以为决策者提供有关培训项目的系统信息,可以觉察哪些培训项目已经不再适用,应该停止,哪些培训项目还值得再继续,从而作出正确判断。同时,培训效果评估的信息可以为接下来的培训需求评估提供信息和参考。

(三)获得如何改进某个培训项目的信息

这是培训有效性评估最普遍的意义。通过评估,可以对培训的设置、培训内容、讲授方式等方面有进一步的了解,帮助培训管理者为培训需求的确定、培训目标的选择、培训计划的拟订、培训资源的控制等影响最终培训效果的工作提供改进信息，以使其能够更好地满足学员的要求。

三、培训效果评估的层次和方法

目前，国内外运用得最为广泛的培训评估方法仍然是美国学者柯克帕特里克(Donald L. Kirkpatrick)在1959年提出的培训效果评估模型。培训效果评估是在培训结束后，评估培训究竟发挥了多大效果，使企业和员工的行为发生了多大程度的改变。效果评估是培训评估的重点，柯克帕特里克从评估的深度和难度出发将培训效果分为四个递进的层次——反应层、学习层、行为层、结果层。最终的培训效果评估层次的确定，将决定培训效果评估开展的有益性和有效性。

(一)评估的层次

1. 反应层

反应层是培训效果评估的最低层次。这一层次主要通过学员对培训项目的印象和感觉来评价，包括对培训科目、培训者、设施、方法、内容、自己收获的大小等方面的看法。反应层评估用在培训项目结束时进行，其主要通过调查问卷的方式收集学员对于培训项目的效果和有用性的反应等反馈意见。

例如，可以问下面一些问题：你是否喜欢这次培训？是否认为培训者很出色？是否认为这次培训对自己很有帮助？有哪些地方可以作进一步改进？

反应问卷调查易于实施，如果设计合理的话，反应问卷调查也很容易分析、制表和总结。但这种方法的缺点是其数据过于主观，并且是建立在学员在测试时的意见和情感之上的，个人意见的偏差有可能夸大评定分数。

测试后，需要把测试结果与培训前对受训者的摸底情况进行对比分析。这个层面的评估对于重新设计或继续培训项目至关重要，可以作为改进培训内容、培训方式、培训进度等方面的建议或综合评估的参考，但不能作为评估的结果。

2. 学习层

学习层是培训效果评估的第二层次，也是目前最常见也是最常用到的一种评价方式。它是测量学员对所学习的原理、技能、态度等培训内容的理解和掌握程度。培训组织者可以运用书面测试、操作测试、情景模拟等方法来评价学员受训后与受训前相比，是否增长了知识、提高了技能、改善了态度。笔试是了解知识掌握程度的最直接的方法，而对一些技术工作，如工厂的车工、钳工等，则可以通过操作来考核其技术的提高程度。另外，强调对学习效果的评价，也有利于增强学员的学习动机。

3. 行为层

培训效果评估的第三个层次是行为层。这是主要评价学员在培训后工作行为究竟产生了多大的改进？即学员把在培训中学到的知识技能是否有效地运用到工作中、是否在工作中态度有所转变等。可以说，这是考查培训效果的最重要的指标。如果学员在培训中学到的知识技能未能有效地运用到工作中去，培训也就没有发挥作用。

行为层的评估往往发生在培训结束后的一段时间，由上级、同事、下属或客户观察学员的行为在培训前后是否有差别来进行评价。这个层次的评估可以包括上级的主观感觉、下属和同事对其培训前后行为变化的对比及学员本人的自评。这通常需要借助于一系列的评估表。

需要注意的是，由于工作经历的逐渐丰富，监督和工作奖励方式的变化都可能对员工的行为产生影响，有些员工的绩效变化将在培训结束后经过一段时间的实践才能体现出来。这就要求人力资源部门与职能部门建立良好的关系，以便不断获得员工的行为信息。

4. 结果层

培训效果评估的最后一个层次是结果层，即判断培训是否对企业经营成果具有具体而直接的贡献：组织是否因为进行培训而经营得更好、员工在培训后是否对组织或他们的工作产生了更加积极的态度、员工这种改进是否有助于提高企业的经营业绩等。这可以通过一些指标来衡量，如事故率、生产率、产品合格率、员工流动率、质量、成本、利润、员工士气、离职率及企业对客户的服务等。通过对这样一些组织指标的分析，企业能够了解培训带来的收益。

在评价结果层次时，应先计算所有培训成本和培训后学员的生产率，然后计算培训的得失。例如，人力资源开发人员可以分析比较事故率及事故率的下降有多大程度归因于培训，从而确定培训对组织整体的贡献。

以上四个层次的比较，如表5－1所示。

表5－1　　培训效果评估的四个层次

评估层次	主要内容	可询问的问题	衡量方法
反应层	学员对培训的印象和感觉	(1)学员喜欢培训课程吗？ (2)课程对自身有作用吗？ (3)对培训课题及培训场地有何意见？ (4)课堂反应是否积极主动？	问卷、评估调查表、评估、访谈、讨论
学习层	检查学员的学习效果，即学员在培训前后知识、技能、态度方面有多大程度的提高	(1)学员在培训项目中学到了什么？ (2)培训前后，学员在知识及技能方面有多大程度的提高？	笔试、操作测试、绩效、情景模拟
行为层	学员的行为在培训前后有无差别，他们在工作中是否运用了在培训中所学到的知识和技能	(1)学员在学习后有无行为的变化？ (2)学员工作中是否用到培训所学？	由上级、同事、客户、下属进行绩效考核、测试、观察
结果层	衡量组织经营业绩是否因培训而经营得更好	(1)行为改变对组织影响是否积极？ (2)组织是否因培训而经营得更好？	考察事故率、生产率、产品合格率、员工流动率等

(二)评估的方法

培训评估的内容非常广泛，但效果评估是培训评估的重点。常见的培训效果评估通常有下面7种方法：

1. 测试比较评价法

这种方法是在培训开始和结束时分别用难度相似的测试题对学员进行测试，然后将两次的成绩进行比较。如果学员在培训结束时的成绩比开始时成绩高出很多，则表明经过培训确实增加了学员的知识和技能，培训是有成效的。

2. 工作绩效评价法

在培训结束后，每隔一段时间以书面调查或面谈的形式了解学员在工作上取得的成绩，如工作量有无增加、工作素质有无提高、人际交往能力是否提高等，从中可知培训是否有效。也可以使用量化工作绩效评价法，以便从定量的角度衡量培训的成效。

3. 工作标准评价法

该方法与工作绩效评价法有些类似，即在培训结束后一段时间内，以书面调查和实地考核的方式，了解学员在工作数量和工作态度等方面能否达到工作标准来判定培训有无成效。如果学员通过培训后，在工作数量、工作质量和工作态度等方面均达到或高于所规定的工作标准，则表明培训是卓有成效的。

4. 工作态度调查评价法

用同样的调查表调查学员在培训前后工作态度的变化。将前后两次调查结果进行比较，如果受训者在工作态度上确实表现出高度的责任心、良好的工作态度及严密的组织纪律性等，则表明培训具有成效。也可以根据学员的培训成绩来评价，如果其成绩普遍优异，则表明学员在培训期间已获进步。

5. 同类员工比较评价法

比较接受培训的员工与未接受培训的员工的工作，通过比较结果对培训的效果作评价。如果两者在同样的工作上，在培训前工作成绩相差无几，而其中一个在接受培训后工作成绩明显上升，则表明培训是具有成效的；否则，培训效果不佳。所以，该方法也称收益直接评价法。

6. 收益间接评价法

该方法是通过与员工培训有关指标的计算来评价培训投资的效益。运用收益间接评价法，应首先找出影响培训效益的因素，即把这些因素分解成为一些具体的指标，然后根据这些指标的相互关系进行计算，以此来判断培训的效果。

7. 参考主管或下属意见评价法

培训结束一段时间后，培训部门以书面调查或面谈的形式，向相关员工的主管或下属了解其工作上的表现。例如，主管认为他们工作上有进步，工作效率有所提高，或者下属认为受训者的领导能力有所提高等，则表明教育培训是有成效的；否则就认为培训成效不大。当然，这种意见作为评价依据时必须是公正的。

以上 7 种方法虽然形式不同，但遵循一个原则，即凡是能够提高工作绩效的培训都被认为是有效的。因此，在实际的评价工作中，不只使用一种方法，而是同时使用几种方法。

四、培训效果评估的标准和影响因素

（一）培训效果评估的标准

企业培训无论是培训项目评价还是培训效果分析，都涉及评估标准。企业培训部门都要根据理论研究和实际工作经验逐步积累形成评估标准。企业员工培训效果评估的标准主要包括以下 5 种：

1. 目的

即企业的培训活动是否达到预期的培训目的。这是最低的标准。

2. 成本

培训方案所付出的代价如何？培训成本包括制定预算、培训者的工资、教材的成本、以及交通、场地及设备，再加上人力资源部门及行政部门分担的成本等。

3. 效率

即是否以最有效的方法达到目的。这主要是比较不同的培训方法，评估采用的培训方法所付出的代价是否最符合经济原则。

4. 效益

即培训活动投入—产出比例如何，要求从经济的角度去衡量培训活动所付出的代价与所达到的目的是否合算、是否值得。

5. 培训资源的权衡

用于培训的资源是否得到最佳的分配与最有效的利用，这需要在预算限度上作最佳选择。要使培训投资获得最佳的运用，必须对各项成本、效果及可供选择的培训方法进行详细分析。要全面评估培训方案并不容易，有很多类别的培训也不可能用上述尺度衡量。最常用的评估方法是成本—效益法。客观地将培训程序中所需的费用逐项记录，即可清楚地了解培训成本。至于效益方面，也可以由有关的指标显示出来，有关生产的指标，如增加产量、减少废品及废料、设备的损坏、意外事件的产生、生产时间及成本等。有关员工的指标，如员工流失率降低、缺勤率降低、士气提高、抱怨减少等都可以衡量培训的价值与效用。

(二)培训效果评估的影响因素

影响员工培训效果的因素很多，但总的来说，有两个方面：一是员工培训工作必须克服盲目性，要有目的性和针对性；二是员工培训必须克服随意性，要有原则性和计划性。只有这样，才能使员工培训取得最佳的培训效果。具体而言，主要包括：

(1)培训需经过精心的组织、周密的计划和系统实施；

(2)员工培训的目标与战略必须和企业的经营目标与战略、人力资源目标与战略及员工个人发展目标一致；

(3)员工培训必须目标明确具体、切实可行；

(4)培训部门必须根据企业的培训资源状况、员工特点选择适宜的培训方式；

(5)员工培训工作必须得到企业高层管理者和各个职能部门的支持，员工培训工作应与员工的考核、提升、晋级、调动等紧密结合起来，并建立有效的激励机制；

(6)企业必须拥有培训所必需的资源，如充足的经营、完备的设施、实用的教材及能够胜任培训工作的师资力量等。

五、撰写培训效果评估报告

撰写培训效果评估报告就是对培训项目实施效果进行总结，目的是为了确定培训工作的质量，更重要的是帮助培训者提高培训水平。总结的形式可以通过总结报告体现，主要包括以下内容：

(1)培训背景说明；

(2)培训概况说明，如培训对象、培训内容和培训方法；

(3)培训评估的实施说明；

(4)陈述或以图表形式表示培训效果评估信息；

(5)培训效果评估信息的分析；

(6)培训效果评估结果与培训目标的分析；

(7)提出培训项目计划调整或是否继续实施的建议；

(8)附件。

通过撰写培训效果评估报告，衡量培训项目各个环节工作开展的情况，为后续培训作出改进和优化；同时，员工可以清楚地了解自己的培训效果，掌握现有业绩水平，从而能够帮助员工更好地弥补不足，促进潜能的不断挖掘，也可以为绩效评估提供参考意见。

第六节 培训制度的建立

为了保证组织的培训工作顺利开展，在企业内部有必要建立相应的培训制度。

一、企业培训制度的含义及构成

(一)企业培训制度的含义

培训制度，即能够直接影响与作用于培训系统及其活动的各种法律、规章、制度及政策的总和。它主要包括培训的法律和规章、培训的具体制度和政策两个方面。

要想提高培训的效率，就必须建立一套完整的培训规章和制度，通过规章和制度来明确双方的权利和义务，理顺双方的利益关系，调动员工参与培训的积极性，同时使企业的培训活动系统化、规范化、制度化。

企业培训的具体制度和政策是企业员工培训健康发展的根本保证，是企业在开展培训工作时要求员工共同遵守并按一定程序实施的规定、规则和规范。企业培训制度的根本作用在于为培训活动提供一种制度性框架和依据，促使培训沿着规范化轨道运行。

(二)企业培训制度的构成

在企业培训的管理活动中，各类企业根据自己实践经验和具体情况，制订一系列的员工培训管理制度。一般来说，这包括培训服务制度、入职培训制度、培训激励制度、培训考核评估制度、培训奖惩制度和培训风险管理制度六种基本制度。

除上述各项制度之外，还有培训实施管理制度、培训档案管理制度、培训资金管理制度等，从而给予培训活动自上而下、全方位的制度支持。

二、企业培训制度的基本内容

企业人力资源管理部门在起草某一项具体的培训制度时，应当注意其结构和内容的完整性与一致性。一项具有良好的适应性、实用性和可行性的培训制度至少应包括以下 5 个方面的基本内容：

(1)制订企业员工培训制度的依据；

(2)实施企业员工培训的目的或宗旨；

(3)企业员工培训制度实施办法；

(4)企业培训制度的核准与施行；

(5)企业培训制度的解释与修订权限的规定。

三、培训管理制度的起草

(一)培训服务制度

对于一些投入成本较大的培训项目，特别是需要一段时间的离岗培训来说，企业不仅投入费用让员工参加培训，还要给员工提供工资待遇，同时企业要承担因为员工离职不能正常工作的机会成本。如果参加培训的员工学成后就跳槽，企业投入价值尚未收回，这种培训就得不偿失。为防范这种问题的出现，就必须建立制度进行约束，培训服务制度由此而产生并被广泛运用。

培训服务制度是培训管理的首要制度，虽然不同组织有关这方面的规定不尽相同，但目的都是相同的，只要是符合企业和员工的利益并符合国家法律法规的有关规定就应该遵守。

（二）入职培训制度

入职培训制度就是规定员工上岗之前和任职之前必须经过全面的培训，没有经过全面培训的员工不得上岗和任职。它体现了“先培训，后上岗”及“先培训，后任职”的原则，适应企业培训的实际需要，有利于提高员工队伍的素质，提高工作效率。

制度的制订要与人力资源部有关人员配合进行，并争取与其他各部门经理共同商讨，这对于此制度的贯彻执行是非常有利的。

（三）培训激励制度

企业培训制度的主要目的是激励各个利益主体参加培训的积极性。对培训的激励包括3个方面：

1. 对员工的激励

培训必须营造“前有引力、后有推力、自身有动力”的氛围机制，建立培训—使用—考核—奖惩的配套制度，形成以“目标激励为先导、竞争激励为核心、利益激励为后盾”的人才培养激励机制。

2. 对部门及其主管的激励

建立岗位培训责任制，把培训任务完成的情况与各级领导的责、权、利挂钩，使培训通过责任制的形式，渗透在领导的目标管理中，使培训不再只是培训部门的事，而是每一个部门、每一级领导、每一位管理人员的事。

3. 对企业本身的激励

培训制度实际上也是对企业有效开展培训活动的一种约束。企业培训的目的就是要提高员工的工作素质，改变员工的工作行为，提高企业的经营业绩。因此，应制订合理的制度并严格实施，激发企业培训的积极性，使培训真正满足企业生产发展的需要。

（四）培训考核评估制度

评估作为培训发展循环的中心环节已经是业内的共识，但从培训模式中各环节体现的培训评估目的多是为提高培训管理水平，同时也有对培训效果的评估，而对参加培训人员的学习态度、培训参加情况的关注则少一些。设立培训考核评估制度的目的，既可以检验培训的最终效果，规范培训相关人员行为，也为培训奖惩制度的确立提供依据。

需要强调的是：员工培训的考核评估必须与标准保持一致，考核评估的过程要开放透明、公平公正，方可达到员工培训考核评估的目的。

（五）培训奖惩制度

奖惩制度是保障前面几项培训管理制度能够得以顺利执行的关键。如果参加与不参加培训一个样，培训考核评估好与不好一个样，相信谁也不会重视这些制度，而且培训本身也无法引起足够的重视。因此，非常有必要制订、执行培训奖惩制度。

值得注意的是，在制订培训奖惩制度时，一定要明确培训可能出现的各种优劣结果的奖惩标准。如果奖惩标准不一或不明确，就无法保证此制度的有效性。

（六）培训风险管理制度

培训是一项生产性投资行为，做投资就必然存在风险。培训风险如人才流失及其带来的经济损失、培养竞争对手、培训没有取得预期的效果、学员选拔失当、专业技术保密难度增大等。若企业培训风险较大且找不到合适的防范手段时，就会对培训投资持有不积极的态度。培训风险只有通过做好培训实施工作来尽量降低，如积极性维持和培训质量保证等。

四、培训制度的推行与完善

培训制度的贯彻推行要贯穿于培训体系的各个环节之中，使员工培训在实施过程中有章可守。在执行各种规章制度的同时，还要加大制度监督检查的力度，而且监督检查人员不能仅限于企业的高层领导，还应该有员工的代表参加，这样可以从多个角度监督检查培训制度的落实情况。

如果有可能，尽量采用开放式的管理，每一个员工都有权利和义务监督培训制度的执行情况，如有意见或建议可直接提出，也可采用匿名的方式提出。

任何制度的制定都不是一步到位的，制度的正确性要通过实际的运行才能得到检验。培训制度在贯彻实施过程中也会遇到一系列新的问题。这些问题的出现，有可能是员工自身原因，也有可能是制度本身的原因。如果企业员工的培训制度确实存在一些问题和不足，与企业的现实情况相抵触，也需要组织力量，深入实际，进行调查，全面掌握真实的信息，对制度的某些条款作出适当的调整，才能保障培训制度的科学性、完整性和可行性。

本章小结

作为人力资源管理的一项基本职能活动，培训与开发是人力资源实现增值的一条重要途径。本章围绕"员工培训"这一核心内容，主要介绍了员工培训的概念、作用、意义、原则和类型；员工培训的程序；员工培训需求分析的定义、层次和方法；员工培训的实施和管理活动的基本程序和方法；员工培训方法的选择及各类培训方法的内容和优缺点；员工培训效果评估的目的、层次和方法，影响员工培训效果评估的标准和因素；员工培训制度的含义和基本内容，各项培训制度的起草及人力资源培训制度的推选与完善。

课后思考

1. 开展员工培训有什么重要意义？
2. 员工培训与正规教育相比有什么区别？
3. 员工培训需求信息收集的方法有哪几种？
4. 如何对员工培训效果进行评估？
5. 常用的离岗培训方法有哪几种？

案例分析

麦当劳的培训

在麦当劳的企业里，有超过75%的餐厅经理、50%以上的中高层主管，以及1/3以上的加盟经营者，在麦当劳的职业生涯是由计时员工开始的。麦当劳的"培训魔法"一直令外界好奇。究竟麦当劳是如何进行人员策略计划的呢？我们来探讨一下麦当劳培训的成功之道。

1. 认定培训利益

对于如何看待人员的培训和发展，麦当劳创始人雷·克罗克先生说过一句经典的话："无论在哪里，我们都需要人才。我们要不断为人才投资"(If we're going to go anywhere, we've got to have some talents. And I'm going to put my money into talents)。正是出于对人才的重视，早在1976年，麦当劳的创始人就已经开始在人员的发展上作投资。

麦当劳认定培训可以带来利益：第一，相信有最好培训、最好生产力的麦当劳团队能够在顾客满意与员工满意上达成企业目标。第二，强调在正确的时间提供正确的训练，因为培训的价值在于对员工生产力的大幅提升；同时，由于麦当劳的培训也提供给加盟经营者，而加盟经营者在麦当劳的系统里占有很大的部分，所以这对加盟经营者的生产力也有很大的帮助。第三，如果可以有效地运用培训投资，对于麦当劳的股票投资人也会产生一定的效益，这也是麦当劳对投资人一个很重要的责任。第四，通过良好的培训，能在麦当劳的标准、价值及想要做的改变等方面达成共识，这对整个系统的持续经营相当重要。

2. 培训不只是课程

与其他企业不同，麦当劳的培训是发生在真实的工作中，而不只是一个课程。它强调对人员策略的重视，主动地执行培训计划，并把麦当劳的培训和员工自我的梦想、期望结合在一起。麦当劳还强调员工的参与、认同和高度责任感。在麦当劳香港汉堡大学的课程中，有一堂"与成功有约"的课，目的是让高层主管有机会分享成功经验，同时也帮助未来经营领导者的培训与成长。最后一个环节就是"衡量"，在企业的培训中，衡量培训的结果与企业的成果有没有结合，这是一个关键。麦当劳有很好的培训需求分析，针对需要培训的部分去设计培训方案，同时也需要评估培训的成果是否达到组织所需。

3. 四个层次的评估

第一个是"反应"。就是检查在上课结束后，大家对于课程的反应是什么，例如，评估表就是收集反应的一种评估方法，可以根据大家的反应进行调整，以符合学员的需求。

第二是对培训师的评估。每一位老师的引导技巧，都会影响学员的学习，所以在每一次课程结束后，都会针对老师的讲解技巧来作评估。在知识方面，汉堡大学也有考试，上课前会有入学考试，课程进行中也会有考试，主要想测试大家通过这些方式究竟吸收了多少知识，以了解培训的内容是否符合组织所要传递的内容。除此之外，汉堡大学非常重视学员的参与，把学员的参与度量化为一个评估指标，因为当学员提出他的学习，或者与大家互动分享时可以表现出他的知识水平。同时，通过评估，对每天的课程进行调整以适应学员的学习需求。

第三是"行为"。就是检查员工在课程中学到的内容能不能在其后的工作中改变行为、达到更好的绩效。在麦当劳有一个双向的调查，上课前会先针对员工的职能作一次评估，请他的老板或者当届主管作一个评估，经过三个月训练之后，再作一次评估；同时，因为员工必须在工作中应用他所学的，所以可以把职能行为在培训前后的改变作一个比较，用以衡量培训的成果。这在企业对人员的培训方面非常重要，也是现在一般企业很少做到的，因为其成本较高，而且分析起来也比较困难，所以很多企业都放弃这一环节。

第四是"绩效"。课后行动计划的执行成果和绩效有一定的关系，每一次上完课，学员都必须设定自己的行动计划，回去之后必须执行，执行之后由其主管为其作鉴定，以确保培训与绩效结合。

4. 传授价值观与技能

企业的价值观会影响培训的成效。在麦当劳的人员培训结构上，有两个重要的部分：一个是全职业学习通道(Career-long Learning Path)，第二个是全球麦当劳的人员学习发展中心(McDonald's Center of Excellence for Training)，包括所提的汉堡大学。

麦当劳最主要的价值观就是"以人为本"。在培训过程中注重如何把麦当劳"以人为本"的价值观带入每一个人每一次的经验中，以及如何落实在每一天的实际工作中。员工在传递服务的过程中，如果有一些互动、有一些关怀、有一些感受，会做出更好的成果，而这就是麦当劳"以人为本"的要义。麦当劳在人员的发展上，就是要"传授一生受用的价值观与技能"。让每一个学习者在每一段不同的培训中学到一生受用的价值观和技能，这是麦当劳人员发展的一个很重要的观念，也就是这样的一个价值观支持麦当劳培训与人员发展系统的成功。

5. 全职业生涯培训

有了上述的价值观之后，人员发展系统就可以被有效地运行。麦当劳强调的是"全职能生涯培训"，也就是从计时员工开始到高层主管，都有不同的培训计划。通过各地区的培训中心及汉堡大学的阶段式培训，使得麦当劳的员工能够持续不断地学习、成长。麦当劳的计时员工分为服务员、训练员、员工组长与接待员。麦当劳为什么要培训他们，为什么要给他们这么多的培训？除了传递全球一致的产品与服务以外，这与麦当劳的价值观也有很重要的关系，麦当劳要帮助员工实现梦想，所以给予每一个麦当劳员工能力提升的机会。

在麦当劳，经理不只是从计时员工晋升的，也有直接从实习经理培训而成的。麦当劳在招募实习经理这个职位的时候，注重观察应聘者是否具有成为餐厅经理的潜能。在餐厅经理一连串的培训方面，就是要培训实习经理成为餐厅经理。培训内容包括从怎么样去经营一个店面、最基本的餐厅的运作，如何使顾客的用餐体验舒适顺畅，到管理订货、排班系统的培训，一直到领导技巧、怎样建立有效的团队及企业经营的培训等。

中层主管的职责与餐厅经理有所不同，着重在两个方面：一是顾问的技巧，二是部门的领导。除了训练、营运外，还有很多其他专业职能的训练。麦当劳有一系列专业讲师的培训课程，除了上课，还会有很多的实践工作，让员工的能力获得提升。

基层员工提升为麦当劳的高层主管之前，在汉堡大学学习也是重要的一环。高层主管通常要经历从基层、中层到高层主管的发展，对职能型和管理型的知识技能已经有某种程度上的拿捏，才能做到高层主管。

思考：

1. 麦当劳的培训理念是什么？
2. 麦当劳是如何将培训与企业需要有效结合在一起的？
3. 麦当劳在培训评估方面有哪些可取之处？
4. 麦当劳对员工职业生涯的关注表现在哪些地方？从组织或者员工的角度来思考，你认为该如何实现组织发展和员工发展的双赢？

扩展阅读

海尔的员工培训

海尔培训工作的原则是"干什么学什么，缺什么补什么，急用先学，立竿见影"。在此前提下，首先是价值观的培训。"什么是对的，什么是错的，什么该干，什么不该干"是每个员工在工作中必须首先明确的内容，这也是企业文化的内容。对于企业文化的培训，除了通过海尔的内部杂志《海尔人》进行大力宣传及通过上下灌输、上级的表率作用之外，重要的是员工互动培训。

目前，海尔在员工培训方面进行了丰富多彩的、形式多样的培训及文化氛围建设，如通过员工的"画与话"、灯谜、文艺表演、找案例等，用员工自己的画、话、人物、案例来诠释海尔理念，从而达成理念的共识。

“下级素质低不是你的责任,但不能提高下级的素质就是你的责任。”对于集团内各级管理人员,培训部下是其职责范围内必需的项目,这就要求每位领导——上到集团总裁、下到班组长——都必须为提高部下素质而搭建培训平台、提供培训资源,并按期对部下进行培训。特别是集团中高层人员,必须定期到海尔大学授课或接受海尔大学培训部的安排,不授课则会受到相应惩罚,而且也得不到职务升迁的机会。每月进行的各级人员的动态考核、升迁轮岗,就是很好的体现:部下的升迁,反映出部门经理的工作效果,部门经理也可据此续任或升迁、轮岗;若部下表现欠佳,部门经理就是不称职的。

为调动各级人员参与培训的积极性,海尔集团将培训工作与激励紧密结合。海尔大学每月对各单位培训效果进行动态考核、划分等级,等级升迁与单位负责人的个人月度考核结合在一起,促使单位负责人关心培训、重视培训。

技能培训也是海尔培训工作的重点。海尔在进行技能培训时,重点是通过案例、到现场进行的“即时培训”模式来进行。具体来说,是抓住实际工作中随时出现的案例(最优事迹或不良表现),当天利用时间(不再是原来的停下来集中式的培训)在现场进行案例剖析;针对案例中出现的问题或模式,统一人员的行为、观念、技能,利用现场案例的形式在区域内进行培训学习,并通过提炼培训内容在集团内部的报纸《海尔人》上进行公开发表、讨论,达成共识。员工能从案例中学到分析问题、解决问题的思路及观念,由此可提高员工的技能。这种培训方式已在集团内全面实施。

第六章

绩效考核与管理

知识目标

◎掌握绩效的含义
◎理解绩效管理的含义与意义
◎了解绩效管理与人力资源管理其他环节的关系
◎掌握绩效管理的实施阶段和主要内容
◎掌握绩效考核的方法
◎了解绩效考核中的误区

能力目标

◎掌握运用绩效管理理论编制绩效管理或绩效考评方案的技能要求

导入案例

三只老鼠一同去偷油喝。找到了一个油瓶，三只老鼠商量，一只踩着一只的肩膀，轮流上去喝油。于是，三只老鼠开始叠罗汉，当最后一只老鼠刚刚爬到另外两只的肩膀上时，不知什么原因，油瓶倒了，最后，惊动了人，三只老鼠逃跑了。回到老鼠窝，它们开会讨论为什么会失败。

最上面的老鼠说："我没有喝到油，而且推倒了油瓶，是因为下面第二只老鼠抖动了一下，所以我推倒了油瓶。"第二只老鼠说："我是抖了一下，但我感觉到下面第三只老鼠也抽搐了一下，我才抖动了一下。"第三只老鼠说："对，对，我因为好像听见门外有猫的叫声，所以抖了一下。”“哦,原来如此呀!”

企业里很多人也具有这样的心态。请听某企业一次季度会议上的交流:

营销部门经理A:“最近销售做得不好,我们有一定责任,但是最主要的责任不在我们,竞争对手纷纷推出新产品,比我们的产品好,所以我们很不好做,研发部门要认真总结。”

研发部门经理B:“我们最近推出的新产品是少,但是我们也有困难呀,我们的预算很少,即使是少得可怜的预算,也被财务削减了!”

财务经理C:“是,我是削减了你们的预算,但是你要知道,公司的成本在上升,我们当然没有多少钱。”

这时,采购经理D跳起来:“我们的采购成本是上升了10%,为什么,你们知道吗?俄罗斯的一个生产铬的矿山爆炸了,导致不锈钢价格上升。”

A、B、C:“哦,原来如此呀,这样说,我们大家都没有多少责任了,哈哈!”

人力资源经理F:“这样说来,我只好去考核俄罗斯的矿山了!”

本案例中的现象在现实中并不少见。从表面上看,企业业绩不好或者经营目标无法实现,大家似乎都没有责任。但最终每个人的利益都会因为企业的效益不好而受到影响,那么,问题到底出在哪里呢?本章介绍了绩效管理的含义和基本内容、绩效管理的实施过程和绩效考评的基本方法。通过对本章的学习,可以找到解决这一问题的答案。

第一节 绩效管理概述

一、绩效的含义、特征及影响因素

在现实生活中,大多数的企业都在进行绩效管理,但成功的却不多,其中一个主要的原因就是没有搞清楚什么是绩效。由于绩效管理是基于绩效来进行的,因此,我们首先要对绩效的含义和特征有所了解。

在一个组织中,广义的绩效包括两个层次的含义:一是指整个组织的绩效;二是指个人的绩效。在本章中,我们主要讨论的是个人的绩效。

(一)绩效的含义

对于绩效的含义,人们有着不同的理解,最主要的观点有两种:一是从工作结果的角度出发进行理解,认为绩效是在特定时间内,在特定工作职能或活动上生产出的结果记录;二是从工作行为的角度出发进行理解,认为绩效是与组织目标有关的行为。由于员工的行为是达到结果的条件之一,行为的方式与方向等因素会直接影响其结果,因此,概括来讲,所谓绩效,是指员工在特定时间内有效的工作行为及其结果。其中,“有效的工作行为”主要强调行为对于组织目标的实现具有价值和贡献,具体表现为工作能力和工作态度;工作行为的结果就是工作业绩。理解这一含义,需要把握以下几点:

(1)绩效包含行为,但员工的行为并非都是绩效,只有对组织目标实现有贡献和价值的行为才是绩效的范畴。由于组织的目标最终都会体现在各个岗位上,因此,对员工行为价值的判断就表现为其对员工岗位职责的价值与贡献。

(2)绩效有时间限定,研究绩效问题必须考虑时间的因素。

(3)绩效是行为和结果的统一,反映在工作能力、工作态度和工作业绩三个方面。

(二)绩效的特征

为了更深入地理解绩效的含义,从绩效的概念出发,我们来看一下绩效的特征。一般来说,绩效具有以下三个主要特征:

1. 多因性

绩效的多因性是指员工的绩效优劣受到多种主客观因素的影响,并不是哪一个单一的因素就可以决定的。它既受到环境因素的影响,又受到组织制度和机制的影响,同时也受到员工的工作动机、价值观、技能等因素的影响。绩效受到多种因素的共同影响,但并不是所有影响因素的作用都是一致的。在不同情景下,各类因素对绩效的影响作用各不相同。我们只有在充分研究各种可能的影响因素前提下,才能够找到问题所在,从而对症下药。在研究绩效问题时,应该抓住目前影响绩效的众多因素中的关键因素,这样才能更有效地对绩效进行管理。这就是绩效的多因性及其对管理的启示。

2. 多维性

绩效的多维性是指需要从多个维度或方面去分析与评价绩效。例如,在考察一名生产线上工人的绩效时,我们不仅要看产量指标完成的情况,还应该综合考虑产品的质量、原材料的消耗情况,以及该工人的出勤情况、团结意识、服从意识、纪律意识等,通过综合评价各种指标得出最终的评价结论。通常,我们在进行绩效评价时应综合考虑员工的工作能力、工作态度和工作业绩三个方面的情况。但是,并不是所有的情况下都需要全面考虑所有可能的评价维度。根据不同的评价目的,我们可能选择不同的维度和不同的评价指标,而且各个维度的重要性也可能不同。

3. 动态性

动态性是指员工的绩效并不是固定不变的,在主客观条件发生变化的情况下,绩效是会发生变动的。这种变动性就决定了绩效的时限性,即绩效往往是针对某一特定的时期而言的。这就要求我们在评价一个人的绩效表现时要充分注意绩效的动态性,而不能用一成不变的思维来对待有关绩效的问题。要确定恰当的绩效周期,从而保证组织能够根据评价的目的及时充分地掌握员工的绩效情况。

(三)影响绩效的因素

上面提到,绩效具有多因性。员工的绩效主要是由图 6－1 所示的几个因素决定的。

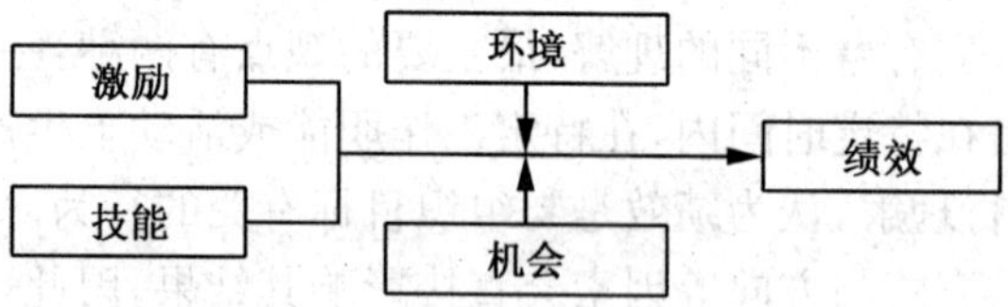

图 6－1 影响绩效的主要因素模型

这些影响因素中,激励和技能是主观因素,而环境和机会是客观因素。员工绩效及其影响因素之间的关系可以用如下函数公式表示:

$$P=f(M,S,E,O)$$

其中,P(performance)是绩效;M (motivation)是激励;S(skills)是技能;E(environment)是环境;O(opportunities)是机会。

1. 激励

激励作为影响员工工作绩效的因素，是通过改变员工的工作积极性来发挥作用的。为了使激励手段能够真正发挥作用，组织应根据员工个人的需要结构、个性等因素，选择适当的激励手段和方式。

2. 技能

技能是指员工的工作技巧与能力水平。一般来说，影响员工技能的因素有天赋、智力、经历、教育、培训等。员工的技能不是一成不变的。组织为了提高其员工的整体技能水平，一方面可以在招聘录用阶段进行科学的甄选，另一方面可以通过在员工进入组织之后，提供各种类型的培训或依靠员工个人主动地进行各种类型的学习来提高其技能水平。

3. 环境

影响工作绩效的环境因素可以分为组织内部环境因素和组织外部环境因素两类。

组织内部环境因素一般包括：劳动场所的布局与物理条件；工作设计的质量及工作任务的性质；工具、设备、原材料的供应；上级的领导作风与监督方式；公司的组织结构与政策；工资福利水平；培训机会；企业文化和组织氛围等。

组织外部环境因素包括：社会政治、经济状况；市场的竞争强度等。

不论是组织的内部环境还是外部环境，都会通过影响员工的工作能力(技能)和工作态度(工作积极性等)而影响员工的工作绩效。

4. 机会

机会是指一种偶然性，俗称“运气”。对任何一名员工来说，被分配到什么样的工作往往在客观必然性之外还带有一定的偶然性。在特定的情况下，员工如果能够得到机会去完成特定的工作任务，则可能达到在原有岗位上无法实现的工作绩效。例如，一个操作工原本在生产线上工作，但他自学了很多自动化方面的先进技术。有一次，他得到一个额外的工作任务，要求他对生产线存在的问题提出改进意见。这时，这个机会给了他一个展示才华的舞台，他所提出的改进意见为企业节约了一大笔资金，因而他创造了在原有岗位上无法创造的绩效。可以认为，机会对他的工作绩效产生了重大的影响。机会的偶然性是相对的，一个好的管理者应该善于为员工创造机会。

二、绩效管理的含义、内容和意义

(一)绩效管理的含义

绩效管理是指依据组织目标，通过持续沟通，制定员工的绩效目标并收集与绩效有关的信息，定期对员工的绩效目标完成情况作出评价和反馈，以改善员工工作绩效并最终提高组织整体绩效的过程。

对于绩效管理，在现实中存在着许多片面的甚至错误的看法，完整准确地理解绩效管理的含义，需要注意以下几个问题：

1. 绩效管理以组织战略为导向

组织中员工的绩效目标是组织的战略目标层层分解的结果。

2. 绩效管理是持续的双向沟通过程

成功的绩效管理在很大程度上取决于员工的参与程度。为保证绩效管理的效果，双向沟通应贯穿于绩效管理的全过程。

3. 绩效管理的根本目的

绩效管理的根本目的是为了改善员工的工作绩效并最终提高企业的整体绩效。因此，绝对不能把它简单地看成是一种对员工的控制手段。不能以考评代管理,也不能只重考评,忽视发展。绩效管理不应是在员工工作出现差错时对他们进行处罚,而是在工作过程中帮助他们改进绩效,因此绩效管理不仅看重绩效的实现结果,更看重绩效的实现过程。

4. 绩效管理的责任

绩效管理虽然是人力资源管理的一项职能,但这绝不意味着绩效管理就完全是人力资源部门的责任。绩效管理其实是在管理者与员工之间就目标制定及如何实现目标而达成共识的过程,是促使员工成功地实现目标的管理方法,其实施的真正主角只能是管理者和被管理者。人力资源部作为服务性的职能部门,在绩效管理中只能起到组织、支持、服务和指导的作用,而不是绩效管理的主体。

5. 绩效管理应与人力资源管理的其他系统有效对接

绩效管理是整个人力资源管理系统的核心,绩效考核的结果若不能与人力资源其他系统有效对接,也难以发挥促进企业战略目标实现的作用。考评结果只有充分运用到奖惩系统、员工培训与开发系统和人事调整系统等,才能真正发挥绩效管理的作用,而不流于形式。

6. 绩效管理应当贯穿管理者的整个管理过程

在某种意义上,管理者的管理工作其实就是一个绩效管理的过程。绩效管理绝不是在绩效周期结束时对员工的绩效作出评价那么简单,而是要体现在管理者的日常工作中,成为一种经常性的工作。在绩效周期结束时,对员工的绩效作出评价只是这一过程的一个总结。

(二)绩效管理的内容

对于绩效管理,人们往往把它视为绩效考核,认为绩效管理就是绩效考核,两者并没有什么区别。其实,绩效管理注重绩效的持续改进和员工能力的不断提升,贯穿于日常管理活动的全过程,而绩效考核侧重对员工过去绩效的判断和评估,只出现在特定时期,是绩效管理的一个组成部分。完整的绩效管理是由绩效计划、绩效辅导、绩效考核和绩效反馈四个部分组成的一个系统,如图 6—2 所示。

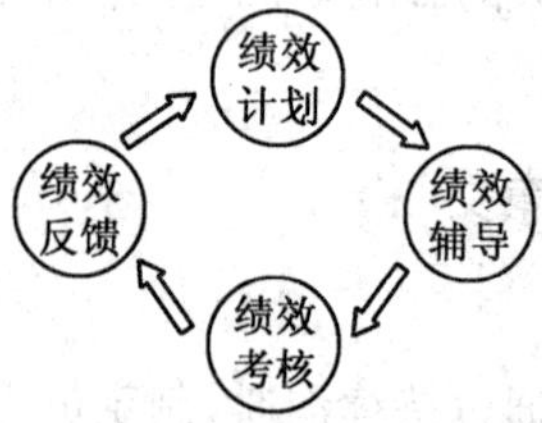

图 6—2

1. 绩效计划

这是整个绩效管理系统的起点,是指在绩效周期开始时,由上级和员工一起就员工在绩效考核期内的绩效目标进行讨论并达成一致。这一阶段强调目标制定过程中的双向沟通,强调员工对目标的真正认同和接受。

2. 绩效辅导

这是指在整个绩效期间内,通过上级和员工之间持续的沟通来预防或解决员工实现绩效时可能发生的各种问题,并记录员工在绩效目标实施过程中的表现,为绩效考核提供事实依据。这一阶段主要强调"辅助和引导",即主管要为员工绩效目标的实现提供支持和帮助。同时,通过沟通发现员工偏离绩效目标的行为,及时引导其到组织所期望的行为轨道上来。

3. 绩效考核

这是指根据被考核对象确定一定的考核主体,借助一定的考核方法,对员工的工作绩效作出评价。

4. 绩效反馈

这是指绩效周期结束时,在上级和员工之间进行绩效考核结果的面谈,由上级将考核结果告诉员工,指出员工在工作中存在的不足,并和员工一起分析原因,制订有针对性的绩效改进计划的过程。这一环节的存在使绩效管理形成了一个管理循环,保证了管理活动向目标的回归。

(三)绩效管理的意义

作为人力资源管理的一项核心职能,绩效管理具有非常重要的意义,这主要表现在以下几个方面:

1. 绩效管理有助于提升企业的绩效

企业绩效是以员工个人绩效为基础而形成的,有效的绩效管理系统可以改善员工的工作绩效,进而有助于提高企业的整体绩效。目前,在西方发达国家,很多企业纷纷强化员工绩效管理,把它作为增强公司竞争力的重要途径。根据翰威特公司(Hewitt)对美国所有上市公司的调查,具有绩效管理系统的公司在企业绩效的各方面明显优于没有绩效管理系统的公司,表 6—1是该项调查的结果。

表 6—1 绩效管理对企业绩效的影响

指 标	没有绩效管理系统	有绩效管理系统
全面股东收益	0.0%	7.9%
股票收益	4.4%	10.2%
资产收益	4.6%	8.0%
投资现金流收益	4.7%	6.6%
销售实际增长	1.1%	2.2%
人均销售(美元)	126 100	169 900

资料来源:于秀芝:《人力资源管理》,经济管理出版社 2010 年版。

2. 绩效管理有助于保证员工行为和企业目标的一致

企业绩效的实现依赖于员工的努力工作,人们对此早已形成共识。但是,近年来的研究表明,两者的关系并不像人们想象得那么简单,而是非常复杂的。

由图 6—3 可以看出,在员工努力程度和公司绩效之间有一个关键的中间变量,即努力方向与企业目标的一致性。如果员工的努力程度比较高,但是,方向却与企业的目标相反,那么,这不仅不会增进企业的绩效,反而会产生负面作用。

保证员工行为与企业目标一致的一个重要途径就是借助于绩效管理。由于绩效考核指标对员工的行为具有导向作用,因此,通过设定与企业目标一致的考核指标,就可以将员工的行为引导到企业目标上来。例如,企业的目标是提高产品质量,如果设定的考核指标只有数量而没有质量,那么,员工就会忽视质量,从而影响企业目标的实现。

努力方向与企业目标的一致性 \ 员工努力程度	高	低
高	企业绩效大幅度提高	企业绩效有所提高
低	企业绩效降低	企业绩效无明显变化

图 6—3　企业绩效与员工努力程度的关系

3. 绩效管理有助于提高员工的满意度

提高员工的满意度对于企业来说具有重要的意义，而满意度是与员工需要的满足程度联系在一起的。在基本的生活得到保障以后，按照马斯洛的需要层次理论，每个员工都会内在地具有尊重和自我实现的需要，绩效管理则从两个方面满足了这种需要，从而有助于提高员工的满意度。一方面，通过有效的绩效管理，员工的工作绩效能够不断地得到改善，这可以提高他们的成就感，从而满足自我实现的需要；另一方面，通过完善的绩效管理，员工不仅可以参与到管理过程，而且还可以得到绩效的反馈信息，这能够使他们感到自己在企业中受到了重视，从而可以满足尊重的需要。

4. 绩效管理有助于科学合理地实现人力资源管理的其他决策

绩效管理可以为人力资源管理的其他职能活动提供准确可靠的信息，从而提高决策的科学化和合理化程度。

三、绩效管理与其他人力资源管理职能的关系

作为人力资源管理系统的核心，绩效管理与人力资源管理的其他职能活动之间存在着密切的关系。

（一）与人力资源规划的关系

绩效管理对人力资源规划的影响主要表现在人力资源质量的预测方面，借助于绩效管理系统，能够对员工目前的知识和技能水平作出准确的评价，这不仅可以为人力资源供给质量的预测，而且还可以为人力资源需求质量的预测提供有效的信息。

（二）与工作分析的关系

在绩效管理中，对员工进行绩效考核的主要依据就是事先设定的绩效目标，而绩效目标的内容在很大程度上都来自通过工作分析所形成的工作说明书。借助工作说明书来设定员工的绩效目标，可以使绩效管理工作更有针对性。

（三）与招聘录用的关系

绩效管理与招聘录用的关系是双向的：一方面，通过对员工的绩效进行评价，能够对不同招聘渠道的质量作出比较，从而可以实现对招聘渠道的优化，同时对员工绩效的评价也是检测甄选录用系统有效性的一个主要手段；另一方面，招聘录用也会对绩效管理产生影响，如果招聘录用的质量比较高，员工在实际工作中就会表现出良好的绩效，这样就可以大大减轻绩效管理的负担。

（四）与培训开发的关系

绩效管理与培训开发也是相互影响的。在进行培训需求分析时，可以通过对员工的绩效

评价结果进行分析，寻找绩效不良的原因，进一步对这些原因分析之后就可以确定培训的需求；同时，培训开发也是改进员工绩效的一个重要手段，有助于实现绩效管理的目标。

（五）与薪酬管理的关系

绩效管理与薪酬管理的关系是最为直接的，按照赫茨伯格的双因素理论，如果将员工的薪酬与他们的绩效挂钩，使薪酬成为工作绩效的一种体现，就可以将薪酬从保健因素转变为激励因素，可以使薪酬发挥更大的激励作用。此外，按照公平理论的解释，支付给员工的薪酬应当具有公平性，这样才可以更好地调动他们的积极性。为此，就要对员工的绩效作出准确的评价，一方面使他们的付出能够得到相应的回报，实现薪酬的自我公平；另一方面也使绩效不同的员工得到不同的报酬，实现薪酬的内部公平。

（六）与人员调配的关系

企业进行人员调配的目的就是为了实现员工与职位的相互匹配。通过对员工进行绩效考核，一方面可以发现员工是否适应现有的职位，另一方面也可以发现员工适宜从事哪些职位。

对员工进行绩效考核，还可以减少解雇时不必要的纠纷。在西方国家，解雇员工必须给出充分的理由，否则可能引起法律纠纷。而绩效管理就是一种有效的手段，如果连续几年某位员工的绩效考核结果都不合格，那么就证明该员工无法胜任这一职位，企业就有足够的理由来解雇他。随着全球一体化进程的加快和员工法律意识的增强，这个问题已经引起国内企业的高度重视。

第二节　绩效管理过程

在实践中，绩效管理是按照一定的步骤来实施的，根据绩效管理的内容及其与其他人力资源管理职能的关系，这些步骤可以归纳为五个阶段：计划阶段、辅导阶段、考核阶段、反馈阶段和考核结果运用阶段，如图6—4所示。

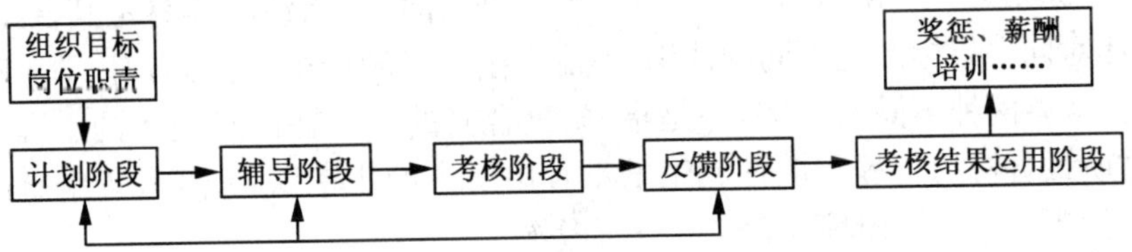

图6—4　绩效管理实施过程

一、计划阶段

计划阶段是整个绩效管理过程的开始，这一阶段主要是完成绩效计划的任务。也就是说，依据组织目标和员工的岗位职责，上级和员工的共同讨论，确定出员工的绩效目标和绩效考核周期。

（一）绩效目标

绩效目标是对员工在绩效考核期间的工作任务和工作要求所作的界定，是对员工进行绩效考核时的参照系。绩效目标由绩效内容和绩效标准组成。

1. 绩效内容

绩效内容界定了员工的工作任务，也就是说，员工在绩效考核期间应当做什么样的事情，这些事情的重要程度如何。它包括绩效项目和绩效指标两个部分。

绩效项目是指绩效的维度，也就是说，要从哪些方面来对员工的绩效进行考核，按照前面所讲的绩效的含义，绩效的维度即绩效考核项目有三个：工作业绩、工作能力和工作态度。

绩效指标则是指绩效项目的具体内容，它是对绩效项目的分解和细化。例如，对于某一职位的工作能力这一考核项目就可以细化为分析判断能力、沟通协调能力、组织指挥能力、开拓创新能力、公共关系能力及决策行动能力六项具体的指标。

对于工作业绩，设定指标时一般要从数量、质量、成本和时间四个方面进行考虑；对于工作能力和工作态度，则要具体情况具体对待，根据各个职位不同的工作内容来设定不同的指标。

2. 绩效指标确定的原则

绩效指标的确定有助于保证绩效考核的客观性。确定绩效指标时，应当注意遵循以下几个原则：

(1)有效性原则。这是指绩效指标应当涵盖员工的全部工作内容，这样才能够准确地评价出员工的实际绩效。这包括两个方面的含义：一是指绩效指标不能有缺失，员工的全部工作内容都应当包括在绩效指标中；二是指绩效指标不能有溢出，职责范围以外的工作内容不应当包括在绩效指标中。为了提高绩效指标的有效性，应当依据工作说明书的内容来确定绩效指标。

(2)具体性原则。指标要明确指出到底要考核什么内容，不能过于笼统，否则会使指标失去可操作性。例如，在考核教师的工作业绩时，“授课情况”就是一个不具体的指标，因为授课情况涉及很多方面的内容，如果使用这一指标进行考核，考核主体就会无从下手，应当将它分解成以下几个具体的指标，如“上课的准时性”、“讲课内容的逻辑性”、“讲课方式的生动性”，这样考核时就更有针对性。

(3)明确性原则。就是说当指标有多种不同的理解时，应当清晰地界定其含义，不能让不同的考核主体对同一指标产生不同的认识，不能产生歧义和误解。例如，对于“工程质量达标率”这一指标，就有两种不同的理解，一是指“质量合格的工程在已经完工的工程中所占的比率”，二是指“质量合格的工程在应该完工的工程中所占的比率”。这两种理解就有很大的差别，因此应当指明到底是按照哪种含义来进行考核。

(4)差异性原则。这包括两个层次的含义：一是指对于同一个员工来说，各个指标在总体绩效中所占的比重应当有差异，因为不同的指标对员工绩效的贡献不同。例如，对于总经理办公室主任来说，公关能力相对就比计划能力要重要。这种差异性是通过各个指标的权重来体现的。二是指对于不同的员工来说，绩效指标应当有差异，因为每个员工从事的工作内容是不同的。例如，销售经理的绩效指标就应当与生产经理的不完全一样。此外，即便有些指标是一样的，权重也应当不一样，因为每个职位的工作重点不同。例如，计划能力对企业策划部经理的重要性就比对法律事务部经理的要大。

为了使大家能够对绩效指标的差异性有更加直观的理解，我们来看一个例子，如表6－2所示。

表 6－2 绩效指标的差异性

职位名称	绩效指标(工作能力)	权重(%)
工程建设部经理	计划能力	15
	组织领导能力	20
	沟通协调能力	10
	分析判断能力	15
	谈判能力	20
	决策行动能力	10
	培育部属能力	10
总经理办公室主任	计划能力	10
	组织领导能力	15
	沟通协调能力	20
	分析判断能力	10
	公共关系能力	20
	文字表达能力	15
	培育部属能力	10

(5)变动性原则。变动性也包括两个层次的含义:一是指在不同的绩效周期,绩效指标应当随着工作任务内容的变化而有所变化。例如,企业在下个月没有招聘的计划但是有对新员工培训的计划,那么人力资源部经理下个月的业绩指标中就不应当设置有关招聘的指标,而应当增加有关培训的指标。二是指在不同的绩效周期,各个指标的权重也应当根据工作重点的不同而有所区别,职位的工作重点一般是由企业的工作重点决定的。例如,企业销售部门在销售淡季的重点工作是货款的回收,那么在整个绩效指标中,其货款回收指标所占的比重就应当相应提高,以引起销售部门对货款回收的重视。

3. 绩效标准

绩效标准明确了员工的工作要求,也就是说,对于绩效内容界定的事情,员工应当怎样做或者做到什么样的程度,如"产品的合格率达到 90%"、"接到投诉后 2 天内给客户以满意的答复"等。绩效标准的确定,有助于保证绩效考核的公正性,否则就无法确定员工的绩效到底是好还是不好。确定绩效标准时,应当注意以下几个问题:

(1)绩效标准应当明确。按照目标激励理论的解释,目标越明确,对员工的激励效果就越好,因此在确定绩效标准时应当具体清楚,不能含糊不清,这就要求尽可能地使用量化的标准。为了便于大家的理解,我们来看一个例子。某公司对人力资源部招聘主管一项指标的绩效标准是这样规定的:收到其他部门的人力资源需求后,能够迅速地招聘到合适的人员。这样的绩效标准就非常不明确,"能够迅速地招聘到合适的人员",到底什么是迅速,一个星期还是两个星期,根本没有说清楚。量化的绩效标准应当这样来规定:收到其他部门的人力资源需求后,在 5 个工作日内招聘到合适的人员。

量化的绩效标准,主要有以下三种类型:一是数值型的标准,如"销售额为 50 万元"、"成本平均每个 20 元"等;二是百分比型的标准,如"产品合格率为 95%"、"每次培训的满意率为

90%”等；三是时间型的标准，如“接到任务后3天内按要求完成”、“在1个工作日内回复应聘者的求职申请”等。

绩效标准量化的方式则分为两种：一种是以绝对值的方式进行量化，比如上面所举的几个例子；另一种是以相对值的方式进行量化，如“销售额提高10%”、“成本每个降低5元”。这两种方式的本质是一样的，只是表现形式不同而已。

绩效指标有定量指标和定性指标两类。对于定量指标，我们一般采用量化的方式进行绩效标准的界定。而对于一些定性指标，如能力和态度指标，不可量化或者量化的成本比较高。在这种情况下，明确绩效标准的方式就是给出行为的具体描述，使绩效标准具备可操作的特性。例如，对于谈判能力，就可以给出5个等级的行为描述，从而使这一指标的绩效标准相对比较明确，如表6—3所示。

表6—3　谈判能力的绩效标准

等级	定义
S	谈判能力极强，在与外部组织或个人谈判时，能够非常准确地引用有关的法规规定，熟练地运用各种谈判的技巧和方法，说服对方完全接受我方的合理条件，为公司争取到最大的利益
A	谈判能力较强，在与外部组织或个人谈判时，能够比较准确地引用有关法规规定，比较熟练地运用各种谈判技巧和方法，能够说服对方基本接受我方的合理条件，为公司争取到了一些利益
B	谈判能力一般，在与外部组织或个人谈判时，基本上能够准确地引用有关的法规规定，运用了一些谈判的技巧和方法，在作出一些让步后能够与对方达成一致意见，没有使公司的利益受到损失
C	谈判能力较差，在与外部组织或个人谈判时，引用有关的法规规定时会出现一些失误，运用的谈判技巧和方法比较少，在作出大的让步后才能够与对方达成一致意见，使公司的利益受到一定的损失；有时会出现无法与对方达成一致意见的情况
D	谈判能力很差，在与外部组织或个人谈判时，引用有关的法规规定时出现相当多的失误，基本上不会运用谈判的技巧和方法，经常无法与对方达成一致意见，造成公司的利益受到较大的损失

(2)绩效标准应当适度。制定的标准要具有一定的难度，但要求员工经过努力又是可以实现的，也就是我们常讲的“跳起来摘到苹果”。同样是源自目标激励理论的解释，目标太容易或者太难，对员工的激励效果都会大大降低，因此绩效标准的制定应当在员工可以实现的范围内确定。

(3)绩效标准应当可变。这包括两个层次的含义：一是指对于同一个员工来说，在不同的绩效周期，随着外部环境的变化，绩效标准有可能也要变化。例如，对于空调销售员来说，由于销售有淡季和旺季之分，因此在淡季的绩效标准就应当低于旺季。二是指对于不同的员工来说，即使在同样的绩效周期，由于工作环境的不同。绩效标准也有可能不同，还以空调销售员为例，有两个销售员，一个在昆明工作，一个在广州工作，由于昆明的气候原因，人们对空调基本上需求不大，而广州的需求则比较大，因此这两个销售员的绩效标准就应当不同，在广州工作的销售员，绩效标准就应当高于在昆明工作的销售员。

4. 绩效目标设计原则

对于绩效目标的设计要求，我们将其概括为SMART原则：

第一，绩效目标必须是具体的(specific)，以保证其明确的引导性。

第二，绩效目标必须是可衡量的(measurable)，绩效目标可以转换为相应的符合要求的评价指标，使之具有可操作性。

第三，绩效目标必须是可以达到的(attainable)，应当在考虑员工自身条件和客观环境的前提下，确定既有挑战性又有可行性的目标。

第四，绩效目标必须是相关的(relevant)，一是指它必须与公司的战略目标、部门的任务及员工的岗位职责相联系，是在员工职责权限可控制范围之内的；二是指部门各员工的目标应当能够确保部门目标的完成。

第五，绩效目标必须是以时间为基础的(time-based)，即必须有明确的时间要求。

(二)绩效考核周期

绩效考核周期是指多长时间对员工进行一次绩效考核。由于绩效考核需要耗费一定的人力、物力，因此，考核周期过短，会增加企业管理成本的开支。但是，绩效考核周期过长，又会降低绩效考核的准确性，不利于员工工作绩效的改进，从而影响绩效管理的效果。因此，在计划阶段，还应当确定出恰当的绩效考核周期。

典型的绩效考核周期是月、季、半年或一年，也可在一项特殊任务或项目完成之后进行。在确定具体的绩效考核周期时，要考虑到以下几个因素：

1. 职位的性质

不同的职位，工作的内容是不同的，因此绩效考核的周期也应当不同。一般来说，职位的工作绩效比较容易考核，考核周期相对要短一些，如工人的考核周期相对就应当比管理人员的要短。另外，职位的工作绩效对企业整体绩效的影响比较大的，考核周期相对要短一些，这样有助于及时发现问题并进行改进，如销售职位的绩效考核周期相对就应当比后勤职位的绩效考核周期要短。

2. 指标的性质

不同的绩效指标，其性质是不同的，考核的周期也应当不同。一般来说，性质稳定的指标，考核周期相对要长一些；相反，考核周期相对就要短一些。例如，员工的工作能力比工作态度相对要稳定一些，因此能力指标的考核周期相对比态度指标的考核周期就要长一些。

3. 标准的性质

在确定考核周期时，还应当考虑到绩效标准的性质，就是说考核周期的时间应当保证员工经过努力能够实现这些标准，这一点其实是与绩效标准的适度性联系在一起的。例如，“销售额为 50 万元”这一标准，按照经验需要 2 周左右的时间才能完成，如果将考核周期定为 1 周，员工根本就无法完成；如果定为 4 周，又非常容易实现。在这两种情况下，对员工的绩效进行考核都是没有意义的。

在计划阶段，应当让员工参与到绩效目标的制定过程中来。按照目标激励理论的解释，只有当员工承认并接受某一目标时，这一目标实现的可能性才比较大。通过上下双向的沟通和讨论，员工对绩效目标的接受程度就会比较高，同时也对自己的绩效目标在整个组织目标实现中的地位和作用有了比较清楚的认识，有助于绩效目标的实现。

二、辅导阶段

在绩效目标确定之后，接下来就是员工对绩效计划的实施。我们之所以把这一阶段称作“辅导阶段”，主要强调直线主管的“辅助和引导”作用。这一阶段包括从计划形成到目标实现为止的全部活动。这一阶段主要包括两方面的任务：一是持续不断的绩效沟通，二是绩效信息的收集和记录。绩效计划能否落实和完成主要依赖于绩效实施与管理。这一过程是管理者收集和记录下属工作关键行为信息的过程，因此，绩效评估的依据也主要来源于绩效实施与辅导。

（一）绩效沟通

绩效沟通是指在整个绩效考核周期内，主管就绩效目标的完成情况持续不断地与员工进行交流和沟通，给予员工必要的支持和帮助；同时，对于员工的不良行为及时纠正，帮助员工实现确定的绩效目标。主管要把这一工作作为日常管理的一部分。在这一阶段，主管和员工持续的沟通是为了共同找到与实现目标有关的一些问题的答案。因此，绩效沟通的主要内容有以下几点：

（1）工作的进展情况怎么样；

（2）员工和团队是否在达到目标和绩效标准的正确轨道上运行；

（3）如果有偏离方向的趋势，应该采取什么样的行动扭转这种趋势；

（4）哪些方面的工作进行得较好；

（5）哪些方面的工作碰到了困难或障碍；

（6）面对目前的情景，要对工作目标和达成目标的行动作出哪些调整；

（7）主管可以采取哪些行动支持员工。

（二）绩效信息的收集和记录

及时收集和记录员工在绩效考核期内的表现有助于考核的客观和公正，同时为改进绩效提供了事实依据，还为劳动争议的解决提供了重要的证据。但这一工作比较繁琐，在实际操作中也容易被忽略。

1. 收集和记录信息的内容

由于收集和记录信息需要时间、精力和金钱，因此必须有选择地进行信息的收集和记录。所收集的信息应当能够作为确定绩效好坏的事实依据，能够找出绩效问题和绩效优异背后的原因，能够为确定工作目标完成情况提供依据。

2. 收集和记录信息的方法

主要方法有考勤记录法、工作记录法、抽查法、问卷调查法、关键事件记录法、直接观察法等。在收集和记录信息过程中，主管除了平时注意跟踪员工计划进展外，还应当注意让相关人员（比如员工本人）参与，让其提供相关数据。我们提倡各种方法综合运用，因为单一的方法可能只能了解到员工绩效的一个或几个方面，不够全面。此外，主管必须清楚数据记录和收集信息的重点一定是以绩效为核心的。

三、考核阶段

绩效考核阶段就是指在考核周期结束时，选择相应的考核主体和考核方法，收集相关的信息，对员工完成绩效目标的情况作出考核和评价。因此，这一阶段主要包括考核主体的选择和考核方法的确定。

（一）考核主体的选择

考核主体是指对员工的绩效进行考核的人员。考核主体一般包括五类：直接上级、同事、下级、员工本人和客户。不同的考核主体所提供的信息都有自身的优缺点，具体如下：

1. 直接上级

这是最主要的考核主体。选择由直接上级进行考核的优点如下：一是直接主管通常位于最佳的位置来观察员工的工作绩效。二是直接主管对特定的单位负有管理的责任。当评估下属的任务被移交给其他人时，直接主管人员的威信就可能受到削弱。三是下属的培训和发展是管理者工作的一个重要组成部分，而培训与发展往往是基于评估基础之上的。直接上级考核的缺点在于考核信息来源单一，容易产生个人偏见。因此，应和其他考核主体的考核信息结合使用。

2. 同事

同事考核的优点是：由于同事和被考核者在一起工作，因此他们对被考核员工的工作情况也比较了解，而且与上级观察的角度不同，可以作为上级考核的重要补充；同时，由于同事一般不止一人，可以对员工进行全方位的考核，避免个人的偏见；此外，还有助于促使员工在工作中与同事配合。同事考核的缺点是：人际关系的因素会影响考核的公正性，与自己关系好的就给高分，不好的就给低分；大家有可能协商一致，相互给高分；还有可能造成相互的猜疑，影响同事关系。为了防止同事评价对同事间人际关系产生不利影响，应确保考核过程的保密性。

3. 下级

用下级作为考核主体，优点是：可以促使上级关心下级的工作，建立融洽的员工关系；下级是被管理的对象，因此最为了解上级的领导管理能力，能够发现上级在工作方面存在的问题。下级考核的缺点是：由于顾及上级的反应，往往不敢真实地反映情况；有可能削弱上级的管理权威，造成上级对下级的迁就；由于员工经常与其上司接触，并站在一个独特的角度观察许多与工作有关的行为，因此下属非常适合去评估其上司某些方面的表现，如领导能力、口头表达能力、授权及协调团队的能力，以及对下属的关注程度等方面。因此，较好的做法是：由下属进行的绩效考核结果仅用于管理人员技能开发的目的。

4. 员工本人

让员工本人作为考核主体进行自我考核，优点是：能够增加员工的参与感，加强他们的自我开发意识和自我约束意识；有助于员工对考核结果的接受。其缺点是：员工对自己的评价往往容易偏高；当自我考核和其他主体考核的结果差异较大时，容易引起矛盾。因此，这种方法常被应用于绩效反馈阶段的前期，其主要目的在于帮助员工思考自己的行为与绩效，从而将绩效面谈集中在上级与下级之间存在分歧的地方。

5. 客户

就是由员工服务的对象来对员工的绩效进行考核，这里的客户不仅包括外部客户，还包括内部客户。客户考核的优点是：客户考核有助于员工更加关注自己的工作结果，提高工作的质量。客户考核的缺点是：客户更侧重于员工的工作结果，不利于对员工进行全面的评价；而且有些职位的客户比较难以确定，不适于使用这种方法。

由于不同的考核主体收集考核信息的来源不同，对员工绩效的看法也会不同，为了保证绩效考核的客观公正，应当根据考核指标的性质和考核结果的用途来选择考核主体。选择的考核主体应当是对考核指标掌握的信息最充分的。例如，“协作性”由同事进行考核，“培养部属的能力”由下级进行考核，“服务的及时性”由客户进行考核，当考核结果用于员工个人的职业发展时，则采用员工本人评价的方式效果更好等。由于每个职位的绩效目标都由一系列的指标组成，不同的指标又由不同的主体来进行考核，考核结果的用途也不相同，因此每个职位的评价主体可以是一个或多个。对于同一指标有多个考核主体时，应当把各个主体对这一指标的考核结果进行加权处理，尽可能地消除考核的片面性。

(二)考核方法的确定

实践中,进行绩效考核的方法有很多,企业应当根据具体的情况来确定考核方法,有关绩效考核的方法将在下一节中详细介绍。

(三)绩效考核中的误区及对策

1. 绩效考核中的误区

绩效考核本身不是目的,而是为获得更高的业绩水平而使用的手段。考核者往往背离绩效考核的目的,只是为了考核而考核,绩效考核只是用来评价员工的工作状况,人为地拉开距离,抓住那些绩效低的员工,甚至把他们淘汰掉。而被考核者对考核标准不认同,有抵触情绪,从而影响员工的工作绩效。他们往往觉得自己是被监视、被责备的对象,不被尊重,没有安全感,所以往往会出现消极抵触、防御心理的局面。绩效考核过程中容易出现的问题可以分为两类:一类与考核标准有关,另一类与考核者有关。

(1)与考核标准有关的问题:

①考核标准不严谨。考核标准应该根据员工的工作职能而不是职位设定。考核项目设置不严谨、考核标准说明含糊不清,加大了考核的随意性。考核标准大而笼统,没有具体的评价标准;考核标准中有过多难以衡量的因素,难以使员工信服;考核标准与工作职能偏差较大。这些都使考核者打分存在一定的随意性,人为操纵可能性强,考核结果争议性大,很难令员工信服,结果使考核流于形式。

②考核的内容不够完整,尤其是不能涵盖全部的工作内容,或以偏概全,如关键绩效指标有缺失等。因此,无法正确评价人的真实工作绩效。许多企业的考核内容大多千篇一律,不同类型部门考核内容差别不大,针对性不强,这在很大程度影响了考核结果的客观性、真实性和准确性。多数企业在考核内容上主要集中在两方面:一方面是员工的德、能、勤、绩,另一方面是员工为企业创造多少经济效益。这两方面内容的考核并不能全面地包括员工工作绩效的所有方面。另外,德、能、勤、绩这类考核指标基本上是属于定性化的指标,过多定性化指标的存在自然无法避免会造成考核者判断的主观随意性,在一定程度上失去了绩效考核的公正性与有效性。只有把定性化的指标以定量的形式表现出来,才能克服其主观随意性。

(2)与考核者有关的问题:由于考核者的主观随意性及过严、过宽、趋中的心理倾向,使绩效考核出现偏差。

①晕轮效应。晕轮效应是指在考察员工业绩时,由于一些特别的或突出的特征,而掩盖了被考核人其他方面的表现和品质。在考核中将被考核者的某一特点扩大化,以偏概全,通常表现为一好百好或一无是处,要么全面肯定或全面否定,因而影响考核结果。例如,某经理看到某员工经常加班、忙忙碌碌,对其工作态度很有好感,在年终考核时对其评价就较高,从而忽略了对其工作效率和经济效益等综合表现的考察。

②宽严倾向。宽严倾向包括"宽松"和"严格"两个方面。宽松倾向是指考核中所作出的评价过高;严格倾向是指考核中所作出的评价过低。这两类考核误差的原因主要是缺乏明确、严格、一致的判断标准。考核者往往根据自己的人生观和过去的经验进行判断,在评价标准上主观性很强。

③平均倾向。平均倾向也称调和倾向或居中趋势,是指给大多数员工的考核得分在"平均水平"的同一档次,并往往是中等水平或良好水平,这也是考核结果具有统计意义上的集中倾向的体现。无论员工的实际表现如何,统统给中间或平均水平的评价。产生这种现象的原因

之一是利益驱动，考核者给自己下属员工普遍高评价，有助于在本部门薪酬预算时得利；原因之二是对绩效考核评价工作缺乏自信，缺乏进行绩效考核的相关事实和依据；原因之三是有些主考人信奉中庸之道，不愿作反面考核，认为被评为劣等表现会对员工造成负面影响，挫伤工作信心和士气。在考核者如此心态下所作的考核必定是含糊的，无法对员工形成正面、有效的引导机制。

④近因效应和首因效应。近因效应是考核者只看到考核期末一小段时间内的情况，对整个考核期间的工作表现缺乏长期了解和记忆，以"近"代"全"，只是对最后一阶段的考核。首因效应是指考核者凭"第一印象"下判断的问题。这与人的思维习惯有关，考核结果并不能反映整个考核期间内员工的绩效表现，在一定程度上影响考核的得分。

⑤成见效应。成见效应也称定型效应，是指考核者由于经验、教育、世界观、个人背景以至人际关系等因素而形成的固定思维对考核评价结果的刻板化影响，通俗的说法是"偏见"、"顽固"等。凭个人好恶判断是非，是绝大多数人难以察觉、不愿承认的弱点，甚至是一种本能。个人的价值观和偏见可能会代替组织已制定的考核标准，依据个人意愿和个人的理解随意地考核。在考核他人时，很多人都会受到"个人好恶"的影响。成见效应是绩效考核中的常见问题，因此，考核者在考核工作时应时刻注意自己的每一个判断是否因个人好恶而导致不公的结论。针对这种现象，需要对考核者进行培训与心理辅导，使考核人员关注可能导致不正确结果的个人错误观念，从而加以纠正。另外，采用基于事实（如工作记录）的客观考核方法，由多人组成考核小组进行考核，有助于减少个人好恶所导致的考核误差。

2. 减少绩效考核误区的对策

如何让绩效考核真正发挥作用，成为企业发展的现代化管理工具已刻不容缓地摆在管理者面前。对工作绩效的真实考核，并保持对员工的有效激励和反馈，企业就能激发起每位员工的工作热情和创新精神，推动其能力发展与潜能开发，形成一支高效率的工作团队。为了减少绩效评价中的偏差，提高绩效考核过程和结果的正确性，需要采取以下措施：

(1)制定客观、明确的考核标准。考核内容是绩效考核的基础，应由专业人员及业务人员结合不同企业、不同部门及不同岗位的具体情况共同研究、制定。在绩效考核中，要尽量采用客观性的、与工作密切相关的考核标准。以职务说明书或职务分析为依据制定考核项目和标准是一个简便有效的方法。考核标准要明确，即含义清楚、不能随意解释，考核者对同一类被考核者使用的考核方法一致。绩效考核的客观性，首先，考核的指标应尽量以可量化的、可实际观察并测量的指标为主。同时，考评的指标应尽量简洁，过多的指标极易导致考核组织者工作量的增加，并且难以区分各考核指标之间的权重对比。其次，确定考核的内容指标时，要考虑企业的实际特点，建立针对性的、切实符合企业自身管理要求的指标体系。最后，在考核工作中，每一项考核的结果都必须以充分的事实材料为依据，如列举员工的具体事例来说明和解释评分的理由。这可以避免凭主观印象考核和由晕轮效应、成见效应等所产生的问题。

(2)选择科学合理的考核方法。选择考核方法的原则是，根据考核的内容和对象选择不同的考核方法。该方法在该次考核中具有较高的信度和效度，能公平地区分工作表现不同的员工。

(3)挑选适合的考核人员，并对其进行必要的培训。如果人力资源部门既负责考核工作的组织与策划，同时又承担具体的实施操作职责，这势必影响考核工作的效率与效果。作为企业的核心职能部门之一，人力资源部门的职责应定位于对考核工作的组织及策划，即负责制定考评目标、规范考核的主体内容、指导各具体考核工作单位的考评实施与结果运用。绩效考核工作应当由能够直接观察到员工工作的主管承担，甚至由最了解员工工作表现的人承担。一般情况下，绩效考核的主要责任人是员工的直线经理。这是因为直线经理在观察员工的工作绩效方面处在最有利的位置，而且这也是其应该承担的管理责任。但是，直线经理不可能对下属的所有工作全部了解，他在考核下属时可能会强调某一方面而忽视其他方面，这种情况在矩阵式组织中更加突出。因此，考核者还应当包括考核对象的同事、下属及考核对象本人。对考核者进行培训，是提高考核科学性的重要手段。尤其是对考核者进行避免晕轮效应、宽严倾向和集中倾向等培训，有助于减少上述考核误差。进行考核培训，首先要让考核者认识到，绩效考核是每一个管理者的工作组成部分，要确保考核对象了解对他们的期望是什么。进而要让考核者正确理解考核项目的意义和评价标准，掌握常用的考核方法，并能够选择合适的考核方法。通过培训，还要让考核者了解在绩效考核过程中容易出现的问题、可能带来的后果，以避免这些问题的发生。

(4)公开考核过程和考核结果。绩效考核结果必须公开公示，这不仅仅是考核工作民主化的体现，也是组织管理科学化的客观要求。考核评价作出以后，要及时进行考核面谈，由上级对下级逐一进行，将考核结果反馈给员工，使员工了解自己的业绩状况和考核结果，也使管理者了解下级工作中的问题及意见，创造一个公开、通畅的双向沟通环境，使考核者与考核对象能就考核结果及其原因、成绩与问题及改进的措施进行及时、有效的交流，并在此基础上制订员工未来事业发展计划。这样，绩效考核才能真正发挥其效用，推动员工素质的提高，实现组织发展目标。对绩效考核结果的保密，则只会起到导致员工不信任与不合作的后果。

(5)设置考核申诉程序。考核申诉产生的原因：一是被考核员工对考核结果不满，或者认为考核者在评价标准的掌握上不公正；二是员工认为对考核标准的运用不当、有失公平。因此，要设立一定的程序，从制度上促进绩效考核工作的合理化，达到提高组织绩效的应有作用。处理考核申诉，一般是由人力资源部门负责。首先，在处理考核申诉时要注意尊重员工，申诉处理机构应该认真分析员工所提出的问题，找出问题发生的原因。如果是员工的问题，应当以事实为依据，以考核标准为准绳，对员工进行说服和帮助；如果是组织方面的问题，则必须对员工所提出的问题加以改正。其次，要把处理考核申诉过程作为互动互进的过程，当员工提出考核申诉时，组织应当把它当作一个完善绩效管理体系、促进员工提高绩效的机会，而不要简单地认为员工申诉“是员工有问题”。最后，处理考核申诉，应当把申诉者信服的处理结果告诉员工。如果所申诉的问题属于考核体系的问题，应当完善考核体系；如果是考核者的问题，应当将有关问题反馈给考核者，以使其改进；如果确实是员工个人的问题，就应该拿出使员工信服的证据及合理的处理结果。

四、反馈阶段

绩效考核阶段结束以后，就进入反馈阶段，这一阶段主要是完成绩效反馈的任务，上级要就绩效考核的结果和员工进行面对面的沟通，指出员工在绩效考核期间存在的问题，进行原因分析，并一起制订出绩效改进的计划。为了保证绩效的改进，还要对绩效改进计划的执行效果进行跟踪。表 6－4 是一个绩效反馈面谈表的例子。

表 6－4 绩效反馈面谈

面谈对象			职位编号		
面谈者			面谈时间		
面谈地点					
绩效考核结果(总成绩)：					
工作业绩		工作能力		工作态度	
上期绩效不良的方面：					
导致上期绩效不良的原因：					
下期绩效改进的计划：					
面谈对象签字			面谈者签字		
绩效改进计划执行的情况：					
记录者签字			时间		

(一)绩效反馈面谈的准备

中国古语说“不打无准备的仗”，绩效面谈对主管和员工而言，是一件比较严肃的事情。如果双方都没有准备的就坐在了一起，很可能出现长时间的沉默，或者谈话不会很顺利地进行。这里不仅包括主持绩效反馈与面谈的主管要作好准备，参与面谈的员工也得有所准备。

作为主管应该通过和员工协商，选择双方都空闲的时间作为面谈时间，选择安静、不受干扰的面谈场所，并事先分析面谈对象的特点和面谈中可能会出现的情景，作好应对策略，同时，准备好与员工面谈的绩效考核资料，面谈过程中要根据具体情况恰当控制面谈的节奏，该结束时就要结束。

作为员工也好充分认识到面谈对自己的意义，要提前安排好自己手头的工作，准备好自己绩效表现的一些事实依据，同时，准备好要问主管的问题以及自己的个人发展计划，为充分利用面谈机会作好准备。

(二)绩效反馈应注意的问题

为了保证绩效反馈的效果，在反馈绩效时应当注意以下几个问题：

1. 绩效反馈应当及时

在绩效考核结束后，上级应当立即就绩效考核的结果向员工进行反馈。绩效反馈的目的是指出员工在工作中存在的问题，从而有利于他们在以后的工作中加以改进；如果反馈滞后，那么员工在下一个考核周期内还会出现同样的问题，这就达不到绩效管理的目的。

2. 绩效反馈要指出具体的问题

绩效反馈是为了让员工知道自己到底什么地方存在不足，因此反馈时不能只告诉员工绩效考核的结果，而是应当指出具体的问题。例如，反馈时不能只告诉员工“你的工作态度不好”，而应该告诉员工到底怎么不好，比如说“你的工作态度很不好，在这一个月内你迟到了10次”、“上周开会时讨论的材料你没有提前读过”。

3. 绩效反馈要指出问题出现的原因

除了要指出员工的问题外，绩效反馈还应当和员工一起找出造成这些问题的原因并有针对性地制订出改进计划。

4. 绩效反馈对事不对人

在反馈过程中，针对的只能是员工的工作绩效，而不能是员工本人，否则容易伤害员工，造成抵触情绪，影响反馈的效果。例如，不能说“你怎么这么笨”、“别人都能完成，你怎么不行”之类的话。

5. 注意绩效反馈时说话的技巧

由于绩效反馈是一种面谈，因此说话的技巧会影响反馈的效果。在进行反馈时，首先，要消除员工的紧张情绪，建立起融洽的谈话气氛；其次，在反馈过程中，语气要平和，不能引起员工的反感；再次，要给员工说话的机会，允许他们解释，绩效反馈是一种沟通，不是要指责员工；最后，该结束的时候一定要结束，否则就是在浪费时间。

（三）绩效反馈效果的衡量

在绩效反馈结束以后，管理者还必须对反馈的效果加以衡量，提高以后的反馈效果。衡量反馈效果时，可以从以下几个方面进行考虑：

(1)此次反馈是否达到了预期的目的；

(2)下次反馈时，应当如何改进谈话的方式；

(3)有哪些遗漏必须加以补充，又有哪些无用的内容必须删除；

(4)此次反馈对员工改进工作是否有帮助；

(5)反馈是否增进了双方的理解；

(6)对于此次反馈，自己是否感到满意。

对于得到肯定回答的问题，在下一次反馈中就应当坚持；得到否定回答的问题，在下一次反馈中就必须加以改进。

五、考核结果运用阶段

绩效管理实施的最后一个阶段是考核结果运用阶段，就是说要将绩效考核的结果运用到人力资源管理的其他职能中去，从而真正发挥绩效管理的作用，保证绩效管理目的的实现。这是绩效管理闭环系统开放性的要求。

绩效考核结果的运用包括两个层次的内容：一是直接根据绩效考核结果作出相关的奖惩决策；二是对绩效考核的结果进行分析，从而为人力资源管理其他职能的实施提供指导或依据。第二个层次的有关内容在前面“绩效管理与其他人力资源管理职能的关系”中已作了详细的阐述，这里重点是对第一个层次作出说明。

按照期望理论的解释，当员工经过个人的努力取得了一定的绩效后，组织应当根据绩效的结果给予相应的奖励，这样他们才会有继续努力工作的动机，当然这些奖励要能够满足员工的需要才行。此外，期望理论也指出，当员工的工作结果或行为符合企业的要求时，应当给予正强化，以鼓励这种结果或行为；当工作结果或行为不符合企业的要求时，应当给予惩罚，以减少这种结果或行为的发生。因此，管理者应当根据员工绩效考核的结果给予他们相应的奖励或惩罚。这种奖惩主要体现在两个方面：一是工资奖金的变动；二是职位的变动。

为了便于考核结果的运用，往往需要计算出最后的考核结果，并将结果区分成不同的等级。当用于不同的方面时，绩效项目在最终结果中所占的权重也应当有所不同。一般来说，用于第一个方面时，工作业绩和工作态度所占的比重应当相对较高；用于第二个方面时，工作业绩和工作能力所占的比重要相对较高。

此外，还要将最终计算出的考核结果划分成不同的等级，据此给予员工不同的奖惩，绩效越好，等级越高，给予的奖励就要越大；绩效越差，等级越低，给予的惩罚就要越大。用于职位调整时，往往规定连续若干年达到规定考核等级以上才有资格晋升；连续若干年在相应考核等级以下，证明不能胜任该岗位的工作，组织有权解除劳动合同。

第三节 绩效考核方法

一、绩效考核方法的类型

绩效考核的方法很多，总体上来讲主要是从三个方面对员工的绩效进行评估：即品质导向型、行为导向型和结果导向型。

品质导向型考核方法是一种以评价员工品质为主的考核办法，主要是看被考核员工的品质如何，如忠诚度、责任心、诚信、道德水准等。这是一种传统的评估方法，在实践操作中往往会把它和其他的方法结合起来使用。

行为导向型考核方法强调对员工在完成工作目标过程中的行为是否符合既定的行为标准或规范的评价，进而推断出员工的工作业绩。这种方法的内在逻辑是相信员工的行为最终必然导致结果，只要控制了行为就能够控制结果。

结果导向型考核方法是由上级和下级建立共同的工作目标，考核时强调结果而非过程和被考核者的品质，即关注员工最终的业绩。这是一种普遍被接受的绩效考核方式，尤其是对业绩的考核，更是广泛地采用这样的方式。

二、常用的绩效考核方法

（一）比较法

比较法是一种相对考核的方法，通过员工之间的相互比较从而得出考核结果。这类方法比较简单而且容易操作，可以避免宽大化、严格化和中心化倾向的误区，适合作为奖惩的依据。比较法主要有以下几种：

1. 排序法

排序法就是把员工按照某个评价因素上的表现，从绩效最好的员工到绩效最差的员工进行排序。排序的依据可以是单一指标，也可以是多个指标加权处理后的综合结果。排序法的重点是选取排序的指标，这个指标的选择会像指挥棒一样引导着员工的行为和努力方向。如果在员工人数较多的情况下，排序法则不太适合。

2. 配对比较法

配对比较法使得排序型的工作绩效考核方法变得更为有效。其基本做法是，将每一位员工按照所有的考评要素（工作数量、工作质量等）与所有其他员工进行比较，每一次比较时，给表现好的员工记“＋”，另一个员工就记“－”。所有员工都比较完后，计算每个人“＋”的个数，依此对员工作出考核——谁的“＋”个数多，谁的名次就排在前面。该方法由于需要将每一位考评者与其他人相比，考评的误差较小，但工作量较大［总的比较次数为 N(N－1)/2 次］所以配对比较法适用于只有少量员工的组织进行考核。

在表 6－5 中，员工 B 的工作质量是最高的，而员工 A 的创造性却是最强的。

表 6－5

绩效考核配对比较

就"工作质量"要素所做的评价

员工对比人						
A						
B						
C						
D						
E						

B 工作质量最高

就"创造性"要素所做的评价

员工对比人						
A						
B						
C						
D						
E						

A 创造性最强

但是，比较法作为一类大致的、定性的考评方法，它不能定量地确定员工应完成的工作行为，因此缺乏对员工工作的有效监督和指导，同时也不利于不同部门间员工工作绩效的考评。

3. 强制分布法

强制分布法是将员工绩效分成若干个等级，每一等级强制规定一个百分比，视员工的总体工作绩效将他们分别归类，如表 6－6 所示。

表 6－6

强制分布法

员工总数	优(10%)	良(20%)	一般(40%)	较差(20%)	差(10%)
50 人	5 人	10 人	20 人	10 人	5 人

强制分布法可以用来对人数较多的员工进行评价，在员工间形成较大的绩效等级差别，以挖掘出工作确实优秀的员工。

（二）关键事件法

1. 关键事件法的含义

关键事件法是一种描述性的绩效考核方法，是由美国学者弗拉赖根(Flanagan)和伯恩斯(Baras)共同创立的。它是考核主体通过观察，用叙述性的文字记录下员工在完成工作时特别有效和特别无效的行为，依此对员工进行综合考核评价的一种方法。表 6－7 就是一个运用关键事件法进行绩效评价的例子。

表 6－7

关键事件法举例

负有的职责	目标	关键事件
安排工厂的生产计划	充分利用工厂中的人员和机器；及时发布各种指令	为工厂建立了新的生产计划系统；上个月的指令延误率降低了 10%；上个月提高机器利用率 20%
监督原材料采购和库存控制	在保证充足的原材料供应的前提下，使原材料的库存成本最小	上个月使原材料库存成本上升了 15%；"A"部件和"B"部件的订购多余了 20%；而"C"部件的订购却短缺了
监督机器的维修保养	不出现因机器故障而造成的停产	为工厂建立了一套新的机器维护和保养系统；由于及时发现机器部件故障而阻止了机器的损坏

如果想要用关键事件法来进行工作绩效评价，那么，企业可以将其与每年年初的员工本年度工作绩效期望结合起来使用。这样如表 6－7 的那个例子一样，一位工厂助理管理员的职责

是监督工作流程以及使库存成本最小化。关键事件表明，他使库存成本上升了15%，这就提供了一个最好的证据来说明，他在将来的工作中需要对工作绩效加以改善。

2. 关键事件法的优点

关键事件法具有以下优点：

(1)它为向下属解释绩效结果提供了一些确切的事实证明；

(2)确保在对下属人员的绩效进行考察时，所依据的是员工在整个年度的表现而不是最近一段时间的表现；

(3)保存一种动态的关键事件记录还可以使主管获得一份关于下属员工是通过何种途径消除不良绩效的具体事例。

3. 关键事件法的缺点

关键事件法也有其缺点，具体如下：

(1)对于什么是关键事件，并非在所有的经理人员那里都具有相同的定义；

(2)每天或每周记下对每个员工的表现和评价会很消耗时间；

(3)它可能使员工过分关注他们的上司到底写了些什么，并因此而恐惧经理的“小黑本”；

(4)在对员工进行比较或作出与之相关的薪资提升决策时，用处不大。

(三)量表法

量表法就是指将绩效考核的指标和标准制作成量表，依此对员工的绩效进行考核。这是最为常用的一类方法，它的优点是：有了客观的标准，可以在不同的部门之间进行考核结果的横向比较；由于有了具体的考核指标，就可以确切地知道员工到底在哪些方面存在不足和问题，有助于改进员工的绩效，为人力资源管理的其他职能提供科学的指导。其缺点是：开发量表的成本比较高，需要制定出合理的指标和标准，这样才能保证考核的有效。量表法主要有以下几种：

1. 评级量表法

这种方法指在量表中列出需要考核的绩效指标，将每个指标的标准区分成不同的等级，每个等级都对应一个分数。考核时，考核者根据员工的表现，给每个指标选择一个等级，汇总所有等级的分数，就可以得出员工的考核结果，见表6—8。

表6—8　评级量表法举例

考核内容	考核项目	说　明	评　定
基本能力	知识	是否具备现任职务的基础理论知识和实际业务知识	A B C D E 10 8 6 4 2
业务能力	理解力	是否能充分理解上级指示，干脆利落地完成本职工作任务，不需要上级反复指示	A B C D E 10 8 6 4 2
	判断力	是否能充分理解上级意图，正确把握现状，随机应变，恰当处理	A B C D E 10 8 6 4 2
	表达力	是否具备现任职务所要求的表达力(口头文字)，能否进行一般联络、说明工作	A B C D E 10 8 6 4 2
	沟通力	在与企业内外的人员交涉时，是否具备使双方诚服接受同意或达成协议的能力	A B C D E 10 8 6 4 2

续表

<table>
<tr><th>考核内容</th><th>考核项目</th><th>说　明</th><th>评　定</th></tr>
<tr><td rowspan="6">工作态度</td><td rowspan="2">纪律性</td><td rowspan="2">是否严格遵守工作纪律和规章，如早退、缺勤等，是否严格遵守工作汇报制度，按时进行工作报告</td><td>A B C D E</td></tr>
<tr><td>10 8 6 4 2</td></tr>
<tr><td rowspan="2">协作性</td><td rowspan="2">在工作中，是否充分考虑别人的处境，是否主动协助上级、同事做好工作</td><td>A B C D E</td></tr>
<tr><td>10 8 6 4 2</td></tr>
<tr><td rowspan="2">积极性</td><td rowspan="2">对分配的任务是否不讲条件，主动积极，尽量多做工作，主动进行改进，向困难挑战</td><td>A B C D E</td></tr>
<tr><td>10 8 6 4 2</td></tr>
<tr><td colspan="2">评定标准：
A：非常优秀，理想状态
B：优秀，满足要求</td><td>分数换算
A：64 分以上
B：48～63 分</td><td>合计分：</td></tr>
<tr><td colspan="2">C：基本满足要求
D：略有不足
E：不满足要求</td><td>C：47 分以下</td><td>等级：</td></tr>
</table>

2. 行为锚定评价法

行为锚定评价法是由美国学者史密斯(Smith)和肯德尔(Kendall)在美国护士联合会的资助下于 1963 年研究提出的一种考核方法。这种方法是利用特定行为锚定量表上不同的点的图形测评方法，在传统的评级量表法的基础上演变而来，是评级量表法与关键事件法的结合。在这种考核方法中，每一水平的绩效均用某一标准行为来加以界定。

建立行为锚定评价法，通常需要经过以下五个步骤：

(1)确定关键事件。由一组对工作内容较为了解的人(员工本人或其直接上级)找出一些代表各个等级绩效的关键事件。

(2)初步建立绩效考核要素。将确定的关键事件合并为几个(通常是 5～10 个)绩效要素，并给出绩效要素的定义。

(3)重新分配关键事件，确定相应的绩效考核要素。向另外一组同样熟悉工作内容的人展示确定的考核要素和所有的关键事件，要求他们对关键事件进行重新排列，将这些关键事件分别归入他们认为合适的绩效要素中。如果第二组中一定比例的人(通常是 50%～80%)将某一关键事件归入的考核要素与前一组相同，那么就能够确认这一关键事件应归入的考核要素。

(4)确定各关键事件的考核等级。后一组的人评定各关键事件的等级(一般是 7 点或 9 点的尺度，可能是连续尺度的，也可能是非连续尺度的)，就确定了每个考核要素的"锚定物"。

(5)建立最终的行为锚定评价表。

行为锚定评价法与其他的绩效考核方法相比，需要花费更多的时间，设计时也比较麻烦，使用的工作类型也有限(仅适用于不太复杂的工作)。但是，这种方法也有一些十分重要的优点：

首先，考核指标之间的独立性较高。在设计过程中，设计人员将众多的关键事件归纳为 5～8种绩效指标，使得各绩效指标之间的相对独立性较强。例如，对于用关键事件加以界定的"服务态度"和"工作积极性"，人们不太容易将这两种考核要素混同起来。

其次，考核尺度更加精确。不论是从设计的过程还是所使用的尺度类型来说，行为锚定评价法中使用的考核尺度相对其他各类考核方法来说更为精确。由那些对工作最为熟悉的人来编制"锚定物"及相应于某个特定等级的关键事件，因而能够更加确切地找出最适合某个特定岗位的考核尺度。另外，考核尺度的确定以工作分析为基础，依据的是员工的客观行为，有利于考核者更加清楚地理解各个考核等级的含义，避免发生各类考核误差。

最后，具有良好的反馈功能。这种方法能够将企业战略和它所期望的行为有效地结合起来，向员工提供指导和信息反馈，指出行为缺点，有助于实现绩效考核的行为导向目的。

行为锚定评价法是一种行为导向型的考核方法。这种考核方法所使用的考核尺度是行为导向的，因而要求考核者对正在执行任务的员工进行评价，而不是针对预期的工作目标进行评价。这在实际操作中往往会造成一定的困扰。另外，行为锚定评价法的最大问题可能是，考核者在尝试从量表中选择一种代表某员工绩效水平的行为时往往会有困难，因为有时一个员工的行为表现可能出现在量表的两端。科学地设计过程有助于尽量避免这种情况，但实践中难免会有这种情况发生。

【相关链接 6—1】

一个行为锚定评价法的实例

7. 总是提前开始工作，带齐工作所需的所有装备才去工作，穿戴整齐。在点名之前抽出一段时间检查前一班巡逻人员的活动及各种新的公文。在点名过程中，将前一班的巡逻人员的活动记录下来

6. 总是提前开始工作，带齐工作所需的所有装备才去工作，穿戴整齐。在去参加点名之前检查前一班巡逻人员的活动情况

5. 提前开始工作，带齐工作所需的所有装备，穿戴整齐

4. 按时参加点名，带齐工作所需的所有装备，穿戴整齐

3. 点名时还未完全穿戴整齐，没有带齐工作所需的所有装备

2. 点名时迟到，不检查装备或车辆是否存在损坏或需要修理的地方，不能在点完名后立即赶去工作，而是不得不回到存物间、车上或者回去取齐必要的工作装备

1. 在大部分点名时间已过去之后才赶到，不检查装备和车辆，也没有带齐工作所需的装备

3. 行为观察量表法

行为观察量表法是指在考核各个具体的项目时给出一系列有关的有效行为，考核者通过指出员工表现各种行为的频率来评价其工作绩效。例如，将一个 5 分的量表划分为“几乎没有”到“几乎总是”五个等级，通过将员工在每一种行为上的得分相加得到各个考核项目上的得分，最后根据各个项目的权重得出员工的总得分。

下面，通过一个例子来看一下这种方法是如何具体实施的。

例：考核项目——工作的可靠性

● 有效地管理工作时间

几乎没有 1 2 3 4 5 几乎总是

● 能够及时地符合项目的截止期限要求

几乎没有 1 2 3 4 5 几乎总是

● 必要时帮助其他员工的工作以符合项目的期限要求

几乎没有 1 2 3 4 5 几乎总是

● 必要时情愿推迟下班以及周末加班工作

几乎没有 1 2 3 4 5 几乎总是

● 预测并试图解决可能阻碍项目按期完成的问题

几乎没有 1 2 3 4 5 几乎总是

结果的等级划分：0～13 分为很差；14～16 分为差；17～19 分为一般；20～22 分为好；23～25 分为很好。

假设现在有一名员工，他在第一个行为上得了 4 分，第二个行为上得了 5 分，第三个行为上得了 3 分，第 4 个行为上得了 4 分，第 5 个行为上得了 4 分，那么他在“工作的可靠性”这个项目上就得了 20 分，属于“好”这一等级。

由于行为观察法能够将企业发展战略和所期望的行为结合起来，因此能够向员工提供有效的信息反馈，指导员工如何得到高的绩效评分。考核者也可以利用量表中的信息有效地指导员工的行为，并使用具体的行为描述提供绩效反馈。此外，这种方法使用起来十分简便，员工参与性强，容易被接受。

但是，这种方法也存在以下缺陷：

(1)只适用于行为比较稳定、不太复杂的工作。只有这类工作才能够准确详细地找出有关的有效行为，从而设计出相应的量表。

(2)不同的考核者对“几乎没有——几乎总是”的理解有差异，结果导致绩效考核的稳定性下降。

(3)与其他行为导向型的考核方法相同，在开发行为观察量表时要以工作分析为基础，而且每一个职务的考核都需要单独进行开发，因此开发成本相对较高。

4. 混合标准测评法

这种考核方法是美国学者布兰兹(Blanzi)于 1965 年创立的。在他所设计的“混合标准测评量表”中，包含许多组概念上相容的描述句（通常是 3 个一组)，用来描述同一考核项目的高、中、低三个层次。这些描述句在测评量表中是随机排列的，考核者只需指出被考核者的表现是“好于”、“相当于”还是“劣于”描述句中所叙述的行为即可。

除此之外，混合标准测评法还可以减少某些诸如晕轮误差、过宽或过严误差之类的问题，容易操作。当然，这种方法也存在一些缺点，比如测评过程容易受评估者的主观影响，评估结果与组织战略的一致性不强等。

【案例 6－1】

某警察局对巡警进行考核时所用的“混合标准测评量表”

本部分的每一个项目都涉及巡警工作不同侧面的不同熟练水平。请细读每一项目，确定该被考核的巡警的工作表现是“相当于”、“好于”还是“劣于”项目中的描述，并请分别在相应的被考核巡警号码下的圆括号内划上“0”(相当于)、“＋”(好于)或“－”(劣于)的标记。										
巡警的号码										
5	7	4	3	1	9	2	8	10	6	
( )	( )	( )	( )	( )	( )	( )	( )	( )	( )	1. 行为不时紧张，但并不影响他发挥职责
( )	( )	( )	( )	( )	( )	( )	( )	( )	( )	2. 尽管有时工作繁忙，制服略有不整，但大多数时间穿着整齐
( )	( )	( )	( )	( )	( )	( )	( )	( )	( )	3. 工作报告良好，但偶尔需要深入或条理化；有时有表达方面的困难

续表

( )( )( )( )( )( )( )( )( )( )	4. 在片区采取大量措施预防和扼制犯罪，教育市民防止罪犯的技巧；对预防措施有深入的了解
( )( )( )( )( )( )( )( )( )( )	5. 与本区市民极少或几乎没有接触，未能告诉他们防止罪犯的技巧
( )( )( )( )( )( )( )( )( )( )	6. 几乎在任何场合下都能作出适当的判断，以预先采取、选择或表现适当的行为
( )( )( )( )( )( )( )( )( )( )	7. 对于与什么共事或不与什么共事很挑剔，难以与许多同事相处
( )( )( )( )( )( )( )( )( )( )	8. 在任何时候和任何场合下表现出最大的热情和努力
( )( )( )( )( )( )( )( )( )( )	9. 即使在极端紧张的情形下，表现也镇定自若，没有紧张的现象
( )( )( )( )( )( )( )( )( )( )	10. 能满意地执行任务并完成责任，几乎不投机取巧或曲解规则
( )( )( )( )( )( )( )( )( )( )	11. 格外注意形象，几乎常常表现出一种为公众服务的自豪感
( )( )( )( )( )( )( )( )( )( )	12. 干净利落地解决大多数骚乱，尽管有些是棘手的；在工作中运用以往的经验，以求尽善尽美
( )( )( )( )( )( )( )( )( )( )	13. 和其他人在一起时，表现出深刻的见识和技能，常能防止和解决冲突，缩短与市民的距离
( )( )( )( )( )( )( )( )( )( )	14. 能与任何合作者友好相处，愿意帮助新巡警并指导他们
( )( )( )( )( )( )( )( )( )( )	15. 在大多数情况下，有判断力，表现得当，满足市民需要
( )( )( )( )( )( )( )( )( )( )	16. 了解法律的新变化，但偶尔忽视它们，很了解片区的情况
请注意巡警的号码顺序已更改 8 2 7 4 10 3 6 9 5 1 ( )( )( )( )( )( )( )( )( )( )	17. 必须严谨监督其工作表现，否则可能不符合标准
( )( )( )( )( )( )( )( )( )( )	18. 在任何情形下意识到法律及其适用性，对片区有彻底的了解
( )( )( )( )( )( )( )( )( )( )	19. 外表向公众表现出一种对工作漫不经心的态度
( )( )( )( )( )( )( )( )( )( )	20. 工作报告对于侦破犯罪并无用处，工作报告中材料重复
( )( )( )( )( )( )( )( )( )( )	21. 在许多场合下经常做缺乏适当的判断
( )( )( )( )( )( )( )( )( )( )	22. 在片区作一些努力预防犯罪，对预防措施有适当的知识
( )( )( )( )( )( )( )( )( )( )	23. 不去有意了解与工作相关的新变化，有时会在本片区内迷路
( )( )( )( )( )( )( )( )( )( )	24. 高标准地完成职责，并在没有监督的情况下坚持，无论涉及谁，都公正执法

续表

( )( )( )( )( )( )( )( )( )( )	25. 在一切冲突中,如果不造成大量麻烦,几乎不能恢复秩序
( )( )( )( )( )( )( )( )( )( )	26. 把警察工作当作一时之计,随时准备调出;几乎没有表现出工作热情
( )( )( )( )( )( )( )( )( )( )	27. 尽管与有些性格类型的人难以相处,但能同大多数人共事;虽能训练新巡警,但宁肯不去训练

【分析】这个量表针对"预防犯罪行为"、"判断力"、"工作知识"、"举止风度"、"合作"和"沟通技能"等项目对巡警进行考核。例如,"预防犯罪行为"这一考核项目,就是由第 4 句、第 26 句和第 5 句话分别代表了高、中、低三个层次的工作水平。而"判断力"则是由第 6 句、第 15 句和第 21 句话代表了三个层次的水平。

这个方法的好处是可以鉴别出"没有逻辑性"的考核者。例如,量表中第 7 句和第 14 句话,分别代表了"合作"这一考核项目的低和高两个水平,如果考核者对一个巡警进行考核时,对第 7 句选择了"0"(相当于)作为答案,而对第 14 句话却选择了"+"(好于),那么这个考核者显然作出了"非逻辑性"的判断,或者至少说他的考核态度不严肃,因为一个人不可能既"难以与人相处",同时又"能与任何人友好相处"。

三、选择绩效考核方法需要考虑的因素

(一)绩效评估的目标

绩效评估的目标是选择评估方法的决定因素。当评估的目的是为了提供反馈信息,改进员工绩效时,像配对比较法、排序法等强调员工之间比较的方法就不太实用了,而诸如关键事件法、行为锚定评价法等评估方法则更为有效。

(二)绩效评估的费用

费用是确定评估方法不得不考虑的重要因素。有些方法,如行为锚定评价法,在许多情况下都是比较有效的,但行为锚定评价法中关键事件的确定要耗费大量的人力、物力和财力。因此,当企业财力有限,或仅是对普通岗位的一般工作人员进行绩效评估时,不宜选择过于复杂的方法。

(三)被评估者的类型

被评估对象的类别同样也影响评估方法的选择,不同的绩效评估方法对不同类别的员工有着不同的效用。例如,关键事件法更适合于管理人员的绩效评估,而配对比较法则更多地用于非管理人员的绩效评估。

四、360 度绩效考核

1. 360 度绩效考核的含义

360 度绩效考核也称全视角考核或多个考核者考核,就是由被考核者的上级、同事、下级和客户(包括内部客户和外部客户)以及被考核者本人担任考核者,从多个角度对被考核者进行全方位的考核。

一份调查表明,目前已经有超过 10%的美国企业使用 360 度绩效考核,更多的企业使用了 360 度绩效考核的某些方面,即将上述这些从与该员工相关的人群中间找出最有相关性、最

能了解其绩效的人，一起来参加对其的绩效考核。从全球范围来看，《财富》杂志评出的前1 000家企业中，有90%以上的企业应用研究了360度绩效考核的部分或全部内容。

2. 360度绩效考核的优点

(1)可以弥补传统的上级主管考核的不足，减少偏见，较为公平公正。

(2)加强部门之间的沟通，有助于团队建设。

(3)增强员工特别是管理者的自我发展意识。

3. 360度绩效考核的缺点

(1)此方法对组织环境有较严格的要求。

(2)此方法比较复杂，费时费力。

(3)只适合于晋升。当评价主要目的是确定个人发展需要时，评价结果可信度高；若目的是服务于激励性人事政策时，评价者往往会考虑个人利益得失，所作评价相对来说难以客观公正。

360度绩效考核弥补了传统考核方法的不足。它与其他考核方法优缺点比较，如表6—9所示。

表6—9　360度考核与其他考核方法的比较

评价方法	提供反馈和指导	分配奖金和机会	最小化成本	避免考核错误
配对比较法	不确定	不好	好	不确定
强制分布法	不好	不好或一般	好	一般
行为锚定评价法	好	好	一般	好
关键事件法	不确定	不好	好	一般
360度绩效考核	非常好	一般	一般	非常好

本章小结

绩效是指员工在特定时间内的有效的工作行为及其结果，具有多因性、多维性和动态性。影响绩效的主要因素包括激励、技能、环境和机会。

绩效管理是指依据组织目标，通过持续的沟通，制定员工的绩效目标并收集与绩效有关的信息，定期对员工的绩效目标完成情况作出评价和反馈，以改善员工工作绩效并最终提高组织整体绩效的过程。绩效管理是由绩效计划、绩效辅导、绩效考核和绩效反馈四个部分组成的一个系统。

绩效考核的方法主要有品质导向型、行为导向型和结果导向型，具体的方法又可以分为比较法、关键事件法和量表法。每种方法都有自己的优缺点，企业应根据具体的情况选择适当的考核方法。

课后思考

1. 绩效考核与人才测评有什么区别？
2. 绩效考核内容的不同侧重点会对员工的工作与绩效产生哪些影响？

3. 如何理解绩效管理的战略性?

4. 绩效考核主体选择的依据是什么?

案例分析

A公司,成立于20世纪50年代初。经过近几十年的发展,在业内已具有较高的知名度并获得了较大的发展。目前,公司有员工1 000人左右。总公司本身没有业务部门,只设一些职能部门;总公司下设有若干子公司,分别从事不同的业务。在同行业内的国有企业中,该公司无论在对管理的重视程度上还是在业绩上都是不错的。由于国家政策的变化,该公司面临着众多小企业的挑战。为此,公司从前几年开始,一方面参加全国百家现代化企业制度试点,另一方面着手从管理上进行突破。

绩效考核工作是公司重点投入的一项工作。公司的高层领导非常重视,人事部具体负责绩效考核制度的制定和实施。人事部是在原有的考核制度基础上制定出了《中层干部考核办法》。在每年年底正式进行考核之前,人事部又出台当年的具体考核方案,以使考核达到可操作化程度。

该公司的做法通常是由公司的高层领导与相关的职能部门人员组成考核小组。考核的方式和程序通常包括被考核者填写述职报告、在自己单位内召开全体职工大会进行述职、民意测评(范围涵盖全体职工)、向科级干部甚至全体职工征求意见(访谈)、考核小组进行汇总写出评价意见并征求主管副总的意见后报公司总经理。

考核的内容主要包含三个方面:被考核单位的经营管理情况,包括该单位的财务情况、经营情况、管理目标的实现等方面;被考核者的德、能、勤、绩及管理工作情况;下一步工作打算,重点努力的方向。具体的考核细目侧重于经营指标的完成、政治思想品德,而对于能力的定义则比较抽象。各业务部门(子公司)都在年初与总公司对于自己部门的任务指标都进行了讨价还价的过程。

对中层干部的考核完成后,公司领导在年终总结会上进行说明,并将具体情况反馈给个人。尽管在考核的方案中明确说明了考核与人事的升迁、工资的升降等方面挂钩,但最后的结果总是不了了之,没有下文。

对于一般的员工的考核则由各部门的领导掌握。子公司的领导对于下属业务人员的考核通常是从经营指标的完成情况(该公司中所有子公司的业务员均有经营指标的任务)来进行的;对于非业务人员的考核,无论是总公司还是子公司均由各部门的领导自由进行。通常的做法,都是到了年度要分奖金了,部门领导才会对自己的下属作一个笼统的排序。

这种考核方法,使得员工的涉入程度较高,颇有点儿声势浩大、轰轰烈烈的感觉。公司在第一年进行操作时,获得了比较大的成功。由于被征求了意见,一般员工觉得受到了重视,感到非常满意。领导则觉得该方案得到了大多数人的支持,也觉得满意。但是,被考核者觉得自己部门与其他部门相比,由于历史条件和现实条件不同,年初所定的指标不同,觉得相互之间不平衡,心里还是不服。考核者尽管需要访谈300人次左右,忙得团团转,但由于大权在握,体会到考核者的权威,还是乐此不疲。

考核进行到第二年时,大家已经丧失了第一次的热情。到第三年、第四年进行考核时,员工考虑到前两年考核的结果出来后,领导的业绩好或不好并没有任何区别,自己还得在他手下干活,领导来找他谈话,他也只能敷衍了事。被考核者认为年年都是那套考核方式,没有新意,失去了积极性，只不过是领导布置的事情，不得不应付。

思考：

1. 分析A公司在绩效考核中存在哪些问题？
2. 你认为应该从哪些方面入手改变这一现状？

扩展阅读

小白的跳槽

小白在大学毕业后被一家中日合资企业聘为销售员。工作的头两年，他的销售业绩确实不敢让人恭维。但是，随着对业务逐渐熟悉，又跟那些零售客户熟悉了，他的销售额就开始逐渐上升。到第三年年底，他根据与同事们的接触，估计自己当属全公司的销售冠军。不过，公司的政策是不公布每人的销售额，也不鼓励互相比较，所以小白还不能肯定。

第三年的时候，小白干得特别出色，到9月底就完成了全年的销售额，但是经理对此却没有任何反应。尽管工作上非常顺利，但是小白总觉得自己的心情不舒畅。最令他烦恼的是，公司从来不告诉员工干得好坏，也从来没有人关注销售员的销售额。

他听说本市另外两家中美合资的化妆品制造企业都在搞销售竞赛和奖励活动，公司内部还有通讯之类的小报，对销售员的业绩作出评价，让人人都知道每个销售员的销售情况，并且要表扬季度和年度的最佳销售员。想到自己所在公司的做法，小白就十分恼火。

上星期，小白主动找到日方的经理，谈了他的建议。不料，日本经理说这是既定政策，而且也正是本公司的文化特色，从而拒绝了他的建议。

几天后，令公司领导吃惊的是，小白辞职而去，听说是被挖到另外一家竞争对手那去了。而他辞职的理由也很简单，自己的贡献没有被给予充分的重视，没有得到相应的回报。正是由于缺乏有效、正规的考核，这家公司无法对小白的业绩作出评价并且给予相应的奖励，才使公司失去了一名优秀的员工。

第七章

员工激励理论

知识目标

◎理解激励的概念，了解激励的过程，掌握激励理论体系
◎掌握内容型激励理论：需要层次理论、ERG理论、双因素理论、成就需要理论
◎掌握过程型激励理论：期望理论、公平理论、目标设置理论
◎了解行为改造理论和综合激励理论

能力目标

◎能够灵活运用激励方去指导工作实践

导入案例

小王的烦恼

小王大学毕业后，在一家房地产公司找到了一份销售员的工作。公司实行佣金制，底薪很少。最初，小王有点担心，他想自己缺乏工作经验，对房地产这一行业也不熟悉，他的佣金肯定要比别人少一大截，说不定连基本的生活都成问题。但想到并不宽裕的家境和年迈的双亲，小王决定无论如何也要抓住这个机会拼搏一下。所幸销售部经理给了小王很大的帮助，他鼓励小王要对自己有信心，并且根据公司的规定，为小王安排了一系列的培训。在对这个职业有了初步的了解以后，小王正式开始了房地产销售员的工作。

最初的两年，由于房地产业本身处于低迷状态，尽管小王尽心尽职，每天早出晚归，他的销售业绩一直平平。后来，随着国家住房制度的改革，房地产业也开始不断升温，小王抓住了这

个机会，加上经过两年的锻炼，他已积累不少推销技巧和经验，所以他的销售业绩逐月上升，很快成了公司数一数二的销售明星。可观的佣金收入使小王有能力在市区繁华地段为父母购买了一套价格不菲的住房。不久，他又用分期付款的方式购买了一辆轿车。

对小王而言，推销员的工作对他实在是再合适不过了，有丰厚的收入、同事的赞赏、领导的认可，他觉得已经非常满足了。恰在此时，销售部的经理被提拔为公司负责销售工作的副总经理。临调任前，他向公司人事部门极力推荐小王接替他的职位。他觉得小王有潜力，况且他自身的销售业绩这么好，一定能当好这个销售部经理。

小王是抱着试试看的心态接受这项任命的，他觉得不能辜负了经理对他的一片厚望。半年之后，在公司例行的绩效评估中，与当初的预期相反，公司发现小王在销售部经理这个职位上干得并不出色，整个销售部的指标没有完成。小王的下属觉得小王很少主动与他们沟通，作为有丰富经验的推销员，他也不大愿意帮助新来的缺乏经验的下属。而小王自己也并不满意这个职位，他后悔当初接受了这一任命，现在想来还是当个推销员轻松自在，也很容易干出成绩，只要自己努力工作就可以了。而作为销售部经理，干得好与坏，往往不是他一个人说了算，还得取决于下属们的共同努力。最让小王觉得不满意的是，以往当推销员做成一笔就可获得佣金，而作为销售部经理，奖金的多少到年底才能定下来，同时每月固定的工资收入用来支付分期付款的账单以后，就所剩无几了。思前想后，小王越想越烦恼，他真的不想干这个经理了。

员工的工作绩效，不仅取决于员工的工作能力，还取决于员工的工作积极性。为提高员工的工作绩效，组织可以从提高员工的工作技能着手，也可以从调动员工工作积极性入手。从某种意义上说，后者比前者更重要。即使员工有良好的工作技能，但若缺乏工作的积极性，那么也不会有好的工作成效。员工激励的核心职能正是如何调动员工的工作积极性。激励是一个古已有之的术语。在今天的人力资源管理领域，激励正在被广泛地运用着。

第一节 激励的基本理论

一、激励的概念

激励是人力资源管理中的重要问题，不管是从事激励研究的学者，还是从事企业经营的管理者都非常关注激励问题的研究。因为每个人都需要激励，需要自我激励，需要来自同事、领导和组织方面的激励。企业中的管理工作需要创造并维持一种激励的环境，在此环境中使员工完成组织目标。在工作中，一个主管人员如果不知道如何去激励人，便不能提高员工的工作绩效和工作效率，挖掘员工的内在潜力，挽留住人才，也就不能很好地完成管理工作。

所谓激励，从词义上看，就是激发鼓励的意思。组织行为学中的激励含义，主要是激发人的内驱力，使人有一股内在的动力，让个体朝着所期望的目标努力的心理活动过程，也可以说是调动积极性的过程。激励虽然有多种定义，但一般都包括三个方面的因素：第一，人们的行为是由什么激发并赋予活力的。人们自身有什么内在的追求或需要，能驱动他们以一定方式表现出特定行为，以及有哪些外在的环境因素触发了此种活动。第二，是什么因素把人们正被激活的行为引导到一定方向上去的。这是指人的行为总是指向一定的目的物，并且总是有所为而发。第三，这些行为如何能矫正、保持和延续，以及激励行为正在进行过程中，行为主体和客体的主观体现。

二、激励的基本特性

当一个人在被激励的过程中，我们通常可以看到被激励者会有三类表现：被激励者十分努力地工作；被激励者长时间坚持某种行为；被激励者目标明确稳定。我们可以把上面三类表现归结为三种基本的激励特性。

（一）努力程度

激励的第一个特性是指被激励者在工作中表现出来的工作的强度或努力程度的总和。比如，员工受到激励后能够提高工作效率，使产量提高一倍。

（二）持久程度

激励的第二个特性是指被激励者在努力完成工作任务方面表现出来的长期性。例如，某位同事被评选为优秀工作者后，长期保持认真负责的工作态度。

（三）方向性

激励的第三个特性是指被激励者能否按激励的方向去努力。有时，激励者的激励行为能够使被激励者的行为按自己设计的方向去发展，但有时也能导致激励行为的相反作用。

三、激励过程

（一）激励过程的价值

从管理角度看，人的工作绩效取决于其能力和激励水平的高低。不管一个人的能力有多强，如果积极性不高，激励水平低，终究做不出好的工作绩效来。根据这一现象，管理者的重要任务之一，就是要着重研究激励的心理活动过程是怎样的。只有了解激励的产生过程机制，才有可能有效影响激励过程中的各环节和各种因素。

人的行为由于受到内外各种诱发因素的刺激而产生某种需要，这种未满足的需要会带来一种紧张感，从而引起躯体内部产生一种内驱力，即动机。激励者依靠环境和自身的能力，使用各种激励的手段，去改变被激励者的行为，从而达到改善被激励者绩效的作用。而激励改变的绩效将继续影响下一次激励，所以说，激励可以成为一种持续往复的过程。如图 7—1 所示。

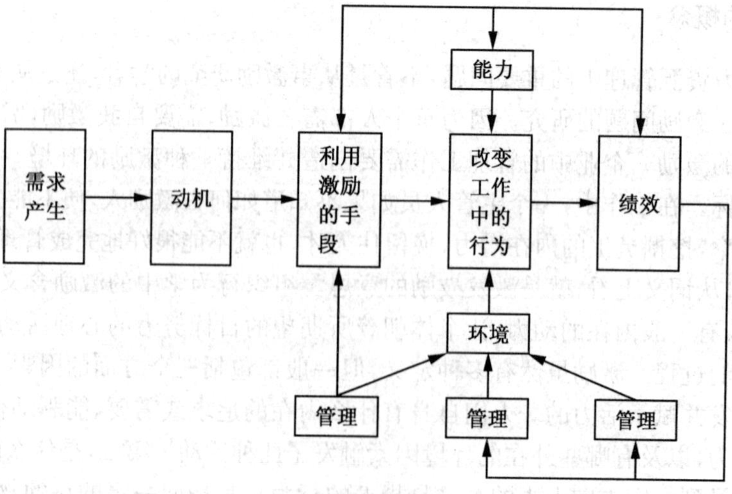

图 7—1 激励过程

(二)激励过程的要点

由以上分析可知,激励过程要注意如下几个要点:

(1)要了解需要的复杂性和能动性。每一个人都会有许多需要、愿望和期待,要了解每个人的需要强度、需要结构、需要变化、满足需要的方法,以及需要不能满足时应该如何处理。

(2)人们在取舍动机的方式及追求这些动机的驱动力方面存在很大差异,不同的理想、价值观会带来激励行为的不同效果。

(3)激励要及时明确。人们往往对近期眼前的激励印象深刻,所以要提高激励效果,也要及时采取措施。激励措施还应该做到目标明确,并要通过必要沟通使被激励者了解激励的目标和达到目标的途径。

四、激励理论体系

在研究激励问题和制定激励措施时,都不可避免地要考虑三个问题:指明激发人们行为的因素以及这些因素是如何激发人的行为的;激励对象为什么会做出某种行为而彼此间的行为为什么又会存在差异;怎样使消极的行为消失,积极的行为得到强化。因此,当代激励理论体系包括以下四个方面:

(1)内容型激励理论。重点是寻找激励因素。从内部力量寻找的,有需要层次理论、双因素理论、ERG 理论、成就需要理论。

(2)过程型激励理论。重点是解释激励过程,如期望理论、公平理论、目标设置理论。

(3)改造型激励理论。重点是改造和转变人的消极行为,如挫折理论、强化理论。

(4)综合激励理论。这是综合内容型、过程型、改造型激励理论提出来的,如波特和劳勒的综合激励理论及罗宾斯的综合激励理论等。

五、激励的作用

对一个企业来说,科学的激励制度至少具有以下几个方面的作用:

(一)吸引优秀的人才到企业来

发达国家的许多企业,特别是那些竞争力强、实力雄厚的企业,通过各种优惠政策、丰厚的福利待遇、快捷的晋升途径来吸引企业需要的人才。

(二)开发员工的潜在能力,促进在职员工充分发挥其才能和智慧

美国哈佛大学的詹姆斯(W. James)教授在对员工激励的研究中发现,按时计酬的分配制度仅能让员工发挥 20%～30%的能力,如果受到充分激励的话,员工可以发挥出 80%～90%的能力,两种情况之间 60%的差距就是有效激励的结果。管理学家的研究表明,员工的工作绩效为员工能力和受激励程度的函数,即绩效＝能力×激励。如果把激励制度对员工创造性、革新精神和主动提高自身素质的意愿的影响考虑进去的话,激励对工作绩效的影响就更大了。

(三)留住优秀人才

德鲁克认为,每一个组织都需要三个方面的绩效:直接的成果、价值的实现和未来的人力发展。缺少任何一方面的绩效,组织注定非垮不可。因此,每一位管理者必须在这三个方面均有贡献。在三个方面的贡献中,对“未来的人力发展”的贡献就是来自激励工作。

(四)造就良性的竞争环境

科学的激励制度包含有一种竞争精神,它的运行能够创造出一种良性的竞争环境,进而形成良性的竞争机制。在具有竞争性的环境中,组织成员会受到环境的压力,这种压力将转变为

员工努力工作的动力,正如麦格雷戈(D. Mc Gregor)所说:"个人与个人之间的竞争,才是激励的主要来源之一"。在这里,员工工作的动力和积极性成了激励工作的间接结果。

第二节　内容型激励理论

一、需要层次理论

美国著名心理学家马斯洛认为,人的一切行为都是由需要引起的。他在1943年出版的《调动人的积极性的理论》一书中提出了著名的需要层次论。马斯洛把人的需要归纳为五大类,并按照它们发生的先后次序分为五个等级,如图7—2所示。

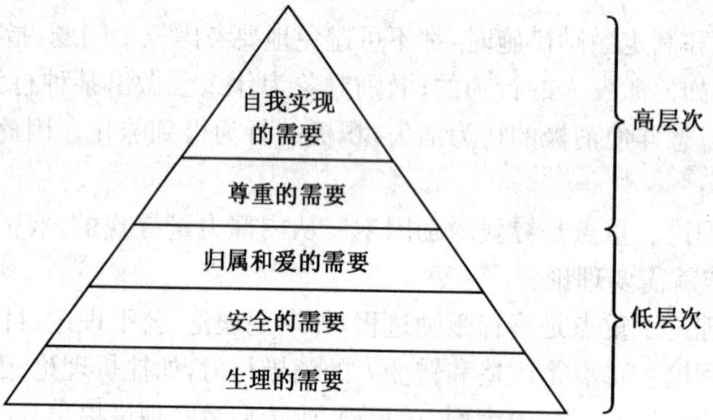

图7—2　需要层次理论的结构

(一)生理的需要

这是人类最原始的也是最基本的需要,包括饥、渴、性和其他生理机能的需要。只有在生理的需要基本满足之后,其他的需要才能成为新的激励因素;而在未满足之前,生理需要是推动人们行为的最大动力。

(二)安全的需要

当一个人生理需要得到满足后,满足安全的需要就会产生。个人寻求生命、财产等个人生活方面免于威胁、孤独、侵犯并得到保障的心理就是安全的需要。

(三)归属和爱的需要

这是一种社会需要,包括与人往来,社会交际,获得伙伴之间、朋友之间的关系融洽或保持友谊和忠诚,人人都希望获得别人的爱,给予别人爱;并希望为团体与社会所接纳,成为其中的一员,得到相互支持与关照。

(四)尊重的需要

尊重的需要包括受人尊重与自我尊重两方面:前者是希望得到别人的重视,获得名誉、地位;后者希望个人有价值,希望个人的能力、成就得到社会的承认。

(五)自我实现的需要

自我实现的需要是指实现个人理想、抱负,最大限度地发挥个人的能力的需要,是需要层次理论的最高层次。马斯洛认为:为满足自我实现需要所采取的途径因人而异。有人希望成为一位成功的商人,有人希望成为体育明星,还有人希望成为画家或音乐家。简而言之,自我实现的需要是指最大限度地发挥一个人潜能的需要。

马斯洛把五种需要分为高层次和低层次的。生理的需要和安全的需要是低层次的需要；归属和爱的需要、尊重的需要和自我实现的需要是高层次需要。区分这两个层次需要的前提是：较高层次的需要从内部使人得到满足，较低层次的需要从外部使人得到满足。

1. 各层次需要之间存在的关系

(1)一般来说，这五种需要像阶梯一样从低到高。低一层次的需要获得满足后，就会向高一层次的需要发展。

(2)这五种需要不是每个人都能满足的，越是靠近顶部的成长型需要，满足的几率越小，但激励力量越强。

(3)同一时期，个体可能同时存在多种需要，因为人的行为往往是受多种需要支配的。每一个时期总有一种需要占支配地位。

2. 近年来的新发现

(1)缺乏型需要几乎人人都有，而成长型需要并不是所有人都有的，尤其是自我实现的需要，相当多的人没有。

(2)满足需要时不一定先从最低层次开始，有时可以从中层或高层开始；有时个体为了满足高层次的需要而牺牲低层次的需要。

(3)任何一种需要并不因为满足而消失，高层次需要发展时，低层次需要仍然存在。在许多情景中，各层次的需要相互依赖与重叠。

【相关链接 7—1】

亚伯拉罕·马斯洛

亚伯拉罕·马斯洛(Abraham Maslow，1908～1970)是美国最有影响的心理学家之一。

第二次世界大战后，马斯洛开始对健康人格或自我实现者的心理特征进行研究。曾任美国人格与社会心理学会主席和美国心理学会主席(1967)，是《人本主义心理学》和《超个人心理学》两本杂志的首任编辑。

马斯洛最伟大的贡献是于20世纪50年代创建了人本主义心理学派，被誉为“人本主义心理学之父”，并第一次把“自我实现的人”和“人类潜力”的概念引入了心理学的范畴。他开创了人本主义心理学研究的新取向，构建了需要层次论和自我实现论，促进了以人为中心管理理论的发展。

二、双因素理论

双因素理论，又称激励因素—保健因素理论，是美国的行为科学家弗雷德里克·赫茨伯格(Fredrick Hertzberg)于1959年提出来的。

20世纪50年代末期，赫茨伯格和他的助手们在美国匹兹堡地区对200名工程师、会计师进行了调查访问。访问主要围绕两个问题：在工作中，哪些事项是让人感到满意的，并估计这种积极情绪持续多长时间；哪些事项是让人感到不满意的，并估计这种消极情绪持续多长时间。赫茨伯格以对这些问题的回答为材料，着手去研究哪些事情使人们在工作中快乐和满足，以及哪些事情会造成不愉快和不满足。结果发现，使员工感到满意的都是属于工作本身或工作内容方面的；使员工感到不满的，都是属于工作环境或工作关系方面的。他把前者叫作激励因素，后者叫作保健因素。

1959年，赫茨伯格在广泛调查的基础上写作出版了《工作的激励因素》一书，正式提出了激励的双因素理论。

（一）保健因素

保健因素对员工产生的效果类似于卫生保健对身体健康所起的作用。保健因素旨在从环境中消除有害于健康的事物，它不能直接提高健康水平，但有预防疾病的效果；它不是治疗性的，而是预防性的。当保健因素恶化到人们认为可以接受的水平以下时，就会引起员工对工作的不满；当保健因素改善后，员工的不满情绪会消除，但并不会产生积极的后果，而只是处于一种既非满意、又非不满意的中性状态。因此，保健因素不能直接起到激励员工的作用，但能防止员工产生不满情绪。保健因素可以归纳为十项：企业的政策和行政管理、监督、与上级的关系、与同事的关系、与下级的关系、工资和福利、工作安全、个人生活、工作条件、地位。

（二）激励因素

激励因素是指那些能带来积极态度、满意和激励作用的因素，这是那些能满足个人自我实现需要的因素，包括工作上的成就感、受到重视、提升、工作本身的性质、责任、个人成长和发展的可能性六项。如果这些因素具备了，就能对人们产生明显的激励作用。从这个意义出发，赫茨伯格认为传统的激励假设，如工资刺激、人际关系的改善、提供良好的工作条件等，都不会产生更大的激励；它们能消除不满意，防止产生问题，但这些传统的激励因素即使达到最佳程度，也不会产生积极的激励。

按照赫茨伯格的意见，管理者应该认识到保健因素是必需的，不过员工在满足后，保健因素就不能产生更积极的效果。只有激励因素，才能使员工有更好的工作成绩。

赫茨伯格及其同事后来又进行了多次调查，发现由于调查对象和条件的不同，各种因素的归属会有些差别，但总的来看，激励因素基本上都是属于工作本身或工作内容的，保健因素基本都是属于工作环境和工作关系的。但是，赫茨伯格注意到，激励因素和保健因素都有若干重叠现象，如赏识属于激励因素，基本上起积极作用；但当没有受到赏识时，又可能起消极作用，这时又表现为保健因素。工资是保健因素，但有时也能产生使员工满意的结果。

赫茨伯格的双因素理论与马斯洛的需要层次理论有相似之处（见图 7—3）。他提出的保健因素相当于马斯洛提出的生理的需要、安全的需要、归属和爱的需要等较低级的需求；激励因素则相当于尊重的需要、自我实现的需要等较高级的需要。双因素理论在需要层次理论的基础上提出了新的观点。

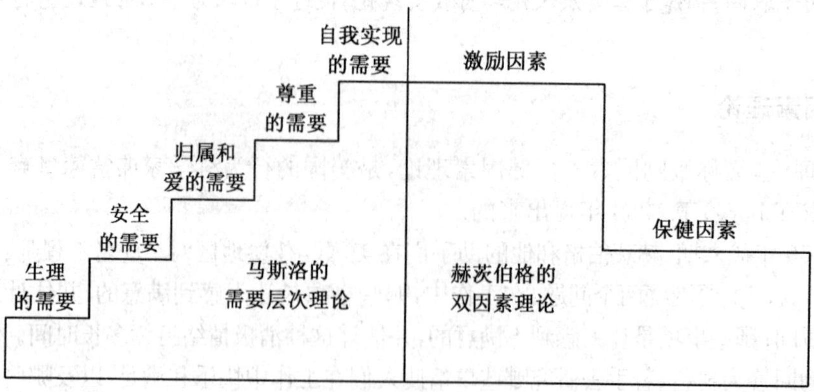

图 7—3　需要层次理论与双因素理论的对比

三、ERG 理论

美国耶鲁大学的克雷顿·奥尔德弗(Clayton Alderfer)在马斯洛提出的需要层次理论的基础上,进行了更接近实际经验的研究,提出了一种新的人本主义需要理论。奥尔德弗认为,人们共存在三种核心的需要,即生存(Existence)的需要、相互关系(Relatedness)的需要和成长发展(Growth)的需要。因而,这一理论被称为 ERG 理论。

生存的需要:这类需要关系到人的存在或生存。包括衣、食、住、行及工作组织为使其得到这些因素而提供的手段。这实际上相当于马斯洛需要层次理论中的生理的需要和安全的需要。

相互关系的需要:这是指发展人际关系的需要。这种需要通过工作中的或工作以外与其他人的接触和交往得到满足。它相当于马斯洛需要层次理论中的归属和爱的需要及一部分尊重的需要。

成长发展的需要:这是个人自我发展和自我完善的需要。这种需要通过发展个人的潜力和才干,才能得到满足。这相当于马斯洛理论中自我实现的需要和尊重的需要。

除了用三种需要替代了五种需要以外,与马斯洛的需要层次理论不同的是,奥尔德弗的 ERG 理论还表明了:人在同一时间可能有不止一种需要起作用;如果较高层次需要的满足受到抑制的话,那么人们对较低层次需要的渴望会变得更加强烈。

马斯洛的需要层次是一种刚性的阶梯式上升结构,即认为较低层次的需要必须在较高层次的需要满足之前得到充分的满足,二者具有不可逆性。相反,ERG 理论并不认为各类需要层次是刚性结构。比如说,即使一个人的生存和相互关系的需要尚未得到完全满足,他仍然可以为成长发展的需要而工作,而且这三种需要可以同时起作用。

同时,ERG 理论还提出了一种叫作"受挫回归"的思想。马斯洛认为当一个人的某一层次需要尚未得到满足时,他可能会停留在这一需要层次上,直到获得满足为止。相反,ERG 理论则认为,当一个人在某一更高等级的需要层次受挫时,那么作为替代,他的某一较低层次的需要可能会有所增加。例如,如果一个人社会交往需要得不到满足,可能会增强他对得到更多金钱或更好的工作条件的愿望。与马斯洛需要层次理论相类似的是,ERG 理论认为较低层次的需要满足之后,会引发出对更高层次需要的愿望。不同于需要层次理论的是,ERG 理论认为多种需要可以同时作为激励因素而起作用,并且当满足较高层次需要的企图受挫时,会导致人们较低层次需要的回归。因此,管理措施应该随着人需要结构的变化而作出相应的改变,并根据每个人不同的需要制定出相应的管理策略。

奥尔德弗的 ERG 理论在需要的分类上并不比马斯洛的理论更完善,对需要的解释也并未超出马斯洛需要理论的范围。如果认为马斯洛的需要层次理论是带有普遍意义的一般规律,那么,ERG 理论则偏重于带有特殊性的个体差异,这表现在 ERG 理论对不同需要之间联系的限制较少。

四、成就需要理论

美国哈佛大学教授戴维·麦克利兰(David McClelland)是当代研究动机的权威心理学家。他从 20 世纪四五十年代起就开始对人的需求和动机进行研究,提出了著名的"三种需要理论",并得出了一系列重要的研究结论。

麦克利兰提出了人的多种需要,他认为个体在工作情境中有三种重要的动机或需要:

(一)成就需要:争取成功,希望做得最好的需要

麦克利兰认为具有强烈的成就需要的人渴望将事情做得更为完美,提高工作效率,获得更大的成功。他们追求的是在争取成功的过程中克服困难、解决难题、努力奋斗的乐趣,以及成功之后个人的成就感,并不看重成功所带来的物质奖励。个体的成就需要与他们所处的经济、文化、社会、政府的发展程度有关;社会风气也制约着人们的成就需要。麦克利兰发现高成就需要者的特点有以下方面:

1. 及时明确的反馈

高成就需要者希望他们的行为能够得到及时明确的反馈,以得知自己的行为效果。因此,高成就需要者一般会选择业绩比较容易考核的职业。

2. 适度挑战性的目标

高成就需要者一般设置中等挑战性目标。他们想通过克服困难来证明成功的结果是由于他们自己的努力行为而带来的。高成就需要者对于自己感到成败机会各半的工作,表现得最为出色。他们不喜欢成功的可能性非常小的工作,这种工作碰运气的成分非常大,那种带有偶然性的成功机会无法满足他们的成功需要;同样,他们也不喜欢成功的可能性很大的工作,因为这种轻而易举就取得的成功对于他们的自身能力不具有挑战性。他们喜欢设定通过自身努力才能达到的奋斗目标。对他们而言,当成败可能性均等时,才是一种能从自身的奋斗中体验成功的喜悦与满足的最佳机会。

3. 对成就的满足

高成就需要者完成任务后的满足感是由于完成任务本身所带来的,他们对任务本身以外的因素并不十分重视,如高成就需要者完成任务并不希望必须有相应的物质奖励。

4. 事业心强

高成就需要者有进取心,敢冒一定的风险,比较实际,大多是进取的现实主义者。

(二)权力需要:影响或控制他人且不受他人控制的需要

权力需要是指影响和控制别人的一种愿望或驱动力。不同人对权力的渴望程度也有所不同。权力需要较高的人喜欢支配、影响他人,喜欢对别人"发号施令",注重争取地位和影响力。他们喜欢具有竞争性及能体现较高地位的场合和情境,也会追求出色的成绩,但他们这样做并不像高成就需要的人那样是为了个人的成就感,而是为了获得地位和权力或与自己已具有的权力和地位相称。权利需要是管理成功的基本要素之一。

(三)亲和需要:建立友好亲密的人际关系的需要

亲和需要就是寻求被他人喜爱和接纳的一种愿望。亲和需要者渴望友谊,喜欢合作而不喜欢竞争的工作环境,希望彼此之间的沟通与理解,他们对环境中的人际关系更为敏感。有时,亲和需要也表现为对失去某些亲密关系的恐惧和对人际冲突的回避。亲和需要是保持社会交往及人际关系和谐的重要条件。

麦克利兰通过主题统觉测验来测量个体的动机。他对莫瑞(H. Murray)的主题统觉测验进行了修改,增加了其客观化程度,并使之适合于团体施测。例如,使用投影仪给一组被试者呈现图画,让他们根据图画编写故事;有时候,也使用句子来替代图画。麦克利兰及其同事将实验的方法与主题统觉测验相结合,首先通过实验唤起所欲测量的动机,然后在主题统觉测验的故事里观察实验唤起动机对故事内容的影响。麦克利兰对主题统觉测验的评分也不像莫瑞那样采用一套临床的计分系统,而是采用一种简单化的计分方法,即将故事的特征分成一些类别,观察各个类别的特征在被测验的故事中的一些复杂特征。麦克利兰认为使用主题统觉测

验方法和使用问卷方法测量的是两种基本不同的人格特征。问卷方法测量的是被试者的认知而不是自发表现出来的动机。因此，他认为主题统觉测验的方法更适合测量内隐的、潜意识中的动机。由此，我们可以看出，麦克利兰的贡献不仅在于提出一个重要的动机理论，而且还在于发展了研究和测量动机的方法。

在大量的研究基础上，麦克利兰对成就需要与工作绩效的关系进行了十分有说服力的推断。首先，高成就需要者喜欢能独立负责、可以获得信息反馈和独立冒险的工作环境。他们会从这种环境中获得高度的激励。麦克利兰发现，在小企业的经理人员及在企业中独立负责一个部门的管理者中，高成就需要者往往会取得成功。其次，在大型企业或其他组织中，高成就需要者并不一定就是一个优秀的管理者，原因是高成就需要者往往只对自己的工作绩效感兴趣，并不关心如何影响别人去做好工作。再次，亲和需要和权力需要与管理的成功密切相关。麦克利兰发现，最优秀的管理者往往是权力需要很高而亲和需要很低的人。如果一个大企业的经理的权力需要与责任感和自我控制相结合，那么他很有可能成功。最后，可以对员工进行训练来激发他们的成就需要。如果某项工作要求高成就需要者，那么，管理者可以通过直接选拔的方式找到一名高成就需要者，或者通过培训的方式培养自己原有的下属。

麦克利兰的动机理论在企业管理中很有应用价值。首先，在人员的选拔和安置上，通过测量和评价一个人动机体系的特征，对于如何分派工作和安排职位有重要的意义。其次，由于具有不同需要的人需要不同的激励方式，了解员工的需要与动机有利于合理建立激励机制。最后，麦克利兰认为动机是可以训练和激发的，因此可以训练和提高员工的成就动机，以提高生产率。

上述四种内容型激烈理论的对比，如表 7—1 所示。

表 7—1　　　　四种内容型激励理论的对比

需要层次理论	双因素理论	ERG 理论	成就需要理论
自我实现需要	激励因素	生存的需要	成就需要
尊重的需要			
归属和爱的需要	保健因素	相互关系的需要	权力需要
安全的需要			
生理的需要		成长发展的需要	亲和需要

第三节　过程型激励理论

一、期望理论

维克托·弗鲁姆(Victor Vroom)，是著名的心理学家和行为科学家。他深入研究了组织中个人的激励和动机。率先提出了形态比较完备的期望理论模式，并于 1964 年在其著作《工作与激励》一书中阐述了期望理论模式。

（一）期望理论的基本假设

对组织行为原因的四种假设构成了期望理论的基础：

(1)个人和环境的组合力量决定一个人的行为，仅有个人或仅有环境是不可能决定一个人的行为的，人们带着各种各样的期望加入组织，包括对他们的事业、需求、激励及历史的期望，所有这些期望将影响他们对组织的回报。

(2)人们决定自己在组织中的行为，有许多东西限制人们的行为(规章、制度、规范等)，尽管如此，人们还是作出两条清醒的决定：一是决定是否来工作，是留在原公司还是跳槽到新公司(成员决定)；二是决定他们在完成工作时付出的努力的程度(效率、努力程度、同事关系等)。

(3)不同的人有着不同类型的需求和目标，人们希望从自己的工作中得到不同的成果。

(4)人们根据自己对一个假设的行为将带来的希望获得成果的程度，在变化的情况中来作出他们的决定，人们倾向做那些他们认为将导致所希望的回报的事情，而避免做那些他们认为将导致所不希望的后果的事情。

弗鲁姆认为：员工如果相信目标的价值且看到做什么才有助于实现这样的目标时，他们就会受到激励去工作以达到企业的目标。在某种意义上，这是马丁·路德(Martin Luther)在几个世纪以前所观察到的，他说"在这个世界上所做的每一件事都是抱着希望而做的"。

(二)期望理论的基本内容

一般来说，期望理论认为人们对于他们期望从工作中得到什么，有自己的需求或主意，他们据此来决定加入怎样的公司及在工作中付出多大的努力。因此，人们并非生来就受激励或不受激励的，激励取决于人们所面临的环境及它如何满足人们的需求。其基本内容主要是弗鲁姆的期望公式和期望模式。

1. 期望公式

弗鲁姆认为，人总是渴求满足一定的需求并设法达到一定的目标。这个目标在尚未实现时，表现为一种期望，这时目标反过来对个人的动机又是一种激发的力量，而这个激发力量的大小，取决于目标价值(效价)和期望概率(期望值)的乘积。用公式可以表示为：

$$M=V\times E$$

其中，M表示激励力量，是指调动一个人的积极性，激发出人的潜力的强度；V表示目标效价，是指实现目标后对于满足个人需求的价值和重要性；E表示期望值，是指根据以往的经验进行的主观判断，实现目标并能导致某种结果的概率。

目标效价大小直接反映人的需求动机强弱，而期望值则反映了人实现需求和动机的信心强弱。这个公式说明：假如一个人把某种目标的价值看得很大，能实现的效率也很高，那么这个目标激发动机的力量就越强烈。当一个人对实现某个目标认为是无足轻重时，效价为零；而当他认为目标实现反而对自己不利时，效价是负的。这两种结果当然都不会是激励力，如果期望率为零或负时就不会激励一个人去实现目标。可见，促使去做某件事激励力将依赖于效价和期望值。

此外，完成某项活动的动机，也有可能是由实现另外某件事的愿望所决定的。例如，一个人乐意努力工作以取得成果，是为了工资形式的效价，或者一个主管人员愿意为实现公司的营销目标或生产目标而努力工作，可能是为了提升或加薪方面的效价。

2. 期望模式

为了有效地激发工作动机，使激励力达到最大值，弗鲁姆提出了人的期望模式，如图7－4所示。

这个期望模式中的四个因素，需要兼顾三个方面的关系。

首先是努力和绩效的关系。这两者的关系取决于个体对目标的期望值。期望值又取决于

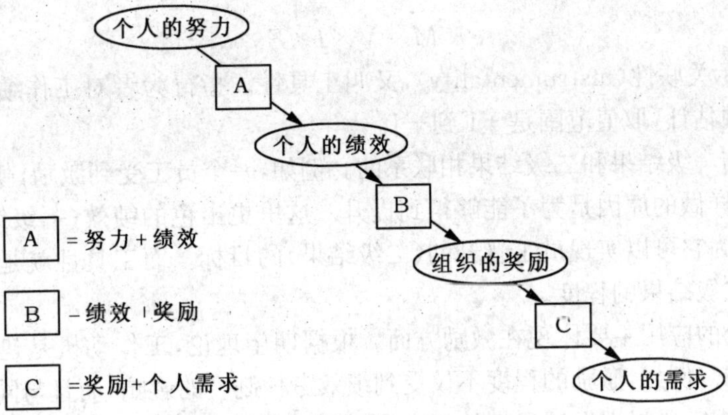

图 7—4　弗鲁姆的期望模式

目标是否合适个人的认识、态度、信仰等个性倾向，以及个人的社会地位、别人对他的期望等社会因素，即由目标预期和个人的主客观条件决定。

其次是绩效与奖励关系。这两者的关系是指在实现预期工作绩效后能得到适当、合理奖励的方式与程度。这包括内在奖励与外在奖励。人们总是期望在达到预期成绩后，能够得到适当的合理奖励，如奖金、晋升、提级、表扬等。要实现组织的目标，如果没有相应的、有效的物质和精神奖励来强化，时间一长，积极性就会消失。研究表明，绩效与奖励之间的关系应注意其总体性和多重性，使奖励制度更具综合激励作用。

最后是奖励和个人需求关系。奖励什么要适合各类人的不同需求，要考虑效价。要采取多种形式的奖励，满足各种需求，最大限度地挖掘人的潜力，最有效地提高工作效率。设计多种奖励方案，有利于形成复合式效价结构，满足多重需求。

弗鲁姆期望理论的核心是研究需求和目标之间的规律。期望理论认为，一个人最佳动机的条件是：他认为自己的努力极可能带来很好的表现；很好的表现极可能带来一定的成果；这个成果对他有积极的吸引力。

3. 期望理论的扩展模式

通过对弗鲁姆期望理论的引申，可以推导出期望理论的扩展模型，如图 7—5 所示：

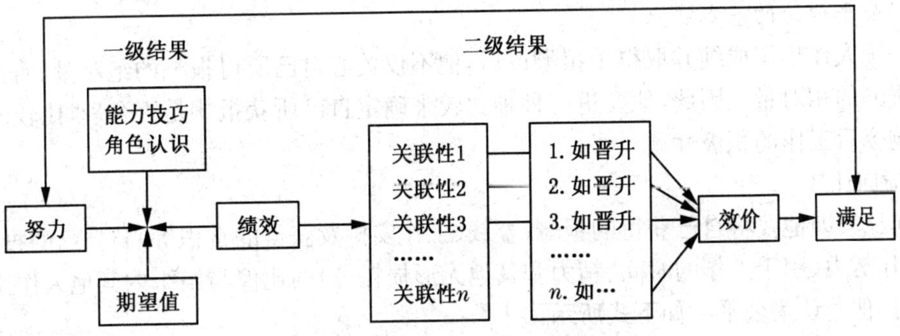

图 7—5　期望理论的扩展模型

上述基本公式再加上关联性因素，则有下列公式：

$$激励=效价\times关联性\times期望$$

公式表示为：

$$M=V\times I\times E$$

其中，I 表示关联性(instrumentality)，又叫工具性。指行为者对工作绩效与所得报酬之间相关联的主观估计，取值范围是-1到$+1$。

关联性是与一级结果和二级结果相联系的。例如，一个员工受到激励，朝着更加出色的绩效而努力，他这样做的原因是为了能够得到提升。这里更出色的绩效(一级结果)被认为是具有功利性的，因为它可以实现员工晋升的(二级结果)的目标。而工具性就是指一级结果可以产生所期望的二级结果的程度。

对期望理论的应用主要体现在激励方面。根据期望理论，工作动机是建立在多重工作结果的基础之上的。例如，激励的程度不仅受到绩效考核制度的影响，而且与同事间的关系密切相关。因此，组织需要根据发展目标的要求，致力于提高员工的工作期望、奖励的工具性和效价强度等。为了提高期望值，管理部门应注重选拔具有较好综合素质和胜任力的人员，加以系统培训，并设置明确工作目标；同时增强工具性这一关键环节，明确绩效与奖励之间的实际联系；而对于奖励的效价，管理者应该使得奖励的种类与员工的需求层次相匹配，并使之与员工的职业生涯发展机会相联结。

二、公平理论

公平理论又称社会比较理论，它是美国行为科学家亚当斯(J. S. Adams)在《工人关于工资不公平的内心冲突同其生产率的关系》(1962 年)、《工资不公平对工作质量的影响》(1964 年)、《社会交换中的不公平》(1965 年)等著作中提出来的一种激励理论。该理论侧重于研究工资报酬分配的合理性、公平性及其对员工积极性的影响。

人总爱进行比较，并且期望得到公平的待遇。如果比较的结果是不公平的，那么这种不公平的感觉便会成为一种动力，促使人改变自己的思想或行为，目的是使比较结果变得较为公平。人们比较的不仅是自己的报酬与别人的报酬，而且比较双方得到的报酬(收入、晋升机会、假期、各种津贴等)与付出的贡献(时间、精力、经验和能力等)的比例。

社会公正心理与公正分配有三个原则：公平分配——按劳分配，即根据投入量及其效果进行分配，多用于经济活动，以提高经济效益；平等分配——无差别分配，简便易行，能使群体获得和谐和安定；必要性分配——按需分配，有利于促进他人的发展与幸福，符合人道主义原则。

(一)公平理论的基本观点

当一个人作出了成绩并取得了报酬以后，他不仅关心自己所得报酬的绝对量，而且关心自己所得报酬的相对量。因此，他要进行种种比较来确定自己所获报酬是否合理，比较的结果将直接影响今后工作的积极性。

1. 横向比较

横向比较即他要将自己获得的报酬(金钱、工作安排及获得的赏识等)与自己的投入(教育程度、所作努力、用于工作的时间、精力和其他无形损耗等)的比值与组织内其他人作比较。只有相等时，他才认为公平。如下式所示：

$$Op/Ip=Oc/Ic$$

其中，Op 代表对所获报酬的感觉，Ip 代表对所作投入的感觉，Oc 代表对他人所获报酬的感觉，Ic 个人对他人所作投入的感觉。

当上式为不等式时，可能出现以下两种情况：

(1)$Op/Ip<Oc/Ic$。在这种情况下，他可能要求增加自己的收入或减小自己今后的努力程度，以便使左方增大，趋于相等；同时，他可能要求组织减少比较对象的收入或者让其今后增大努力程度以使右方减小，趋于相等。此外，他还可能另外找人作为比较对象，以便达到心理上的平衡。

(2)$Op/Ip>Oc/Ic$。在这种情况下，他可能要求减少自己的报酬或在开始时自动多做些工作。但久而久之，他会重新估计自己的技术和工作情况，觉得自己确实应当得到那么高的待遇，于是产量便又会回到过去的水平了。

2. 纵向比较

除了横向比较之外，人们也经常作纵向比较，即把自己目前投入的努力与目前所获得报偿的比值，与自己过去投入的努力与过去所获报偿的比值进行比较。只有相等时，他才认为公平，如下式所示：

$$Op/Ip=Oh/Ih$$

其中，Op 表示对现在所获报酬的感觉，Ip 表示对现在投入的感觉，Oh 表示对过去所获报酬的感觉，Ih 表示对过去投入的感觉。

当上式为不等式时，也可能出现以下两种情况：

(1)$Op/Ip<Oh/Ih$。在这种情况下，人也会有不公平的感觉，这可能导致工作积极性下降。

(2)$Op/Ip>Oh/Ih$。在这种情况下，人不会因此产生不公平的感觉，但也不会觉得自己多拿了报偿，从而主动多做些工作。

调查和试验的结果表明，不公平感的产生，绝大多数是由于经过比较认为自己目前的报酬过低而产生的；但在少数情况下，也会由于经过比较认为自己的报酬过高而产生。

(二)公平理论产生的原因

我们看到，公平理论提出的基本观点是客观存在的，但公平本身却是一个相当复杂的问题。这主要是由以下几个方面的原因产生的：

第一，它与个人的主观判断有关。上面公式中无论是自己的或他人的投入和报酬都是个人感觉，而一般人总是对自己的投入估计过低，对别人的投入估计过高。

第二，它与个人所持的公平标准有关。上面的公平标准是采取贡献率，也有采取需要率、平均率的。例如，有人认为助学金改为奖学金才合理，有人认为应平均分配才公平，也有人认为按经济困难程度分配才适当。

第三，它与业绩的评定有关。我们主张按绩效付报酬，并且各人之间应相对平等。但如何评定绩效？是以工作成果的数量和质量，还是按工作能力、技能、资历和学历？不同的评定方法会得到不同的结果。最好是按工作成果的数量和质量，用明确、客观、易于核实的标准来度量，但这在实际工作中往往难以做到，有时不得不采用其他的方法。

第四，它与评定人有关。绩效由谁来评定，是领导者评定、群众评定还是自我评定，不同的评定人会得出不同的结果。由于同一组织内往往不是由同一人评定，因此会出现松紧不一、回避矛盾、姑息迁就、抱有成见等现象。

(三)员工面对不公平会出现的行为

这包括：改变自己的投入，减小绩效努力，以消除负的不公平感；改变自我认知(比如，发现自己比其他人努力多了)；改变用于比较的参照对象(如比上不足，比下有余)；主观上进行歪曲或改变比较方法，合理地设想不公平只是暂时的，在不久的将来将得到解决；设法改变他人的投入或产出，使他人工作不那么努力；离开工作场所（如辞职、调换工作）。

（四）公平理论的启示及在管理中的应用

1. 公平理论的启示

（1）影响激励效果的不仅有报酬的绝对值，还有报酬的相对值。

（2）激励应力求公正并考虑多方面因素，避免因个人主观判断造成不公平感。

（3）在激励过程中，应注意对被激励者公平心理的疏导，引导其树立正确的公平观：使大家认识到绝对的公平是没有的；不要盲目攀比，盲目性起源于纯主观的比较，多听听别人的看法，也许会客观一些；不要按酬付劳，按酬付劳是在公平问题上造成恶性循环的主要“杀手”。

2. 公平理论在管理中的应用

（1）管理人员应该理解下属对报酬作比较是人的天性，应了解下属对各种报酬的主观感觉。

（2）为了使员工对报酬的分配有客观的感觉，管理人员应该让下属知道分配的标准。

（3）要达到理想的激励作用，应在工作前让下属知道分配标准。

（4）管理人员应有心理准备来处理下属可能因为感到不公平而出现的负面效应。这时，应与下属多作沟通，在心理上减轻他们的不公平感。

（5）正确诱导，改变认知。公平与不公平来源于个人的感受，易受个人偏见的影响。人们都有一种“看人挑担不吃力”的心理，易过高估计自己的成绩和别人的收入，过低估计别人的绩效和自己的收入，把实际合理的分配看成不合理，把本来公平的差别看成不公平。

（6）科学考评，有理有据，合理奖励。

三、目标设置理论

美国马里兰大学管理学兼心理学教授洛克（E. A. Locke）在研究中发现，外来的刺激（如奖励、工作反馈、监督的压力）都是通过目标来影响动机的。目标能引导活动指向与目标有关的行为，使人们根据难度的大小来调整努力的程度，并影响行为的持久性。于是，在一系列科学研究的基础上，他于1967年最先提出“目标设置理论”（Goal Setting Theory），认为目标本身就具有激励作用，目标能把人的需要转变为动机，使人们的行为朝着一定的方向努力，并将自己的行为结果与既定的目标相对照，及时进行调整和修正，从而能实现目标。这种使需要转化为动机，再由动机支配行动以实现目标的过程就是目标激励。目标激励的效果受目标本身的性质和周围变量的影响。该理论提出以后，许多学者在研究中加以发展，使之成为内容逐渐丰富和影响越来越大的新的激励理论。

（一）目标设置理论的基本模式

目标有两个最基本的属性：明确度和难度。

从明确度来看，目标内容可以是模糊的，如“请你做这件事”；目标也可以是明确的，如“请在10分钟内做完这25道题”。明确的目标可使人们更清楚要怎么做，付出多大的努力才能达到目标。目标设定得明确，也便于评价个体的能力。很明显，模糊的目标不利于引导个体的行为和评价其成绩。因此，目标设定得越明确越好。事实上，明确的目标本身就具有激励作用，这是因为人们有希望了解自己行为的认知倾向。对行为目的和结果的了解能减少行为的盲目性，提高行为的自我控制水平。另外，目标的明确与否对绩效的变化也有影响。也就是说，完成明确目标的绩效变化很小，而完成模糊目标的绩效变化则很大。这是因为模糊目标的不确定性容易产生多种可能的结果。从难度来看，目标可以是：容易的，如20分钟内做完10个题目；中等的，20 分钟内做完 20 个题目；难的，20 分钟内做完 30 个题目；或者是不可能完成的，如 20 分钟内做完 100 个题目。难度依赖于人和目标之间的关系，同样的目标对某人来说可能是容易的，而对另一个人来说可能是难的，这取决于他们的能力和经验。一般来说，目标的绝对难度越高，人们就越难达到它。有 400 多个研究发现，绩效与目标的难度水平呈线性关系。当然，这是有前提的，前提条件就是完成任务的人有足够的能力，对目标又有很好的承诺。在这样的条件下，任务越难，绩效越好。一般认为，绩效与目标难度水平之间存在着线性关系，是因为人们可以根据不同的任务难度来调整自己的努力程度。

当把目标难度和明确度结合起来进行研究时，研究者发现人们对于明确的、有挑战性的目标完成得最好；而对于模糊的、有挑战性的目标，如告诉被试者"请尽力做得最好"，被试者完成的成绩呈中等水平；模糊的、没有挑战性的目标，则会导致最低水平的成绩。

耐人寻味的是，"尽力做得最好"这种目标为何不如明确的目标绩效好呢？孟托(Mcnto)等(1992)的研究发现，"尽最大努力去做"这种目标具有很大的弹性，人们没有标准来确定自己到底怎样就算是尽了最大的努力。这种目标的内在模糊性让人们在评价自己的绩效时也有很大的弹性，就是说有可能对低等的或中等的绩效感到满意，这样他就可能没有足够的动力去追求最好的绩效。所以，这种目标虽有挑战性，但绩效并不理想。有很多证据表明上述发现是有普遍性的。洛克和拉撒姆(G. Latham)1990 年作了 88 种不同任务的目标设置研究，涉及的领域包括谈判、驾驶、教学、保健、伐木、保险、体育、技术、管理等，上述结论在这些现场研究中都得到了很好的重复。这些研究使用了近 4 万名被试者，包括男性、女性，黑人、白人，经理、学生、工程师、科学家、大学教授。尽管大多数研究是在美国和加拿大做的，但在澳大利亚、英国、德国和日本等国的研究中也发现了相似的重要结论。这表明目标设置理论的研究结果可以适用于不同的文化环境中。

(二)目标设置理论的扩展模式

在目标设置与绩效之间，还有其他一些重要的因素产生影响。这些因素包括对目标的承诺、反馈、自我效能感、任务策略、满意感等。

1. 承诺

承诺是指个体被目标所吸引，持之以恒地为达到目标而努力的程度。戈尔·维茨(Gollwitzer)等人发现个体在最强烈地想解决一个问题的时候，最能产生对目标的承诺，并随后真正解决问题。由权威人士指定目标或是个体参与设置目标，哪一种方式更能导致目标承诺、增加下属的绩效呢？研究发现，合理制订的目标(所谓合理，即目标有吸引力，也有可能达到)和参与设置的目标有着相同的激励力量。这两者都比只是简单地设置目标而并不考虑目标的合理性要更有效。当人们认为目标能够达到，而达到目标又有很重要的意义时，对目标的承诺就加强了。

近年来的研究发现，激励对产生承诺的作用是很复杂的。一般来说，对于无法达到的目标提供奖金只能降低承诺。对于中等难度的任务给予奖金最能提高承诺。

2. 反馈

目标与反馈结合在一起更能提高绩效。目标给人们指出应达到什么样的目的或结果，同时它也是个体评价自己绩效的标准。反馈则告诉人们这些标准满足得怎么样，哪些地方做得好，哪些地方尚有待于改进。

反馈是组织中常用的激励策略和行为矫正手段。许多年来，研究者们已经研究了多种类型的反馈。其中，研究最多的是能力反馈(Competence Feedback)，它是由上司或同事提供的关于个体在某项活动上的绩效是否达到了特定标准的信息。能力反馈可以分为正反馈和负反馈。正反馈个体是指个体达到了某项标准而得到的反馈,而负反馈是个体没有达到某项标准而得到的反馈。例如,研究者在研究反馈类型对创造性的影响时,给予的正反馈就是告诉被试者很有创造性,而给予的负反馈则是告诉被试者创造性不强。

另外,反馈的表达有两种方式:信息方式和控制方式。信息方式的反馈不强调外界的要求和限制,仅告诉被试者任务完成得如何,这表明被试者可以控制自己的行为和活动。因此,这种方式能加强接受者的内控感。

控制方式的反馈则强调外界的要求和期望,如告诉被试者必须达到什么样的标准和水平。它使被试者产生了外控的感觉——其行为或活动是由外人控制的。

用信息方式表达正反馈可以加强被试者的内部动机,对需要发挥创造性的任务给予被试信息方式的正反馈,可以使被试者更好地完成任务。

3. 自我效能感

自我效能感的概念是由阿尔伯特·班杜拉(Albert Bandura)提出的,目标激励的效果与个体自我效能感的关系也是目标设置理论中研究得比较多的内容。自我效能感就是个体在处理某种问题时能做得多好的一种自我判断,它是以对个体全部资源的评估为基础的,包括能力、经验、训练、过去的绩效、关于任务的信息等。

当对某个任务的自我效能感强的时候,对这个目标的承诺就会提高。这是因为较高的自我效能感有助于个体长期坚持在某一个活动上,尤其是当这种活动需要克服困难、战胜阻碍时。比如,班杜拉和丹尼尔·瑟万(Daniec Cervone)发现同样告诉被试者的成绩不好时,高自我效能感的人比低自我效能感的人坚持努力的时间要长。

目标影响自我效能感的另一个方面是目标设定的难度。当目标太难时,个体很难达到目标,这时他的自我评价可能就比较低。而一再失败就会削弱一个人的自我效能感。目标根据其重要性可以分为中心目标和边缘目标,中心目标是很重要的目标,边缘目标就是不太重要的目标。安排被试者完成中心目标任务可以增强被试者的自我效能感。因为被试者觉得其被安排的是重要任务,这是对其能力的信任。被安排达到中心目标的被试者的自我效能感明显比只被安排边缘目标的被试者要强。

4. 任务策略

目标本身就有助于个体直接实现目标。首先,目标引导活动指向与目标有关的行为,而不是与目标无关的行为。其次,目标会引导人们根据难度的大小来调整努力的程度。最后,目标会影响行为的持久性,使人们在遇到挫折时也不放弃,直到实现目标。

当这些直接的方式还不能够实现目标时,个体就需要寻找一种有效的任务策略。尤其是面临困难任务时,仅有努力、注意力和持久性是不够的,还需要有适当的任务策略。任务策略是指个体在面对复杂问题时使用的有效的解决方法。

目标设置理论中有很多对在复杂任务中使用任务策略的研究。相对于简单任务,复杂任务环境中有着更多的策略,但这些策略中有一些是不好的策略。要想实现目标,得到更好的绩效,选择一个良好的策略是至关重要的。研究者发现,在一个管理情景的模拟研究中,只有在使用了适宜策略的情况下,任务难度与被试者的绩效才显著相关。

关于何种情景、何种目标更利于形成有效策略,前文提到,在能力允许的范围内,目标的难度越大,绩效越好。但有时人们在完成困难目标时选择的策略不佳,结果,他的绩效反而不如完成容易目标时的绩效好。对此现象的解释是,完成困难目标的被试者在面对频繁而不系统的策略变化时，表现了一种恐慌，导致他最终也没有掌握完成任务的最佳策略。而完成容易目标的被试者反而会更有耐心地发展和完善其任务策略。

5. 满意感

当个体经过种种努力终于达到目标后，如果能得到他所需要的报酬，就会感到满意；如果没有得到预料中的报酬，个体就会感到不满意。同时，满意感还受到另一个因素的影响，就是个体对其所得报酬是否公平的理解。如果说，通过与同事、朋友、自己的过去、自己的投入相比，他感到所得的报酬是公平的，就会感到满意；反之，则会感到不满意。

目标的难度也会影响满意感。当任务越容易时，越容易取得成功，个体就会经常体验到伴随成功而来的满意感。当目标困难时，取得成功的可能性就要小，从而个体就很少体验到满意感，这就意味着容易的目标比困难的目标能产生更多满意感。然而，达到困难的目标会产生更高的绩效，对个体、对组织有更大的价值。是让个体更满意好还是取得更高的绩效好？这样就产生了矛盾。如何平衡这种矛盾，有下面一些可能的解决办法：

(1)设置中等难度的目标，使个体既有一定的满意感，又有比较高的绩效；

(2)当达到部分目标时也给予奖励，而不仅是在完全达到目标时才给予；

(3)使目标在任何时候都是中等难度，但要不断地增加目标的难度；

(4)运用多重目标——奖励结构，达到的目标难度越高，得到的奖励越重。

(三)目标设置理论研究展望

自洛克 1967 年提出目标设置理论，30 年来的研究有力地证明了从目标设置的观点来研究激励是有效的。在这个领域已经取得了很多有意义的成果，这些理论成果也已应用到实际管理工作中去，给实际工作带来了很大帮助。但是，在目标设置理论中还存在很多问题需要进一步地研究。

1. 目标设置与内部动机之间的关系

一般认为，设置掌握目标(Mastery Goal)比绩效目标(Performance Goal)更能激起内部动机，但这个过程也受到很多其他中介因素的影响，如被试者的成就动机的高低等。

2. 目标设置与满意感的关系

如前所述，目标设置与满意感之间呈现一种复杂的关系。困难目标比容易目标更能激起更高的绩效，但它却可能导致更低的满意感。

3. 不同的反馈方式对绩效的作用不一样

一般认为反馈可以促进绩效的提高，但不同的反馈方式对绩效的作用也不一样，因此需要研究清楚如何进行反馈是最有效的。

第四节　改造型激励理论

挫折具有两重性，它可以是坏事，也可以是好事。挫折可以使人失望、痛苦、消极、颓废，从此一蹶不振；使人产生粗暴的消极对抗行为，导致矛盾激化，甚至走上绝路。挫折也可以使人变得聪明和成熟；使人从错误中清醒，认识错误，接受教训，真正使失败成为成功之母；磨炼人的意志，激励人发奋努力，从逆境中奋起。可见，如果能正确对待挫折，就能使坏事变成好事。

(一)什么是挫折

挫折是在个体从事有目的的活动过程中，遇到障碍或干扰，致使人的动机不能实现，需要不能满足时的情绪状态。

1. 构成挫折必须具备的条件

(1)必须有必要的动机和目标。

(2)必须有满足动机及达到目标的手段和行动。

(3)必须有挫折的情景发生。

(4)不仅个体在主观上意识到阻力的存在,还因此使其处于一种紧张状态或产生一种与此相对应的情绪反应。

具备以上条件就形成了挫折。挫折理论主要揭示人的动机行为受阻而未能满足需要时的心理状态,并由此而导致的行为表现,力求采取措施将消极性行为转化为积极性、建设性行为。

2. 人的动机导向目标时,受到阻碍或干扰可能产生的情况

(1)虽然受到干扰,但主观和客观条件仍可使其达到目标。

(2)受到干扰后只能部分达到目标或使达到目标的效益变差。

(3)由于两种并存的动机发生冲突,暂时放弃一种动机,而优先满足另一种动机,即修正目标。

(4)由于主观因素和客观条件影响很大,动机的结局完全受阻,个体无法达到目标。

上面(4)情况下人的挫折感最大,(2)和(3)情况次之。挫折是一种普遍存在的心理现象,在人类现实生活中,不但个体动机及其动机结构复杂,而且影响动机行为满足的因素也极其复杂,因此,挫折的产生是不以人们的主观意志为转移的。

(二)挫折产生的原因

对于同样的挫折情境,不同的人会有不同的感受。引起某一个人挫折的情境,不一定是引起其他人挫折的情境。挫折的感受因人而异的原因主要是由于人的挫折容忍力不同。

所谓挫折容忍力,是指人受到挫折时免于行为失常的能力,也就是经得起挫折的能力,它在一定程度上反映了人对环境的适应能力。对于同一个人来说,对不同的挫折,其容忍力也不相同,如有的人能容忍生活上的挫折却不能容忍工作中的挫折,有的人则恰恰相反。挫折容忍力与人的生理、社会经验、抱负水准、对目标的期望及个性特征等有关。

应该说,引起挫折的原因既有主观因素,也有客观因素。

主观因素引起的挫折,也叫个人引起的挫折。主要可以分为个人生理冲突和个人心理冲突两种情况。个人生理冲突是指个人具有的智力、能力、容貌、身材及某些生理上的缺陷所带来的限制。这种缺陷导致不能胜任某种工作、工作中遭到失败等。而个人心理冲突更为复杂,如志向、兴趣、个人动机、气质、性格等。另外,需要的冲突因素也是造成挫折的原因。这是指个人在日常生活中,经常产生两个或两个以上的需要,但又很难决定哪一个需要更强烈,因而产生难以抉择的心理状态。一个人在心理上是否体验到挫折,是与他的抱负水平密切相关的。个人的期望水平越高,挫折感就越强。例如,某些人盲目乐观,当目标无法实现或失败时会导致较强的挫折感。

客观因素引起的挫折,也叫环境起因挫折,这是指因自然环境和社会环境的影响而产生的挫折。自然环境主要是指个人能力无法克服的自然因素,如天灾、衰老、疾患等。社会环境因素主要是指个人在社会生活中所遭到的政治、经济、道德、宗教、风俗习惯、人际关系等人为因素的限制,由此造成的挫折情况比较复杂,造成的挫折影响也比自然因素大。

(三)挫折的影响及挫折处理

1. 挫折的影响具有两面性

挫折的影响一方面是建设性的反应,这类挫折可增加个体的心理承受能力,使人清醒,汲

取教训,改变目标或策略,从逆境中重新奋起;另一方面是消极的破坏性反应,这种挫折可使人们处于不良的心理状态中,出现负向情绪反应,并采取消极的防卫方式来对付挫折情境,从而导致不安全的行为反应,如不安、焦虑、愤怒、攻击、幻想、偏执等。

在企业管理中,有的人由于安全生产中的某些失误,受到领导批评或扣发奖金,由于其挫折容忍力小,可能就会发泄不满情绪,甚至采取攻击性行动;在攻击无效时,又可能暂时将愤怒情绪压抑,对安全生产采取冷漠的态度,得过且过。人受挫折后可产生一些远期影响,如丧失自尊心及自信心、自暴自弃、精神颓废、一蹶不振等。

2. 挫折处理

个体在活动中,受到挫折后,所产生的不良情绪状态及相伴随的消极性行为,不仅对员工的身心健康不利,而且也会影响企业的安全生产,甚至导致事故的发生。因此,应该重视管理中员工的挫折问题,采取措施防止挫折心理给员工本人和企业安全生产带来的不利影响。对此,可以采取的措施包括以下方面:

(1)帮助员工用积极的行为适应挫折,如合理调整无法实现的行动目标;

(2)改变受挫折员工对挫折情境的认识和估价,以减轻挫折感;

(3)通过培训提高员工工作能力和技术水平,增加个人目标实现的可能性,减少挫折的主观因素;

(4)改变或消除易于引起员工挫折的工作环境,如改进工作中的人际关系、实行民主管理、合理安排工作和岗位、改善劳动条件等,以减少挫折的客观因素;

(5)开展心理保健和咨询,消除或减弱挫折心理压力。

(四)挫折激励中需要注意的问题

在创设和利用困难情境进行激励的过程中,需要注意以下几个问题:

1. 注意适度和适量

为被激励者设置的情境必须有一定的难度,能引起其挫折感,但又不能太难,应是其经过努力可以克服的。同时,面临的难题也不能太多。适度和适量的挫折能使被激励者自我调整心态,正确地选择外部行为,克服困难,追求下一个目标;过度的挫折会损伤被激励者的自信心和积极性,使其产生严重的挫折感、恐惧感,最后丧失兴趣和信心。

2. 在被激励者遇到困难而退缩时要鼓励

让被激励者认识到人的一生会遇到很多挫折,关键在于如何正确地认识和对待它,只有鼓起勇气努力向前,才能最终克服困难,战胜挫折。另外,在被激励者作出很大努力取得一定成绩时,要及时给予肯定,让其看到自己的能力,从而更有信心地去面对新的困难。

3. 对陷入严重挫折情境中的被激励者要及时进行疏导

这包括帮助被激励者分析遭受挫折的主、客观原因,找出失败的症结所在等。在必要时,可帮助被激励者一步一步地实现目标,让其体会只有战胜了困难才能前进一步,而进步、达标的过程就是不断克服困难的过程。在平时,则要善于观察其活动,把握其发展趋势。如果被激励者在克服困难时几经尝试均告失败,就应及时给予具体帮助。

二、强化理论

强化理论是美国的心理学家和行为科学家斯金纳(B. Skinner)、赫西(P. Hersey)、布兰查德(K. Planhard)等人提出的一种理论。他们提出了一种“操作条件反射”理论,认为人或动物为了达到某种目的,会采取一定的行为作用于环境。当这种行为的后果对其有利时,这种行为就会在以后重复出现;不利时,这种行为就减弱或消失。人们可以用这种正强化或负强化的办法来影响行为的后果,从而修正其行为,这就是强化理论,也称作行为修正理论。

斯金纳等人所倡导的强化理论是以学习的强化原则为基础的关于理解和修正人的行为的一种学说。所谓强化,从其最基本的形式来讲,指的是对一种行为的肯定或否定的后果(报酬或惩罚),它至少在一定程度上会决定这种行为在今后是否会重复发生。根据强化的性质和目的可把强化分为正强化和负强化。在管理上,正强化就是奖励那些组织上需要的行为,从而加强这种行为;负强化就是惩罚那些与组织不相容的行为,从而削弱这种行为。正强化的方法包括奖金、对成绩的认可、表扬、改善工作条件和人际关系、提升、安排担任挑战性的工作、给予学习和成长的机会等。负强化的方法包括批评、处分、降级等,有时不给予奖励或少给奖励也是一种负强化。

斯金纳等人的强化理论和弗鲁姆的期望理论都强调行为同其后果之间关系的重要性,但弗鲁姆的期望理论较多地涉及主观判断等内部心理过程,而斯金纳等人的强化理论只讨论刺激和行为的关系。

(一)强化理论行为原则

1. 经过强化的行为趋向于重复发生

所谓强化因素,就是会使某种行为在将来重复发生的可能性增加的任何一种"后果"。例如,当某种行为的后果是受人称赞时,就增加了这种行为重复发生的可能性。

2. 要依照强化对象的不同采用不同的强化措施

人们的年龄、性别、职业、学历、经历不同,需要也就不同,强化方式也应不一样。如有的人更重视物质奖励,有的人更重视精神奖励,应区分情况,采用不同的强化措施。

3. 小步子前进,分阶段设立目标,并对目标予以明确规定和表述

对于人的激励,首先要设立一个明确的、鼓舞人心而又切实可行的目标,只有目标明确而具体时,才能进行衡量和采取适当的强化措施。同时,还要将目标进行分解,分成许多小目标,完成每个小目标都及时给予强化,这样不仅有利于目标的实现,而且通过不断地激励可以增强信心。如果目标定得太高,会使人感到不易达到或者说能够达到的希望很小,这就很难充分调动人们为达到目标而作出努力的积极性。

4. 及时反馈

所谓及时反馈,就是通过某种形式和途径,及时将工作结果告诉行动者。要取得最好的激励效果,就应该在行为发生以后尽快采取适当的强化方法。一个人在实施了某种行为以后,即使是领导者表示"已注意到这种行为"这样简单的反馈,也能起到正强化的作用。如果领导者对这种行为不予注意,这种行为重复发生的可能性就会减小以至消失。所以,必须利用及时反馈作为一种强化手段。强化理论并不是对员工进行操纵,而是使员工有一个最好的机会在各种明确规定的备选方案中进行选择。因而,强化理论已被广泛地应用在激励和人的行为改造上。

5. 正强化比负强化更有效

在强化手段的运用上,应以正强化为主;同时,必要时也要对不好的行为给以惩罚,做到奖惩结合。

强化理论只讨论外部因素或环境刺激对行为的影响,而忽略人的内在因素和主观能动性对环境的反作用,具有机械论的色彩。但是,许多行为科学家认为,强化理论有助于对人们行为的理解和引导。因为一种行为必然会有后果,而这些后果在一定程度上会决定这种行为在

将来是否重复发生。那么,与其对这种行为和后果的关系采取一种碰运气的态度,不如加以分析和控制,使大家都知道应该有什么后果最好。对强化理论的应用,要考虑强化的模式,并采用一整套的强化体制。

强化模式主要由“前因”、“行为”和“后果”三个部分组成。“前因”是指在行为产生之前确定一个具有刺激作用的客观目标,并指明哪些行为将得到强化,如企业规定车间安全生产中每月的安全操作无事故定额。“行为”是指为了达到目标的工作行为。“后果”是指当行为达到了目标时,则给予肯定和奖励;当行为未达到目标时,则不给予肯定和奖励,甚至给予否定或惩罚,以求控制员工的安全行为。

(二)强化理论的类型

强化理论包括正强化、负强化和自然消退三种类型:

1. 正强化

正强化又称积极强化。当人们采取某种行为时,能从他人那里得到某种令其感到愉快的结果。这种结果反过来又成为推进人们趋向或重复此种行为的力量。例如,企业用某种具有吸引力的结果(如奖金、休假、晋级、认可、表扬等),以表示对员工努力进行安全生产的行为的肯定,从而增强员工进一步遵守安全规程进行安全生产的行为。

2. 负强化

负强化又称消极强化或逃避性学习。它是指通过某种不符合要求的行为所引起的不愉快的后果,对该行为予以否定。若员工能按所要求的方式行动,就可减少或消除令人不愉快的处境,从而也增大了员工符合要求的行为重复出现的可能性。例如,企业安全管理人员告知员工不遵守安全规程,就要受到批评,甚至得不到安全奖励,于是员工为了避免此种不期望的结果,而认真按操作规程进行安全作业。

惩罚是负强化的一种典型方式,即在消极行为发生后,以某种带有强制性、威慑性的手段(如批评、行政处分、经济处罚等)给人带来不愉快的结果,或者取消现有的令人愉快和满意的条件,以表示对某种不符合要求的行为的否定。

3. 自然消退

自然消退又称衰减。它是指对原先可接受的某种行为强化的撤销。由于在一定时间内不予强化,此行为将自然下降并逐渐消退。例如,企业曾对员工加班加点完成生产定额给予奖酬,后经研究认为这样不利于员工的身体健康和企业的长远利益,因此不再发给奖酬,从而使加班加点的现象逐渐减少。

正强化是用于加强所期望发生的个人行为;负强化和自然消退的目的是为了减少和消除不期望发生的个人行为。这三种类型的强化相互联系、相互补充,构成了强化体系,并成为一种制约或影响人行为的特殊环境因素。

(三)强化理论的应用

在企业安全管理中,应用强化理论来指导安全工作,对保障安全生产的正常进行可起到积极作用。在实际应用中,关键在于如何使强化机制协调运转并产生整体效应。为此,应注意以下五个方面:

1. 应以正强化方式为主

在企业中设置鼓舞人心的安全生产目标,但要注意将企业的整体目标和员工个人目标、最终目标和阶段目标等相结合,并对在完成个人目标或阶段目标中作出明显绩效或贡献者,给予及时的物质和精神奖励(强化物),以求充分发挥强化作用。

2. 慎用负强化

采用负强化(尤其是惩罚)手段要慎重，负强化应用得当会促进安全生产，应用不当则会带来一些消极影响，可能使人由于不愉快的感受而出现悲观、恐惧等心理反应，甚至发生对抗性消极行为。因此，在运用负强化时，应尊重事实，讲究方式方法，处罚依据准确公正，这样可尽量消除其副作用。将负强化与正强化结合应用，一般能取得更好的效果。

3. 注意强化的时效性

采用强化的时间对于强化的效果有较大的影响。一般而论，强化应及时，及时强化可提高安全行为的强化反应程度，但须注意及时强化并不意味着随时都要进行强化。不定期的非预料的间断性强化，往往可取得更好的效果。

4. 因人制宜，采用不同的强化方式

由于人的个性特征及其需要层次不尽相同，不同的强化机制和强化物所产生的效应会因人而异。因此，在运用强化手段时，应采用有效的强化方式，随对象和环境的变化而相应调整。

5. 利用信息反馈增强强化的效果

信息反馈是强化人的行为的一种重要手段，尤其是在应用安全目标进行强化时，定期反馈可使员工了解自己参加安全生产活动的绩效及其结果，既可使员工得到鼓励，增强信心，又有利于及时发现问题，分析原因，改善所为。

(四)强化方式

在强化改造行为时，应该注意方式，适当的方式有助于正强化。下面介绍几种强化方式。

1. 连续强化法

连续强化法就是不断连续地对某个对象实施强化某一行为的训练，直到强化变成习惯。例如，海豚钻火圈、鸽子会按观众的要求啄击写有相应文字的木牌、黑猩猩能在电子计算机的面板上回答提问者提出的简单问题等。这些复杂的行为反应并不表明这些动物真正懂得人的语言，更不意味着这些动物生来就有思考性行为，而是在经过人的连续强化过程中训练而学习得来的。

2. 间隔强化法

连续强化改造的方式在激励过程中容易造成个体的疲劳及逆反心理的产生，所以在不同情况下应选择间隔强化方式来改造行为。

间隔强化法分为以下四种类型：固定间隔强化、固定比率强化、可变间隔强化、可变比率强化。如图 7－6 所示。

固定间隔强化就是按固定的时间，重复强化某一种行为使之内化为习惯的方式。

固定比率强化就是强化的次数与行为发生的次数保持固定的比例关系，明确地表示强化与行为之间的因果关系。

可变间隔强化就是根据经过的时间给予强化，但时间的长短围绕着某一平均数而变动。

可变比率强化就是强化的次数与行为发生的次数的比例是变动的。

第五节　综合激励理论及激励实务技巧

内容型激励理论侧重研究用什么样的因素激励人、调动人的积极性；过程型激励理论着重探讨人们接受了激励信息以后到行为产生的过程；强化型激励理论则强调行为结果对行为本身的作用。这些理论都有独到见解，又都有一定的片面性。综合型激励理论则对已有的激励

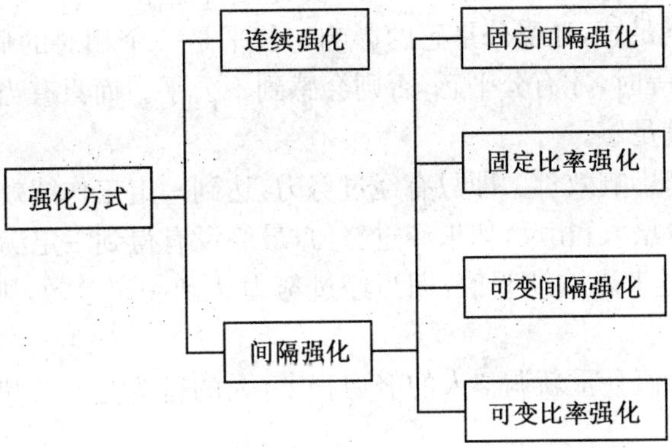

图 7—6　强化方式类型

理论进行概括与综合，试图全面揭示人在激励中的心理过程。

一、波特和劳勒的综合激励模型

莱曼·波特(Lyman Porter)也是美国著名行为科学家，在耶鲁大学获得博士学位后，担任加州大学管理研究院院长和管理及心理学教授。爱德华·劳勒(Edward Lawler)在美国获得博士学位，在密歇根大学任心理学教授和社会研究所组织行为室主任。波特和劳勒综合激励模型是他们在 1968 年的《管理态度和成绩》一书中提出来的。

(一)波特和劳勒的综合激励模型分析

波特和劳勒提出的综合激励模型如图 7—7 所示。

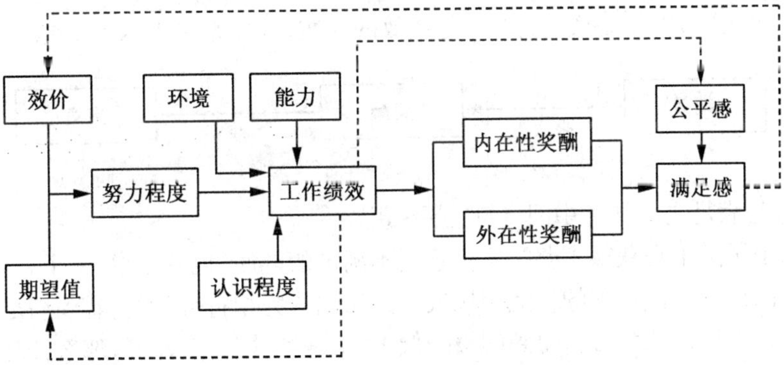

图 7—7　波特和劳勒的综合激励模型

(1)人的努力程度是由两个因素决定的：一是效价，即目标对于满足个人需要的价值；二是期望值，即行为能否达到目标的主观概率。其关系可以表示为：努力程度＝效价×期望值。只有高效价与高期望值的结合，才能带来较高的努力程度。

(2)人经过努力能否带来一定的工作绩效，受诸多因素影响，如对工作的认识程度、能力与素质的高低、环境的限制等。

(3)一定的工作绩效会带来一定的奖酬，奖酬包括两个方面：①内在性奖酬，即一个人由于工作成绩良好而给予自己的报酬，如感到对社会作出了贡献、对自我存在意义及能力的肯定等。②外在性奖酬，即与工作无关的各种外在因素的奖酬，包括工资、地位、提升、安全感等。

(4)奖酬能否带来满足感，还受公平感的影响。公平是一个相对的概念，只有当自己的奖酬与绩效之比与他人相等时，才有公平感，否则会感到不公平。而只有当主体通过社会比较产生公平感时，才能导致满足感。

(5)满足感会反过来影响效价。即只有经过努力，达到一定工作绩效，获得了报酬，产生了满足感，这时才会使效价增大；相反，如果经过努力，最终没有得到一定满足，则会使效价降低。同样，工作绩效也会反过来影响期望值，即当经过努力达到一定绩效，则会使期望值增大；相反，则期望值降低。

(6)新的效价和期望值会重新调整人的努力程度，人的行为是在多因素相互联系、相互影响下循环往复进行的。

(二)波特和劳勒综合激励模型的特点

从以上的分析可以看出，波特和劳勒的综合激励模型具有以下特点：

1. 是一种过程激励模型

该模型不仅研究行为的起点、行为的动力，还研究行为的终点、行为的结果，以及结果对行为起点的影响，较为详细地考察了整个行为过程中各个因素的激励作用。

2. 是一种综合激励模型

该模型既包含了行为主义激励理论的外在激励，又包括了认知派激励理论的内在激励，从而将各类激励理论，尽可能地融入自己的激励模型中。从模型的每一片段考察，也渗透着综合性的特点。例如，对于绩效的影响，认为不仅有努力，还有能力、认识、环境等因素；对于奖励的认识，不仅满足于外在性奖酬，还提出了内在性奖酬，强调绩效所导致的奖酬是内在性奖酬与外在性奖酬的综合。

3. 明确绩效、奖酬、满意三者的关系

满意是其所获得奖酬的函数，奖酬又是绩效的函数，其关系可表示为：

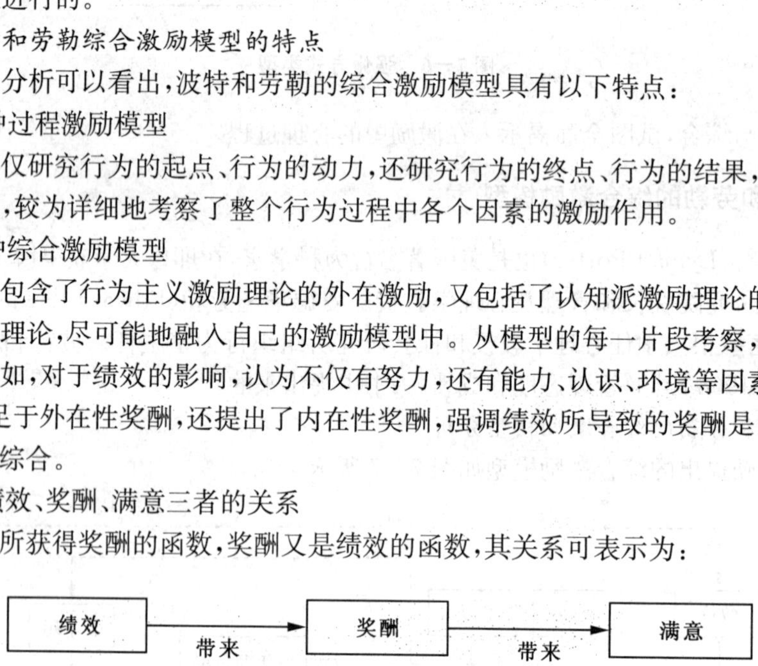

4. 在报酬与满足之间加了中间变量“公平感”

该模型揭示了员工在获得了奖酬后仍感到不满足的谜底，也就是说，一个人要把自己所得到的报酬同自己认为应该得到的报酬相比较。如果他认为相符合，就会感到满足，并激励其以后更好地努力。如果他认为自己得到的报酬低于“所理解的公正报酬”，那么，即使事实上他得到的报酬量并不少，也会感到不满足，甚至失落，从而影响其以后的努力。

波特和劳勒的综合激励模型在20世纪六七十年代是非常有影响的激励理论，在今天看来仍有相当的现实意义。它告诉我们，不要以为设置了激励目标、采取了激励手段，就一定能获得所需的行动和努力，并使员工满意。要形成激励→努力→绩效→奖励→满足并从满足回馈努力这样的良性循环，取决于奖励内容、奖惩制度、组织分工、目标导向行动的设置、管理水平、考核的公正性、领导作风及个人心理期望值等多种因素。

二、激励实务与技巧

掌握了激励理论和激励模式之后，就应该将其很好地应用于激励实务中。在现代企业中，企业激励范畴应该包括所有利益相关群体。在激励实践中，我们将从权益层、经营层、操作层三个层面应用激励技巧。

(一)权益层激励实践

权益层不从公司支薪，其唯一的收益来自企业生产经营的剩余利润。从传统意义上来说，权益层是企业激励安排的主体。而在股权高度分散化的现代企业中，权益层(股东)往往是委托董事会行使其权利，这就造成了权益层激励的困难。对这一阶层激励的目的是保持其对企业投资的兴趣，并积极参与企业的治理与监督。这一方面要努力提高公司业绩，另一方面要做好宣传促销活动，使投资者对公司的前途充满希望，只有这样才能有效抑制"用脚投票"行为的出现。

(二)经营层激励实践

一般而言，经营层都是在企业支薪的，同时享受以绩效为基础的报酬政策。企业经营层对企业效率起着决定性作用，因而是企业激励的主要对象。对经营者激励主要有以下方式：

1. 报酬激励

可以实行风险年薪制，企业经营得好，可以拿到全额年薪，包括基本年薪、风险年薪和奖励年薪；企业经营得差，可视具体情况拿到部分年薪。通过实行年薪制，可以使经营者的灰色收入明朗化，同时可以激励经营者提高风险意识。

2. 股票期权

股票期权是以股票为标的物的一种合约，期权合约的卖方通过收取权利金，将执行或不执行该项期权合约的选择权让渡给期权合约的买方。持权人将根据约定价格和股票市场价格的差异情况决定执行或放弃该项期权合约。股票期权给予经理人员购买本公司股票和选择权，是一种有效的长期激励措施。当然，受权人行权需满足一定的条件，如从受权到行权有一定的时间限制等。

3. 管理层收购

管理层收购是指目标公司的管理者或经理层利用借贷所融资本购买本公司的股份，从而改变公司所有者结构、控制权结构和资产结构，进而达到重组本公司的目的，并获取预期收益的一种收购行为。管理层收购能够有效地激励和约束管理层。

4. 经营者持股

经营者持股是指管理层持有一定数量的本公司股票并进行一定期限的锁定。激励对象在拥有公司股票后，成为自身经营企业的股东，与企业共担风险、共享收益，这样可以有效地减少管理层的短期行为，同时也可以更好地保护中小股东的利益。

5. 虚拟股票

虚拟股票是指公司授予激励对象一种"虚拟"的股票，激励对象可以据此享受一定数量的分红权和股价升值收益。此时的收入(即未来股价与当前股价的差价)没有表决权，不能转让和出售，在离开企业时自动失效，这样经理人员就会作长远经营的打算。

6. 业绩股票

业绩股票是指公司授予被激励者业绩水平，以普通股作为长期激励形式支付给经营者。通常是公司年初确定业绩目标，如果激励对象在年末达到预定目标，则公司授予其一定数量的股票或提取一定的奖励基金购买公司股票。

当然，针对经营层的激励方法远不止上述所列，不同的企业应根据本企业的具体情况采用不同的激励方法。

(三)操作层激励实践

操作层在具体的生产经营过程中,指的是除经过领导层以外的所有人员,主要是指普通员工。在知识经济时代的今天,员工是企业最重要的资产之一,因此对操作层的激励不容小视。

1. 员工持股计划

由公司内部员工个人出资认购本公司部分股票,并委托公司进行集中管理。员工持股制度为企业员工参与企业所有权分配提供了制度条件,持有者真正体现了劳动者和所有者的双重身份,能够激发员工主人翁精神。

2. 股票增值

股票增值是公司给予激励对象的一种权利:经营者可以在规定时间内获得规定数量的股票股价上升所带来的收益,但不拥有这些股票的所有权、表决权和配股权。

3. 目标激励

企业目标是企业凝聚力的核心,它体现了员工工作的意义,能够在理想和信念的层次上激励全体员工。企业要使员工了解企业目标,了解自己在目标实现过程中的作用及组织目标与个人目标是如何结合的。

4. 工作激励

日本著名企业家稻山嘉宽在回答“工作的报酬是什么”时,指出“工作的报酬就是工作本身!”因此,管理者在激励员工时要较多地考虑如何才能使工作本身更具有内在意义和更多挑战性,给员工一种自我实现感。

5. 参与激励

现代人力资源管理的实践经验和研究表明,现代员工都有参与管理的要求和愿望,创造和提供一切机会让员工参与管理是调动他们积极性的有效方法。

6. 荣誉激励

荣誉是众人或组织对个体或群体的崇高评价,是满足人们自尊需要,激发人们奋力进取的重要手段。它可以调动人们的积极性,形成一种内在的精神力量。

7. 情感激励

加强与员工的感情沟通,尊重员工,使员工始终保持良好的情绪以激发员工的工作热情。创造良好的工作环境,加强管理者与员工之间的沟通与协调,是情感激励的有效方式。

8. 组织文化激励

企业文化应把尊重人作为其中心内容。在这种尊重人的价值观指导下,人们所受到的激励是传统的激励方法所不能比拟的。企业文化所起的激励作用不是被动消极地满足人们对自身价值实现的心理需求,而是通过企业文化的塑造,使企业成员从内心深处自觉产生为企业拼搏的献身精神。企业的价值观一旦被成员认同,就会成为一种黏合剂,从各方面把其成员团结起来,产生一种巨大的向心力和凝聚力。

本章小结

企业对于激励是很重视的,激励员工可以吸引人才、留住人才;调动积极性,挖掘员工潜能和创造力;提高管理效能。本章不仅介绍了激励理论中比较重要的内容型激励理论和过程型激励理论,还介绍了行为改造理论和综合激励理论,能够使读者清楚现代激励理论的架构体系。

课后思考

1. 什么是激励？激励的过程是什么？
2. 内容型激励理论包括哪几种理论？试比较几种理论的异同。
3. 公平理论给管理实践带来哪些启示？试举出化解不公平的几种办法。
4. 比较内容型激励理论和过程型激励理论的差异。
5. 试举例说明挫折能够激励人。
6. 在激励中你会应用哪些技巧？

案例分析

小郑的失败

在一次人才招聘会上，从德国学成归来的研究生小郑从几百名候选人中脱颖而出，被一家国有化工公司录取。公司董事长及其他主要领导对小郑的表现十分赞赏，提议要重点培养小郑。在董事长的关照下，小郑归到公司刘总工程师麾下。

经过四年的努力，小郑工作成绩很突出，研制出一种性能超过同类产品很高的材料。公司领导给予嘉奖，同时小郑的事迹在公司被当作正面典型广为宣传。虽然小郑成绩很突出，但他的成绩离不开刘总工程师的悉心栽培和经验指导。小郑在成功后随着职位的不断攀升和领导的信任，逐渐形成了骄傲情绪，在与刘总工程师的合作中不再像以前那样虚心请教。后来，小郑成为公司的副总工程师并负责起另外几项研究工作，在技术上几乎可以与刘总工程师分庭抗礼。这种变化引起了刘总工程师的不满。两人的关系变得很僵。某个猎头公司得知此消息后，要高薪诚聘刘总工程师到另一家公司。刘总工程师在犹豫之中并没有马上跳槽，但工作热情已不再像以前那样高涨。

独立工作的小郑也不是一帆风顺，很多技术难题一直困扰着他。新项目的投产计划一再搁浅，引起了公司领导的不满。由于新产品的在技术上无法突破，科研投入不断增加，在一次会议中，刘总工程师和小郑一起受到了领导的严厉批评。很快刘总工程师就递交辞呈，转投另一家公司。小郑也因为新产品研制工作的失败导致了领导对他的不信任。

小郑的工作积极性也逐渐低落，研究失败的阴影使他一蹶不振。新聘的总工程师走马上任后，小郑的工作积极性仍不高。领导几次鼓励他重新投入工作，他都没再鼓起当初工作时的干劲。最后，小郑也向领导提出了辞呈。

思考：

1. 本案例中小郑的工作积极性为什么会虎头蛇尾，是什么影响了他？领导应该如何引导和激励年轻人去适应环境？
2. 你认为公司应该用怎样的激励措施去激发不同年龄、不同级别、不同性格的人才？

扩展阅读

以军校精神造就人才

菲尔克斯数据公司是美国最大的个人电脑经销公司之一，它以军校精神，将一些平凡的员工造就成为出色的电脑推销员。

就像军校一样，公司的新进员工必须接受资深员工的考验，每星期六下午接受资深员工的公开批评。虽然这种做法会使员工难堪，但新员工都明白这是为了建立一支纪律严谨的商场攻坚部队。公司的灰色墙壁上贴满了激励员工的标语："表现一流水准"、"确定你的工作量超过公司支薪所要求的"等。在夏季每星期五举办的公司烤肉餐会，总裁罗斯总是亲手为员工们烤肉，就像军校里教官对待学员似的。

激励员工的方法很多，而罗斯采用的激励工具是金钱。他说："我们要找的是寻求发财机会、金钱欲望强的人。"鉴于此，罗斯亲自负责甄选每一个推销员。公司的业务人员不领底薪，领的是佣金，平均每年可得 17.3 万美元，其中不乏哈佛商学院的企管硕士。占公司总业绩 20%以上的顶尖推销员是一个年仅 27 岁的年轻人，4 年前加入该公司，之前他曾当过喜剧演员及魔术师。而另一个顶尖推销员则曾是诊所秘书。公司业务员每天早上 8 点便开始长达 2 小时的早会，会议的内容从介绍 IBM 最新产品到如何激发个人最大潜力的演讲，真是无所不包。此外，罗斯为了激励员工的士气，不时制造打赌的机会。例如，他曾和一个女业务员打赌：如果她连续几个月都创下 60 万美元的业绩，就将为自己赢得一部宝马新车。于是，这个女业务员勤跑业务，不但赢得了这部车，而且创下了每个月 150 万美元的好成绩，还从罗斯那里打赌赢得了一只劳力士手表和一对钻石耳环。

第八章

企业薪酬与福利管理

知识目标

◎掌握薪酬的概念、构成以及薪酬管理的内容
◎了解薪酬管理的影响因素
◎掌握薪酬水平定位的策略以及工资结构设计的步骤
◎了解薪酬预算的方法,掌握薪酬控制的难点
◎了解福利的影响因素

能力目标

◎掌握薪酬体系设计的方法
◎掌握福利的分配类型

导入案例

上海贝尔的福利制度

上海贝尔有限公司(简称“上海贝尔”)始终把员工看成公司的宝贵资产,并为拥有一支高素质的员工队伍而自豪。在公司每年召开的董事会上,都用相当多的时间用于专题讨论员工培训计划、奖金分配方案、工资调整和其他福利政策等问题。上海贝尔把以人为本的经营方略体现在了公司的福利政策上。

1. 创造国际化发展空间

据总裁谢贝尔先生介绍,随着上海贝尔的发展和中国市场体系日益与国际接轨,公司在福

利管理方面日趋成熟，其中重要的一条就是真正做到了福利跟随战略，公司主动设计出别具特色的福利政策来营建自身的竞争优势。

为了让员工真正进入国际化的社会，上海贝尔的各类技术开发人员、营销人员都有机会前往上海贝尔设在欧洲的培训基地和开发中心接受多种培训，也有相当人数的员工能获得在海外研发中心工作的机会，少数有管理潜质的员工还会被公司派往海外的名牌大学深造，总之企业提供各种条件，使员工的知识技能始终保持在国际先进水平。

2. 力推自我完善

谢贝尔认为，公司的福利政策应该是公司整体竞争战略的一个有机组成部分。公司福利的目的是为员工提供一个自我发展、自我实现的优良环境。

从发展的远景规划以及对员工的长期承诺出发，上海贝尔形成了一整套完善的员工培训体系。高等院校毕业的本科生和研究生进入上海贝尔后，必须经历为期一个月的入职培训，随后是为期数月的上岗培训；转为正式员工后，根据不同的工作需要，对员工还会进行在职培训，也包括专业技能和管理专项培训。

此外，上海贝尔还鼓励员工接受继续教育，并为员工负担学习费用。上海贝尔不但增强了自身对各类专业人才的吸引力，也极大地提高了在职员工的工作满意度和对公司的忠诚度。

3. 培育融洽关系

上海贝尔的福利政策始终设法去切实反映员工变动的需求。上海贝尔员工队伍的年龄结构平均为28岁。大部分员工正值成家立业之年，购房置业是他们生活中的首选事项。在上海房价高涨的情况下，上海贝尔及时推出了无息购房贷款的福利项目。而且在员工工作满规定期限后，此项贷款可以减半偿还。这样一来，既替年轻员工解了燃眉之急，也使资深员工得到了回报，同时也无形中加深了员工和公司之间长期的心灵契约。

当了解到部分员工通过其他手段已经解决了住房，有意于购置私家轿车时，上海贝尔又为这部分员工推出购车的无息专项贷款。公司如此善解人意，员工当然投桃报李，对公司的忠诚度大幅度提升。在上海贝尔，与员工的沟通是公司福利工作的一个重要组成部分，详尽的文字资料和各种活动使员工对公司的各项福利耳熟能详，同时公司也鼓励员工在亲朋好友间宣传上海贝尔良好的福利待遇。公司在各类场合也是尽力详尽地介绍公司的福利计划，使各界人士对上海贝尔优厚的福利待遇有一个充分的了解，以增强公司对外部人才的吸引力。

上海贝尔还计划对员工福利加以创新，改变以前员工无权决定自己福利的状况，给员工一定选择的余地，让员工参与到自身福利的设计中来，如将购房和购车专项贷款额度累加合一，员工可以自由选择是用于购车还是购房。在效能方面，员工可以自由选择是领取津贴，自己解决上下班交通问题，还是不领津贴，搭乘公司安排的交通车辆。一旦员工在某种程度上拥有对自己福利形式的发言权，其工作满意度和对公司的忠诚度都会得到提升。

第一节 薪酬管理概述

在人力资源管理过程中，一个组织首先要解决的都是价值分配的问题，因此薪酬管理是人力资源管理的重要部分。公平的薪酬分配与管理体制不仅是社会公正性的体现，也是激励组织成员以高度的热情和努力投入工作的关键因素。同时，薪酬也是组织为了吸引、激励和留住有价值的员工，最大限度地影响员工责任感的一种方式，也有助于实现企业的扩大与发展。

如何协调好组织利润在自我积累与员工分配之间的关系，如何客观、公正、公平地为作出贡献的员工提供合理的劳动报酬，就需要发挥薪酬与福利的激励作用，调动员工的积极性，从而吸引人才、留住人才、管好人才，这已经成为关系到组织生存和发展的关键。

一、薪酬的概念及构成

(一)薪酬的概念

1. 报酬的概念

市场经济在本质上是一种交换经济。员工为一个组织工作，他之所以愿意付出劳动，是因为他期望自己能够获得相应的回报。在通常情况下，我们将员工为某一个组织工作而获得的所有他认为有价值的东西称为报酬。

2. 薪酬的概念

薪酬，就是指员工因为雇用关系的存在而从雇主那里获得的各种形式的经济收入及福利。任何一个组织的发展和组织目标的实现都有赖于组织中员工的努力工作和劳动付出，而员工在付出劳动的同时也应该得到回报来满足其生存和发展的需要。从本质上说，薪酬其实就是劳动力的价格，是对员工工作付出的补偿和回报。凡是具有下列两大要素的报酬都属于薪酬的范围：一是基于对组织或团队的贡献；二是这种报酬被认为是具有效用的。

3. 薪酬的分类

薪酬可以分为广义的薪酬和狭义的薪酬，广义的薪酬和报酬是同义的，不但包括工资和奖金，还包括诸如工作保障、身份标志、给员工更富有挑战的工作、晋升、对突出工作绩效的承认、培训机会、优越的办公条件和弹性的工作时间等很多内容。而狭义的薪酬体系只包括报酬体系中能够转化为货币形式的直接经济收入。

从人力资源管理角度看，薪酬也可以分为内在薪酬和外在薪酬。内在薪酬包括参与决策、较大的工作自由度、较有兴趣的工作、个人成长机会、活动多元化等。外在薪酬包括竞争性货币薪酬、福利、非财务性薪酬。其中，竞争性货币薪酬包括基本薪酬、加班及假日补贴、绩效奖金和利润分享；福利包括保健计划、节日礼物、集体活动、工作午餐等；非财务性薪酬包括业务用名片、私人秘书、动听的头衔等。将这些称作薪酬，因为它们都是由于加盟了企业而获得的回报。

传统的人事管理，把外在报酬中的直接报酬诸如工资和奖金当成管理的重点，而在现代的人力资源管理中，尽管仍把外在报酬作为员工薪酬体系的研究重点，但同时更加重视内在报酬所起的作用，甚至在努力发挥内在报酬的激励作用。

4. 薪酬的构成

(1)基本薪酬。基本薪酬是指一个企业根据员工所承担或完成的工作本身，或者是员工所具备的完成工作的技能或能力向员工支付的稳定性报酬。基本薪酬是对员工所处职位或本身所拥有的技能或能力的回报，而往往忽视了员工之间的个体差异。基本薪酬根据制定方法的不同，分为职位薪酬制、技能薪酬制或能力薪酬制。

所谓的职位薪酬制，是根据员工所承担的工作本身的重要性、难度或者是对企业的价值来确定员工的基本薪酬，这是大多数情况下企业采用的办法。而对于组织中的一些特殊人员，采取根据员工完成工作的技能或能力的高低作为确定基本薪酬的基础，也叫技能薪酬制或能力薪酬制。

由此可见，基本薪酬反映的是工作或技能价值，这些要素在相当一段时期内具有稳定性，这也意味着基本薪酬具有相当的稳定性，可以对员工的日常生活起到保障作用。

(2)绩效薪酬。绩效薪酬是薪酬系统中浮动的部分，它是对过去工作行为和已取得成就的认可，在其原有基本工资之外另行增加的定期支付的固定数额的现金薪酬。绩效薪酬与员工在组织中的长期表现和努力的成果相挂钩，是一种增加员工稳定收入部分，而不会带来收入风险的薪酬形式，它有利于"稳住人"，调动员工长期工作的积极性。例如，某企业职工小马上一年每月基本工资为 2 000 元，由于工作业绩突出，企业从今年起给他增加 6%的绩效工资，因此，他在今年每月基本工资为 2 120 元。

(3)激励薪酬。激励薪酬又叫可变性薪酬、浮动薪酬或奖金，是一种提前将收益分享方案明确告知员工的方法，也是工资中随着员工工作努力程度和劳动成果的变化而变化的部分。激励工资有类似奖金的性质，可以分为两种形式：投入激励薪酬和产出激励薪酬。投入激励薪酬即随着员工工作努力程度变化而变化的工资；产出激励薪酬即随着员工劳动产出的变化而变化的工资，具体形式有计件工资、销售提成等。

由于激励薪酬的核心是运用了"分成"的机制，所以对员工有很强的激励性。虽然激励薪酬和绩效薪酬都与员工的业绩直接挂钩，但两者也有不同：第一，两者的着眼点不同。绩效薪酬侧重对员工过去较长时间所取得的成就的"追认"，着眼于过去；激励薪酬与员工现时的表现和成果挂钩，影响员工将来的行为，着眼于未来。第二，两者的预知性不同。绩效薪酬往往事前不为员工所知晓；而激励工资则在事前让员工清楚"分成比例"等规则，会对员工产生更大的激励作用。第三，两者的变动性不同。成就薪酬一般是对基本薪酬的永久性增加，对劳动成本具有永久性影响；激励薪酬则是一次性付出，随着绩效的变动可升可降、可有可无，一般不会对劳动成本构成持续性的影响。

(4)间接薪酬。许多组织都间接地提供大量的附带报酬，如员工福利和服务。它是给予具体组织成员或员工群体的一种间接奖赏。通过间接薪酬，员工受领的报酬是无形价值，而不是实实在在的现金福利。

员工福利和服务之所以成为间接薪酬，是因为福利与服务不是以员工向组织供给的工作时间为单位来计算的薪酬组成部分。它一般包括带薪休假、员工个人及家庭服务(儿童看护、财务计划、工作期间的餐饮服务)和健康，以及医疗保健、人寿保险和养老金等。一般情况下，间接薪酬的费用一般由组织全部支付，但有时也要员工承担一部分。福利已越来越成为薪酬的一种重要形式。与基本薪酬相比，福利常常采取实物支付或者延期支付的方式。福利是一种保健因素，通过有竞争力的福利方案，可以在基本薪酬、绩效薪酬和激励薪酬不占优势的情况下，吸引一些看重福利的人才。

在实际操作中，很多企业的薪酬构成中还包括津贴和股权的内容。所谓津贴，是指为了补偿员工特殊或额外的劳动消耗及因其他特殊原因支付给员工劳动报酬的一种薪酬形式。通常把与工作联系的补偿称为津贴，把与生活相联系的补偿称为补贴。股权是以企业的股权作为对员工的薪酬，作为一种长期激励的手段，能够让员工为企业长期利润最大化而努力。

二、薪酬管理的内容

企业薪酬管理主要包括以下四个方面的内容。

(一)确定薪酬管理目标

薪酬管理的目标通常要根据企业的人力资源战略来确定。一般来讲，企业可以从三个方面确定薪酬管理目标：

(1)建立稳定的员工队伍,吸引高素质的人才;

(2)激发员工的工作热情,创造高绩效;

(3)努力实现组织目标和员工个人发展目标的协调。

(二)选择薪酬政策

所谓企业薪酬政策,就是企业管理者对企业薪酬管理运行的目标、任务和手段的选择和组合,是企业在员工薪酬上所采取的方针策略。企业薪酬政策的主要内容包括:

1. 企业薪酬成本投入政策

企业通常可以有两种政策选择:扩张劳动力成本或紧缩劳动力成本的政策,具体选择哪一种应根据企业发展的需要。

2. 根据企业的自身情况选择合理的薪酬制度

薪酬制度的选择要考虑企业自身的状况,如果企业现在实行的是等级和岗位薪酬制度,那应该采取稳定员工收入的策略。如果企业现行的是绩效薪酬制度,那应该选择激励员工绩效的政策。

3. 确定企业的薪酬结构以及薪酬水平

薪酬结构主要任务是,确定企业内部不同系列、不同层次、不同岗位及职务薪酬之间的相互关系、确保内部薪酬结构比例的合理性与公平性。

薪酬水平是指需要确定组织的薪酬总额和平均薪酬,以及各职位、各部门的薪酬总额和平均薪酬。企业的薪酬水平对吸引人才和留住人才有重大影响。

(三)制订薪酬计划

薪酬计划是企业薪酬政策的具体化,即企业预计要实施的员工薪酬支付水平、支付结构及薪酬管理重点等。企业在制订薪酬计划时,要通盘考虑,同时要把握下列两个原则:

1. 与企业目标管理相协调的原则

在企业人事管理不规范化阶段,员工的薪酬管理也缺乏科学性。事实上,并不存在一个对任何企业都适用的薪酬模式。对此,一些企业明确指出,企业薪酬计划应该与企业的经营计划相结合。例如,在薪酬支付水平上,很多企业都不再单纯考虑与同行业的比较,而主要取决于三个要素的综合考虑:其一,薪酬支付水平是否能够留住优秀人才;其二,企业的支付能力;其三,薪酬支付水平是否符合企业的发展目标。

2. 以增强企业竞争力为原则

薪酬是企业的成本支出,压低薪酬有利于提高企业的竞争能力,但是,过低的薪酬又会导致激励的弱化,所以企业既要根据其外部环境的变化,也要从内部管理的角度,选择和调整适合企业经营发展的薪酬计划。

(四)调整薪酬结构

薪酬结构是指企业员工之间的各种薪酬比例及其构成。主要包括:企业薪酬成本在不同员工之间的分配,职务和岗位的确定,员工基本、辅助和浮动薪酬的比例,以及基本薪酬及奖励薪酬的调整等。

对薪酬结构的确定和调整主要掌握一个基本原则,即给予员工最大激励的原则。薪酬给多了会造成员工不努力工作,给少了会造成高素质人才外流。同时,对薪酬结构的确定,还必须与企业的人事结构相一致。

三、薪酬管理的影响因素

现代人力资源管理中薪酬管理的着眼点有所转移,将物质报酬的管理与员工激励过程紧密结合，成为一个有机整体，使个人目标与组织目标达到统一。因此，为了更合理确定企业的薪酬水平、薪酬类型和薪酬结构，企业必须了解有哪些主要因素影响着薪酬水平。

（一）企业外部影响因素

1. 经济形势及人力资源市场的供需关系

经济发展水平和劳动生产率是影响薪酬管理决策的一个重要因素。现代产业与传统产业在技术发展水平和劳动生产率方面上的差异，必然反映在员工的薪酬差异上，其实也是劳动者自身人力资本投资与收益之间的差异。

劳动力市场上供求状况的变化也决定组织对劳动力成本的投入，从而影响组织员工薪酬水平的变化。当经济形势好的时候，市场对产品和服务的需求增加，社会上可供组织使用的劳动力小于组织需求，组织为了吸引和保持足够数量的优秀员工，会采取提高工资的办法满足对人才数量和质量上的需求；反之，当产品和劳务市场遇到经济危机时，劳动力市场上供大于求，组织则通过压低工资的办法，以降低生产成本，赚取更多的利润。

2. 地区及行业的特点与惯例

有些地区传统的平均稳定的观点仍然起着支配作用，不易接受拉开收入差距的措施。因此，沿海与内地、基础行业与高科技行业、国有大中型企业密集地区与外资企业集中地区之间的差异，必然会反映到企业的薪酬水平上来。

3. 当地生活水平

当地平均生活水平的情况，也会影响企业薪酬的管理工作。在生活必需品价格普遍上涨的情况下，为保证员工生活购买力不下降，企业必须增加工资，以保证员工基本生活的需要和企业的生产经营不受影响；反之，会导致员工实际工资水平的下降。

4. 国家相关的法律和法规

国家的法律和法规对企业薪酬管理有重要的影响，如政府运用一些财政政策、价格政策及产业政策等对组织的薪酬水平间接调节，还有最低工资法、反歧视法等劳动法律、法规，以及工会代表工人利益与雇主的交涉、谈判等的直接调节，都对组织员工的工资水平起到保护或者制约的作用。随着我国法律的日益完善，相关的法律条款会日益增多，企业薪酬体系的确定应当严格遵守有关法律和法规。

（二）企业内部影响因素

1. 经济效益

组织效益是市场经济条件下决定组织员工薪酬水平及其变动的最重要因素。组织之间劳动生产率的差距，必然反映在组织员工薪酬水平的差距上，因为组织的经济效益归根结底决定了组织对员工劳动报酬的支付能力。例如，在其他因素不变的情况下，劳动生产率提高，表明组织员工在单位时间内创造的财富增加；员工的劳动报酬也会随之增加；反之，如果组织效益不好，产品价值无法实现，组织员工的个人收入也就失去了增加的基础。

2. 工作本身的差异

由于员工从事的工作、所负责任、工作环境、劳动强度、工作复杂程度等方面存在差别，因此其个人收入自然也就有所不同。一般来说，工作责任越大，工作对技能和任职资格的要求越高；工作条件越差，工作类别造成的工作内容越多，从事该工作的员工对薪酬的要求也越高。如果企业是传统型的、劳动密集型的，员工从事的主要是简单的体力劳动，则劳动力成本可能占总成本中很大比重；如果企业是高新技术的资本密集型的，员工从事复杂的、技术成分很高的脑力劳动，相对于先进的技术设备而言，劳动力成本在总成本中的比重却不大。这显然会对组织的薪酬决策产生重大影响。

3. 薪酬分配和支付形式

薪酬分配形式也影响着员工的薪酬水平及其变动。相对而言，计件工资把劳动报酬和劳动成果直接联系在一起，比计时工资更能促进某些产品的生产，一些劳动能力强、劳动成果多的员工，可以得到较高的劳动报酬。目前，各种形式的绩效工资薪酬又开始取代计件工资，成为新的主要工资形式。各种工资分配结构，也决定了薪酬水平的高低。例如，基本薪酬、激励薪酬及绩效薪酬所占的比重不同，决定了员工之间的收入差距。此外，员工薪酬的支付形式，如是现金支付还是非现金支付、是现期支付还是延期支付，都会对员工薪酬水平产生影响。

4. 组织规模与支付能力

组织规模对薪酬的影响主要体现在薪酬等级的设计上。一般来说，规模较小的组织就不必将员工的薪酬划分为许多等级，而应使用有弹性的薪酬制度，根据每个员工的需要有针对性地支付报酬。而规模较大的组织薪酬等级往往比较多，组织内员工的复杂性也较多，所以薪酬体系的设计要考虑的问题也比较多，要做到整体的公平性难度也更大，所以规模较大的组织往往注重薪酬体系设计的规范性和体制性，倾向于通过一定的制度和流程来科学地确定每个员工应该得到的薪酬。

组织的实际支付能力也是影响薪酬的一个关键因素。正常情况下，资本雄厚、规模较大、正处于上升阶段的组织有能力也愿意为员工付出较高的报酬，而规模不大或者经营不景气的组织，在员工付薪上不得不量入为出。

（三）个人影响因素

1. 员工所处的职位

职位薪酬体系还是目前主流的薪酬管理体系，职位是决定员工基本薪酬及企业薪酬结构的重要基础，也是内部公平性的主要体现。职位对于员工薪酬的影响并不完全来自于其级别，而主要是职位所承担的工作职责及对员工的任职资格要求。

2. 员工的绩效表现

员工的绩效表现是决定激励性薪酬的重要基础。在企业中，激励性薪酬往往与员工的绩效联系在一起。激励性薪酬可以促进员工提高绩效，而员工绩效的提高对企业盈利增加和员工的绩效加薪都有积极影响。

3. 员工的工作年限

员工的工作年限主要有工龄、司龄（企龄、校龄）两种表现形式。工龄是指员工参加工作以来的整个工作时间；司龄（企龄、校龄）则是指员工在某个企业工作时间的长短。工作年限会对员工的薪酬水平产生一定的影响，在技能薪酬体系下这种影响更加明显。一般来说，员工的工作年限越长，积累的经验越多，掌握的技能越丰富，绩效有可能越高，因此，薪酬水平相对会高一些。

总之，影响薪酬管理的因素很多。在所有这些影响因素中，企业外部因素起着宏观调节导向的作用，内部因素则起着决定性的作用，员工个人因素起着不可忽视的影响作用。事实上，企业在制定薪酬政策时，要综合地权衡所有这些内外因素和个人因素的影响。

第二节　薪酬管理实务

一、薪酬体系设计

薪酬体系设计的主要任务是确定薪酬体系的模式和种类、薪酬体系构建的基础以及薪酬设计的基础。目前,企业界流行的薪酬体系中有这样几种:基于职位的薪酬体系——在什么职位就拿什么钱;基于技能的薪酬体系——有多大本事就拿多少钱。不同的薪酬体系有不同的适用条件,企业在进行薪酬体系选择的时候要根据企业的性质、所处行业、规模、战略及一些外部条件,选择适合企业本身发展的薪酬体系,让薪酬真正成为激发员工积极性和推动企业发展的有利工具。

在企业的薪酬系统中,基本薪酬是最基础的薪酬组成部分,它不仅反映了薪酬与组织及工作设计之间的关系,而且是可变薪酬或一些间接薪酬项目(如补充养老保险等)的确定基础。所以,一个组织基本薪酬体系或制度的特点在很大程度上影响以至决定其薪酬体系的性质。

(一)职位薪酬体系设计

1. 职位薪酬体系设计原理

职位薪酬体系是指以职位为基础确定基本工资的薪酬系统。它的基本原理是,首先对本组织不同职位本身的价值(在本组织中的相对价值)作出客观评价,再根据不同职位的评估价值赋予各自相当的薪酬,最终谁担任什么职位或从事什么岗位工作,谁就获得什么样的基本工资,以及与基本薪酬相关的其他形式薪酬。

职位薪酬体系主要是一种传统的员工薪酬决定制度,它的基本特点是按职薪、岗酬对应,很少考虑个人的不同特点因素,基本只考虑职位本身的因素来确定人们的工资。

2. 职位薪酬体系的设计流程

以职位为基础的工资体系是根据每个员工承担的职位的价值来确定其基础工资的。因此,职位工资必须建立在职位分析和职位评价的基础之上。

职位工资设计主要包括以下一些步骤:

(1)首先通过职位分析,形成职位说明书。职位说明书的内容包括该职位的主要工作职责、业绩标准、任职资格要求、工作条件及工作特征,从而为职位价值评价提供关于各职位的基础性信息。

(2)在职位分析的基础上进行职位评价。职位评价是建立职位薪酬的基础和前提,主要是通过一套标准化、系统化的评价指标体系,对组织内部各职位的价值进行评价,得到各职位的职位评价点值,从而为确定该职位薪酬水平提供主要依据。职位评价的方法主要包括排序法、职位分类法、因素比较法和要素计点法。在这四种方法中,要素计点法由于其在保证结果准确的同时又兼具了简单实用的特点,成为目前企业中运用最为广泛的职位评价方法。

(3)进行外部劳动力市场的薪酬调查。职位分析和职位评价仅仅是解决薪酬设计内部一致性的基础。而要实现薪酬设计的外部竞争力,则还需要对各职位进行外部劳动力市场的薪酬调查,并将外部薪酬调查的结果与职位评价的结果相结合,形成反映各职位平均市场价值的市场薪酬线。

(4)确定公司的竞争性薪酬政策。企业的竞争性薪酬政策主要反映公司的薪酬水平与外部劳动力市场的薪酬水平相比较的结果。这种薪酬政策主要包括三种类型:领先型、匹配型和拖后型。根据企业的薪酬政策，企业对前面所得到的市场薪酬线进行修正，得到企业的薪酬政策线，从而为将职位评价的点值转换为具体的金钱价值提供依据。

(5)建立薪酬结构。前面的步骤所确定的每个职位的价值主要反映了其平均价值，而企业还需要根据从事相同工作的不同人员之间的绩效差异、能力差异和资历差异来形成不同的薪酬，也就是要为每个职位等级建立起薪酬的"跑道"，包括每个职位等级的中等工资、最高工资和最低工资，从而形成企业薪酬结构。

(6)建立薪酬结构的管理机制。薪酬结构建立之后，整个企业的薪酬框架就已经基本完成。这时候就需要建立对这样的薪酬结构进行管理的机制。它主要包括两个方面：一是现有人员和新进人员如何进入这样的薪酬框架，即人员的入轨机制；二是如何来根据业绩、能力和资历的变化及其他因素(如通货膨胀)对人员薪酬进行调整。建立管理机制是实现对薪酬的动态调整、完善薪酬结构的关键。

【相关链接 8—1】

市场薪酬线

将典型岗位评价分数作变量，典型岗位薪酬数额作因变量，经线性回归可以得到一条直线，这条直线称为市场薪酬线。

市场薪酬线对薪酬设计具有重要的指导意义。由于每个典型岗位都有很多薪酬数据，一般取平均值或中位值作为这个典型岗位的薪酬数额，如图 8—1 所示：

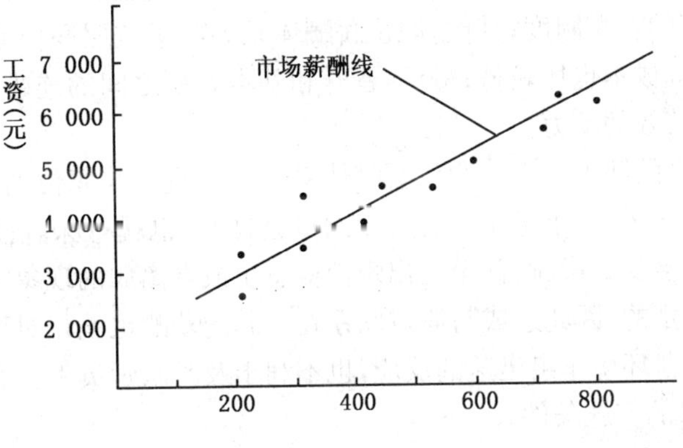

图 8—1 市场薪酬线

除市场薪酬线外，还可以绘制 25%分位、50%分位、75%分位市场薪酬线，这些市场薪酬线对薪酬水平设计更加具有指导意义。图 8—2 就是表 8—1 对应数据的 25%分位、50%分位、75%分位市场薪酬线，典型岗位评价分数如表 8—1 所示。

表 8—1 典型岗位评价分数

岗 位	初级设计师	中级设计师	高级设计师	资深设计师
岗位评价分数	192	299	428	514

分位线可以采用线性回归方式作出，也可以采用分段折线形式作出。分段折线形式能表达出不同层级薪酬差异性，表达的信息更多，因此在数据比较多的情况下，可以作出折线形式的分位图。

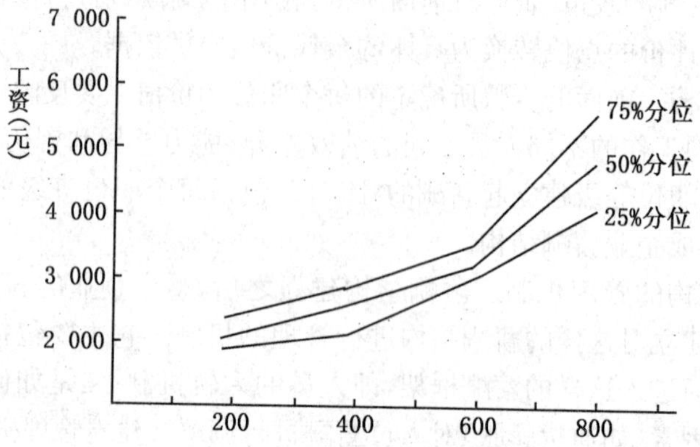

图 8—2 分位市场薪酬线

市场薪酬线将市场薪酬数据与代表岗位价值的岗位评价分数联系起来。市场薪酬线描述了外部市场为类似岗位支付的薪酬是多少，同时市场薪酬线也为其他没有参与市场薪酬调查的岗位薪酬确定提供依据。这样一方面解决了外部竞争性问题，另一方面也可以解决内部公平性问题。

3. 职位薪酬体系的优缺点

(1)职位薪酬体系的优点。首先，职位薪酬体系实现了真正意义上的同工同酬，可以说是一种真正的按劳分配的薪酬制度；其次，职位薪酬体系有利于按照职位系列进行薪酬管理，操作起来比较简单，管理成本也比较低；最后，晋升和基本薪酬之间的连带性提高了员工提高自身技能和能力、改善绩效的动力。

(2)职位薪酬体系的缺点。由于职位薪酬体系中薪酬直接与职位的高低挂钩，因此，在现代组织日趋扁平化的今天，如果员工没有更多的机会晋升，也就意味着没有大幅度的提薪，员工的工作积极性必然会受到影响，甚至会出现消极怠工或者离职的现象。同时，由于员工在企业中的职位是相对稳定的，因此造成与职位联系在一起的薪酬也就相对稳定，这显然不利于企业对于多变的外部经营环境作出迅速的反应，也不利于及时激励员工。

4. 职位薪酬体系的实施条件

选择实施职位薪酬体系时，首先要看一下本企业的环境是否适合采用职位薪酬体系。这时，通常从以下几个方面的情况进行判断：

(1)职位的内容是否已经明确化、规范化和标准化。职位薪酬体系要求纳入本系统中的职位本身必须是明确的、具体的。所以，企业必须保证各项工作有明确的专业知识要求、有明确的责任，同时这些职位所面临的工作难点也是具体的、可以描述的。换句话说，职位薪酬体系确定的前提条件是企业必须进行过科学合理的工作分析。

(2)职位的内容是否基本稳定，在短期内不会有太大的变化。只有企业的职位内容基本保持稳定的时候，才能使工作序列关系的界限比较明显，不会因职位内容的变化而导致职位薪酬体系的相对稳定性和连续性遭到破坏，保证职位薪酬体系顺利实施。

(3)是否具有按个人能力安排工作或职位的机制。由于职位薪酬体系是根据职位的价值而不是员工的价值支付报酬的，如果员工的能力与职位要求的能力不匹配，不管是高于职位要求能力还是低于职位要求能力，都会产生严重的不公平现象。所以企业选择职位薪酬体系，必须能够保证按照员工个人的能力安排其合适的职位或工作，不要出现能力不足者担任高级职位的现象，也不要出现能力较高者担任低级职位的现象。当个人的能力发生变化时，必须保证其职位也能够随之发生变化。

(4)企业中是否存在相对较多的职位等级。在实施职位薪酬体系的企业中，不论是比较简单的工作还是比较复杂的工作，职位的等级数量都应该足够地多，从而确保企业能够为员工提供随着其个人能力不断提升，从低级职位向高级职位晋升的机会和通道。否则，大批员工在上升到一定的职位之后就无法继续晋升，结果必然是阻塞员工薪酬提升的通道，加剧员工的晋升竞争，损伤员工的工作积极性及进一步提高技能和能力的动机。

(5)企业的薪酬水平是否足够高。薪酬对于员工最原始最基本的功能是维持和保障作用，即使是处于组织最低层级的员工也必须能够依靠其薪酬来满足生活的基本需要。如果企业的薪酬水平不高，而职位薪酬体系又要求有相当多的职位层级，那么结果可能是较低层级的职位薪酬水平相当低，起不到维持和保障员工基本生活的作用，薪酬的激励功能更是无从谈起。

企业如果有严格的人员甄选录用和安置制度、准确科学的职位评价系统，也就是说，能对职位的相对价值作准确的评价，而且又能够保证把合适的人放在合适的岗位上，那么职位薪酬体系无疑是一种最为简单、最为容易理解的薪酬体系。

对于大多数企业来说，职位薪酬体系仍然具有很强的实用性，在薪酬类型的选择中具有不可替代的作用。从全球角度来看，采用职位薪酬体系的组织数量要远远超过采用技能和能力薪酬体系的组织数量。而即使是那些采用了技能薪酬体系和能力薪酬体系的企业，也大多是从职位薪酬体系转化过来的。而且，由于实施条件的限制，技能和能力薪酬体系只是在企业的某些部门或单位执行，并没有推广到整个企业。实际上，曾经执行过科学完善的职位薪酬体系的企业在转向实施技能和能力薪酬体系时会更顺利，因为即使是采用了技能和能力薪酬体系，仍然要依赖职位薪酬体系所强调的职位的概念，尤其是不同的职位或不同系列的职位对于员工任职资格的差异性要求。

(二)技能薪酬体系设计

1. 技能薪酬体系设计原理

技能薪酬体系是指以技能为基础确定基本工资的一种薪酬系统。技能薪酬体系设计的目的是把工作任务转化为能够被认证、培训和对之计酬的各种技能，重点在于开发一套能使基本工资与技能联系在一起的薪酬系统或计划。它的基本特征是：根据员工所掌握的与工作有关技能知识的深度和广度来计发基本薪酬及其相关的其他薪酬，而不再是依据员工承担的具体工作和职位的价值来给他们支付薪酬。也就是说，它是一种以人为基础的基本薪酬决定体系，员工的薪酬所得和提升主要取决于个人所具备的技能水平状况和技能的改进。

技能薪酬体系原先主要用于一些具体操作性工作占主导的工厂或工作场合的蓝领工人，现在已经广泛应用于电信、销售、银行、保险业等行业的企业和组织，通常涵盖和使用于所从事的工作比较具体且能被界定出来的操作人员、技术人员和办公室人员等职位领域。

2. 技能薪酬体系设计流程

(1)建立设计小组。即要成立包括人力资源部门代表，组织开发、工作流程和薪酬设计专家及所涉及工作的从业员工和员工的上级等人员在内的技能薪酬指导委员会和设计小组，以确保有关的内容、信息、工作和技能认知的客观性，保证设计的合理性和公正性。

(2)进行工作任务分析。即对所涉及的各种工作的要素、任务与内涵之间的区别与联系等进行系统地剖析和描述。只有对员工拟完成的工作进行正确理解、准确描述和深入分析，才能为技能区分和技能水平的划分奠定基础,否则就难以进行技能薪酬的设计。

(3)评价工作任务并创建新的工作任务清单。即在工作任务分析的基础上,准确评价各项工作任务的难度和重要性,再根据工作分析结果和其他来源的相关资料,按照需要对工作任务信息进行重新编排,对工作任务进行组合,从而为下一步对与完成工作有关的技能模块和技能等级的界定和定价打好基础。

(4)技能等级确定与定价。这就需要在分清知识、能力、技能及绩效行为与工作任务之间关系的基础上,界定技能等级模块并为其定价。技能等级模块是指员工为了按照既定工作标准完成工作任务所必须执行的一种工作职能或一个单位工作任务。一般可根据技能模块中所包含的工作任务难度水平来对其进行等级评定,对技能模块的定价是在确定技能模块相对价值定价机制的基础上,确定每一个技能单位的货币价值。

(5)对员工进行技能分析、培训和认证。也就是说,应对员工现有技能水平进行分析和确定,制订有效的培训计划来培训员工,弥补不足,提高与工作有关的技能水平,并实施工作技能等级或资格的认证制度来确定员工技能的实际水平,从而为技能薪酬体系的推行提供支持,把员工有效地置身其中。

3. 技能薪酬体系的优缺点

(1)技能薪酬体系的优点:

①激励员工不断学习新的知识和技能、开发和提高技能水平,在员工与岗位的配置上具有更大的灵活性,有助于企业实现快速灵活的变革。

②有利于鼓励优秀的专业技术人员安心本职工作,技术人员在专业技术领域做得好照样可以拥有比较高的薪酬水平,所以他们就没有必要去谋求职位、薪酬比较高但并不擅长的管理职位。

③有利于员工更全面地了解工作流程和参与管理决策,技能薪酬体系鼓励员工不断掌握新的技能,员工掌握的技能越多,他们所接触的工作可能就越多,对于组织的整个工作流程有一种更为全面的了解,他们就会更好地提供客户服务,从而提高个人与群体的生产率和工作绩效。

(2)技能薪酬体系的缺点:

①设计更为复杂,比职务薪酬体系需要更高的管理结构和成本;

②它使企业在培训、工作重组等人力资本投资方面大为增加,若不能将这种投资有效转化为实际生产力,则企业负担会增加,效益会降低;

③它还难以形成与绩效挂钩的薪酬激励;

④如果员工的技能普遍提得很高,劳动生产率的提高又不足以抵消因此而增加的劳动力成本时,则企业成本会高居不下,削弱企业的竞争力。

4. 技能薪酬体系实施时注意的关键问题

在实施技能薪酬体系之前,组织必须清楚以下几个问题:

(1)准确界定要支付报酬的技能的范围。准确传达给每一个员工组织准备为员工掌握的哪些技能支付报酬,以免员工忽视本职工作、单纯追求高薪技能的现象。不过,组织不能无限制地对员工获得的任何技能都给予报酬,而只能是为扮演某种特定的角色或者从事某些特定工作所需要的技能提供报酬。同时,要保证这些技能的总价值与市场薪酬水平之间存在紧密的联系。

(2)科学确定提供报酬的技能的广度和深度。在实施技能薪酬体系时,组织必须确定提供报酬的技能的广度和深度。在处理技能广度、深度与薪酬之间的关系时，组织要遵循一条原则，即员工向上一级或同一级技能的扩展是应该得到报酬的，但如果仅是低一级技能的强化，则不应该给予报酬。

(3)清楚地界定支付报酬的技能所处的职位范围。在实施技能薪酬体系时，组织必须清楚，到底支付报酬的技能是严格限定在某一个单一职位内部，还是设计一个鼓励真正的跨职位的技能薪酬体系。显然，前者鼓励员工沿着某一特定的职业通道跨越多级来获得报酬，而后者则鼓励员工打破传统的职业发展通道，形成新的职业发展路径。

(4)建立科学的培训和资格认证系统。实施技能薪酬体系的组织必须建立一套科学的培训体系来对员工进行技能培训，同时帮助他们开发组织所要求具备的那些新的技能。此外，组织还必须有一个资格认证体系，以确认员工真正掌握了哪些技能。不仅如此，组织还要有一个阶段性的资格认证过程，因为组织必须确保员工将所掌握的技能、组织已经支付报酬的技能应用在工作中，并且一直保持在某种水平上。当然，也要有取消那些不再具备特定技能者原有资格的体系。

(5)确定员工学习的自主性。组织必须决定是应该由员工自己决定掌握下一步学习的技能范围，还是由组织、工作流程的流动方向或者顾客的需求来决定员工学习技能的类型。员工是应该按照自己决定的速度来学习这些技能还是按照组织确定下来的速度进行学习。

技能薪酬体系比较适合于高新技术企业、研发机构等技术复杂程度高、技术密集型的组织或工作，以及员工的深度技能、广度技能和垂直技能得分比较高，分工比较粗并且劳动对象不固定、员工劳动熟练程度差别比较大的职位类型。

(三)能力薪酬体系设计

1. 能力薪酬体系的含义和特点

能力薪酬体系是20世纪90年代以后开始逐步流行的，这里的能力实际上是指一系列的技能、知识、能力、行为特征以及其他个人特征的总称，也就是达成某种特定绩效或者是表现出某种有利于绩效达成行为的能力。而且，员工还可以将他们所具备的这种能力从一种工作中成功地带到另一种工作中。因此，绩效行为能力薪酬体系简称为能力薪酬体系，是一种以员工的绩效能力为基础的基本薪酬决定体系，即组织根据员工所掌握的、能够对组织作出贡献的绩效行为能力水平和提高计发基本薪酬及其他相应薪酬的一种报酬制度。

能力薪酬体系与技能薪酬体系有很多共同的地方，可以看作是技能薪酬体系的延展，是以员工所拥有的对于达成组织目标有贡献的能力为基础确定基本薪酬。技能是可以通过后天的培训获得，但是能力按照麦克利兰教授的说法后天培训的成功性就比较小，而且能力薪酬体系相比于技能薪酬体系在确定的过程中更为复杂。广义的技能薪酬体系包括了能力薪酬体系。在实践中，技能薪酬体系通常适用于生产类以及事务类职位，能力薪酬体系更多地适用于管理类职位。

2. 能力薪酬体系的操作步骤

能力薪酬体系的操作步骤与技能薪酬体系的步骤大体相同，区别在于把对技能的分析和评价改为对绩效行为能力的分析和评价，其主要操作步骤如下：

(1)确定能够支持企业战略、为组织创造价值和应当计发薪酬的能力；

(2)确定具备何种素质、特性和行为等要素的员工最有可能成为绩效优秀者；

(3)检验这些能力能否真正使相应员工的绩效与众不同；

(4)评价员工绩效行为能力，并将其与基本薪酬结合起来。

（四）宽带薪酬体系

宽带薪酬体系实际上是一种新型的薪酬结构设计方式，它是对传统的具有大量等级层次的垂直型薪酬结构的一种改进。根据美国薪酬管理学会的定义，宽带薪酬结构就是对薪酬等级和薪酬变动范围进行重新组合，从而建立的一种具有较少薪酬等级和较宽薪酬变动范围的薪酬结构体系。一般来说，典型宽带薪酬结构的薪酬级别不超过4个，每个薪酬等级的最高值与最低位之间的区间变化比率等于或大于100%。宽带薪酬体系支持扁平型组织结构，能引导员工重视个人技能的增长和能力的提高且有利于职位的轮换，培育员工能力，提升企业的核心竞争优势和企业的整体绩效，但它同时也会使晋升变得困难。所以，组织在推行宽带薪酬时也要建立配套的晋升制度。

基于宽带的薪酬体系设计一般按照以下步骤：

1. 确定企业的人力资源战略

人力资源管理的根本目标是实现企业战略。薪酬管理体系则是实现企业战略的一种手段。企业通过建立人力资源战略，将企业战略、核心竞争优势和核心价值观量化为各种行动计划和指标，并借助于激励性的薪酬体系强化员工绩效行为，以促进企业战略目标的实现。

2. 制定企业薪酬战略

在已经确定的企业人力资源战略的基础上，根据企业所处的外部环境制定企业需要的薪酬战略。在进行薪酬体系设计时，薪酬战略的选择、薪酬计划的制订、薪酬方案的设计等均应体现企业战略、核心竞争优势和价值导向对人力资源尤其是对激励机制的要求。

3. 选择适合于运用宽带技术的职务或层级系列

这要根据企业的组织结构特点及工作性质选择适合于运用宽带技术的职务或层级系列。工作的性质对薪酬模式的选择具有重大影响。宽带薪酬模式适用于那些因工作技术要求和工作的性质需要较强的协作和团队精神的企业，这种薪酬模式更有利于提高员工的满意度和绩效。

4. 宽带技术建立并完善企业的薪酬体系

(1)确定宽带的数量。建立宽带薪酬的首要任务是确定企业的工资带数量，工资带之间会有一个分界点。每一个工资带对人员的技能、能力的要求都是不同的。

(2)建立薪酬结构。根据不同工作性质的特点及不同层级员工需求的多样性，建立不同的薪酬结构以有效地激励不同层次员工的积极性和主动性。

(3)确定宽带内的薪酬浮动范围。根据薪酬调查的数据及职位评价结果来确定每一个宽带的浮动范围和级差，同时在每一个工资带中，每个职能部门要根据市场薪酬情况和职位评价结果来确定不同的薪酬等级和水平。

(4)宽带内横向职位轮换。同一工资带中薪酬的增加与不同等级薪酬的增加相似，在同一工资带中，鼓励不同职能部门的员工跨部门流动以增强组织的适应性，提高多角度思考问题的能力。因此，职业的变化更可能的是跨职能部门，而从低宽带向高宽带的流动则会很少。

(5)做好任职资格及薪酬评级工作。宽带虽然有许多的优点，但由于经理在决定员工薪酬时有更大的自由，使用人力成本有可能大幅度上升。为了有效地控制人力成本，抑制宽带薪酬模式的缺点，在建立宽带薪酬体系的同时，还必须构建相应的任职资格体系，明确工资评级标准及办法，并从技术层面有效设计各项分配制度及配套措施，营造一个以绩效和能力为导向的企业文化氛围。

宽带薪酬虽然有很多优点，但并非是解决薪酬管理问题的灵丹妙药。宽带薪酬不仅强调衡量个人对组织的贡献，尊重和重视个人能力和业绩，激励个人努力的文化特征，而且强调员工之间形成合作与知识共享的行为方式。在实践中，要将这两种风格不同的文化特征融合在薪酬体系中，并发挥这两种文化特征的优势并不是一件很容易的事情。

二、薪酬水平及工资结构

（一）薪酬水平

1. 薪酬水平的定义

薪酬水平是指某一组织支付给其内部不同职位人员的平均薪酬或内部各种薪酬的平均数。

2. 薪酬水平定位的策略

定位企业的薪酬水平是企业薪酬水平决策的最主要任务，通常要根据企业的内外部环境、市场竞争需要、发展战略、人力资源战略、薪酬战略、财务实力等要素，合理而慎重地对其作出决策。常见的薪酬水平定位策略有以下几种：

（1）薪酬领先策略。薪酬领先策略就是将本企业，或本企业某些职位、某类人员的薪酬水平定位在高于市场平均薪酬水平之上，以领先于市场和许多竞争对手的薪酬水平来构建和管理本企业薪酬制度的政策和做法。这一策略的主要优点是，能够吸引和留住高素质、高技能的人才，降低离职率，保持高效率员工队伍，减少劳动纠纷，提高企业的形象和知名度，但同时会带来企业劳动力成本增加和巨大的管理压力。采用薪酬领先策略的企业大多投资回报率较高、规模较大、行业的规范化程度较高、薪酬占总成本比率较低、产品市场上竞争者较少。

（2）薪酬跟随策略。薪酬跟随策略是一种使用最为广泛的薪酬策略，是指企业始终跟随市场平均薪酬水平来进行薪酬定位，将本企业薪酬水平定位在等于或接近市场平均薪酬水平，从而构建和管理本企业薪酬制度的政策和做法。这种策略致力于使本企业的薪酬成本接近于产品竞争对手的薪酬成本，同时保持与竞争对手基本一致的吸引和保留人才的能力。采用薪酬追随策略的企业可能遇到的风险最小，但是对于一流优秀人才的吸引力不够，它并不能使企业在竞争性劳动力市场上处于优势地位，而且自身薪酬水平的确定比较被动，受到竞争对手的影响很大，可能会破坏本企业薪酬制度的内部一致性。

（3）薪酬滞后策略。薪酬滞后策略是指企业按照低于市场薪酬水平或竞争对手薪酬水平的标准进行本企业的薪酬定位，以滞后于市场和竞争对手的薪酬水平来构建和管理本企业薪酬制度的政策和做法。这种策略可以使企业减少薪酬开支、维持比较低廉的劳动成本、降低成本费用，有助于提高产品定价的灵活性，并增强企业在产品市场上的竞争力。但是，实行这种策略往往会使企业难以吸引高素质人才，员工不满意度上升，流失率增加，工作的积极性和对企业承诺感或忠诚感都会降低。在一般情况下，处于竞争性产品市场的边际利润率较低，成本承受能力很弱，规模相对较小的企业采用薪酬滞后策略的较多。

（4）混合型薪酬策略。在实践中，许多企业并不是在整个企业中对所有员工或职位仅采用上述某一种策略来进行薪酬水平定位，而是混合决策。薪酬混合策略也叫混合型薪酬策略即反映了这种现实。

薪酬混合型策略是指企业根据不同的职务类别或员工类别分别制定不同的薪酬策略，或者根据不同的薪酬形式而制定不同的薪酬策略，把上述三种薪酬水平策略有效结合，混合使用，从而进行企业薪酬水平的定位。这是一种灵活性和针对性很强的可变薪酬策略，采用混合型薪酬策略可以较好地控制薪酬成本开支，并保持了核心员工的稳定性。

3. 薪酬水平的影响因素

(1)企业薪酬水平的外部影响因素。企业薪酬水平的外部影响因素有宏观经济发展水平、劳动生产率、劳动力市场的供求状况、政府的政策法规调节、工会和行会的作用、物价变动、地区差异等。

(2)企业薪酬水平的内部影响因素。企业薪酬水平的内部影响因素有行业因素、企业规模、企业的经济效益、企业的发展阶段、薪酬分配和支付形式、企业经营战略与价值观因素等。

除此之外,员工自身的因素也会对个人薪酬水平产生影响,如员工的个人特征,包括员工的职位、知识、技能、能力及资历等内容。员工的个人绩效水平及其他一些工作因素都会影响薪酬水平。

总之,影响企业薪酬水平的因素纷繁复杂,但这些因素又不是一成不变的。一旦整个社会的劳动生产率提高,劳动力市场的价格发生了变动、企业的薪酬战略作了调整、其他环境因素发生变化,企业都必须根据环境变化对薪酬水平进行动态的调整。

(二)工资结构

工资结构指的是员工工资各个构成项目及各自所占的比例。公司的工资结构是一项非常重要的管理工具,对员工的工作行为和态度具有重要的影响。

工资结构的设计实际上解决的就是一个组织究竟要采取怎样的工资支付制度的问题,即要给不同类型和等级的员工支付多少工资的问题。工资结构的设计一般是由工作评价结果和市场工资调查结果共同决定的。工资结构设计的过程实际上就是以市场工资作为参照标准确定各类员工的工资浮动幅度结构的过程。

1. 制定工资等级

企业有着多种工作,所以不可能对每项职务相应确定一个工资值。为了方便管理,通常对企业的工资设计若干个工资等级,每个等级中包含相同的若干种工作或技能水平相同的若干名员工。即制定工资等级是将工资基本相同的不同职位归在一起成为一个工资等级的过程。同一工资等级内,包括多种相同工资值的职务。

工资等级的划分根据工作评价的结果进行。企业工资结构中划分多少个工资等级,则要从下列因素考虑:

(1)劳动复杂程度。工资等级包括企业全部的职务、所有岗位和工种,所以在确定工资等级数目时,要考虑同一工种内,或不同工种间劳动复杂程度的差别。通常来讲,劳动复杂程度高的,工资等级的差别大,工资等级数目设置的多;反之,劳动复杂程度低,工资等级数目设置的少。

(2)劳动熟练程度。劳动熟练程度高、工作经验要求多的工作,工资等级数目就要随着员工的熟悉程度和工作经验的多少而设置。

(3)工资级差。在一定的工资基金总额下,工资等级数目与工资级差呈反向关系。一般情况是,级差大,数目少;级差小,数目多。

设置工资等级数目主要是为了工资管理的方便,以及衡量各种职务相对价值差别的大小。在相对价值最大的职务和最小的职务之间的分数确定的情况下,要注意工资级别数目不能过少,如果工作任务、责任和工作环境上差别很大的员工之间的工资差距太少,就会损害报酬制度的内部公平性;同时,工资级别数目也不能过多,对于那些本来没有明显差别的工作却拉大了工资的差距,同样会损害报酬制度的内部公平性。实际上,小企业的工资等级有的只有5～6级,而有的大企业却是它的几倍。

2. 确定工资等级间距

工资等级的间距，是指在一个工资等级的范围内，其上限与下限之间的差距大小，即处于同一工资等级的不同员工的薪酬可能浮动的范围。一般情况下，同一工资等级内的职务基本工资相同；而他们的报酬还受到诸如工作表现、资历、业绩等方面的影响。因此，工资等级间距也是工资结构设计中的重要部分。

薪酬浮动幅度的设计要根据员工的职位特点和职位等级而定，在设计工资等级间距里，通常要考虑这样两个因素：其一，工作业绩上的差别，职务相对价值越大的工作，其任职者工作业绩的差别就越大；反之，相对价值越小的工作，任职者工作业绩的差别就越小。其二，级别晋升空间，工资等级越高的员工及相对价值越大的职务上的员工，他们的晋升空间就越小。对于他们而言，设置较大的报酬变化空间，可以让员工看到，即使由于高层职位稀缺而不能提升职位，也能够得到相应的薪酬增长余地，可以继续激励他们努力工作。

3. 设计等级重叠

设定等级间距要注意相邻的两个工资等级之间，低等级工资的最高水平通常高于高等级工资的最低水平，我们把这种现象称为工资等级的重叠。

很多组织在设计薪酬结构的时候，并非一定要设计薪酬等级间的相互重叠与交叉，而是采用各相邻的薪酬等级间首尾相连的连续性结构。这种做法有很多优点。例如，可以使处于较低等级的员工因为业绩好或资历的优越而获得与更高等级的员工同样的薪酬水平，从而实现激励作用。也可以使处于高一层的薪酬等级，拿比较低的薪酬，弥补由于提升失误造成的成本增加的损失。工资等级重叠的程度取决于：相邻两个等级的职务相对价值的差别大小，差别越大，重叠的程度越小；差别越小，重叠的程度越大。

薪酬结构是否合理会影响员工为企业服务的积极性，从而导致他们不太愿意服从组织的工作安排，所以不合理的薪酬结构对组织整体竞争能力的提升具有严重的危害。

二、薪酬预算与薪酬控制

（一）薪酬预算

1. 薪酬预算的定义

薪酬预算主要是根据企业未来的发展状况测算企业所需的薪酬总额，然后看这个总额是否在公司的可承受范围之内。薪酬预算可以清晰地反映出组织的人力资源战略，具有相当的敏感性。企业的薪酬预算一般会受到外部环境和市场薪酬水平、内部薪酬决策、技术进步和员工队伍变化、企业财务状况或支付能力、员工生活成本的变动及企业现有的薪酬状况等环境因素的影响。

2. 薪酬预算的方法

薪酬预算方法主要有自上而下预算法和自下而上预算法两种。

（1）自上而下预算法。自上而下预算法是指先由企业的高层管理者决定企业的薪酬预算总额和提薪幅度及政策，再将整个预算额度分配给企业内各个部门，最后由各部门管理者把上级分配的薪酬额度根据企业分配政策和员工的实际情况分配给每一位员工。这种方法的优点是可以较好地控制企业的薪酬成本，方便调控人力成本开支、企业支付能力和绩效产出的对称性。但是，这种预算方法缺乏灵活性，受主观因素影响较大，降低了薪酬预算的准确性。

（2）自下而上预算法。自下而上薪酬预算法是指通过基层单位各部门经理提前预报本单位在下一年拟获得薪酬预算的估计数，计算出各个部门或单位所需的薪酬开支，然后将各个部门或单位的薪酬预算数汇总，最后编制出企业整体薪酬预算的方式方法。自下而上法的优点是简单易行、灵活性高、接近实际、员工容易从中得到满足感，但它也存在着难以控制企业总体薪酬成本这样一个主要问题。

3. 薪酬预算考虑的因素

进行薪酬预算，首先要对可能发生变动的因素作出估计，一般可以把这些因素分为内部因素和外部因素。

(1)内部因素。薪酬预算需要考虑未来一段时期企业员工人数的增减、员工的流动状况、企业内工作职位的变化、公司的整体薪酬水平和薪酬结构的变化、公司的经营状况、管理层对薪酬效益的期望目标等。

(2)外部因素。薪酬预算需要考虑的外部因素有行业及地区薪酬水平、员工的生活成本及劳动力市场的供需状况等。

(二)薪酬控制

1. 薪酬控制的定义

薪酬管理的主要任务之一是控制薪酬成本。控制好劳动力成本才能实现薪酬管理的战略目标。所谓薪酬控制，是指为确保既定方案的顺利落实而采取的种种相关措施。通过薪酬预算，会对已有的薪酬方面的具体标准和衡量指标有比较清晰的认识，而薪酬控制的主要功能就在于确保这些预定标准的顺利实现。

2. 薪酬控制的难点

对于任何一个企业来说，对薪酬管理进行监督和控制都不是一件轻松的事情，因为控制要受到多种因素的制约和阻碍。而这种情况之所以会出现，主要是因为控制行为本身的复杂性所致，这种复杂性主要表现在以下几个方面：

(1)控制力量的多样性。每个人都有控制他人的欲望。在企业中，每个人都为实现企业的整体目标而完成自己的手头工作，同时也为实现个人目标而进行着努力；他们不可避免地要因为受控而承受来自企业和其他员工的压力，同时也在向他人施加一定的压力。员工在大多数时候都必须在各种冲突力量之间进行选择，这也是企业里的控制体系总是处于次优状况的重要原因。

(2)人的因素的影响。企业的控制体系在不同的环境下、面对不同的对象会发挥出不同的作用。例如，各项工作职责的设计和履行之间彼此独立，工作周期本身又比较短，那么控制体系的作用效果就比较明显；但是，如果某项工作职责是让员工在很长的时间里，与不同的岗位打交道，那么对其进行监控就不会有很明显的效果。

(3)结果衡量的困难性。在企业的日常运营过程中，对一些工作行为进行观察往往是很困难甚至是不可能的。出于有效控制的目的，企业往往会针对其希望得到的结果制订出若干衡量指标。但一定程度上这种做法易使得员工把注意力集中在衡量指标而不是目标本身上。

3. 薪酬控制的途径

一般情况下，企业的劳动力成本可以与劳动力的雇用量、企业的平均薪酬水平、企业的平均福利水平有关系，即主要取决于企业的雇用量以及在员工基本薪酬、可变薪酬、福利与服务这三个方面的支出，所以可以通以下几个方面来关注企业里的薪酬控制：

(1)控制员工人数。许多企业十分强调用工数量的管理，但是核心员工的减少或裁员又会给企业带来人才流失、士气低落等副作用。因此，企业在实践中多是通过扩展临时工和替代性较强的员工来实施员工人数的调控，而把骨干员工队伍保持相对的稳定。例如，尽量聘用离退休人员、兼职人员及外单位离岗人员，不要轻易增加雇员，充分共享社会资源，可能情况下尽量让外包公司做非核心事务，如打字、文印等工作。

(2)控制工作时数。与人数控制相比，工时控制更具灵活性。企业通过控制总工时，特别是需付高薪的节假日加班工作时间，可以有效控制薪酬成本，而且还能避免裁员带来的震动和麻烦，具有方便、快捷、隐蔽地降低成本作用。

(3)控制员工的基本薪酬。为了控制人力成本而控制基本薪酬，主要是要控制基本薪酬加薪的覆盖面、加薪的幅度及加薪的时间。由于基本薪酬增加的主要动因可能是内部公平性、市场状况变动和升职晋级等因素，所以还需要对这些源头因素实行管理和调控。

(4)控制员工的可变薪酬。可变薪酬带来的薪酬成本增长问题绝不能小看，因为可变薪酬已普遍占到了企业支付给员工全部薪酬中的相当大的部分。可变薪酬的成本控制应重点利用它的一次性支付性质来改善劳动力成本的可调节幅度。也就是说，可适当加大它相对于固定薪酬的比例。

(5)控制员工的福利水平。企业福利一般有三个来源，一是与基本薪酬相联系的福利，二是与基本薪酬无联系的福利，三是福利管理的费用。第一个来源的福利份额较大，对薪酬预算和成本影响较大；第二个来源的福利多为短期福利项目，数额较小，弹性较小；第三个来源的福利也有较高的弹性可以利用。通过控制员工的福利支出来降低薪酬成本时，需要针对不同福利支出的特性分别管理和调控，落实在不同控制环节和因素上才能取得实效。

另外，企业还可以利用工作评价、薪酬调查、工资结构线、薪酬宽带、计算机辅助管理、最高与最低薪酬水平控制、成本分析、薪酬比较比率等薪酬技术手段，来促进或改善薪酬成本控制，节省人力成本支出。

第三节　福利管理

一、福利的概念

员工福利又称为劳动福利，是一种补充性报酬，它是企业为满足劳动者的生活需要，在工资、奖金收入之外，向员工本人及其家庭提供的货币、实物及其他服务的劳动报酬。与其他形式的报酬相比，员工福利具有以下三个主要特点：

(一)补偿性

员工福利是对劳动者为企业提供劳动的一种物质补偿，也是员工工资收入的一种补充形式。

(二)均等性

企业内履行了劳动义务的员工，都可以平等地享受企业内各种福利(除高层员工的特殊性福利外，如汽车、电脑等)。

(三)集体性

企业兴办各种集体福利事业，员工集体消费或共同使用公共物品等是员工福利的主体形式，这也是员工福利的一个重要特征。

一个组织之所以愿意支付更多的钱来支持福利项目，其原因从表面上看，福利是花钱、是支出，但良好的福利对组织发展具有重要意义。一方面，良好的福利有时比高工资更能吸引优秀员工，构筑强劲凝聚力，从而提高员工的士气，使员工有与企业共荣辱之感；另一方面，良好的福利可以解决员工的后顾之忧，会使许多可能流动的员工打消流动的念头，因而是一种有益的投资，它能提高资金的使用效果。而且，与员工的工资、奖金收入不同，福利一般不需纳税。由于这一原因，相对于等量的现金支付，福利在某种意义上来说，对员工就具有更大的价值。

二、福利的影响因素

(一)企业外部原因

1. 劳动力市场的标准

企业在制定福利标准时，应该参考劳动力市场调查的资料，如行业内企业提供的福利范围、成本和受惠员工的比例等。

2. 政府的政策法规

在制订福利计划时，需参考国家和地区针对福利的明文规定，如组织员工应该享受福利，若组织不按规定实施福利则视为违法，但不同国家和地区的福利法规有差异。

3. 工会的压力

工会是员工的代表，是员工利益的维护者，它经常为员工福利问题与企业资方谈判，资方迫于压力，也为了化解或防止劳资双方的冲突，不得不提供某些福利。

(二)企业内部原因

1. 高层管理者的经营理念

福利成本占总薪酬方案成本中的一部分，高层管理者对成本的控制会影响员工的福利。当高层管理者认为员工福利能省则省，那么企业的福利则不会丰厚；当高层管理者认为福利应该尽可能好，那么企业的福利就会好。

2. 员工因素

员工对不同福利项目的偏好取决于个人的需要，福利上的公平感主要出自于个人与他人或过去所得福利水平的比较。不同员工对福利项目和内容的偏好较大，个人的不同需要是与其年龄、性别、婚否、子女负担等特征情况紧密联系的。

三、福利的类型

从总体来看，福利可以分为两大类：一类为法律政策明文规定的福利，即法定福利；另一类为组织根据实际情况和增强员工激励力而提供的福利项目，即组织福利。

(一)法定福利

法定福利是组织必须为员工提供的各项最基本的福利，具体来说，主要是指法定休假、社会保险和住房津贴。

1. 法定休假

法定休假包括公休假日和法定休假日两大类。在法定假期内，员工可以享受在有报酬的前提下不用上班的福利。

公休假日是指劳动者通常的周末休息时间。我国实行劳动者每周40小时工作制，所以劳动者每周可以有两天的公休假日。

法定休假日是指国家明文规定的节假日。在我国具体是指元旦、春节、清明节、劳动节、端午节、中秋节和国庆节等。

2. 社会保险

社会保险是指国家通过立法，对由于年老、失业、患病、工伤、生育而暂时或永久丧失劳动能力的劳动者给予补偿，保障其基本生活需要。社会保险是国家强制性的社保项目，组织必须参加社会保险，定期为员工缴纳社会保险费。目前，我国的社会保险主要包括五大项目，即养老保险、失业保险、医疗保险、工伤保险和生育保险。

(1)养老保险：是国家和社会根据一定的法律和法规，为解决劳动者在达到国家规定的解除劳动义务的劳动年龄界限，或因年老丧失劳动能力退出劳动岗位后的基本生活而建立的一种社会保险制度。

(2)医疗保险：是劳动者因患病而暂时失去劳动能力和收入来源，国家和社会给予其一定的医疗服务、假期和收入补偿，以促其恢复劳动能力，尽快投入劳动过程的社会机制。

(3)工伤保险：是指国家和社会为在生产、工作中遭受事故伤害和患职业性疾病的劳动者及亲属提供医疗救治、生活保障、经济补偿、医疗和职业康复等物质帮助的一种社会保障制度。

(4)失业保险：是指国家法律确定的，由社会集中建立基金，对因失业而暂时中断生活来源的劳动者提供物质帮助，使其享有基本生活水平，并通过转业训练、职业介绍等手段为他们重新实现就业创造条件的机制。

(5)生育保险：是国家通过立法，对怀孕、分娩女职工给予生活保障和物质帮助的一项社会机制。其宗旨在于通过向职业妇女提供生育津贴、医疗服务和产假，帮助她们恢复劳动能力，重返工作岗位。

3. 住房津贴

住房津贴是指组织为了使员工有一个较好的居住环境而提供给员工的一种福利，主要包括以下几种：

(1)住房公积金。住房公积金是指国家机关、国有企业、城镇集体企业、外商投资企业、城镇私营企业、事业单位、民办非企业单位、社会团体为其职工缴存的长期住房储金。职工缴存的部分和职工所在单位缴存的住房公积金归职工个人所有。

(2)组织购买或建造住房后免费或低价租给或卖给员工居住。

(3)为员工的住所提供免费或低价装修。

(4)为员工购买住房提供免息或低息贷款。

(5)全额或部分报销员工租房费用。

有关社会保险和住房公积金的具体内容和实施办法有着非常详尽的法律规定，组织可以参照相关法律法规依法实施。

(二)组织福利

组织福利是指根据组织的特点和组织的经济效益为员工提供的，除法定福利以外的其他福利，包括货币津贴、实物和服务等。组织福利比法定福利的种类更多，使用也更加灵活。目前，正在被广泛采用的福利项目有：

(1)补充养老金计划。补充养老金计划又称年金计划，是指组织根据自身经济实力，在国家规定的实施政策和实施条件下为本组织职工所建立的一种辅助性养老保险。补充养老保险一般由有支付能力的组织自愿建立，由组织和个人按照一定的比例缴纳费用，进入员工个人的补充养老保险账户，由员工退休后领取。

(2)补充医疗计划。社会保险中的医疗保险的保障水平有限，如果员工生病住院，通常还要由自己承担超出医疗保险费用之外的部分。这对于员工而言可能会是很大的负担，所以有许多的组织为其员工建立补充医疗保险，组织可以按照一定的比例支付给员工社会保险中超支的部分。

(3)额外货币收入。额外货币收入如组织在春节、端午节、中秋节、国庆节等特殊节日给员工的加薪。

(4)其他。有的企业还为员工提供一些免费或低价的工作餐、工作休息的免费饮料,免费发放食品等饮食福利;或者有免费班车接送员工上下班、向员工发放交通补贴;条件好一点的企业会提供一些诸如在职或短期的脱产培训及公费进修、报刊订阅补贴、组织员工进行集体文体活动等;而一些企业会根据自身经营特点,在淡季安排员工若干天带薪休假,休假时间长短一般根据员工在本组织的工作年限的不同而区别处理。

四、福利的管理

福利管理越来越受到重视,国家的许多法律也规定企业必须给员工提供一些福利。另外,组织为了加强对员工的激励,调动员工的积极性,也要给员工提供福利。组织提供的福利反映了组织的目标、战略和文化。但有些组织由于不善于管理福利,虽然在福利方面投入了大量金钱,效果却不理想,许多优秀人才纷纷离职,组织效益明显下降。因此,福利的有效管理对组织的发展至关重要。一般而言,福利的管理涉及以下几个方面:

(一)福利的目标

每个企业福利的目标各不相同,但是有些内容是相似的。一般而言,都会包括以下内容:符合当地政府法规政策;符合企业的长远目标;满足员工的需求,并能考虑到员工眼前需要和长远需要;企业能担负得起,符合企业的报酬政策;能激励大部分员工。

(二)福利的成本核算

福利的成本该算是影响福利效果和效益的重要部分,管理者必须花较多的时间与精力投入其中。福利的成本核算主要涉及三个方面:首先,要计算公司可能支出的最高福利总费用,并与外部的福利标准进行比较;其次,要作出主要福利项目的预算,确定每一个员工福利项目的成本,制订相应的福利项目成本计划;最后,在尽可能满足福利目标的前提下降低成本。

(三)福利沟通

福利并不是投入的越多,员工越满意。员工对福利的满意程度与对工作的满意程度并不总是呈正向关系。所以,如何使福利项目最大限度地满足员工的需要,福利沟通相当重要。

通常,福利沟通可以采用一些方法,如问卷调查法、员工面谈法、通过内部刊物或其他场合介绍有关的福利项目从而得到员工对各种福利项目的反馈法、公布一些福利项目让员工自己挑选等方式实现。

(四)福利的调查

福利的调查对于福利管理来说十分必要,福利调查可以出现在三个主要时间点上:第一,确定福利项目前的调查,这个时间点上主要了解员工对某一福利项目的态度、看法与需求;第二,员工年度福利调查,主要了解员工在一个财政年度内享受了哪些福利项目,各占比例多少,满意程度如何;第三,福利反馈调查,主要调查员工对某一福利项目实施的反馈如何,是否需要进一步改进或取消。

(五)福利的实施

福利的实施是福利管理最具体的一个方面,在福利实施的过程中要围绕既定目标,按照各个福利项目的计划有步骤地进行;同时,预算要落实,这样才不至于把福利实施计划落空,或向员工的福利承诺不兑现,保持实施进程一定的灵活性,定时检查实施情况,防止漏洞产生。而且,员工的需求呈复杂化和多样化特征,不同员工对福利项目的喜好也各有不同;在福利费用总额不变的前提下,应该尽可能给员工提供多种福利让他们根据自己的喜好和需要而选择。

本章小结

薪酬管理涉及一系列的决策,是一项非常复杂的活动,主要包括薪酬管理概述、薪酬管理实务和福利管理。本章系统地介绍了薪酬的概念、薪酬管理的内容;在薪酬体系设计部分,着重讲述了薪酬体系设计的方法,并对薪酬水平和工资结构作了重点的讲述;在薪酬预算与控制部分讲解了薪酬预算的方法,以及如何进行薪酬控制;在福利管理内容中主要从企业内部和企业外部两个角度介绍了福利的影响因素,最后详细介绍了现行企业常用的福利类型。

课后思考

1. 什么是薪酬结构?
2. 薪酬体系设计的方法有哪些?
3. 薪酬控制的途径有哪些?
4. 企业常用的福利类型有哪些?
5. 选择一家单位调查其薪酬体系,并对该薪酬体系的特点进行分析。

案例分析

IBM公司:薪酬管理的"秘密"

IBM是一家拥有520亿美元资产,34万名职工的著名跨国企业,长期位居世界500强企业前列。很长时间以来,它一直是世界上最大的计算机制造公司。

IBM公司之所以能够长期雄居世界顶级企业之林而不衰,与其有效的人力资源管理和开发工作是密不可分的,薪酬管理是IBM人力资源管理的重要支柱。IBM的领导层认为,公司的薪酬制度对于公司的竞争优势具有重要影响,不合理的薪酬会使员工对公司感到失望,影响人们的态度和行为,直接或间接地降低士气、生产率和企业绩效。因此,必须建立完整、科学的薪酬体系,必须积极有效地实施薪酬管理。历经长期的实践检验和修正,IBM公司的薪酬管理形成了以下实用做法和经验。

1. IBM的薪酬应等于或高于一流的企业

IBM公司认为,所谓一流公司,就应付给职工一流公司的薪酬。这样才算一流公司,职工也会为身为一流公司的职工而自豪,并转化为热爱公司的精神及对工作充满热情。

为了确保比其他公司拥有更多的优秀人才,IBM在确定工资标准时,首先就对其他企业进行调查,确切掌握同行业其他公司尤其是一流企业的标准,并注意使本公司薪酬定位在同行业经常保持领先的地位。

IBM选择定期调查对象时,主要考虑以下几点:工资标准、卫生福利都优越的一流企业;应该与IBM从事相同工作的人员的待遇进行比较,应该选择具有技术、制造、营业、服务部门的企业;应是有发展前途的企业。

然而,IBM所说的"必须高于其他公司的薪资",归根结底是要"取得高于其他公司的工作成绩”。在提薪时，根据营业额、利润等计算出定期提薪额，由人事部门提出“每人的平均值”。因此，要提高提薪资额，就必须相应提高工作成绩。

2. IBM的工资应当与职务的重要性、工作的难度等相称

IBM根据各个部门的不同情况，根据工作的难度、复杂性、重要性，将职务价值分为五个系列（按职务价值由高到低，在此分别以H、I、J、K、L代表各系列职务），在五个系列中分别规定了工资最高额与最低额。不同系列职务的工资额有所交叉，如L系列工资的最高额相当于K系列的中间偏上、比K系列的最低工资额高。

L系列属于是单纯部类的工作，而K、J、I、H则是困难和复杂程度依次递增的工作，其职务价值也越来越高。做简单工作领取L系列工资的人，如果只对本职工作感兴趣，那么他可从L系列最低额慢慢上升，但只限于到L系列的最高额。领取L系列工资的许多职工，当他们的工资超过K系列最低额的水准时，就提出：“请让我做再难一点的工作吧！”向K系列挑战，因为K系列最高额比L系列最高额高得多。

同理，各部门的管理人员也会对照工资限度，建议员工“以后你该做难度稍大的工作，是否会好一些？从而引导职工不断向价值更高的工作挑战。

3. IBM的工资应当充分反映员工每年的业绩

从历史看，IBM公司65%～75%的职工每年都能超额完成任务，只有5%～10%的人不能完成定额。那些没有完成任务的人中只有少数人真正遇到麻烦，大多数人都能在下一年完成任务，并且干得不错。取得如此佳绩的诀窍之一是IBM把员工工资与其每年的工作绩效密切联系在一起，

IBM员工个人每年的业绩情况是由考评确定的。通常由直属上级负责对员工工作情况进行评定，上一级领导则作总的调整。每位员工都有进行年度总结和与上级面对面讨论总结的权利。上级在评定个人年度工作业绩时往往与做类似工作的其他员工的工作相比较而定。评价大体上分10～20个项目进行，这些项目客观上都是可以取得一致的。

对于行政、宣传、人事等非生产技术部门员工的难以量化工作的考核，IBM公司创造了一些办法，设法把感觉换算成数字。革除了以往凭主观印象感觉评价这些部门工作业绩的做法。以宣传工作为例，他们把考核期内在报纸、杂志上刊载的关于IBM的报道加以搜集整理，把有利报道与不利报道进行比较，以便作为衡量一定时期宣传工作的尺度。

年度评价工作全部结束，就在每个部门乃至全公司进行平衡，分成几个等级。例如，A等的职工是大幅度定期晋升者，B等是既无功也无过者，C等是需要努力的，D等则是因生病或其他原因达不到标准的，再分别进行工资调整。

4. IBM的报酬体系应当平衡而完备

除了在工资制度上进行精心设计和准确管理外，IBM建立了IBM会员资格、IBM部门奖、IBM发明成就奖、IBM合理化建议奖及丰富多彩的非正式奖励等为代表的奖励制度，对于员工们为公司所作出的能够或无法用货币价值衡量的贡献和创新，给予了相应奖金、物质或精神奖励，激励了员工的工作积极性和创新精神。

此外，IBM公司还精心构造了与工资制度相配套、相协调、相补充的福利和服务体系，在员工假期、健康保险、友好的工作场所和工作条件、工作的价值和挑战性、晋升和发展的机会、尊重和认可个人社会保障成就等各个方面进行了制度化设计和管理，从而建立了一个涵盖经济性报酬和非经济性报酬，包括企业的工资、奖金、津贴、福利、服务、工作环境等多种内容在内的完整而平衡的“一揽子”报酬体系，为企业员工提供不断的外在激励和内在激励之源，为企业

节约成本，留住人才、提高形象作出了贡献。

思考：

1. IBM 的薪酬分配体现了什么样的原则和公平观？它们是如何被体现的？

2. IBM 采取了什么样的薪酬水平策略？

3. IBM 的薪酬体系、薪酬形式、薪酬水平、工资结构及薪酬计发各自有何特点？发挥着什么效用？

扩展阅读

不要剥夺部下的利益

部下已得到的利益，要收回，必然造成部下的强烈反抗，不管是出于什么理由的收回。这么做，都会使领导者的威信丧失殆尽，而且还会造成其他严重的后果。

美国玫琳凯公司的总裁玫琳凯，早年受雇的一家公司曾经决定重新修订佣金的办法。所有的公司目录和公司条文都加以修改后，公司老板决定在一系列的地区销售会议中，由他本人来亲口宣布这个办法。玫琳凯曾陪同他参加第一个会议，那次的经验使她终生难忘。

面对着将近 50 位销售经理，这位老板说，从今以后，他们从公司所得的 2%的抽成将减到 1%。“不过”，他说：“取代这 1%的是，你每招收一个新的销售人员就可以得到一个很好的礼物。”他一边说，一边用手拉起一块白桌布，上面摆着好些家用产品，像时钟、收音机和录音机等。他继续说：“这些礼物任你们选择，只要你们吸收训练的人越多，你就可以得到越多宝贵的礼物。”

就在这个时候，一个销售经理站起来猛烈“炮轰”这位老板，她极度愤慨地说：“你怎么敢这样对我们？你可知道，即使是你原先给我们的 2%也还不够，你把我们的抽成减半，然后送给我们这些不值钱的东西，你当我们是白痴不成？”说着，她气冲冲地冲出会议室。其他在场的同一州的销售人员也跟随她离去，50 个人全部走得精光。仿佛遭到突击一般，这位老板一下子便丧失了那一个州的销售人员，而且是全国最好的销售人员。

这个会议是星期五开的，原先预订在星期六、星期日连着开，结果这位老板不得不提前在星期六早上飞回得州的总公司。这个周末，他重订了销售佣金的办法，又恢复到原先 2%的抽成办法。到了星期一，他们参加在另一个区的第二个会议，一切顺利。然而，该公司已白白丧失了一个州的销售主力。那 50 个人没有一个再回头。

人们对已到手的东西是不肯轻易放弃的。而且，基本上对任何一种改变，人们都会产生排斥。即使这种改变是有益的，在他们没有充分理解并体会到改变所带来的好处之前，都会持反对态度。对新的、不同的东西有所抗拒似乎是人的自然反应。

给予部下的利益，只有逐步增加，不能减少，而且增加也要以部下能理解、体会的方式进行，并有实际意义的增加；空头支票或部下不愿意接受的替代品，都会遭到部下的反对。这是一条不变的规律。

第九章

企业文化与人力资源管理

知识目标

◎掌握企业文化的含义、功能和结构
◎了解企业文化对人力资源管理的影响
◎掌握企业文化对人力资源管理的对策

能力目标

◎掌握企业文化构建的方法
◎掌握企业文化的传播途径

导入案例

丰田的人力资源管理与企业文化

企业文化的形成在很大程度上要与企业的人力资源管理相结合，如此才能将抽象的企业文化的核心内容——价值观通过与具体的管理行为相结合，真正得到员工的认同，并由员工的行为传达到外界，形成企业内外部获得广泛认同的企业文化，真实树立企业外部形象，由此起到现代营销中所称的推销文化的效果。以下让我们看看丰田公司的企业文化与人力资源管理的案例。

日本丰田汽车公司成立于20世纪30年代末，公司现有8家工厂，职工人数达45 000人，其产品主要是汽车部件，包括钢铁、有色制品、化纤制品、塑料制品、橡胶、玻璃、各种日用品用具等。现在丰田汽车公司的汽车产量仅次于美国通用汽车公司和福特汽车公司，居世界汽车制造业第三位。

企业管理界人士普遍认为，丰田的成功经验是：积聚人才，善用能人，重视职工素质的培养，树立良好的公司内部形象。作为企业文化和人力资源管理结合中的一部分，丰田公司的企业教育取得了很大的成果。较高的教育水平和企业人才培训体系的建立，是企业乃至社会经济飞速发展的基础。这一点，在丰田的企业文化和人力资源管理中得到了证实。丰田公司对新进入公司工作的人员，有计划地实施企业教育，把他们培养成为具有独立工作本领的人。这种企业教育，可以使受教育者分阶段地学习，并且依次升级，接受更高的教育，从而培养出高水平的技能集团。

丰田教育的范围不仅仅限于职业教育，而且还进一步深入到个人生活领域。教育的目标，因为具有生活中的实际意义而能够为员工普遍接受。有人问："丰田人力资源管理和文化教育的要害和目标是什么？"丰田的总裁曾作了这样的回答："人力资源管理和文化教育的实质是，通过教育把每个人的干劲调动起来。"丰田教育的基本思想是以"调动干劲"为核心。

非正式教育，在丰田称作"人与人之间关系的各种活动"，是丰田独有的教育模式，这种教育就是上述的关于人的思想意识的教育。非正式教育的核心是解决车间里人与人之间的关系，培养相互信赖的人际关系。光靠提高工资福利保健等劳动条件，还不能成为积极地调动员工干劲的主要因素。丰田创造出一系列精神教育的活动形式，这种活动是以非正式形式和不固定形式的做法进行的。

非正式的各种活动包括以下几方面：

(1)公司内的团体活动。这是根据员工的特点，将员工分成了更小的团体。团体小可使参加者更加随意、亲近地接触，这对于培养员工的团队意识是很有帮助的。一个人可以根据各种角色身份参加不同的团体聚会。通过参加这些聚会，既开展了社交活动，又有了互相谈论的机会。为了这种聚会，公司建造了体育馆、集会大厅、会议室、小房间等设施，供自由使用。公司对聚会活动不插手，也不限制。职工用个人的会费成立这种团体，领导人是互选的，并且采取轮换制。所以每一个人都有当一次领导人来"发挥能力"的机会。这些聚会都有一个共同的条件，就是把这些聚会作为会员相互之间沟通亲睦、自我启发、有效地利用业余时间，向不同职务的会员进行交流的场所。

(2)个人接触和"前辈"制度。丰田公司为了让新参加工作的职工熟悉新环境，曾提出了"热情欢迎新职工"的课题，在这方面，采取了"个人接触"的形式。这种形式的做法是，选出一位前辈，把他确定为新职工的"专职前辈"。这位前辈担负着对所有事情的指导工作，这种做法产生了很好的效果，专职前辈的任职期间一般为6个月。在工作上、生活上、车间里，专职前辈都给予指导和照顾，对人际关系、上下级关系给予协调。公司方面把这个"前辈"的做法加以制度化。

(3)"领导个人接触"的制度。这是对工长、组长、班长施行"协助者"的教育，是一种进行"商谈"的训练。

(4)故乡通信的做法。班组长每日轮流给新职工的家寄信。新员工进公司的第一个月，由企业写信和寄小组照片，寄丰田画报和丰田报。如何使这股团队亲情不断、不倦地持续下去？这是丰田领导者一直在思考的问题。这个问题不是单纯的福利保健活动，而是要作为企业长远的文化建设方面的问题对待，他们正为开展更加多种多样的活动而苦思冥想。20世纪70年代以后，20岁以下的职工占到50%。他们的思想意识、价值观念和欲望同20世纪五六十年代的职工相比发生了很大变化。为这些人创造出一个使他们满足而"有吸引力的工作环境"，是很不容易的事情。然而，公司不断地进行积极地努力，继续创造能培养“生存的意义和干劲”的土壤。

丰田公司企业文化与人力资源管理契合的做法，对我国企业来说有许多可以借鉴之处。在人力资源管理中，不能仅仅把员工招聘吸引优势人才就看作成功的人力资源管理。要做到“招得来、留得住、用得好”，除了人力资源的常用技术手段外，还要把人力资源管理活动与企业文化相结合，把企业文化的核心内容灌输到员工的思想之中，体现在行为上，这是企业文化形成的关键。具体的人力资源管理与企业文化结合的做法，可以从以下几方面出发：

首先，将企业的价值观念与用人标准结合起来。这要求企业在招聘过程中对招聘者进行严格的培训，在制订招聘要求时要有专家的参与。在招聘面试过程中，选择对本企业文化认同较高的人员。

其次，将企业文化的要求贯穿于企业培训之中。这种培训即包括企业职业培训，也包括非职业培训。尤其是非职业培训，要改变以往的生搬硬套的模式，而应采取一些较灵活的方式，如非正式活动、非正式团体、管理游戏、管理竞赛等方式，将企业价值观念在这些活动中不经意地传达给员工，并潜移默化地影响员工的行为。

再次，企业文化的要求要融入员工的考核与评价中。大部分企业在评价员工时，以业绩指标为主，即使有些企业也提出德的考核，但对德的考核内容缺乏具体的解释，也缺乏具体量化的描述，使考核评价的各人根据各人的理解进行，并未起到深化企业价值观的作用。在考核体系内，要将企业价值观念的内容注入，作为多元考核指标的一部分。其中，对企业价值观的解释要通过各种行为规范来进行，通过对鼓励或反对某种行为，达到诠释企业价值观的目的。

最后，企业文化的形成，要与企业的沟通机制相结合，只有达到上下理解一致的情况，才能在员工心目中真正形成认同感，从而形成核心能力，建立起在市场竞争中特有的竞争优势。

丰田公司是当今全球十大汽车公司之一，是日本最大的汽车公司。80 年的时间能把一家企业从无到有，并形成 1 800 多亿美元的市值，确实是一个壮举。有人说，日本的民族企业成立初期是受到过日本政府很好的政策待遇及日本国民的鼎力相助，那就当这些是外部因素来考虑好了，但是真正使得一个企业能长久不衰，并且还能持续高速发展的内在东西，离不开深厚优秀的企业文化，离不开持久的企业精神，更离不开一代又一代丰田人的努力。

第一节　企业文化概述

企业拥有两类财富：一类是物质财富，是企业外在的泛化表现；另一类是精神财富，是企业内在的深邃蕴含。而这两类财富都可以用企业文化来概括和表达。尽管企业文化热已经在全球范围内产生了深刻的影响，但究竟什么是企业文化？企业文化有什么内涵和特点？对此，许多人并不十分了解。

一、企业文化的内涵

关于企业文化的概念和特征问题，学术界存在各种不同的看法，尚未形成一个统一的认识。本章在论及企业文化理论之前，首先有必要对文化及企业文化加以界定。

（一）企业文化的含义

1. 文化的概念

“文化”一词，在不同的国家和民族、不同的历史时期有不同的定义，管理学家对它也有不同的定义。许多管理学家对文化比较一致的看法是：文化是人们生活的方式和认识世界的方式。人们总是遵循他们已经习惯的行为方式，这些方式决定了他们生活中特定规则的内涵和模型，社会的不同就在于他们文化模式的不同。

从一般意义上说，文化可以定义并表示为人们的态度和行为，它是一代代人传下来的对于存在、价值和行动的共识。文化是指人类在社会历史发展过程中所创造的物质财富和精神财富的总和，更特指精神财富，如文学、艺术、教育、科学等。

文化具有以下特征：第一，文化不仅是一种个体的特征，而且是人类群体的特征；第二，文化是一种观念形态，既存在于人类的精神生活中，也体现在人们的物质生活中；第三，文化具有相对的独立性和稳定性；第四，文化是发展的，文化是通过本身的扬弃、批判、继承、融合在发展变化的。

许多人认为，文化就是对生活的审美观，文化贯穿于生活的每一部分、每一细节，与在其中的人类行为息息相关。每个人都生活在某种文化环境中，适应一代代传承下来的价值体系，学习该社会的行为规范。因此，任何人的世界观、价值观都会或多或少地受其周围文化的影响，进而导致不同地区的人形成不同的宗教信仰、生活习俗及行为习惯。管理以及管理行为更是文化与经济生活共同作用的产物，所有的人力资源管理都是在一定的文化背景下进行的，人力资源管理者是否能够结合当地文化进行人员管理，更是人力资源管理成败的一个重要因素。

2. 企业文化

企业文化是美国人在日本经济的强大冲击之后开始着手研究并兴起的，是美国学者针对美国企业过分重视物质，重视企业制度和企业结构而提出来的，是作为一种先进的企业管理方式和科学管理技术而逐渐为人们所接受的。企业文化作为现代企业管理理论和方法，越来越受到国内外企业的重视。

所谓企业文化，是指企业在社会主义市场经济的实践中，逐步形成的为全体员工所认同、遵守的带有本企业特色的价值观念、经营准则、经营作风、企业精神、道德规范、发展目标的总和。

企业文化渗透于企业的一切活动之中，它是一种文化现象，价值观、哲学思想和行为准则等均表现为企业独有的文化心态和氛围；同时，它又是一种管理理念，这种管理理念肯定人的主观能动性，通过引导企业文化，来激发员工的自觉行为。因此，可以说企业文化是以文化为载体的管理理论及以管理为目的的文化的有机结合，是企业的灵魂所在。

【相关链接 9—1】

对企业文化的不同解释

杰奎斯提出的较早的企业文化定义为：(人们)做事的习惯与传统的方法，它在一定程度上被企业所有成员共同接受，并且新加入的成员必须学习接受，至少部分接受，以使他们能被企业所接纳。

谢恩提出一个更复杂的定义：企业文化是一种基本假设的模式。它是群体在应付它的外部适应问题和内部整合问题时，创建、发现或发展的，在运用中被认为是完全有效的。因此，它也被看作在直觉、思维和情感这些问题的关系上应具有的正确方式，而用于教育新成员。

维尔克表达如下观点：我们将企业文化定义为一种不变的企业行为模式，是一个整体，它连接、告知并提供一种前后一致的情景，即使企业中的每一个管理者都有其各不相同的行为时，也是如此。它有助于区别不同企业中的行为，但它没有记录在企业的正式规则中。

(二)企业文化的特征

企业文化理论是现代管理理论与文化理论的综合产物，是经济意义与文化意义的混合体，因而具有不同于一般管理理论与文化理论的特征。

1. 无形性与有形性的统一

企业文化是企业的意识形态，其主要内容包括企业哲学、价值准则、精神风貌、伦理道德、心理因素等，这些内容无形地弥散于特定的人群之中。但是，无形的文化通过有形的物质实体、企业行为和员工行为体现在有形的载体之中。

2. 个异性与共同性的统一

不同社会、不同民族、不同地区的不同企业，由于其生存与发展的社会、地区、经济环境及企业自身的经营管理特点和员工素质等内在条件不同，决定了它有自己独特的文化。企业在进行活动时，往往呈现出极大的差别性，可以说，没有个性，就没有企业文化。但是企业作为商品经济发展到一定阶段的产物，其文化体现着现代社会经济和社会文化发展的一般规律，渗透着人类文明的共同意识及当代社会的指导思想。所以说，企业文化的共同性寓于丰富多彩的个性之中，并影响和制约着个性。

3. 非强制性与强制性的统一

企业文化是在企业内、员工间共同繁衍出的价值观，这种文化的氛围会形成一种自觉的力量去驱动人们的行动，这就是通常所说的软管理。而企业文化又具有强制性，企业的共同目标决定了企业要有严肃的文化准则，对于违背企业价值准则和行为规范的员工，往往要受到相应的处罚，这就要求员工要接受企业文化的约束，规范自己的言行。

4. 理性与非理性的统一

企业文化作为一种理论化、系统化的精神文化，是企业家和全体员工自发努力的结果。可以说，企业文化反映了管理理性的高度发展，它本质上是一种理性文化。同时，由于企业文化的主要对象是人，而人的行为又受到情感的驱使，情感会产生一种不一定是自觉的惯性力量，推动着人们的行为，所以说企业文化也是非理性的。

5. 稳定性与变革性的统一

企业文化是企业在长期的实践过程中所形成，有一定的稳定性。由于企业每时每刻都要与外界发生联系，因此，企业文化也必然要随着外界环境的变化而发生某些变革。要想让企业文化永葆青春活力，就必须使其在保持相对稳定前提下进行变革。

6. 经济性与社会性的统一

生产经营是企业经济活动的中心，与此相适应的企业文化，必然要反映企业的经济价值观与目标要求，可以说企业文化在本质上是一种经济文化。然而，企业除了履行经济职能外，同时履行着一定的社会职能，如企业员工的思想政治工作、员工科学文化技能的学习与培训，都带有一定的社会属性，这些也必然在企业文化中得到体现。

二、企业文化的功能

企业文化对其作为企业的精神支柱和经营管理之魂，具有以下特有的功能：

(一)导向功能

企业文化的导向功能，是指其对企业的发展方向、价值观念和行为取向的引导作用。企业文化是企业的方向盘。企业提倡什么,崇尚什么,职工就追求什么。一种强文化可以长期引导职工为实现企业目标而自觉努力。

导向功能就是把企业成员的行为动机引导到企业目标上来。为此,在制定企业目标时,应该融进企业成员的事业心和成就欲,同时要高屋建瓴、振奋人心,使员工能够把员工个人的思想、追求和目标统一到企业目标和价值观念上来,自觉地成为企业价值观的实践者,能动地为实现企业目标而奋斗。

(二)凝聚功能

作为企业文化核心的企业精神与企业价值观,是企业的凝聚力与向心力之所在,因此,企业文化具有一种凝聚功能。企业文化的凝聚功能,是指把企业领导和员工的心紧紧地凝聚在企业目标的旗帜下,并使个人的思想感情和命运与企业的命运紧密联系起来,形成强大的聚合力量,团结一致地谋求企业的发展。

企业文化的凝聚功能越来越受到人们的重视,因为它可以围绕企业的目标,凝结成巨大的集体合力,焕发出职工的主观能动性,使企业能够发挥出巨大的整体优势,有效地推动企业的发展。

(三)创造功能

企业文化的创造功能表现在企业文化自身的不断积累和创造上,企业职工一旦发现企业旧有文化不合理,发现它不再适合自己的需要,必然会在原有的企业文化的熏陶下,自发地更新知识,扩大视野,开拓新的活动领域,创造新的文化来代替它,从而推动企业文化向着更高的层次发展。

(四)稳定功能

在经营企业时,企业家致力于企业文化的创建和建设工作,成为企业的"共生楷模"。由于企业文化具有相对的稳定性和连续性,一经建立,则进入整个企业生活和员工的内心深处,连续而稳定地发挥作用,即使出现企业高层人事变动,企业仍然照样稳健前进,经久不衰。所以说,企业文化是企业稳定发展的"长寿约"。

(五)约束功能

企业文化的约束功能体现在两个方面:一是企业的管理制度,各种厂规厂纪、文件、命令,起着约束和规范员工行为的作用,作为企业文化的管理制度,这是一种硬约束。二是企业中有许多无形的、非正式的和许多不成文的行为准则,像企业道德、企业风气,员工们自觉接受文化规范和约束,这是一种软约束。它可以减弱硬约束对员工心理的冲击,像是一种无声的号令,无形的管制,缓解自治心理与被治现实之间的冲突,削弱由此引起的心理逆反,让员工心甘情愿地依照价值观的指导进行自我管理与控制,形成一种软约束。

无论硬约束和软约束,都以群体价值观作为基础。一旦共同信念在企业成员心理深层形成一种定势,构造出一种响应机制,只要外部诱导信号发出,即可得到积极的响应,并迅速转化为预期的行为。

总之,企业文化像一只无形的手,引导人力资源发挥出巨大的潜能。

三、企业文化的形成与发展

企业文化是随着企业的建立、成长、成熟、完善、升华的过程形成和发展起来的。

(一)企业文化形成的前提

1. 企业文化的形成存在一个明确的能够为大多数成员认可、接受、执行的理念企业文化的理念是文化的核心和灵魂，没有一定明确的企业理念，难以形成有效的企业实践活动，不利于形成一定的文化资源优势，难以为企业成员提供学习的内容和有效合理的方式，也容易失去准确的发展方向。

2. 企业文化的形成需要具备充分的实践活动

文化的原始含义也表明文化的形成和发展离不开实践活动，文化在实践中形成，在实践中发展，在实践中完善，也在实践中得到检验，实践活动是企业文化发展的源泉。

3. 企业文化的形成需要一定的榜样和示范人物或事件

这些人物或事件是企业文化的外在表现，企业成员通过接受这些人物和典型实践，逐渐调整、约束、改善自己的行为，发展企业的特有文化。

4. 企业文化的形成需要一定的物质和技术条件

企业文化的产生和发展离不开具体的物质基础和条件，这些也是企业进行生产活动的前提，生产技术的内涵和现代化的水平也成为企业文化产生的重要条件。在现今的流水线作业环境中自然就形成了标准化的管理思想和措施，形成以理性为核心、以效率为生命的企业文化；在农业村落中，以畜力和人的体力为主的生产技术方式，自给自足的生产方式自然形成了邻居文化，形成"远亲不如近邻"的认识。

（二）企业文化的形成过程

企业文化的变化和发展，受自身和环境中大量因素的影响，在环境和企业文化之间形成更广泛的系统，自身也表现为一个连续不断的发展过程。这一过程由以下环节组成：感知阶段、识别阶段、选择阶段、强化阶段、宣传阶段。

1. 感知阶段

企业成员聚集在一起，形成一个有机整体，开始相互之间的接触、交流、认识、感受和了解，企业文化的形成与企业成员之间的信息交流融合在一起，并随信息沟通过程的广泛深入逐渐形成和发展。

2. 识别阶段

企业自身及其周围环境为企业成员提供了纷繁复杂、多种多样且变幻无穷的文化单元，使企业成员在相互了解的基础上，根据信息情报，对企业文化单元进行对比、区分、界定、鉴别，这一环节是企业文化建立的基础环节。

3. 选择阶段

对企业自身和环境中提供的各种构成因素及因素之间、企业文化与环境之间进行选择，首先建立科学、合理、系统完整的选择标准体系；其次，用标准衡量各组成部分；最后，进行选择。

4. 强化阶段

对选择的结果采用有效的方式和手段，进行强化，使企业文化为更多的员工认识、理解、接受和指导。采用较为有效的激励强化手段，使企业文化的理念等深深扎根于企业成员脑海里，能够有效地影响企业行为。

5. 宣传阶段

采取有效措施，广泛宣传，扩大其影响，深化企业人员对企业文化的认识和了解。

四、企业文化的结构

研究企业文化结构是把企业文化作为一种独特的文化现象来探索，可以从物质层、制度层和精神层三个层面上对企业文化进行深入剖析。

（一）物质层

物质层也叫企业的物质文化，是由企业职工创造的产品和各种物质设施等构成的器物文化，是一种以物质形态为主要研究对象的表层企业文化，物质文化往往能折射出企业的经营思想、管理哲学、企业精神、工作作风和审美意识等企业理念。

它主要包括以下几个方面：企业名称、标志、纪念性建筑、纪念碑、纪念墙等识别要素；企业的自然环境、建筑风格、办公室和车间的设计和布置方式、绿化美化情况、污染的治理等物质环境；厂徽、厂旗、厂歌、厂服、厂花等标志的设计；企业的文化体育生活设施的配备；企业自办的报纸、刊物、广告牌、招贴画等的制作；企业产品特色和技术工艺设备特性等的情况。

（二）制度层

制度是外加的行为规范，它主要是约束企业成员的行为，维持企业活动的正常秩序。制度层规定了企业成员在共同的生产经营活动中应当遵守的行为准则。它主要包括以下三个方面：

1. 工作制度

工作制度是企业对各项工作运行程序的管理规定，也是企业各项工作正常有序地开展的必要保证。工作制度具体有计划制度、财务管理制度、服务管理制度、生活福利管理制度、技术管理制度、设备管理制度、劳动管理制度、劳资人事制度、生产管理制度、物资供应管理制度、产品销售管理制度、奖励惩罚制度等。

2. 责任制度

责任制度是对企业内部各部门、各类工作人员的权力及责任的规定，一般包括领导干部责任制、各职能机构和人员的责任制、员工的岗位责任制等。责任制度的作用是使每个部门、每名员工都有明确的分工和职责，使整个企业能够分工协作，井然有序地、高效地运转。

3. 特殊制度

特殊制度主要是指企业的非程序化制度，如总结表彰会制度、员工评议干部制度、干部员工平等对话制度等。与工作制度、责任制度相比，特殊制度更能够反映一个企业的管理特点和文化特色，例如，海尔集团的"日清日高"制度、"三工并存"制度、"三干"制度、"中层干部受控"制度等，均是特殊制度。有良好企业文化的企业，必然有多种多样的特殊制度；企业文化贫乏的企业，则往往忽视特殊制度的建设。

（三）精神层

企业文化的精神层又叫企业精神文化，在整个企业文化系统中，它处于核心的地位。企业精神文化，是指企业在生产经营过程中，企业的领导和员工共同信守的基本信念、价值标准、职业道德及精神风貌。企业文化中有无精神层是衡量一个企业是否形成了自己的企业文化的标志和标准。

精神层的文化一般包括以下几个方面：企业全体员工共同追求的企业最高目标，也称企业愿景，是企业共同价值观的集中表现，也是企业对员工进行考核和实施奖惩的主要依据；企业核心价值观，是企业文化理念层的核心，也是企业文化中最稳定的内容，核心价值观不会随着环境而变化；企业领导者为实现企业目标而在整个生产经营管理活动中形成的企业哲学，通常被认为是企业领导者对企业长远发展目标、生产经营方针、发展战略和策略的哲学思考，是在企业长期的生产经营活动中自觉形成的，并为全体员工所认可和接受，具有相对稳定性；企业文化发展到一定阶段会产生企业精神；另外，企业风气、企业道德、企业宗旨都是属于精神层的企业文化。

企业文化的三个层次是紧密联系的。物质层是企业文化的外在表现和载体，是制度层和精神层的物质基础；制度层则约束和规范着物质层及精神层的建设，没有严格的规章制度，企业文化建设无从谈起；精神层是形成物质层和制度层的思想基础，也是企业文化的核心和灵魂。

第二节 企业文化对人力资源管理的影响与对策

随着市场经济的发展，企业文化这个概念逐渐被企业家们了解、接受和重视，并肯定其对企业生存与发展的重要作用。而管理从本质上说也是一种文化，人应处于管理的中心地位，企业文化教育更应强调企业精神、全体员工的价值取向及在此基础上形成的凝聚力和向心力。

一、企业文化的建设

(一)企业文化建设的内容

企业文化建设是企业提高核心竞争力，充分开发和利用人力资源，实现企业目标和愿景，实现企业成员自身愿望，促进企业及其员工实现可持续发展的重要保障。

企业文化建设的内容主要有以下几方面：明确的企业精神和理想；企业文化建设的原则、途径和具体措施；企业文化建立的主体；企业文化建设的条件；企业文化的传播；企业文化的巩固和发展等。

(二)企业文化建设的原则、过程、途径

企业只有坚持科学的原则，严格遵循企业文化发展规律，按照一定的合理的程序，采用有效的方法和措施，才能建设好企业文化，发挥企业文化的作用，充分发挥企业人力资源的作用，增强企业的核心竞争力，实现企业的发展。

1. 企业文化建设的原则

(1)目标原则。建设企业文化作为重要的管理行为需要有明确的目标作指导，保证企业文化建设正确、合理、有效。企业文化建设的目标是在正确认识企业及其环境的基础上，发现其中的问题，深入分析有关方面情况、全面总结经验与教训，建立完整合理的目标体系。用目标来衡量企业文化建设的各方面，提高行为效率。

(2)效率原则。在企业文化建设过程中，需要企业投入大量的人力、物力、财力，而且企业文化也是企业管理活动的重要资源，为实现企业文化建设目标，需要坚持科学的思想，选择合理的行为方式和方法，注重效果和效率，充分利用企业的各方面资源。

(3)功绩原则。企业文化建设以企业成员为企业作出的贡献为核心，其思想观念、行为规范、方式方法、价值准则等方面，都体现一定的行为结果及这种结果对企业的重要意义，包含功绩思想、宣扬奉献精神，建立以功绩为基础的价值衡量体系，实现企业的生存和发展。

(4)利益相关原则。在建设企业文化的过程中，企业成员之间、成员与企业之间、企业及其成员与环境之间有着密切的利益关系，他们之间有极大的相关性，各方面相互作用、相互影响、相互制约，形成一个有机整体。

(5)创新原则。在新的环境下，根据企业出现的新情况，探讨新的思想观念，采用新的形式和方法，充分利用环境提供的新的便利条件和机会，创建适应环境需要的新的企业文化。

(6)信任原则。企业文化建设的过程也是企业成员及社会成员之间相互认识、了解、接受、融合的过程，是在信任的基础上建立起来的有机系统。

(7)人性原则。文化是人类活动的结果，是人性不断完善的过程和体现，是人性的发展过程。建设企业文化，以人性发展为核心，实现人的健康、协调、可持续的发展。

2. 企业文化建设的过程

(1)调查了解企业的基本情况。企业文化建设的目标、方向、内容、方式方法、利用的资源离不开对企业相关情况的调查分析。通过调查，发现问题，确定目标方向，了解企业可利用的资源情况。

(2)分析现实的企业文化。企业文化建设和管理建立在目前企业文化基础上。一般情况下，企业的思想观念、价值准则、行为规范、行为方式与方法等具有一定的传承作用，为企业文化建设提供铺垫。

(3)评价现实的企业文化。根据社会环境发展需要、企业生存和发展需要、企业成员的进步和发展需要，建立现实企业文化评价体系，衡量评价现实企业文化，否定落后的方面，继承合理的先进的因素。

(4)制定企业文化建设的目标。根据对企业环境情况分析、对现实企业文化的认识和评价，并根据企业及社会环境的发展趋势，结合企业管理的目标确定企业文化建设的目标体系。

(5)拟定企业文化建设的方案和途径。分析企业文化建设的目标体系，正确认识企业所拥有的资源，坚持科学有效的原则，组合分配企业的有限资源，制订不同的行动方案，寻找不同的途径，对这些方案和途径进行分析、比较、评价，作出合理的选择。

(6)确定企业文化建设的方法和措施。根据企业文化建设的方案和途径，结合企业及其成员的实际情况，选择科学的方法和措施，保证企业目标的实现和企业资源的有效利用。

(7)企业文化的传播与接受。建立起来的企业文化需要采用合理的途径和方法进行广泛宣传，创造条件和环境使企业成员能够接触企业文化、认同企业文化、接受企业文化，在企业活动中能够体现企业文化。

(8)完善企业文化建设。对企业文化建设情况进行调查，根据企业和社会环境的价值标准体系进行评价，发现建设中存在的问题和差距，采取有效措施，纠正偏差，完善企业文化。

3. 企业文化建设的途径

(1)规章制度的强制规定。将企业文化中的核心价值观等内容用严格的规章制度规定下来，要求企业成员必须接受和遵循。

(2)企业良好风气的积极提倡。通过提倡良好的工作作风和生活作风，形成良好的社会风气，建立企业文化系统。

(3)先进人物、先进事迹的引导。大力表彰和广泛宣传社会和企业中的先进人物、模范分子、突出的代表人物等，合理地传播先进事迹，对企业成员的行为进行正确引导。

(4)课堂、会场的大力提倡。利用各种培训会，在合适的场合，做讲演、贴宣传报、办报纸杂志进行文化宣传。

(5)管理方式的选择。在企业管理方式及企业管理活动的各个环节，选择包含和体现企业文化中的价值观念和思想意识，同时管理者应成为企业文化建立的示范和榜样。

(6)物质和精神奖惩。通过物质和精神的奖惩，对企业成员的行为进行强化。奖励鼓励正确的符合企业文化的行为，提倡这些行为；惩罚和改变不符合企业文化的行为，纠正这些行为。

(7)权力划分、机构的设置。企业机构的建立、企业职权的划分、企业成员的选择等方面，体现和贯彻企业文化的精神，应以企业的价值观念和思想认识为指导。

(8)仪式强化。通过一定仪式，不断强化企业成员的某种思想意识，使其形成与企业要求相一致的文化价值体系。

(9)环境建设。在企业自然和人文环境建设方面体现企业文化内涵。从建筑物到设施设备摆放,严格遵循企业的价值体系要求。

二、企业文化对人力资源管理的影响

(一)企业文化对人力资源管理的影响作用

企业文化对人力资源管理的影响作用在许多方面:

1. 企业文化对人力资源管理具有指导作用

人力资源管理的指导思想、具体的人力资源管理行为、管理制度、管理内容、管理方式和手段、管理评价、改革与发展等,都与企业文化密切相关,是在企业文化的指导或引导下实现的,否则人力资源管理就会失去准确的方向,人力资源就不能得到有效的开发和利用。

2. 企业文化影响着企业对人力资源的利用效率

企业管理者因有不同的价值观念,而对人及其所拥有的资源认识不同,对人力资源的开发和利用有不同的选择,用其长避其短还是用其短避其长,不同的选择使人力资源的利用效率受到影响。

3. 企业文化影响人力资源的发展方向

企业文化中的价值取向影响企业成员的行为,影响企业成员的发展方向,为企业成员开发自身资源提供了参考。企业文化的建设过程也是企业成员比较、选择、接受、发展自身资源的过程。在建设企业文化过程中,企业成员也在逐步建立和更新自己的资源体系。有的企业明确规定,考过大学英语四级的,奖励一级工资,该企业的这一政策影响企业成员学习英语知识的积极性,提高了员工对英语的认识,对其行为产生一定引导作用。

4. 企业文化影响企业与社会对人力资源的评价

对人力资源的内容、合理性、科学性、系统性、实用性等方面的评价,依赖于以企业文化形成的判断与选择的标准体系。企业文化中的思想观念、价值准则、行为规范等方面影响对人力资源的价值体系的评价。

(二)企业文化对人力资源管理的影响具体体现

企业文化对人力资源管理的影响具体体现在以下方面:

(1)企业文化影响企业人力资源管理的基本思想。企业人力资源的管理思想植根于企业文化之中,是从企业文化中发展出来的。企业文化及企业环境是管理思想生成的土壤,是管理思想产生的源泉。

(2)企业文化对人力资源开发与管理规划的形成有重大影响。规划是在企业管理目标和思想的指导下形成的执行方案,制定的程序、机构、方法、选择的标准等方面都渗透着企业文化的作用。

(3)企业的工作设计、人员招聘和录用、考核、奖惩、工资福利设计、劳动纠纷处理等方面也体现企业文化的影响。具体管理的原则、程序、方法、途径、人员等方面是企业文化的多种因素共同作用的结果。

(4)人力资源管理的效果、人力资源的利用效率、评价标准也是企业文化确定的标准体系的组成部分。企业文化能够提供合理、科学、完善的价值准则,对企业管理的各方面进行对比、评价、调整,以保证行为的科学、合理、高效。

三、加强企业文化对人力资源管理的影响

企业文化就像一只看不见的手在支撑企业稳步前行，但企业文化也具有普遍适用性。这种普遍性，决定了我们可以概括出企业文化建设中的一般情形。

(一)加强企业文化的构建

企业文化构建的最重要的、核心的因素有两个：一是企业成长力构建；二是企业形象力构建。

1. 企业成长力构建

科学管理最终要向文化管理发展，企业的成长机制是文化力中最核心的因素。它主要包括以下三个部分：

(1)企业内聚力。企业内聚力包括经营管理人员和员工的感情紧密程度、企业的团队精神等。任何一个有文化内涵的企业，都需要建立感情投资机制。没有感情上的投入，也无从谈起建立企业精神及经营伦理。要管理就应先尊重对方，使其与管理者建立起应有的信任，通过这个感情纽带，增加企业员工对经营管理人员的感情依附意识，管理起来也就比较顺畅。所谓的团队精神，就是通过运用集体智慧将整个团队的人力、物力、财力整合起来，整个团队拥有同一精神支柱和精神追求，各方的价值体系得以融合，从而迸发出创造力，主动将自己的行为与企业的荣誉融为一体。

(2)才能激发机制。企业要保持永久的创造力，必须建立起才能激发机制。通过才能激发机制去调动员工的工作积极性，以此作为企业的日常经营管理行为，在企业中养成一种尊重创新、尊重人才的文化氛围，使每个人都能从中感受到事业成就感。

(3)企业持续不断的延续机能。技术是不断更新的，企业文化因素是永存的。技术可以外借而文化只能自生，有了文化的支持，企业的生命力会得到源源不断的软支持，企业的发展就有了弹性。高增长时，企业一路高歌；处于发展转型期时，企业可以顺利过渡。

2. 企业外部形象力构建

文化中另一个重要的组成方面就是企业的外部形象力。形象代表着一个企业的市场信誉，关系到企业被顾客认可的程度和速度。企业的外部形象力包括以下几个方面：

(1)企业信誉。企业信誉又称企业的道德责任，是指把企业的道德当作一种责任，而不是为了趋利避害才遵守企业伦理规范。企业处处从顾客的利益出发考虑企业的经营和服务，把追求经济利益和履行道德责任结合起来。

(2)企业美誉度。企业美誉度是社会对企业的认可程度。这种认可程度包括对经营理念的美誉、对产品质量的美誉、对服务的美誉等。文化强调企业的伦理责任，关注顾客的利益，关注能否把企业的经营基点放在极大满足社会需求上，把顾客的利益融入企业的利益之中。

(3)市场亲和力。很多企业的产品能被社会广泛认可，保持相当的市场占有率，其中的一个最重要的原因就是市场亲和力好。市场亲和力主要指企业的自律行为，即企业员工能够认识到什么是应该做的、什么是不应该做的，并以这种认识来指导企业的行为，处理好企业与利益相关者的关系，从社会整体考虑企业的经营决策和市场营销策略等。

(二)加强企业文化的传播

传播对文化的影响不仅是持续而深远的，而且是广泛而普遍的。企业文化的传播，对企业的生存发展有着重要意义。

通过在企业范围内传播企业文化，可以将企业精神内化为员工的价值观念，从而增强企业

的凝聚力与竞争力。而在企业外部环境中传播，可以使有关机构、群体、个人更好地了解本企业，提高企业的知名度和美誉度。企业文化的传播应该从以下几个方面入手：

1. 企业文化传播的内容要全面

企业文化的传播，应是对企业文化的全面内涵和组成要素进行全方位的推广，所以传播的内容应该包括企业价值观念体系、体现企业文化灵魂的企业精神、标志企业文化境界的企业伦理等各个方面，如名称（公司名和品牌名）、标志（商标）、标准字、标准色、企业宗旨、企业价值观念体系、企业精神、企业伦理观念等。

2. 企业文化传播的手段要适合

目前，企业文化的传播手段主要有广告、新闻报道与专题研究文章、展览展销会、接待参观、提供咨询服务、有奖征答和赞助等。例如，新闻报道与专题研究文章，信息量大、可信度高、对上层人物影响深，是提高企业美誉度必不可少的手段；通过向公众展示自己企业形象的展览展销会最有说服力，它是全面传播企业整体形象、消除社会公众对企业误解的好方法；企业赞助社会公益事业、文化体育活动，既是为企业优美形象增添光彩，也是提高企业美誉度的形象传播。

3. 企业文化传播的范围与时机选择要恰当

企业文化的价值观念、行为准则等，必须在本企业范围内传播，才能被企业全体员工所共享；同时，企业的文化也应全方位地传播给公众，接受社会公众的评价。除此之外，企业文化的传播还需走向世界，进行国际性传播，这是跨文化传播的重要组成部分。通过各国企业之间的相互交流、学习、借鉴，形成世界企业文化潮流，共享全球优秀文化带来的巨大生产力。

世界上没有一成不变的东西，更没有一劳永逸的企业文化建设。随着企业的不断发展，过去曾经引导企业走向成功的文化，现在可能很难满足企业进一步成长的需要，因此更需要传播的力量将新价值观和行为准则等准确而迅速地普及，所以企业文化传播的时机还表现在企业文化的重塑上。例如，企业并购中，就会出现资产重组，其中要把企业的价值观念、行为规范、管理惯例等通过传播植入到被并购企业中，这就是企业文化的扩张，以文化的优势作纽带，增强被并购企业对扩张企业的认同感和融合感。

（三）建立激励机制巩固企业文化

人们的合理行为只有经过强化才能得以肯定，进而形成习惯稳定下来。因此，企业文化引入后，应抓住一切机会，建立激励机制，以巩固企业文化。具体措施可以是将企业文化加入到企业考核的内容中，如员工的聘用、晋升、加薪时，要考虑员工是否与企业文化相融合。通过使企业文化具体化和形象化，让员工明白企业在鼓励什么、在反对什么。行为得到不断强化而稳定下来，员工就会自然地接受指导这种行为的价值观念，从而使企业的价值观念为全体员工所接受，形成优良的企业文化氛围。

（四）通过培训使员工接受新的企业文化

培训是促使文化塑造与变革的一个重要的策略。通过专门培训，让员工知道什么是企业文化，企业文化有什么作用、企业为何及如何实施文化塑造与变革、企业文化对员工有什么要求等，使得员工的行为更符合企业的要求。

企业文化建设和人力资源管理是现代企业管理的两项重要工作，两者相互影响、相互促进。要通过完善人力资源管理，促进企业文化的形成和发展，以企业文化指导人力资源管理工作，实现两者的良性互动，促进企业和员工的共同发展。

本章小结

本章主要讲述了企业文化的内涵，企业文化的特征，并从导向、凝聚、创造、稳定、约束五个方面介绍了企业文化的功能；讲述了企业的物质层、精神层、制度层文化；在此基础上，总结了企业文化对人力资源管理的影响，并对企业文化建设提出相应的对策。

课后思考

1. 企业文化的特征有哪些？
2. 企业文化的结构分为哪几个层面？
3. 企业文化对人力资源管理有何影响？
4. 企业文化影响人力资源管理的对策有哪些？

案例分析

Intel的企业文化及其用人准则

Intel作为世界一流的IT企业，其企业文化很独特，关键词有很多，但主要体现为以下几个方面：

关键词一：创新

从286、386开始，到486，到奔腾，到今天的双核技术，乃至于多核和百核的概念，从这些历史痕迹中，我们可以看到，Intel始终在追求创新和变化。有人评价Intel是一个“在空中加油”的公司，是永远往前飞行的。Intel会根据发展需要不断否定自己的产品，比如从奔腾Ⅱ到奔腾Ⅲ，当时有人问，奔腾Ⅱ卖得这么好，为什么非要推出奔腾Ⅲ呢？安迪·葛鲁夫——Intel前任董事长，曾经说过“这是一个竞争非常残酷的行业，你不去做，就会有人去做，你想要处于一个领先的地位，你就要勇于突破和创新”。

关键词二：危机感

葛鲁夫写了一本书，名叫《只有偏执狂才能生存》。偏执狂是直译，其实我们更愿意说是一种惶恐，即危机感。就是要常常想到你的竞争对手，他们时时刻刻都在瞄准你，想要超越你。“在全球财富500强的公司中，Intel在半导体行业中排第一位，这个行业的第一与第二的差距是很大的，即便是这样，我们常常还会有危机感，觉得我们的竞争对手时时刻刻都在追赶我们，我们一定要拉开差距。这也是Intel为什么会如此忙碌的原因，好像我们有做不完的事，因为大家都在不断地超越。”

关键词三：开放式的沟通

Intel是一个民主和集中都体现得非常好的公司。在Intel，所有新员工进来后都要接受一个培训，叫作“建设性对抗”。在Intel发展的早期，葛鲁夫请了一个咨询公司，深入到Intel来观察和了解公司的日常工作，然后他们得出一个结论，就是说建设性对抗非常适合Intel。比如，大家有不同意见和分歧时，尤其是当下属对上级有不同意见的时候，Intel特别鼓励下属能够对上级提出不同的意见；但是，下属的出发点一定是积极的、富有建设性的，是以解决问题为目的，而非打压别人。对抗就是要勇于表达不一样的想法，这样才能让好的想法从底层往上走，而不是从上层下来的一些方向性的指示。

关键词四：严明的纪律

Intel 既有民主的一面，也有集中的一面，公司也特别强调纪律。“无以规矩，不成方圆。”所以 Intel 还有一个文化特色，英文叫作“Disagree but commit”，即“我不同意，但是我承诺”。它跟建设性对抗是一个互补。建设性对抗是说“我不同意，我给你一个建设性的意见”。这个是在决策作出之前，大家进行充分的沟通。但是当一个决策确定了，所有团队成员都必须服从。“Disagree but commit”是说“我不同意，但是我保留意见，我服从，我执行”。这个执行不光是嘴上说的执行，而是要真的去做，能有结果拿出来。

关键词五：以结果为导向

现在许多公司也意识到以结果为导向的重要性。“以结果为导向”并不是说只管结果不管过程，过程也要管，尤其是会影响结果的重要过程更要管。“以结果为导向”是说用什么方法、策略去达到目标和结果，不是说公司规定只有这么一种方法可以做，员工可以想到很多的方法。这实际上是很灵活的。

基于上述企业文化特点和要求，Intel 在员工的培养、考核和招聘等方面也显得与众不同：

一是 Intel 对员工的培养计划。Intel 对员工的培养计划有很多，比如刚进公司后会有一些培训。另外，随着业务的需要，也会对员工开展一些有针对性的培训。Intel 是很鼓励员工深造和学习的。员工在工作的同时可以到外面去上课。比如，员工可以申请读 MBA、EMBA，可以读新闻专业，只要跟工作有关的，都可以向老板申请。毕业后，员工的学费公司全部报销。例如，Intel 的数字企业事业部的高级副总裁基辛格博士，他大学还没毕业就加入到了 Intel，在加入 Intel 之后，他一边工作一边学习，后来获取了学士、硕士和博士学位。他后面的这些学位都是在加入 Intel 后拿到的，这些学费也全都是 Intel 出的。总之，在员工培养方面，Intel 是不吝投入的。

二是 Intel 考核员工的方式。在 Intel，考核经理和独立贡献者的标准是不一样的。比如，Intel 会聘请外面的调查公司来定期发放问卷，让员工为他们的经理打分。这些问卷至少有 100 多道题，而且很具体，它实际上是在考核这名经理是否够资格做一名管人的经理，即“People manager”。这个管人的经理，他发挥的价值可能与一个专业人才是不一样的。一个专业人才，可能只要把自己的事做好就 OK 了。而这名管人的经理，是一名团队的头，他不一定有很尖端的技术水平，但是他要懂得激励属下的人，能够把所有的事情让别人很好地去完成，而不是他自己去做。当团队遇到困难时，他能够及时地作决定，不能优柔寡断，不能撒手不管，不能逃避责任。当团队需要帮助时，他需要调配资源来支持他的团队。他其实是一个支持的角色，不是管人的角色，在 Intel 没有“管”的概念。Intel 的每一个人都是能力很强的独立贡献者。Intel 所谓的“管”，实际上是整合资源，调动成员自觉发挥价值。作为一个“People manager”，应该赋予团队成员应有的权利，让他们感到他们被信任、被激励，让他们自觉地去做，不需要天天被盯着，天天盯着他们反而效果不好。

三是 Intel 的招聘形式及钟爱的人才。Intel 一般喜欢让内部员工来推荐他们认为能够来 Intel 工作的人。Intel 的文化比较独特，凡是在 Intel 发展得比较好的老员工，他在推荐人时，一定会按照他的标准来推荐，他推荐的人应该是比较符合和认同 Intel 企业文化的。Intel 非常讲究结果、讲究效率，沟通非常快，非常开放，不是每个人都能够认同这种文化。所以，让老员工去推荐新人来应聘，基本上就等于老员工已经帮公司筛选了一遍。当然，Intel 的招聘还有网上招聘、校园招聘会、人才交流会、发布招聘广告、猎头公司推荐、毛遂自荐等。但内部推荐是比较理想的，内部推荐的成功率也比其他形式的高。

Intel 招聘人才的专业类型很多，比如有计算机、软件、电子、自动化、通信等专业。但是，Intel 也需要其他一些行业内的人才，比如，开发医疗系统时，会招聘医生、药理专业的人才；开发化工系统时，会招聘一些化学方面的专业人才。另外，Intel 还招过社会学家、哲学家等。招聘行业人才会根据未来的发展需要而作调整。

思考：

1. 企业的核心价值观对于人力资源管理有何影响？

2.“建设性对抗”的思想对于营造良好的企业文化氛围有何意义？

扩展阅读

通用电气的“情感管理”

现代企业管理已进入到一个以人为本的管理新时代，其重要内容不再是板着面孔式的条条框框的限制，而是一门融进了管理者对职工、对事业献身精神的独特的艺术。

面对面管理，是以走动管理为主的直接亲近职工的一种开放式的有效管理，它洋溢着浓厚的人情味。其内容外延广阔，内涵丰富，富于应变性、创造性，以因人因地因时制宜取胜。实践证明，高技术企业竞争激烈，风险大，更需要这种“高感情”管理。它是医治企业官僚主义顽症的“良药”，也是减少内耗、理顺人际关系的“润滑剂”。

通用电气公司前总裁斯通就努力培养全体职工的“大家庭感情”的企业文化，公司领导和职工都要对该企业特有的文化身体力行，爱厂如家。从公司的最高领导到各级领导都实行“门户开放”政策，欢迎本公司职工随时进入他们的办公室反映情况，对于职工的来信来访能负责地妥善处理。

公司的最高首脑与全体职工每年至少举办一次生动活泼的“自由讨论”。通用公司像一个和睦、奋进的“大家庭”，从上到下直呼其名，无尊卑之分，互相尊重，彼此信赖，人与人之间关系融洽、亲切。

1990 年 2 月，通用电气公司的机械工程师伯涅特在领工资时，发现少了 30 美元，这是他一次加班应得的加班费。为此，他找到顶头上司，而上司却无能为力，于是他便给公司总裁斯通写信：“我们总是碰到令人头痛的报酬问题。这已使一大批优秀人才感到失望了。”斯通立即责成最高管理部门妥善处理此事。

三天后，他们补发了伯涅特的工资，事情似乎可以结束了，但他们利用这件为职工补发工资的小事大做文章：第一是向伯涅特道歉；第二是在这件事情的推动下，了解那些“优秀人才”待遇较低的问题，调整了工资政策，提高了机械工程师的加班费；第三，向著名的《华尔街日报》披露这一事件的全过程，在美国企业界引起了不小轰动。事情虽小，却能反映出通用电气公司的“大家庭观念”，反映了员工与公司之间的充分信任。

人际关系上常常也有“马太效应”的影子。常人总是“密者密上加亲，疏者疏而愈远”。美国通用电气公司总裁斯通却主张“人际关系应保持适度的距离”。现实生活中，国与国、人与人之间的关系演变例子一再证明“适度距离”理论不无道理。斯通对“适度距离”身体力行，率先示范，密者疏之，疏者密之。斯通自知与公司高层管理人员工作上接触较多，在工余时间就有意拉大距离，从不邀公司同僚到家作客，也从不接受客邀。相反，对普通工人、出纳员和推销员，他有意亲近，微笑问候，甚至偶尔“家访”。

1980年1月，在美国旧金山一家医院里的一间隔离病房外面，一位身体硬朗、步履生风、声若洪钟的老人，正在与护士死磨硬缠地要探望一名因痢疾住院治疗的女士。但是，护士却严守规章制度毫不退让。这位护士真是"有眼不识泰山"，她怎么也不会想到，这位衣着朴素的老者，竟是通用电气公司总裁，一位曾被世界电气业权威杂志——美国《电信》月刊选为"世界最佳经营家"的世界企业巨子斯通先生。护士也根本无从知晓，斯通探望的女士，并非他的家人，而是通用电气公司加利福尼亚州销售员哈桑的妻子。哈桑后来知道了这件事，感激不已，每天工作长达16小时，为的是以此报答斯通的关怀，加州的销售业绩一度在全美各地区评比中名列前茅。正是这种适度距离的管理，使得通用电气公司事业蒸蒸日上。

像美国其他一些公司一样，通用电气公司从经理到基层领导人员，已有不少采用"静默沉思"法使紧张心理宁静下来，消除神经紧张所造成的不安。经常"静默沉思"的人说，自从坚持定时沉思默想后，工作效率提高了，不容易激动，能较好地对付外界压力了。

而以前通用电气公司也普遍采用节食和体育锻炼计划来消除员工的情绪病，虽长期执行，但见效甚微。许多人因紧张心理造成的血压升高、压抑感很重和易怒等现象并未减轻。

哈佛大学心理和体育治疗研究所推广沉思默想之后，通用电气公司便向员工推荐此法，公司聘请了默思辅导员指导员工苦练这种默思法。

通用电气公司在推行此法后，使公司精神病治疗费用减少27%，而各分公司经理用此法后工作效率大为提高。为此，各分公司已安排12名每天工作12～14小时的经理人员参加默思活动，工作热情普遍高涨。参加活动后，他们精神也格外饱满。

企业中的人事管理要比政府、学校等其他职能管理棘手得多，因为企业人事管理的对象、性别、年龄、学历、工种、品性等方面存有更大差异。通用电气公司在人事管理上近几年采取重大改革，改变了以往的人事调配的做法（由企业单方面评价员工的表现、水平和能力，然后指定其工种岗位）。现在，反其道而行之，开创了由员工自行判断自己的品格和能力，提出选择自己希望工作的场所，尽其可能由员工自己决定工作前途的"民主化"人事管理，称为"建言报告"，引起管理界的瞩目。

专家们认为，"让棋子自己走"的这种"建言报告"式人事管理，比传统的人事管理更能收集到员工的容易被埋没的意见和建议，更能发掘人才及对口用人，从而对公司发展和个人前途更加有利。

此外，通用电气公司还别用心裁地要求每位员工写一份"施政报告"，从1983年起每星期三由基层员工轮流当"一日厂长"。"一日厂长"9点上班，先听取各部门主管汇报，对全厂营运有了全盘了解后，即陪同厂长巡视部门和车间。"一日厂长"的意见，都详细记载在《工作日记》上。

各部门、车间的主管需要依据"一日厂长"的意见，随时改进自己的工作，并在干部会上提出改进后的成果报告，获得认可后方能结案。各部门、车间或员工送来的报告，需经"一日厂长"签批后再呈报厂长。厂长在裁决公文时，"一日厂长"可申诉自己的意见供其参考。

这项管理制度实行以来，成效显著。第一年施行后，节约生产成本就达200万美元，并将节约额的提成部分作为员工们的奖金，全厂上下皆大欢喜。通用电气公司的日本子公司——左光兴产公司还实行一种特殊的"无章管理"，也是感情化管理，最大限度地减少了公司内部人际间的紧张关系，增强了员工之间的信任、上下级之间的信任及员工对企业的信任。该公司近几年实行"无章管理"以后，年销售额在通用电气公司的所有海外子公司中独占鳌头。

第十章

企业劳动关系与劳动管理

知识目标

◎掌握劳动关系的概念、特征及劳动者权利
◎了解劳动关系的调整机制
◎掌握劳动合同的概念、特征及法定条款
◎了解劳动合同订立、变更、终止和解除

能力目标

◎掌握构建和谐劳动关系的途径

导入案例

劳动关系的确认

张某自从与原单位解除劳动合同后，一直没有找到工作，后来张某通过朋友介绍到一家私营企业面试，面试后，私营老板考虑到张某是朋友介绍的，决定让他来企业上班，每月发给其一定的报酬，双方之间从未签订劳动合同。转眼张某在该企业做了3年多，去年11月初，张某到企业所在地的区社会保险事业管理中心查询个人社会保险账户，结果发现该企业一直未为其办理社会保险登记和缴纳社会保险费等。于是，张某去找老板要求企业为其缴纳社会保险费，老板不予理睬，张某几经交涉未果，只能到劳动仲裁委员会申请劳动仲裁，要求企业为其补缴历年的社会保险费。仲裁委员会依法予以受理。

在劳动仲裁委员会开庭审理时，张某提出自己在企业工作已三年多，当初确实是通过熟人介绍进入该企业，入职后企业未与他签订劳动合同，张某一直从事产品售后服务、修理工作。同时，张某向仲裁委员会提交了其工资凭证、服务证、考勤记录及上门为用户修理产品时单位出具的介绍信等有关证据。另外，张某在购房向银行贷款时，企业出具的证明张某系本企业职工等证据。而企业在庭审答辩时认为，张某不是企业的员工，当初是看在朋友的面子上让他有口饭吃，他本人也承诺只要有口饭吃就好了，现在反过来提出要求；其实双方之间没有任何关系，更没有劳动关系只是朋友关系，不存在为其缴纳社会保险费的问题。同时，企业向仲裁委提交了所有职工工资单名册，在名册上没有张某的名字。因此，企业对张某提出的要求不予同意。

劳动仲裁委经过审理后认为，双方当事人虽未签订劳动合同，但张某向劳动仲裁委提供的有关工资凭证、服务证、考勤记录、介绍信、企业出具的张某系本单位职工等证据材料，足以证明张某与该企业存在事实劳动关系。而企业则否认与张某具有劳动关系，却没有提供相关证据予以佐证。所以，双方当事人存在事实劳动关系，企业应该承担相应的法律责任，为张某补缴历年的社会保险费。

本案争议的焦点是用人单位与劳动者未签订劳动合同，劳动者向劳动仲裁委员会提供了其在用人单位工作时所发的工资凭证、服务证、考勤记录，以及劳动者为客户上门服务、修理时用人单位出具的介绍信等证据材料，而企业予以否认，却不能提供相关的证据来证明该劳动者与用人单位不具有劳动关系的事实。根据劳动部劳社部发〔2005〕12号文《关于确立劳动关系有关事项的通知》第二条规定：用人单位未与劳动者签订劳动合同，认定双方存在劳动关系时可参照下列凭证：(一)工资支付凭证或记录(职工工资发放花名册)、缴纳各项社会保险费的纪录；(二)用人单位向劳动者发放的"工作证"、"服务证"等能够证明身份的证件；(三)劳动者填写的用人单位招工招聘"登记表"、"报名表"等招用纪录；(四)考勤纪录；(五)其他劳动者的证言等。张某与企业之间存在劳动关系，所以，劳动仲裁委员会对张某要求确认与企业存在劳动关系，并为其补缴社会保险费的请求均予以支持。

第一节　劳动关系概述

一、劳动关系的概念

劳动关系，是指用人单位招用劳动者为其成员，劳动者在用人单位的管理下提供有报酬的劳动而产生的权利义务关系。

从广义上讲，生活在城市和农村的任何劳动者与任何性质的用人单位之间因从事劳动而结成的社会关系都属于劳动关系的范畴。从狭义上讲，现实经济生活中的劳动关系是指依照国家劳动法律法规规范的劳动法律关系，即双方当事人是被一定的劳动法律法规所规定和确认的权利和义务联系在一起的，其权利和义务的实现，是由国家强制力来保障的。劳动法律关系的一方(劳动者)必须加入某一个用人单位，成为该单位的一员，并参加单位的生产劳动，遵守单位内部的劳动规则；而另一方(用人单位)则必须按照劳动者的劳动数量或质量给付其报酬，提供工作条件，并不断改进劳动者的物质文化生活。

劳动关系是产业关系系统中最核心的一个部分。它是人们在以一定的生产资料所有制基础上，在社会劳动过程中必然产生的社会关系，劳动关系是以家庭为生产单位的生产方式在产业进步冲击下瓦解，生产所使用的劳动者不再局限于家庭成员之后出现的一种社会关系。它是处于一定社会环境下的心态、期望、人际关系、行为各不相同的个人和群体组合成的动态复杂的社会体系。这一体系的构成可以分为：主体要素、环境要素、制度要素三个方面。

第一，主体要素。劳动关系的主体是由思想和行为不同的个人组成的系列群体，这些群体在不同层次上正式或者非正式地存在着，并在横向(同一层次的不同组织之间)和纵向(不同层次的组织之间)彼此发生着联系。就一个企业或者组织来看，劳动关系是由“资方”系列和“劳方”系列群体构成的。“资方”是生产经营和管理权的载体，与“劳方”在利益、心态、态度上会存在矛盾，劳动关系的主体是构成劳动关系体系的核心要素。

第二，环境要素。劳动关系是社会关系的一个环节，它受社会关系的其他环节影响，又反作用于这些环节。这些环节构成劳动关系存在和赖以变化的环境，涉及经济、社会、政治等诸多方面。比如，市场的变化、技术的进步、就业结构的变化都会通过工资水平和劳动就业率来影响劳动关系，而劳动关系反过来也会影响环境。

第三，制度要素。劳动关系的外部表现是一系列各种形式的制度，劳动关系的复杂性决定了调节劳动关系的工具必须是多样的。法律、权利、道德、习惯等社会调节器在调节劳动关系的过程中发挥其应有的作用。劳动关系并非一种纯粹的经济关系，它是一种渗透着更多的非经济的社会、文化关系及政治关系的经济关系。

二、劳动关系主体的权利和义务

(一)劳动者的权利和义务

《劳动法》总则第三条对劳动者享有的劳动权利和应当履行的义务作出了明确规定，概括起来有以下方面：

1. 劳动者的基本劳动权利

(1)劳动者有平等就业和选择职业的权利。这是公民劳动权的首要条件和基本要求。在我国，劳动者不分民族、种族、性别、宗教信仰，都平等地享有就业和选择职业的权利。

(2)劳动者有获得劳动报酬的权利。劳动报酬包括工资和其他合法劳动收入。

(3)劳动者有休息、休假的权利。休息权和劳动权是密切联系的。休假是劳动者享有休息权的一种表现形式。

(4)劳动者有在劳动中获得劳动安全和劳动卫生保护的权利。劳动者在安全、卫生的条件下进行劳动是生存权利的基本要求。劳动安全、卫生权是一项重要的人权。

(5)劳动者有接受职业技能培训的权利。劳动者不但要掌握熟练的生产技能，而且要懂业务理论知识。只有赋予劳动者这项权利，才能保障劳动者获得应有的知识的技能，更好地完成各项劳动任务。

(6)劳动者享有社会保险和福利的权利。这是指劳动者在遇到年老、患病、工伤、失业、生育等劳动风险时，获得物质帮助和补偿的权利。享受社会保险和福利权，是享受劳动报酬权的延伸和补充。

(7)劳动者有提请劳动争议处理的权利。这是劳动者维护自己合法劳动权益的有效途径和保障措施。

(8)劳动者还享有法律、法规规定的其他劳动权利。这包括组织和参加工会的权利，参与民主管理的权利，提合理化建议的权利，进行科学研究、技术革新和发明创造的权利等。

2. 劳动者应当履行的义务

劳动者在享有劳动权利的同时，必须履行一定的劳动义务。权利与义务是互为条件的。按照《劳动法》的有关规定，劳动者应当履行的义务包括：

(1)完成劳动任务。劳动者首要的义务是对工作尽心尽责，忠于职守，出色地完成任务。

(2)提高职业技能。劳动者要有强烈的事业心和主人翁责任感，要刻苦学习专业知识，钻研职业技术，提高职业技能，掌握过硬的本领。

(3)遵守劳动纪律，执行劳动安全规定。劳动者在劳动中必须服从管理人员的指挥，遵守各项规章制度和劳动纪律及安全生产的法规制度、规定标准。

(4)职工既是劳动者，又是公民，在社会上，在家庭中，都要遵纪守法。在社会上违法乱纪，也会导致劳动权利的丧失。

(二)企业或用人单位的权利和义务

新《劳动法》颁布以后，我们看到了不少进步之处，其中第四条十分引人注目。第四条规定：用人单位应当依法建立和完善劳动规章制度，保障劳动者享有劳动权利、履行劳动义务。用人单位在制定、修改或者决定有关劳动报酬、工作时间、休息休假、劳动安全卫生、保险福利、职工培训、劳动纪律及劳动定额管理等直接涉及劳动者切身利益的规章制度或者重大事项时，应当经职工代表大会或者全体职工讨论，提出方案和意见，与工会或者职工代表平等协商确定。在规章制度和重大事项决定实施过程中，工会或者职工认为不适当的，有权向用人单位提出，通过协商予以修改完善。用人单位应当将直接涉及劳动者切身利益的规章制度和重大事项决定公示，或者告知劳动者。

1. 用人单位的权利

根据这一原则分析，用人单位的基本劳动权利概括为：

(1)要求劳动者按质按量完成劳动任务的权利。

(2)要求劳动者努力提高职业技能的权利。

(3)要求劳动者认真执行劳动安全规定的权利。

(4)要求劳动者严格遵守劳动纪律和职业道德的权利。

2. 用人单位必须承担的劳动义务

(1)用人单位应承担平等和择优录用职工的义务。

(2)支付劳动者劳动报酬的义务。

(3)保证劳动者享有休息休假的义务。

(4)提供劳动者享有安全卫生和劳动保护的义务。

(5)为劳动者提供职业培训的义务。

(6)为劳动者提供社会保险和福利的义务。

(7)配合解决劳动争议的义务。

(8)保证劳动者实现法律规定的其他权利的义务。

三、劳动关系的确立

认定劳动关系是否成立，应从其特征方面进行分析并作出判断。劳动关系具有如下几个特点：

(一)劳动关系的主体双方具有人身隶属性的特征

劳动关系的隶属性决定了劳动关系一旦建立，即在用人单位和劳动者之间建立了一种以指挥和服从为特征的管理关系，虽然每一职业的具体情况所要求的监督或指挥程度不一样，但若要确定存在劳动关系，则必定存在某种程度的管理与服从。

(二)劳动关系具有以国家意志为主导、当事人意志为主体的属性

劳动法律关系虽然是双方按照合同约定而形成的，但该关系具有较强的国家干预性质，当事人双方必须在国家预设的法律框架内约定各自的权利义务，其合同虽体现了双方当事人的主体意志，但必须符合国家意志并以国家意志为指导。

(三)劳动关系是劳动者已经将劳动付诸实施后而产生的法律关系

《劳动合同法》第七条规定："用人单位自用工之日起即与劳动者建立劳动关系。"因此，若仅有双方当事人签约的行为，尚不能认定双方已经建立劳动关系。另外，因为劳动关系是一种劳动力与生产资料的结合关系，它的本质是强调劳动者将其所有的劳动力与用人单位的生产资料相结合，劳动者一旦与用人单位形成劳动关系，就应将劳动力作为一种生产要素纳入生产过程。

(四)劳动关系中劳动者不负有单独承担商业经营风险的民事责任

劳动关系就其本来意义说是人身关系，劳动关系双方的权利义务关系呈现出劳动者的从属性和非自主性。因此，劳动者作为用人单位的一员，对外并不承担因其劳动行为而产生的民事责任，而对内仅依照规章制度承担相应的责任。

四、劳动关系的特征

(一)劳动关系主体之间既有法律上的平等性，又有客观上的隶属性

劳动关系主体双方在法律面前享有平等的权利，劳动者向用人单位提供劳动或服务，用人单位向劳动者支付劳动报酬，双方在平等自愿的基础上建立劳动关系。同时，劳动者作为用人单位的成员，在实现劳动过程中理所当然地应当遵守用人单位的规章制度，服从用人单位的管理，双方形成领导与被领导的隶属关系。

(二)劳动关系产生于劳动过程之中

劳动者只有与用人单位提供的生产资料相结合，在实现劳动过程中才能与用人单位产生劳动关系，没有劳动过程便不可能形成劳动关系。因此，从严格意义上讲，劳动法所涉及的范围只限于劳动过程之中，不包括未形成劳动关系之前的就业过程。但是，由于我国是一个劳动力资源大国，就业问题成为一个社会问题，并在今后相当长的一个时期内关系到社会经济的发展和稳定，同时就业与劳动关系又有特别紧密的联系。因此，我国的《劳动法》将就业纳入其调整范围，是出于我国实际的考虑，不能因此将就业也归于劳动关系的范畴。

(三)劳动者与用人单位间的劳动关系具有排他性

劳动关系只能产生于劳动者与用人单位之间，劳动者与其他社会主体之间发生的社会关系不能称为劳动关系。同时，作为自然人的劳动者，在同一时间只能与一个用人单位签订劳动合同、建立劳动关系。任何劳动者都不能与两家用人单位同时签订劳动合同、建立劳动关系；任何两家用人单位也不得同时与一家劳动者签订劳动合同、建立劳动关系，劳动关系具有排他性。至于现实社会中存在的灵活就业者，如作家、自由撰稿人、小时工等，他们可以与不同的用人单位建立劳动关系。灵活就业者在本质上并没有违背劳动关系排他性，因为灵活就业者在工作时间上是相互错开的，依然符合劳动者在同一时间只能与一家用人单位签订劳动合同、建立劳动关系的规范，只不过这"同一时间"更为灵活、更为具体而已。

(四)劳动关系的存在以劳动为目的

用人单位与劳动者建立劳动关系，是为了实现劳动过程，为社会生产或社会产品提供服

务。劳动者的劳动成果归属于用人单位，也就是说，劳动者是在用人单位组织指挥下，为了最终实现用人单位的利益而劳动的。相应的用人单位必须为劳动者实施劳动行为提供有利条件和物质保障，并向劳动者支付合理的报酬。

（五）劳动关系具有国家意志和当事人意志相结合的双重属性

劳动关系是依据劳动法律规范规定和劳动合同约定形成的，既体现了国家意志，又体现了双方当事人的共同意志。我国《劳动合同法》对用人单位和劳动者的权利、义务作了明确的规定，体现了国家对劳动关系的强制干预性，同时当事人双方对劳动关系的具体事项可以在平等自愿的基础上自由约定，体现了契约自由的本质属性。

第二节　劳动合同概述

一、劳动合同的含义

劳动合同也称劳动契约，是劳动者与用人单位（包括企事业单位、国家机关、社会团体、雇主）确立劳动关系、明确双方权利和义务的协议。根据《劳动法》等劳动法律、法规，依法订立的劳动合同受国家法律的保护，对订立合同的双方当事人产生约束力，是处理劳动争议的直接证据和依据。按照国家法律规定，订立劳动合同应采取书面形式。劳动合同的条款分为法定条款和协商条款。法定条款是指法律、法规规定必须协商约定的条款；协商条款是根据工种、岗位的不同特点，以及双方各自的具体情况，由双方选择协商约定的具体条款。协商条款也应在法律、法规、政策的指导下商定。另外，除合同文本以外，有时还需要制定附件，附件中明确双方权利、义务的具体内容，如明确具体的岗位责任、厂规厂纪，明确企业和职工的具体权利和义务等。

二、劳动合同的内容

（一）劳动合同必备条款

（1）用人单位的名称、住所和法定代表人或者主要负责人。

（2）劳动者的姓名、住址和居民身份证或者其他有效身份证件号码。

（3）劳动合同期限。

（4）工作内容和工作地点。

（5）工作时间和休息休假。

（6）劳动报酬。

（7）社会保险。社会保险即五险一金（养老保险、失业保险、医疗保险、工伤保险、生育保险五项，住房公积金）。

（8）劳动保护、劳动条件和职业危害防护。

（9）法律、法规规定应当纳入劳动合同的其他事项。

其中，应特别注意的是休息休假、劳动报酬。

（二）关于工作时间和休息休假

1. 工时制度

目前，我国实行的工时制度主要有标准工时制、不定时工作制和综合计算工时制三种类型。

2. 工作时间

正常：劳动者每日工作8小时，每周工作40小时的标准工时制度。

延长（加班）：一般每日不得超过1小时；因特殊原因需要延长工作时间的，每日不得超过3小时，每月不得超过36小时。

3. 休息休假

休息：工作日内的间歇时间，工作日之间的休息时间（8小时以外），周末。

休假：无需履行劳动义务且一般有工资保障的法定休息时间，包括法定假日、年休假。

【相关链接10—1】

国家法定节假日休假规定

2种休假	时间
法定假日	7节：元旦、春节、清明节、劳动节、端午节、中秋节、国庆节
年休假（2008年1月1日起施行）	【要点1】三档年假：5天、10天、15天 【要点2】年休假在1个年度内可以集中安排，也可以分段安排，一般不跨年度安排（单位因生产、工作特点确有必要跨年例外）。 【要点3】职工有下列情形之一的，不享受当年的年休假： (1)职工依法享受寒暑假，其休假天数多于年休假天数的； (2)职工请事假累计20天以上且单位按照规定不扣工资的； (3)累计工作满1年不满10年的职工，请病假累计2个月以上的； (4)累计工作满10年不满20年的职工，请病假累计3个月以上的； (5)累计工作满20年以上的职工，请病假累计4个月以上的。

（三）关于劳动报酬

1. 劳动报酬与支付

形式：工资应当以法定货币支付，不得以实物及有价证券替代货币支付。

时间：工资至少每月支付一次，实行周、日、小时工资制的可按周、日、小时支付工资。如遇节假日或休息日，则应提前在最近的工作日支付。

对完成一次性临时劳动或某项具体工作的劳动者，用人单位应按有关协议或合同规定在其完成劳动任务后即支付工资。

2. 特殊情况下的工资支付

法定休假日和婚丧假期间及依法参加社会活动期间：用人单位应当依法支付工资；在部分公民放假的节日期间（妇女节、青年节），对参加社会活动或单位组织庆祝活动和照常工作的职工，单位应支付工资报酬，但不支付加班工资。

【相关链接10—2】

法定标准工作时间以外工作（加班）的工资支付

延长工作时间（加班时间）	延长工作时间报酬（加班报酬）
日标准工作时间以外	按照不低于劳动合同规定的劳动者本人小时工资标准的150%支付劳动者工资

续表

休息日工作，且不能安排补休	按照不低于劳动合同规定的劳动者本人日或小时工资标准的200%支付劳动者工资
法定休假日工作	按照不低于劳动合同规定的劳动者本人日或小时工资标准的300%支付劳动者工资
实行计件工资的劳动者，在完成计件定额任务后，由用人单位安排延长工作时间的	根据上述原则，分别按照不低于其本人法定工作时间计件单价的150%、200%、300%支付其工资。

3. 违反规定的责任

(1)用人单位安排加班不支付加班费的，由劳动行政部门责令限期支付加班费，逾期不支付的，责令用人单位按应付金额50%以上、100%以下的标准向劳动者加付赔偿金。

(2)因劳动者本人原因给用人单位造成经济损失的，用人单位可按照劳动合同的约定要求赔偿其经济损失。经济损失的赔偿，可从劳动者本人的工资中扣除。但每月扣除的部分不得超过劳动者当月工资的20%。若扣除后的剩余工资部分低于当地月最低工资标准，则按最低工资标准支付。

(3)最低工资制度由各省、自治区、直辖市人民政府规定，报国务院备案。

4. 劳动合同履行地与用人单位注册地不一致的处理

有关劳动者的最低工资标准、本地区上年度职工月平均工资标准等事项，按照劳动合同履行地的有关规定执行。用人单位注册地的有关标准高于劳动合同履行地的有关标准，且用人单位与劳动者约定按照用人单位注册地的有关规定执行的，从其约定。

(四)可以在劳动合同中约定的事项

对于某些事项，法律不作强制性规定，由当事人根据意愿选择是否在合同中约定，劳动合同缺乏这种条款不影响其效力。我们可以将这种条款称为可备条款。法定可备条款是指法律明文规定的劳动合同可以具备的条款。劳动合同的某些内容是非常重要的，关系到劳动者的切身利益，但是这些条款不是在每个劳动合同中都必须具备的，所以法律不能把其作为必备条款，只能在法律中予以特别提示。

1. 试用期

试用期是指对新录用的劳动者进行试用的期限。用人单位与劳动者可以在劳动合同中就试用期的期限和试用期期间的工资等事项作出约定，但不得违反《劳动法》有关试用期的规定。《劳动法》第19条对如何确定试用期作出了明确规定，劳动合同的长短、劳动合同的类型不同，试用期的长短也有所不同。《劳动法》第20条对试用期的工资作出了明确规定，即劳动者在试用期的工资不得低于本单位同岗位最低档工资或者劳动合同约定工资的80%，并不得低于用人单位所在地的最低工资标准。在试用期内，用人单位与劳动者之间的劳动关系尚处于不完全确定的状态。根据《劳动法》第21条规定：在试用期中，除劳动者被证明不符合录用条件外，用人单位不得解除劳动合同。用人单位在试用期解除劳动合同的，应当向劳动者说明理由。

2. 培训

培训是按照职业或者工作岗位对劳动者提出的要求，以开发和提高劳动者的职业技能为目的的教育和训练过程。根据1996年劳动和社会保障部印发的《企业职工培训规定》，职工培训是指企业按照工作需要对职工进行的思想政治、职业道德、管理知识、技术业务、操作技能等方面的教育和训练活动。企业职工培训应以培养有理想、有道德、有文化、有纪律，掌握职业技能的职工队伍为目标，促进企业职工队伍整体素质的提高。企业应建立健全职工培训的规章制度，根据本单位的实际对职工进行在岗、转岗、晋升、转业培训，对新录用人员进行上岗前的培训，并保证培训经费和其他培训条件。职工应按照国家规定和企业安排参加培训，自觉遵守培训的各项规章制度，并履行培训合同规定的各项义务，服从单位工作安排，搞好本职工作。

3. 保守商业秘密

商业秘密是不为大众所知悉，能为权利人带来经济利益，具有实用性并经权利人采取保密措施的技术信息和经营信息。在激烈的市场竞争中，任何一个企业生产经营方面的商业秘密都十分重要。在市场经济条件下，企业用人和劳动者选择职业都有自主权，有的劳动者因工作需要，了解或掌握了本企业的技术信息或经营信息等资料。如果企业事先不向劳动者提出保守商业秘密、承担保密义务的要求，有的劳动者就有可能带着企业的商业秘密另谋职业，通过擅自泄露或使用原企业的商业秘密，以谋取更高的个人利益；如果没有事先约定，企业往往难以通过法律讨回公道，从而使企业遭受重大经济损失。因此，用人单位可以在合同中就保守商业秘密的具体内容、方式、时间等，与劳动者约定，防止自己的商业秘密被侵占或泄露。

4. 补充保险

补充保险是指除了国家基本保险以外，用人单位根据自己的实际情况为劳动者建立的一种保险，它用来满足劳动者高于基本保险需求的愿望，包括补充医疗保险、补充养老保险等。补充保险的建立依用人单位的经济承受能力而定，由用人单位自愿实行，国家不作强制的统一规定，只要求用人单位内部统一。用人单位必须在参加基本保险并按时足额缴纳基本保险费的前提下，才能实行补充保险。因此，补充保险的事项不作为合同的必备条款，由用人单位与劳动者自行约定。

5、福利待遇

随着市场经济的发展，用人单位给予劳动者的福利待遇也成为劳动者收入的重要指标之一。福利待遇包括住房补贴、通讯补贴、交通补贴、子女教育等。不同的用人单位福利待遇也有所不同，福利待遇已成为劳动者就业选择的一个重要因素。

社会生活千变万化，劳动合同种类和当事人的情况也非常复杂，法律只能对劳动合同的条款进行概括，无法穷尽劳动合同的所有内容，当事人也可以根据需要在法律规定的可备条款之外对有关条款作新的补充性约定。

三、劳动合同的订立与履行

订立劳动合同，应当遵循合法、公平、平等自愿、协商一致、诚实信用的原则。依法订立的劳动合同具有约束力，用人单位与劳动者应当履行劳动合同约定的义务。

（一）劳动合同的订立程序

劳动合同的订立程序，就是签订劳动合同必须履行的法律手段。按照合同的一般原理，合同订立的程序有要约和承诺两个阶段。劳动合同虽然是一种合同，但其订立程序与一般合同的订立程序有所不同。劳动合同的被要约方在开始时是不确定的，需要首先确定被要约方，即确定与用人单位签订劳动合同的劳动者才能完成要约与承诺的全过程。

劳动合同的订立程序可以概括为以下两个阶段：

1. 由用人单位提出要约邀请，寻找并确定劳动者

这一阶段包括以下四个步骤：

第一，公布招工简章或就业规则。公布的内容包括两个方面：一是招工条件，二是录用后的权利义务。涉及招工的工种或岗位、招收的名额、招收对象及条件、招工地区或范围、录用后

的工资、福利待遇、劳动保护条件和应遵守的单位规章制度等。从法律角度看，招工简章或就业规则具有要约的法律效力。

第二，自愿报名。劳动者根据招工条件结合自身的志愿爱好，自愿报名。根据我国劳动法律法规规定，单位招收职工，必须招收年满 16 周岁的劳动者，特殊行业招收未满 16 周岁未成年人时需要经过特殊审批。符合条件的劳动者自愿报名应招，表明愿意在此基础上与用人单位协商订立劳动合同。

第三，全面考核。用人单位对报名的应招人员可以进行德、智、体全面考核，具体考核内容可以根据生产或工作的性质和需要有所侧重。例如，招收学徒工人，可以侧重文化考核；招收技术工人，可以侧重该工种的技能考核；招收繁重体力劳动者，可以侧重身体素质的考核；招收初级技术工人，考核标准可以稍低；招收高级技术工人，考核标准可以稍高。

第四，择优录用。用人单位对应招人员进行全面考核后，应严格按照公正、公平的原则进行评判，不得徇私舞弊。对考核结果必须公开张榜，公布择优录用人员，接受群众监督。

经过上述四个步骤，用人单位就能够确定受要约人，即愿意接受用人单位条件并与该单位协商订立劳动合同的劳动者。

2. 签订劳动合同

也即完成要约和承诺的全过程。经过上一阶段，受要约人确定后，即由用人单位提出劳动合同的草案，劳动者如果完全同意，即视为承诺，劳动合同即告成立。如果劳动者对劳动合同草案提出修改意见或要求增加新的内容，应视为对要约的拒绝。双方可继续经过新的要约——再要约，反复协商，直至最终达成一致的协议。

劳动合同书应由用人单位的法定代表人或其书面委托代理人与劳动者签字（盖章），并注明签订日期。经双方当事人签字（盖章）的劳动合同书一式两份，用人单位和劳动者各持一份。

【相关链接 10－3】

劳动合同订立的相关规定

（1）劳动合同的双方当事人，一方是劳动者，一方是用人单位。

（2）用人单位招用劳动者时，应当如实告知劳动者工作内容、工作条件、工作地点、职业危害、安全生产状况、劳动报酬，以及劳动者要求了解的其他情况。用人单位有权了解劳动者与劳动合同直接相关的基本情况，劳动者应当如实说明。用人单位招用劳动者，不得扣押劳动者的居民身份证和其他证件，不得要求劳动者提供担保或者以其他名义向劳动者收取财物。

（3）用人单位自用工之日起即与劳动者建立劳动关系。用人单位应当建立职工名册备查。

（4）建立劳动关系，应当订立书面劳动合同。已建立劳动关系，未同时订立书面劳动合同的，应当自用工之日起一个月内订立书面劳动合同。用人单位与劳动者在用工前订立劳动合同的，劳动关系自用工之日起建立。

（5）劳动合同由用人单位与劳动者协商一致，并经用人单位与劳动者在劳动合同文本上签字或者盖章生效。劳动合同文本由用人单位和劳动者各执一份。

（6）劳动合同分为固定期限劳动合同、无固定期限劳动合同及以完成一定工作任务为期限的劳动合同。

（7）用人单位与劳动者协商一致，可以订立固定期限劳动合同或无固定期限劳动合同。有下列情形之一，劳动者提出或者同意续订、订立劳动合同的，除劳动者提出订立固定期限劳动合同外，应当订立无固定期限劳动合同：

①劳动者在该用人单位连续工作满10年的；

②用人单位初次实行劳动合同制度或者国有企业改制重新订立劳动合同时，劳动者在该用人单位连续工作满10年且距法定退休年龄不足十年的；

③连续订立两次固定期限劳动合同，且劳动者没有《劳动合同法》第39条和第40条第一项、第二项规定的情形，续订劳动合同的。

(8)用人单位自用工之日起满1年不与劳动者订立书面劳动合同的，视为用人单位与劳动者已订立无固定期限劳动合同。

(9)用人单位与劳动者协商一致，可以订立以完成一定工作任务为期限的劳动合同。

(二)劳动合同的履行

劳动合同的履行，指的是劳动合同双方当事人按照劳动合同的约定，履行各自的义务，享有各自的权利。劳动合同的变更，指的是在劳动合同履行期间，劳动合同双方当事人协商一致后改变劳动合同的内容。劳动合同是否得到依法履行，劳动合同的变更是否以平等自愿、协商一致为前提，直接关系到劳动合同双方当事人尤其是劳动者权益能否得到保护。劳动合同履行的一般原则如下：

1. 全面履行原则

全面履行原则指的是劳动合同双方当事人在任何时候，均应当履行劳动合同约定的全部义务。《劳动合同法》第29条规定，用人单位与劳动者应当按照劳动合同的约定，全面履行各自的义务。

2. 合法原则

合法原则指的是劳动合同双方当事人在履行劳动合同过程中，必须遵守法律法规，不得有违法行为。《劳动合同法》着重强调了三个方面，一是规定用人单位应当按照劳动合同约定和国家规定及时足额支付劳动报酬。用人单位拖欠或者未足额支付劳动报酬的，劳动者可以依法向当地人民法院申请支付令，人民法院应当依法发出支付令。二是规定用人单位应当严格执行劳动定额标准，不得强迫或者变相强迫劳动者加班。用人单位安排加班的，应当按照国家有关规定向劳动者支付加班费。三是规定劳动者对用人单位管理人员违章指挥、强令冒险作业有权拒绝，不视为违反劳动合同。对危害生命安全和身体健康的劳动条件，有权对用人单位提出批评、检举和控告。

四、劳动合同的变更、解除和终止

(一)劳动合同的变更

劳动合同的变更是指劳动者与用人单位对依法成立的劳动合同条款所做的修改或增删。劳动合同依法订立后，双方当事人必须全面履行合同规定的义务，任何一方不得擅自变更劳动合同。但在下列情况下可以变更劳动合同：第一，经双方当事人协商同意；第二，订立劳动合同所依据的法律法规已经修改或废止；第三，企业经上级主管部门批准或根据市场变化转产或调整生产任务；第四，劳动合同订立时的客观情况发生重大变化，致使劳动合同无法履行；第五，法律法规允许的其他情况。

(二)劳动合同的解除

劳动合同的解除是指在劳动合同期限届满之前终止劳动合同关系的法律行为。根据《劳动法》规定，劳动合同当事人经协商一致，可以解除劳动合同。另外，当法定事由出现时，用人单位或劳动者也可单方解除合同。

1. 用人单位单方解除劳动合同

第一，根据《劳动法》第25条的规定，劳动者有下列情形之一的，用人单位可单方解除劳动合同，而不必提前通知劳动者：一是在试用期间被证明不符合录用条件的；二是严重违反劳动纪律或者用人单位规章制度；三是严重失职，营私舞弊，对用人单位利益造成重大损害的；四是被依法追究刑事责任的。

第二，有下列情形之一的，用人单位可以解除劳动合同，但是应当提前30日以书面形式通知劳动者本人并给予经济补偿：一是劳动者患病或者因公受伤，医疗期满后，不能从事原工作也不能从事由用人单位另行安排工作的；二是劳动者不能胜任工作，经过培训或者更换工作岗位还不能胜任工作的；三是劳动合同订立时所依据的客观情况发生重大变化，致使劳动合同无法履行，经当事人协商不能就变更劳动合同达成协议的。

第三，企业经济性裁减人员。用人单位濒临破产进行法定整顿期间或生产经营状况发生严重困难，确需裁减人员，应当提前30天向工会或者全体职工说明情况，听取工会或者全体职工意见，经向劳动行政部门报告后，可以裁减人员。但是，用人单位依据以上规定裁减人员后，在6个月内又录用人员的，应当优先录用被裁减的人员。

2. 劳动者单方解除劳动合同

第一，劳动者解除劳动合同，应当提前30日以书面形式通知用人单位。因为劳动合同是劳动者自愿签订的，当然也有权自愿解除，只要这种解除符合法律法规的规定并不损害用人单位利益。

第二，劳动者可以随时通知用人单位解除劳动合同。这样的情形有三种：一是在试用期内，试用期是用人单位考察劳动者是否具备录用条件的考察期限，也是劳动者选择用人单位的选择期限，因此在试用期内劳动者只要发现用人单位不适合自己，可随时通知解除合同。二是用人单位以暴力、威胁或者限制人身自由等非法手段强迫劳动的，劳动者可以随时通知用人单位解除劳动合同。三是用人单位未按劳动合同约定支付劳动报酬或者提供劳动条件的，劳动者可随时通知用人单位解除劳动合同。

（三）劳动合同的终止

有下列情形之一的，劳动合同即可终止：劳动合同期限届满；企业宣告破产或者依法被撤销；劳动者达到退休年龄；劳动者完全丧失劳动能力或者死亡；法律法规规定的其他情形。

第三节　劳动关系的协调与管理

一、劳动争议的管理

（一）劳动争议的含义

劳动争议主要是指劳动关系双方当事人即劳动者和用人单位在实现劳动权利和履行劳动义务过程中所产生的纠纷。根据《企业劳动争议处理条例》规定，劳动争议范围包括：企业对劳动者除名、开除、辞退和劳动者辞职、自动离职产生的纠纷；在执行国家工资、保险、福利、培训和劳动保护规定时所发生的争议；在履行劳动合同中引起的纠纷以及法律规定的其他纠纷等。劳动争议除了包括劳动合同纠纷和基于事实劳动关系而产生的劳动纠纷，还包括其他的一些劳动纠纷。不过，应该明确的是劳动合同纠纷是劳动争议的主要组成部分，劳动争议产生的原因很多,既有企业片面追求自身利益而忽视劳动者利益的原因,比如用人单位应该与劳动者签订书面劳动合同而没有签订、用人单位没有给劳动者购买法律明确规定的各种社会保险等,也有劳动者自身的原因,比如劳动者擅自离职给单位造成损失的,以及其他的原因,诸如劳动合同管理不规范等。

(二)劳动争议的处理

1. 处理体制的选择

各国处理劳动争议所遵循的立法原则不外两种:一是自愿原则,二是强制原则。遵循不同的基本原则,就会形成不同的组织体制和办案体制。

根据自愿原则,调解或仲裁机构独立于政府的特征较强,由双方当事人协议是否调解或仲裁;和解协议必须是双方自愿达成;仲裁人员应由当事人选择。这就形成了裁审自择、裁审分轨的双轨体制。

根据强制原则,调解或仲裁机构与政府的联系较多,政府常常从中起主要作用;劳动争议任何一方当事人或者政府无须协商均可依据法律规定交付仲裁解决争议;仲裁人员由仲裁机构指定。在强制原则下,有的国家规定仲裁裁决具有终极效力,有的国家则规定对裁决不服,当事人可向法院起诉,形成"裁审衔接"的单轨体制。

2. 劳动争议的处理原则

(1)合法原则。合法原则是指企业劳动争议的处理机构在处理争议案件时,要以法律为准绳,并遵循有关法定程序。以法律为准绳,就是要求企业对劳动争议的处理要符合国家有关法律法规的规定。

(2)公正和平等原则。公正和平等原则是指在企业劳动争议案件的处理过程中,应当公正、平等地对待双方当事人,处理程序和处理结果不得偏向任何一方。尽管企业管理者和劳动者双方当事人在企业劳动关系的实际运作过程中所处的地位是不一样的,前者处于领导者、支配者的地位,后者处于被领导者、被支配者的地位,而一旦企业劳动争议形成,并进入处理程序阶段,两者便是平等的争议主体,都受到法律的平等保护。公正和平等原则要求企业劳动争议的任何一方当事人都不得有超越法律和有关规定以上的特权。

(3)调解原则。调解原则是指调解这种手段贯穿于企业劳动争议第三方参与处理的全过程。不但企业调解委员会在处理企业劳动争议中的全部工作是调解工作,而且仲裁委员会和法院在处理企业劳动争议中也要先行调解,调解不成时,才会行使裁决或判决。同时,即使是仲裁委员会的裁决和法院的判决也要以调解的态度强制执行,否则其法律效力的发挥也会大打折扣。

(4)及时处理原则。及时处理原则是指企业劳动争议的处理机构在处理争议案件时,要在法律和有关规定要求的时间范围内对案件进行受理、审理和结案,无论是调解、仲裁还是诉讼,都不得违背在时限方面的要求,如企业劳动争议调解委员会对案件调解不力,要在规定的时限内结案,不要影响当事人申请仲裁的权利;企业劳动争议仲裁委员会在调解未果的情况下,要及时裁决,不得超过法定的处理时限;法院的处理也是这样,在调解未果的情况下,要及时判决。总之,及时处理原则就是要使双方当事人合法权益得到及时的保护。

3. 劳动争议处理的一般方法

(1)劳资双方自行解决。劳资协商制度是市场经济国家处理企业劳动争议的一种重要制度,协商解决的办法在处理企业劳动争议中使用的频率相当大。

协商解决的办法,主要是指劳资双方在平等的地位上就彼此争议的问题和焦点进行协商,以求得问题的解决。劳资协商制度,由于各国的国情、历史、传统不同,形成各自不同的协商风格和协商内容，所以，各国都有自己不同的特点。概括起来，主要有劳资对话制、劳资共决制、工人代表制三种。

在市场经济国家里，企业集体谈判也往往作为解决企业劳动争议的主要手段之一。实际上，企业集体合同在某种程度上也可以看作是企业劳动争议处理的一种结果或结论。因此，可以说，与劳资协商制度一样，集体谈判制度也是市场经济国家一种重要的企业劳动争议的处理制度。

在很多市场经济国家里，企业劳动争议发生后，劳资双方协商常常是前奏，在双方协商不成的情况下，才使用集体谈判。在日本，劳资双方更是巧妙地综合使用这两种方法为自己的利益服务。

企业管理者主要通过劳资协商制来阻碍或缓和工会参与管理的要求；工会则在协商阶段将有关问题和信息集中起来，强化自己的斗争手段，为确立自己在集体谈判中的有利地位奠定基础。

(2)第三方参与解决。由劳资双方自己解决彼此之间的劳动争议或纠纷在市场经济国家已经形成了各种成熟的制度，这就是上述分析的劳资协商制度、集体谈判制度等。而当劳资双方彼此之间根本达不成协议时，即劳资双方自己无法解决彼此之间的劳动争议时，就需要借助于第三方参与来解决这种争议。一般来说，企业劳动争议处理中的第三方参与主要有三种基本办法：调解、仲裁和诉讼。

我们所说的处理劳动争议，一般而言，是指有第三方参与的劳动争议处理。在第三方参与的企业劳动争议处理的三种主要办法中，除诉讼以外，其他两种办法都需要建立相应的企业劳动争议处理组织机构。企业劳动争议处理组织机构的组建要实行“三方原则”，即在组织机构当中，必须有企业劳动争议的双方当事人的代表和第三方或中立方的代表。第三方或中立方的代表一般由政府或公益机构委派。企业劳动争议处理组织机构的三方组建原则早在1919年的《国际劳工组织章程》中就已得到了体现；1992年国际劳工大会上，劳工局长在《民主化和国际劳工组织》报告中对“三方原则”又进行了重新的强调。目前，发达市场经济国家的劳动立法中，大多数对企业劳动争议处理组织机构的三方组建原则都进行了必要的规定或说明。

【案例 10－1】

申请确认劳动关系争议案

案情介绍：

申请人李某于2011年2月到被申请人某物流配送公司从事司机工作，被申请人没有与申请人签订劳动合同。申请人提起劳动争议仲裁，请求依法认定申请人与被申请人之间存在事实劳动关系。被申请人辩称被申请人虽然经营货物运输业务，但运输车辆均系社会雇用，申请人是运输车辆所有人招用的，与被申请人没有劳动关系。

查明事实：

申请人于2011年2月到被申请人处从事司机工作，双方未签订劳动合同，2012年6月申请人辞职离开被申请人。申请人提交的胸卡上写有“部门：营运部”、“职务：司机”，并盖有被申请人的公章。两位证人证实，申请人胸卡由被申请人发放，申请人工资从被申请人财务部领取，有时申请人出车在外由证人代申请人领取，且领取工资时在工资发放单上有签名。申请人提交的运输记录单记载了申请人出车运输货物的情况。被申请人只提交了车辆使用合同，合同内容未涉及有关车辆驾驶人员的约定。

处理结果：

申请人提交的证据足以相互佐证，证明申请人在被申请人处工作的事实。对于申请人的出勤记录、工资发放明细，被申请人负有举证责任，而在案件审理中被申请人未提交，因此，应当承担举证不能的法律责任。综合本案事实及证据，认定申请人与被申请人之间存在事实劳动关系。

案例评析：

本案争议焦点为驾驶被申请人雇用车辆的申请人，是否与被申请人存在劳动关系。根据中华人民共和国劳动和社会保障部《关于确立劳动关系有关事项的通知》(劳社部发〔2005〕12号)文件第一条规定，申请人与被申请人均符合法律、法规规定的劳动关系主体资格，申请人的工作由被申请人安排管理，被申请人支付给申请人劳动报酬，申请人提供的劳动是被申请人业务的组成部分，以上情形同时具备时，应当认定申请人与被申请人之间存在事实劳动关系。同时，该通知第二条进一步明确了在此类案件中申请人与被申请人应当承担的举证责任范围，申请人提供了胸卡、运输记录单和证人证言等证据，并用以上证据证明其工作和工资发放情况，而有关申请人入职情况、出勤情况及工资发放情况，被申请人负有举证责任，本案中以上证据被申请人均未提供，由此产生的法律后果应当由其自行承担。

二、集体合同的管理

(一)集体合同的含义

集体合同是指企业职工一方与用人单位就劳动报酬、工作时间、休息休假、劳动安全卫生、保险福利等事项，通过平等协商达成的书面协议。集体合同制度，是一种法律制度，是指职工一方与用人单位就劳动报酬、工作时间、休息、保险、劳动条件、职业培训等双方共同关心的问题，依法经过谈判达成一致协议，以书面的形式确定该用人单位劳动标准，用此协议规范劳动和劳动管理行为的法律制度。

1. 集体合同的签订应建立在集体协商的基础上

集体协商是指企业工会或职工代表与相应的企业代表，为签订集体合同进行商谈的行为。集体协商应遵守法律、法规的规定和平等、合作的原则。

2. 集体协商的内容、时间、地点应由双方共同商定

在不违反有关保密规定和不涉及企业商业秘密的前提下，协商双方有义务向对方提供与集体协商有关的情况或资料。

3. 在集体合同规定的期限内，双方代表可对集体合同履行情况进行检查

由于签订集体合同的环境和条件发生变化，致使集体合同难以履行时，集体合同任何一方均可提出变更或解除集体合同的要求。一方提出变更或修订或解除集体合同时，另一方应给予答复，并在7日内双方进行协商。

4. 集体合同的签订应建立在集体协商的基础上

由企业工会(未建立工会的由职工民主推举的代表或上级工会组织委派代表)代表职工一方与用人单位指派的代表，就劳动条件、劳动报酬、福利待遇等进行协商，达成一致后形成集体合同草案，提交职工代表大会或全体职工讨论，经讨论通过，由协商双方首席代表签字。并在签字后10日内将集体合同文本报劳动保障行政部门审查。双方协商代表协商一致或由于签订集体合同的环境和条件发生变化，致使集体合同难以履行时，可以变更或解除集体合同。

（二）集体合同的内容

集体协商双方可以就下列某项或多项内容进行集体协商，签订集体合同或专项集体合同：

（1）劳动报酬。包括用人单位工资水平、工资分配制度、工资标准和工资分配形式；工资支付办法；加班工资及津贴、补贴标准和奖金分配办法；工资调整办法；试用期及病、事假等期间的工资待遇；特殊情况下职工工资（生活费）支付办法；其他劳动报酬分配办法等。

（2）工作时间。即劳动者根据法律和法规的规定，在企业、事业、机关、团体等单位中，用于完成本职工作的时间。包括工时制度、加班办法、特殊工种的工作时间、劳动定额标准等。

（3）休息休假。包括日休息时间、周休息日安排、年休假办法；不能实行标准工时职工的休息休假；其他假期。

（4）劳动安全与卫生。包括劳动安全卫生责任制；劳动条件和安全技术措施；安全操作规程；劳保用品发放标准；定期健康检查和职业健康体检。

（5）补充保险和福利。包括补充保险的种类、范围；基本福利制度和福利设施；医疗期延长及其待遇；职工亲属福利制度。

（6）女职工和未成年工特殊保护。包括女职工和未成年工禁忌从事的劳动；女职工的经期、孕期、产期和哺乳期的劳动保护；女职工、未成年工定期健康检查；未成年工的使用和登记制度。

（7）职业技能培训。包括职业技能培训项目规划及年度计划；职业技能培训费用的提取和使用；保障和改善职业技能培训的措施。

（8）劳动合同管理。包括劳动合同签订时间；确定的条件；劳动合同变更、解除、续订的一般原则及无固定期限劳动合同的终止条件；试用期的条件和期限。

（9）奖惩。包括劳动纪律、考核奖惩制度、奖惩程序。

（10）裁员。包括裁员的方案、裁员的程序、裁员的实施办法和补偿标准。

（11）集体合同期限。

（12）变更、解除集体合同的程序。

（13）履行集体合同发生争议时的协商处理办法。

（14）违反集体合同的责任。

（15）双方认为应当协商的其他内容。

（三）集体合同的法律效力

集体合同的产生除要经过双方代表协商、职代会审议通过、首席代表签字程序以外，依法对集体合同进行审查，是集体合同生效的必经程序。集体合同签订后，应在 10 日内将集体合同文本及有关说明材料报送劳动保障部门。劳动保障部门在收到集体合同文本后 15 个工作日内未提出异议的，集体合同即日生效。报送单位应以适当方式予以公布。劳动保障行政部门提出异议，用人单位就异议事项经协商重新签订集体合同的，应按照报送程序重新报送劳动保障部门审查。

集体合同的法律效力是指集体合同的法律约束力。《劳动法》第 35 条规定：依法签订的集体合同对企业和企业全体职工具有约束力。职工个人与企业订立的劳动合同中劳动条件和劳动报酬等标准不得低于集体合同的规定。《劳动合同法》第 54 条第 2 款规定：依法订立的集体合同对用人单位和劳动者具有约束力。行业性、区域性集体合同对当地本行业、本区域的用人单位和劳动者具有约束力。

可见，凡符合法律规定的集体合同，一经签订就具有法律效力。集体合同的法律效力包括以下几个方面：第一，集体合同对人的法律效力：集体合同对人的法律效力是指集体合同对什么人具有法律约束力。根据《劳动法》的规定，依法签订的集体合同对用人单位和用人单位全体劳动者具有约束力。这种约束力表现在：集体合同双方当事人必须全面履行集体合同规定的义务，任何一方都不得擅自变更或解除集体合同。如果集体合同的当事人违反集体合同的规定就要承担相应的法律责任。劳动者个人与用人单位订立的劳动合同中有关劳动条件和劳动报酬等标准不得低于集体合同的规定。第二，集体合同的时间效力：集体合同的时间效力是指集体合同从什么时间开始产生效力，什么时间终止其效力。集体合同的时间效力通常以其存续时间为标准，一般从集体合同订立之日起生效。如果当事人另有约定的，应在集体合同中明确规定。集体合同的期限届满，其效力终止。第三，集体合同的空间效力：集体合同对空间的效力是指集体合同规定的对于具体地域、哪些从事同一产业的劳动者、用人单位所具有的约束力。

(四)集体劳动合同的订立、变更、终止

1. 集体合同的订立

集体合同的订立是指工会或职工代表与企事业单位之间，为规定用人单位和全体职工的权利义务而依法就集体合同条款经过协商一致，确立集体合同关系的法律行为。集体合同按如下程序订立：(1)讨论集体合同草案或专项集体合同草案。经双方代表协商一致的集体合同草案或专项集体合同草案，应提交职工代表大会或者全体职工讨论。(2)通过草案。全体职工代表半数以上或者全体职工半数以上同意，集体合同草案或专项集体合同草案方获通过。(3)集体协商双方首席代表签字。

2. 集体合同的变更

集体合同的变更是指集体合同生效后尚未履行完毕之前，由于主客观情况发生变化，当事人依照法律规定的条件和程序，对原集体合同进行修改或增删的法律行为。集体合同的解除，是指提前终止集体合同的法律效力。经双方协商代表协商一致，可以变更或解除集体合同或专项集体合同。劳动法规定有下列情形之一的，可以变更或解除集体合同或专项集体合同：(1)用人单位因被兼并、解散、破产等原因，致使集体合同或专项集体合同无法履行的。(2)因不可抗力等原因致使集体合同或专项集体合同无法履行或部分无法履行的。(3)集体合同或专项集体合同约定的变更或解除条件出现的。(4)法律、法规、规章规定的其他情形。变更或解除集体合同或专项集体合同适用集体协商程序。

3. 集体合同的终止

集体合同的终止是指因某种法律事实的发生而导致集体合同法律关系消灭。集体合同或专项集体合同期限一般为1～3年，期满或双方约定的终止条件出现，即行终止。集体合同或专项集体合同期满前3个月内，任何一方均可向对方提出重新签订或续订的要求。集体合同或专项集体合同签订或变更后，应当自双方首席代表签字之日起10日内，由用人单位一方将文本报送劳动保障行政部门审查。劳动保障行政部门自收到文本之日起15日内未提出异议的，集体合同或专项集体合同即行生效。

第四节 建立新型和谐的劳动关系

一、构建和谐劳动关系的意义

建立和谐的劳动关系是劳动保障工作的重要组成部分。构建和谐劳动关系，不仅是在用工行为和就业行为市场化之后，协调用人单位和劳动者劳动关系的需要，更是当前深化企业改革和维护社会稳定的需要。因此，构建和谐劳动关系工作既是一项长期的，也是一项紧迫的重要工作。其意义主要体现在以下三个方面：

（一）构建和谐劳动关系是深化企业改革和调整经济结构的客观要求

随着国有企业改革力度的加大，必然会使劳动关系变得越来越突出。比如，压缩纺织、煤炭、冶金等行业过剩的生产能力，淘汰落后小企业，以及企业联合、兼并、改组等，都将使一些企业的产权、组织结构和管理制度发生变化，一些劳动者的岗位随之也要发生变化。又比如，三资企业、民营企业、私营企业等多种所有制企业及个体用人单位的发展，将会更多地吸纳劳动者尤其是国有企业下岗职工就业，也需要规范这些用人单位与劳动者的劳动关系。所有这些，都带来劳动关系的变化，客观上要求通过签订、变更、解除、终止劳动合同等工作，及时确定和调整劳动关系双方的权利和义务。

（二）构建和谐劳动关系是规范劳动力市场运行秩序，建立健全市场就业机制的客观要求

要通过建立和调整劳动关系，实现用人单位用工行为和劳动者就业的市场化、规范化。近年来，随着劳动制度改革的深化和劳动力市场的发展，用工和就业的市场化程度不断提高，但用人单位和劳动者主体行为不规范的问题还比较突出，有非法用工问题，有不依法确立劳动关系、不明确双方权利和义务的问题，有不履行义务而损害双方权益的问题。这些问题在一定程度上扰乱了劳动力市场秩序，不利于市场就业机制的形成。这就要求做好劳动关系的调整工作，促进劳动关系的规范化、法制化，为建立健全市场就业机制创造条件。

（三）构建和谐劳动关系是维护职工队伍稳定和社会稳定的客观要求

用人单位和劳动者劳动关系的变化，带来了双方利益关系的变化，也就不可避免地产生相互之间权力和利益上的矛盾，有时甚至会比较激烈。引发劳动争议的因素，有工资报酬、社会保险、福利待遇及下岗、失业等多种因素。要进一步构建和谐劳动关系，积极预防和化解矛盾，依法维护用人单位和职工的合法权益，促进劳动关系和谐与职工队伍的稳定。

二、构建和谐劳动关系的任务

和谐劳动关系的目标是，初步建立适应社会主义市场经济要求的劳动关系双方自主协调、政府依法调整的劳动关系调整新体制，促进劳动关系的和谐稳定。其主要任务有：

（一）继续全面实行并巩固完善劳动合同制度

加强劳动合同立法，通过立法督促所有企业与全部职工依法签订劳动合同，从源头上规范企业及单位的用人行为。指导企业按照建立现代企业制度的要求，全面加强劳动合同管理，完善本单位的规章制度，健全劳动合同基础管理，引入公平竞争机制，合理配置劳动力资源，逐步形成适应现代企业制度要求的新型用人机制。重点推动非国有企业与劳动者签订劳动合同，力争使适用《劳动法》的各类用人单位全面实行劳动合同制度。指导企业加强劳动合同管理，依法规范劳动合同订立、变更、终止、解除的行为。

（二）建立健全集体协商和集体合同制度

要坚持集体协商与签订集体合同相协调，重在建立集体协商机制；坚持把工资集体协商作为推行集体协商制度的重要内容。要遵循职工实际工资水平在企业发展基础上合理增长等原则，坚持由工会或职工代表就企业的工资分配制度、分配形式、收入水平等事项，与企业进行集体协商，签订工资协议，切实落实职工参与工资分配的权利。在外商投资企业、私营企业和股份制企业积极推行集体协商（谈判）制度，在建立现代企业制度的国有企业健全集体合同制度，

重点完善内部民主协商的形式和程序，加大职工参与民主决策和民主管理的力度，进一步发挥工会、职代会的作用。在具备条件的地区，继续探索建立由政府劳动保障行政部门、工会组织和企业组织组成的三方劳动关系协调组织，协调解决本地区的重大劳动关系问题。

(三)大力加强企业劳动标准的编制修订工作

逐步完善企业基本劳动标准体系，加强劳动基准政策方面的社会化咨询服务。指导各类企业通过集体协商等方式，按照国家或行业的劳动基准建立健全企业内部的劳动标准，依法规范企业的劳动行为。

(四)进一步完善劳动争议处理体制，建立健全三方性、多层次的劳动争议处理制度

要切实加强劳动争议仲裁机构及队伍建设，探索实现仲裁机构实体化建设；要充实仲裁员队伍，特别是大力加强兼职仲裁员队伍建设。建立健全劳动争议仲裁案件评价制度和仲裁监督制度，提高劳动仲裁工作的质量和效率。继续建立健全企业劳动争议调解委员会，逐步建立地区性多层次的劳动争议调解组织，完善企业内部调解、外部行政调解等多种类型的调解制度，大力做好预防劳动争议的工作。健全各级劳动争议仲裁机构，完善劳动保障行政部门、工会组织、企业组织(综合经济管理部门)三方共同办案的机制。改进办案方式，提高办案质量和办案效率。

(五)加强劳动关系调整的法制建设

按照急用先立、逐步完善的原则，创造条件逐步制定出台《劳动合同法》、《集体合同法》、《劳动争议处理法》等法律，及时制定有关配套法规和规章，力争在未来几年内，基本建立起比较完备的劳动关系调整法律体系，为建立新型劳动关系调整体制提供法律支撑。

(六)重视做好工资收入分配工作

我国企业工资分配制度存在的主要问题：一是企业内部分配的平均主义仍然比较严重，分配机制的激励和约束作用都还不够；二是行业收入分配中的不合理差距还在拉大；三是收入分配秩序还比较乱，一些企业存在故意拖欠和克扣工资的现象。“市场机制调节，企业自主分配，职工民主参与，政府监控指导”的企业工资分配制度的基本思路虽然已经形成并取得共识，但如何落实和实施，还要下很大的工夫。

二、构建和谐劳动关系的途径

随着改革开放和现代化进程的推进，我国现代型劳动关系的基本框架已经形成。同时，应当看到的，由于种种历史及现实因素的制约，我国的劳动关系仍然存在着许多不足，不少劳动者的基本权利没有得到应有的保护，推动建立和谐劳动关系的任务十分迫切。

(一)从社会公正的高度看待和谐劳动关系问题

社会公正是社会制度和社会政策的基本依据。具体到我国社会来说，只有把劳动关系上升到维护社会公正的高度，才能在基本理念进而在基本制度设计和基本政策安排上真正重视和谐劳动关系的发展。大部分社会成员是劳动者，劳动是大部分社会成员的基本活动，大部分社会成员要用大量时间从事劳动，所以劳动者基本劳动权利的保护问题理应成为社会公正最基本的内容之一。显然，要维护和实现社会公正，就必须重视劳动者基本权利的保护问题，重视劳动政策的制定和实施，重视和谐劳动关系的发展。唯有如此，才能使劳动者获得平等的社会地位，获得基本的尊严；才能使社会各个群体各尽所能，各得其所。如果不能将劳动关系问题上升到社会公正的高度来对待，那么，劳动关系将会处在一个次属的社会位置，最多只是在考虑社会稳定时将之当成一个比较重要的变数来看待，而一旦社会趋于稳定则劳动关系依然

处于不予重视的不确定境地。如果这样，我国的社会公正的维护和实现不可能从总体上有所进展，我国的社会活力也不可能从根本上得到持续有效地激发。

（二）进一步激活工会的潜能

在现代社会和市场经济的条件下，工会的主要职能应当是，员工通过工会组织，通过集体谈判方式维护并改善自己的劳动权益和劳动条件。我国的工会组织有着比较重要的社会政治地位，所以，工会组织进一步发展，与市场经济相适应，那么其潜力就可以被极大地激活，从而能够有效地扮演着维护员工基本权益的不可替代的重要角色。至于如何进一步激活工会的潜能，使之在新的历史条件下更加有效地维护工人的基本权益，应当进行多种设计，考虑多种可能的路径，在不同类型的企业当中，进行多方位的试点，然后再选择较为成型的方式予以普遍推行。

（三）注重雇主组织的规范化建设

一个规范的雇主组织，对于形成健康合理的劳动关系来说是不可或缺的。我国雇主组织建设的关键在于必须有效地解决好三个问题。一是独立性。雇主组织应当符合雇主的合理利益、有着特定的职业化诉求和行为。雇主组织既不能一切皆按政府的指令行事，也不能被某个资本拥有量较大的企业主所操控。二是自律性。雇主群体的主要职能是创造社会财富，此外还应担当必要的社会责任。要做到这一点，雇主群体必须有着一种内在的约束体系，即自律性。这种自律性应当通过雇主组织制定的行规为全体至少是大多数雇主所认同和接受。三是公正性。从社会公正的角度看，社会各个群体都应当依照自己对社会的不同贡献，获得各自在社会经济生活中恰当合理的位置。从职业分工的角度看，每个社会群体都有着自己特定的职业边界而不能随意越过；从利益获得的角度看，各个群体之间应当“各得其所”，而不能随意侵占别的社会群体的合理利益。

（四）形成有效的集体协商制度

在劳动政策当中，集体协商制度是一项基础性的内容。集体协商制度对于形成公正合理的和谐劳动关系至关重要。劳动者可以通过这一制度，借助工会的力量，同雇主一方进行平等的谈判协商，从而形成一种能够为自己接受的、公正合理的劳动保护政策。劳动集体协商是指，劳动者为了维护自身的劳动权利，通过工会或自己推举的代表，与雇主一方通过平等的谈判协商，签订集体合同。《劳动法》规定：“企业职工一方与企业可以就劳动报酬、工作时间、休息休假、劳动安全卫生、保险福利等事项，签订集体合同。”

（五）把握和谐劳动关系发展的可行性和节奏性

基于尽力而为和量力而行原则，必须把握和谐劳动关系发展的可行性和节奏性。第一，注重基础性劳动条件的保护。现阶段，和谐劳动关系的发展面临的问题可以说是千头万绪，难度很大。但从政府的能力及国家财政实力的角度看，对于劳动者的基础性劳动权益也即劳动保护的底线方面的劳动政策，如在最低工资标准的制定、劳动时间的保护、消除童工和强迫现象、涉及人的生命的生产安全的保护政策等方面，在很大程度上则是必须做到也能够做到的。尤其是在民营企业当中，要特别重视解决好这一问题。第二，梯度性地推动和谐劳动政策的发展。区域发展的不平衡性是我国现实社会一个公认的明显特点。我国东部沿海地区的发展水准同西部地区发展水准之间的巨大差距在近期是难以完全消除的。各个区域发展水准的巨大差别，使得不同区域劳动者对于劳动政策的具体要求必然有着明显的差别。同时，与发展水准的巨大差别相适应，各个地区的政府在财力、在对劳动关系的认识方面，各个地区的企业主群体在经济运作方式及社会理念方面也必然会出现较大的差别。在这样的条件下，我国对于和谐劳动关系发展的推动，不宜采取整齐划一的作法。在发达地区的城市如北京、上海、深圳、苏州等地，可以在确保劳动政策底线的前提下，进一步提升其劳动政策的水准，如提高养老保险、医疗保险、工伤保险的缴纳金额水准，健全劳资谈判协商机制等。而在欠发达地区，则应将劳动政策的重心放在劳动底线的保证方面，如重视制定和实施工资最低标准、提高“三险”的覆盖率、实现社会保险在劳动者工作流动后的有效转续等。

在一个比较长的时间内，我国采取梯度性推动和谐劳动关系发展的策略是十分有益的。这种做法符合我国的实际情况，具有可行性和有效性；而且，在和谐劳动关系上先行一步的经验，对于后来者无疑有着重要的示范效应，在一定程度上为广大劳动群众提供了有益的并且是具有鼓舞性的前景。

本章小结

劳动关系，是指用人单位招用劳动者为其成员，劳动者在用人单位的管理下提供有报酬的劳动而产生的权利义务关系。劳动关系主体之间既有法律上的平等性，又具有客观上的隶属性。劳动关系产生于劳动过程之中。劳动者与用人单位间的劳动关系具有排他性。劳动关系的存在以劳动为目的。劳动关系具有国家意志和当事人意志相结合的双重属性。劳动合同也称劳动契约，是劳动者与用人单位（包括企业、事业、国家机关、社会团体、雇主）确立劳动关系、明确双方权利和义务的协议。根据《劳动法》等劳动法律、法规，依法订立的劳动合同受国家法律的保护，对订立合同的双方当事人产生约束力，是处理劳动争议的直接证据和依据。劳动关系的协调和管理从两个方面进行分析，包括劳动争议处理和集体劳动合同的管理。劳动争议是指劳动关系双方当事人即劳动者和用人单位在实现劳动权利和履行劳动义务过程中所产生的纠纷。集体合同制度，是一种法律制度，在市场经济国家通常被称作集体谈判制度。集体合同制度就是指职工一方与用人单位就劳动报酬、工作时间、休息、保险、劳动条件、职业培训等双方共同关心的问题，依法经过谈判达成一致协议，以书面的形式确定该用人单位劳动标准，用此协议规范劳动和劳动管理行为的法律制度。构建和谐劳动关系有极其重要的意义。

课后思考

1. 什么是劳动关系？劳动关系的特性是什么？
2. 什么是劳动合同？劳动合同的法定条款有哪些？
3. 劳动者的权利和义务有哪些？
4. 劳动争议处理的基本原则和程序有哪些？
5. 构建和谐劳动关系的途径是什么？

案例分析

劳动争议案件

具有某电视大学专科学历的彭先生在向上海某机械有限公司（以下简称“公司”）提交履历时弄虚作假，使自己摇身成了上海财经大学研究生。2009 年 11 月，彭先生成功应聘入该公司担任营业部部长，月薪人民币 8 000 元。2012 年 9 月，公司发现后，以彭先生申报的履历有假、所提供的上海财经大学研究生学历是伪造的为由解除了与彭先生的劳动合同。2012年9月，彭先生向所在区的劳动争议仲裁委员会申请劳动仲裁，要求公司支付1.2万余元作为解除劳动合同的经济补偿。

2013年1月，劳动争议仲裁委员会作出裁决，由公司向彭先生支付解除劳动合同经济补偿金1.2万余元。公司不服，诉至法院，称彭先生2009年应聘时向公司提供虚假学历，致使公司与其签订待遇优厚的劳动合同。公司依法解除劳动合同，无需支付经济补偿金。

法院判决：

一审法院经审理，判决对彭先生要求公司支付1.2万余元解除劳动合同经济补偿金的请求不予支持。彭先生不服，向二审法院提起上诉。

二审法院认为，用人单位与劳动者订立劳动合同，应当遵循合法、公平、平等自愿、协商一致、诚实信用的原则，用人单位有权了解劳动者与劳动合同直接相关的基本情况，劳动者应当如实说明。经查证，彭先生向公司提供的确为假文凭。因此，公司以彭先生隐瞒真实学历，双方签订的劳动合同无效为由解除劳动关系，在此情况下无须向彭先生支付任何经济补偿。

思考：

1. 你认为法院对彭先生的判决合理吗？为什么？
2. 在订立劳动合同的过程中应该注意什么？

扩展阅读

劳动合同无效

劳动合同无效是指用人单位和劳动者所订立的劳动合同不符合法定条件，不能发生当事人预期的法律后果。

哪些情形会导致劳动合同无效？

根据《劳动合同法》第26条第1款之规定，有下列三种情形之一的，劳动合同无效或者部分无效：(1)以欺诈、胁迫的手段或者乘人之危，使对方在违背真实意思的情况下订立或者变更劳动合同的；(2)用人单位免除自己的法定责任、排除劳动者权利的；(3)违反法律、行政法规强制性规定的。此外，如果是劳动合同部分无效的，不影响其他部分效力，其他部分仍然有效。

用人单位和劳动者在签订劳动合同过程中，均负有缔约告知义务。缔约告知义务，是指劳动合同订立过程中，用人单位和劳动者依法承担相互如实告知必要信息以满足需求的义务。根据《劳动合同法》第8条的规定，用人单位招用劳动者时，应当如实告知劳动者工作内容、工作条件、工作地点、职业危害、安全生产状况、劳动报酬，以及劳动者要求了解的其他情况；用人单位有权了解劳动者与劳动合同直接相关的基本情况，劳动者应当如实说明。

如果违反了缔约告知义务，则可能构成欺诈。“欺诈”是指一方当事人故意告知对方虚假情况，或故意隐瞒实情，诱使对方当事人作出错误意思表示的行为。

参考文献

REFERENCE

1. 陈京民、韩松:《人力资源规划》,上海交通大学出版社 2006 年版。

2. 陈维政、余凯成、程文文:《人力资源管理与开发高级教程》,高等教育出版社 2004 年版。

3. 付亚和:《工作分析》,复旦大学出版社 2005 年版。

4. 葛玉辉等:《人力资源管理》,清华大学出版社 2006 年版。

5. 胡君辰、郑绍濂:《人力资源开发与管理》,复旦大学出版社 2004 年版。

6. 黄维德、董临萍:《人力资源管理》,高等教育出版社 2004 年版。

7. 加里·德斯勒著,吴雯芳等译:《人力资源管理》,中国人民大学出版社 2007 年版。

8. 贾晓辉:《人力资源管理理论与实务》,中国国际广播出版社 2004 年版。

9. 李爱梅、肖胜:《员工激励与企业创富》,中国纺织出版社 2003 年版。

10. 李虹:《人力资源管理》,北京大学出版社 2005 年版。

11. 李啸尘:《新人力资源管理——应对 WTO 与知识经济》(第二卷),石油工业出版社 1999 年版。

12. 李燕萍:《人力资源管理》,武汉大学出版社 2002 年版。

13. 廖泉文:《人力资源管理经典案例》,高等教育出版社 2005 年版。

14. 廖泉文:《招聘与录用》,中国人民大学出版 2002 年版。

15. 刘永仁:《人力资源管理》,中国人事出版社 2002 年版。

16. 雷蒙德·A.诺伊等著,刘昕译:《人力资源管理师:赢得竞争优势》,中国人民大学出版社 2004 年版。

17. 罗伯特·马希斯、约翰·杰克逊、赵曙明:《人力资源管理》,电子工业出版社 2005 年版。

18. 彭剑锋:《人力资源管理概论》,复旦大学出版社 2003 年版。

19. 秦志华:《人力资源管理》,中国人民大学出版社 2003 年版。

20. 王惠忠:《企业人力资源管理》,上海财经大学出版社 2004 年版。

21. 肖云林:《秘书与人力资源管理》,人民出版社 2007 年版。

22. 章达友:《人力资源管理》,厦门大学出版社 2005 年版。

23. 孙泽厚、罗帆:《人力资源管理——理论与实务》,武汉理工大学出版社 2005 年版。

24. 张德:《人力资源开发与管理》,清华大学出版社 2006 年版。

25. 张文贤:《人力资源总监——人力资源管理创新》,复旦大学出版社 2005 年版。

26. 张一驰:《人力资源管理教程》,北京大学出版社 2004 年版。

27. 赵曙明:《人力资源战略与规划》,中国人民大学出版社 2007 年版。

28. 张文贤:《人力资源总监——人力资源管理创新》,复旦大学出版社 2005 年版。

29. 张岩松、李健等:《人力资源管理案例精选精析》,经济管理出版社 2005 年版。